中国特色社会主义经济发展道路丛书

总主编 陈佳贵

中国投资体制发展道路

Development Road of China's Investment System

汪同三/主编

《中国特色社会主义经济发展道路》丛书编委会

主　任：陈佳贵

委　员：(按姓氏笔画排序)

王国刚　刘树成　刘迎秋　刘熀辉　刘戒骄
吕　政　张卓元　张晓山　李　扬　李　周
吴太昌　汪同三　陈佳贵　金　碚　周叔莲
洪　涛　高培勇　黄群慧　黄速建　蔡　昉
潘家华

编写说明

中国经济改革开放30多年来，我国的经济社会发展取得了举世瞩目的成就，积累了丰富的经济体制改革经验，成功地走出了一条具有中国特色的经济发展道路。对改革开放以来中国经济体制改革进行系统、客观、深入的总结和研究，为我国进一步改革开放提供政策建议，无疑具有重大的理论和实践意义。《中国特色社会主义经济发展道路》丛书正是在这个背景下诞生的。

《中国特色社会主义经济发展道路》丛书共有9本，被国家出版基金规划管理办公室确定为2012年度国家出版基金资助项目。该项目总主持人是全国人大常委、中国社会科学院经济学部主任陈佳贵研究员。该项目共有9个子项目，分别是由陈佳贵研究员主持的"经济发展方式转变与经济结构调整"、数量经济与技术经济研究所原所长汪同三研究员主持的"中国投资体制发展道路"、工业经济研究所所长金碚研究员主持的"中国国有经济发展道路"、农村发展研究所原所长张晓山研究员与农村发展研究所所长李周研究员主持的"中国农村发展道路"、金融研究所所长王国刚研究员与中国社会科学院金融研究所金融实验室主任刘熠辉研究员主持的"中国金融体制发展道路"、财经战略研究院院长高培勇研究员主持的"中国财税体制发展道路"、人口与劳动经济研究所所长蔡昉研究员主持的"中国劳动与社会保障体制发展道路"、研究生院院长刘迎秋研究员主持的"中国非国有经济发展道路"、北京工商大学洪涛教授主持的"中国改革开放与贸易发展道路"。每个子项目的最终成果就构成了本丛书中的一本专著。本丛书的初稿完成后，我们分别请有关领域的专家学者对各卷的初稿提出修改建议，各卷作者又按照修改建议进行了修改。

本丛书编委会由陈佳贵任主任，编委会委员（按姓氏笔画排序）王国刚、刘树成、刘迎秋、刘熠辉、刘戒骄、吕政、张卓元、张晓山、李扬、李周、吴太昌、汪同三、陈佳贵、金碚、周叔莲、洪涛、高培勇、黄群慧、黄速建、蔡昉、潘家华。本丛书的出版得到中国社会科学院科研局、经济学部、国家出版基金规划管理办公室的大力支持,在这里一并表示感谢!

《中国特色社会主义经济发展道路》丛书编委会
2012 年 11 月

总　序

新中国成立以来，1978年开始的改革开放是20世纪70年代以来世界上最重大、最壮观、最为世人瞩目的事件之一。这场波澜壮阔的运动，规模之大，范围之广，持续之久，影响之深刻，成效之显著，都是史无前例的，它使中国实现了由计划经济向市场经济的转轨，建立起了走向成熟的社会主义市场经济制度；中国的工业化和城市化得到加速发展，工业化已经进入中期的后半阶段，中国已经由农业大国变成了工业大国。中国经济的国际化程度大大提高，已经成为世界经济的重要组成部分，对世界经济的贡献越来越大，影响越来越强。2010年中国GDP达到397983.3亿元，约合5.87亿美元，已跃居世界第二位；2011年中国人均GDP为5414美元，已经进入中等收入国家行列；进出口总额超过36418.6亿美元，居世界第二位。与此同时，中国的科技、教育、文化、卫生、社会保障等领域的改革也得到了长足发展。

新中国成立60多年来，中国在经济建设上积累了丰富的经验，形成了具有中国特色的经济发展道路。我们有责任对这些经验进行总结，使它们成为中国人民永久的财富，并为全世界所分享。概括起来讲，中国60多年来的发展，尤其30多年的改革开放有以下主要经验和特点：

第一，坚持以中国特色社会主义理论为指导。中国特色社会主义理论是在以邓小平为核心的党的第二代领导集体、以江泽民为核心的党的第三代领导集体和以胡锦涛为总书记的党中央在分析了国内外形势的新变化、新特点，吸取历史的经验教训，总结中国丰富的改革开放的实践经验，吸收中国理论研究的新成果的基础上形成的。它是对马克思列宁主义、毛泽东思想的继承和发展。这个理论包括邓小平理论、"三个代表"重要思想和科学发展观三个重要的组成部分。邓小平不仅是中国改革开放的总设计师，而且是中国改革开放的理论奠基人。他支持开展的"实践是检验真理的唯一标准"的讨论使人们冲破了"极左"思想的桎梏，重新确立了"解放思想、实事求是"的思想路线，激发了广大干部群众对改革开放的积极性、创造性和首创精神。邓小平同志关于社会主义初级阶段的理论,关于改革是一场新的革命的理论,关于社会主义本质和社会主义发展道路的理论,关于计划与市场的理论,关于让一部分人和地区先富裕起来、逐步达到共同富裕的理论,关于摸着石头过河的理论,关于政府行政机构改革的理论,关于建立经济特区、大胆利用外资和发展证券市场的理论,等等,以及在这些理论基础上形成的党在社会主义初级阶段的路线、纲领、方针和重大政策,为统一全党和全国人民的认识、把党的工作重心转移到经济建设上来、顺利推进改革开放提供了强大的思想武器和理论支持。江泽民同志继承和发展了邓小平同志的理论,提出了"三个代表"重要思想。他的关于改革是全面改革的论述,把建立社会主义市场经济作为改革的目标的论述,关于坚持和完善公有制为主体、多种所有制经济共同发展的基本经济制度的论述,关于依法治国的论述,以及把建立社会主义市场经济体制写入党章、写入宪法,作出加入世界贸易组织(WTO)等重大决策,为改革的深入发展提供了理论指导和法律保障,保证了中国的改革开放事业沿着邓小平同志开辟的正确道路继续前进。胡锦涛同志在继承邓小平同志、江泽民同志的理论和思想的基础上,提出了科学发展观、建立和谐社会等理论和战略设想,提出了完善社会主义市场经济的思路,推进了中国特色社会主义沿着正确的道路不断前进。

第二,坚持社会主义制度的自我完善。中国的发展道路是根据中国的基本国情确立的。这个基本国情就是中国还处于并将长期处于社会主义初级阶段。它有两重含义:一是中国已经建立起了社会主义制度,中国的社会具有社会主义的性质,我们必须坚持社会主义制度,走社会主义道路;二是中国尚处在社会主义的初级阶段,现在中国的社会主义制度还很不完善、很不成熟,需要我们几代、十几代甚至几十代人去努力奋斗,以巩固和发展社会主义制度。改革开放就是巩固、发展与完善社会主义制度的重大战略举措。

第三,坚持市场取向的改革。中国特色的社会主义经济发展道路是从在农村推行家庭联产承包责任制、在城市扩大企业自主权开始的。1982年,中共十二大提出了"计划经济为主,市场调节为辅"的改革原则。1984年,中共十二届三中全会提出了社会主义经济是"有计划的商品经济"的命题,对社会主义经济的性质做出了基本判断。1987年,中共十三大进一步提出"国家调节市场,市场引导企业"的新型经济运行机制。1992年,中共十四大最终提出建立社会主义市场经济体制的改革目标。从这个过程可以看出,尽管中间也出现了一些波折,但是始终坚持了市场取向的改革，并逐步加强市场机制的作用，最终确立成熟的社会主义市场经济的改革目标，肯定了市场在国家宏观调控下对资源配置起基础性作用。

第四，坚持社会主义市场经济体制作为改革的目标和模式。这个制度是建立在"以公有制为主体，多种所有制经济共同发展的基本经济制度"之上的，它既具有市场经济的基本特征，又具有中国特色。它主要由企业制度、市场体系、分配制度、社会保障制度和政府的宏观管理五大支柱所支撑。

——建立"产权清晰、责权明确、政企分开、管理科学"的现代企业制度，使企业成为自主经营、自我发展、自我约束、自负盈亏的市场的主体。企业的主要法律形态采用有限责任公司和股份有限公司。

——发展商品市场以及资本、土地、劳动力、技术和管理等要素市场，建立统一开放、竞争有序的市场体系，形成有效的市场机制，发挥市场在资源配置中的基础作用。

——实行以按劳分配为主体、多种分配方式并存的分配制度，强调效率与公平的结合。

——逐步建立覆盖城乡的社会保障制度，构建完备的社会安全网。

——政府主要运用经济的、法律的手段调控经济，必要时也可采用少量的行政手段对经济进行管理，使国民经济保持平稳、快速、健康发展。

在发展成就的经验基础上，逐步建立起与社会主义市场经济体制相适应的一系列法律。

第五，在发展方法上，采取先易后难，逐步深化，渐进式推进。中国的发展道路选择是史无前例的，无现成的经验可以借鉴。中国又是一个发展中大国，承受改革与发展风险的能力较弱。中国的改革开放又是在遭受"文化大革命"破坏、国民经济处于极端困难的时候开始的，这种环境和条件使中国的改革开放只能采取"摸着石头过河"的办法，在探索中前进，在前进中探索。先推进见效快的改革，后推进见效慢的改革；先推进难度小的改革，后推进难度大的改革；先着手浅层次改革，后推进深层次改革；先推进竞争性领域的改革，后推进垄断行业的改革；先缩小政府机构管理权限，后改革行政管理体制；先着力进行经济体制改革，后推进政治、文化、社会体制改革。

对于把握不大的改革，先进行试点，在总结试点经验的基础上再逐步推广。沿着这种路径、采取这种方法进行改革，保证了改革开放稳步前进，避免了出现大的失误和挫折。

第六，在总体部署上，注意处理好"五个关系"，使改革开放不断深化。

处理好农村改革和城市改革的关系。中国的改革先是从农村开始的，

1978年后，在农村迅速推广了土地家庭联产承包责任制，这一制度极大地激发了广大农民种田的积极性，迅速解决了中国的粮食问题，并于1993年全面废除了已实行20多年的粮票、油票、布票、副食品等票证制度。这是一个翻天覆地的变化。农村改革不仅为城市提供了足够的粮食和副食品，也为城市改革和发展提供了丰富的原材料和大批的剩余劳动力。中共十二届三中全会后，城市的改革提上重要议程。城市改革特别是工业的改革和发展，工业化进程的快速推进，国家获得了大量的物力、财力，为工业反哺农业，城市支持农村创造了良好的经济基础，也为农村改革的深化创造了良好的条件。

处理好利益调整和制度、机制创新的关系。改革初期，无论农村推行土地家庭联产承包责任制，或是城市工商企业推行的企业承包经营、建立生产责任制等办法，都主要是进行利益调整，在不根本改变计划经济体制的情况下，调整国家、企业和个人的分配关系，激发广大群众对改革和发展的积极性和创造性。在改革初期这样做是完全必要的，它能使改革很快见到成效，使广大群众支持改革、拥护改革，也减少了改革的阻力。但是，这种扩权让利不可能使计划经济体制本身带来革命性的变化，给广大群众带来的积极性也不可能持久。随着改革的深入，扩权让利的改革必然要发展到机制创新和制度创新阶段。在农村，让农民对土地有长期的经营权、允许经营权有偿转让等改革，就是把利益调整和制度创新有机结合的尝试。在城市改革特别是国有企业改革中，由承包制发展到股份制改革，对国有企业进行股权多元化、分散化的公司化改造，更是使企业改革发展到了企业机制、企业制度创新的新阶段，较好地解决了扩权让利和企业机制、企业制度创新相结合的问题。

处理好公有企业改革和发展非公有企业的关系。在所有制的改革上，始终从两个方面推进：一方面，对国有企业、集体企业进行改革，探索公有制的实现形式，把大批国有、集体企业改变成公司制企业，实现了所有权主体的多元化、分散化；另一方面，大力发展非公有制经济，使它们成为社会主义市场经济的重要组成部分。国有企业改革和国有经济的战略调整，不仅缩短了国有经济战线，优化了国有经济布局，提高了国有经济的素质，而且促进了个体私营经济和混合经济的发展。个体私营经济的发展，不仅繁荣了经济，为社会提供了大量的就业岗位，也对国有企业、集体企业形成压力，促进了国有企业和集体企业的改革。

处理好对内改革和对外开放的关系。中国的经济改革和经济发展，为外资的进入创造了良好的市场环境、体制环境、法治环境和人文环境，因此，长期以来中国一直处于引进外资的前列。加入WTO后，不仅标志着中国对内改革进入了一个新阶段，也标志着中国对外开放进入了全面、全方位开放的新阶段。一方面，我们加快了内部改革，尽力使中国的经济体制和管理办法与国际接轨；另一方面，我们增强了在制定国际规则方面的话语权，加强了中国企业的国际竞争力。在短短几年间，中国的外贸出口额高速增长。2007年，已经成为世界上的第二大出口国。中国企业的对外投资也开辟了新局面。

处理好改革、发展和稳定的关系。改革、发展、稳定，这三者既各有侧重，又存在密切联系。"发展是硬道理"、"发展是改革的根本目的"，"发展是第一要务"，在改革开放中，始终坚持以经济建设为中心，围绕发展促进改革开放。改革是为了解放和发展生产力，改革不仅能激发广大群众的积极性和创造性，为发展提供强大的动力，而且能为国民经济长期、平稳、快速、健康发展提供良好的机制和制度保证。稳定是改革发展的基本前提，要坚持稳中求进。社会动荡不安，改革很难进行，要想快速发展也只能是一场美梦。因此，要把握好改革的力度、发展的速度和社会的可承受度之间的关系，使三者协调推进。

第七，在改革的动力上，既依靠中国共产党以及它领导下的政府的权威，又尊重人民群众的首创精神，充分发挥理论界的作用。中国的改革始终是在中国共产党领导下进行的，中国共产党是推进改革开放的核心力量。中央政府凭借自己的行政权威，保证了中国共产党制定的改革开放的路线、目标、方针、政策得以全面贯彻实行。党的政治权威和政府的行政权威为改革开放创造了良好的环境，是改革开放能够不断持续推进的保障。基层和群众的积极性、创造性始终是中国改革开放的基础力量。中国的许多改革都是从基层，有的还是群众自发先做起来的，然后由政府总结经验逐步推广到全国。

理论界也是推动改革开放的一股重要力量。广大理论工作者解放思想，把马克思主义和中国实践结合起来，既注意引进国外的先进管理理念、理论、方法和手段，吸收现代经济学有用的成果，又深入总结历史的经验教训，及时总结改革开放中基层和人民群众创造的新经验、新做法，研究新情况、新问题，为深化改革开放进行了理论阐述，提出了许多有价值的建议，为改革开放发挥了思想库和智囊团的作用。

第八，在对中国经济发展的措施、手段的选择和成果的评价上，坚持从实际出发，不唯书、不唯上，"评判的标准，应该主要看是否有利于发展社会主义社会的生产力，是否有利于增强社会主义国家的综合国力，是否有利于提高人民的生活水平"。

中国 60 多年来的经济发展，尤其是改革开放 30 多年来的发展成就震撼了整个世界，但是也存在一些不足。中国还处于社会主义初级阶段，改革开放持续的时间长，整体配套性不够强；垄断行业的改革进展缓慢，产品、服务质次价高；行政机构的改革成效不大，政府职能还没有很好地转变；社会管理制度滞后，上亿农民工的身份、待遇等问题还没有得到解决；和工业化、城市化快速发展相比，农村生产方式仍很落后；在改革开放中还出现了地区差距扩大、城乡差距扩大、居民收入差距扩大、经济快速增长付出的资源环境代价过大等新问题。如何对待这些问题，当前有不同的认识。有些人认为，这些问题是改革开放带来的，甚至主张体制的倒退和复归。我们认为这种看法是非常错误的、十分有害的。改革开放 30 多年来取得的成绩是任何人也抹杀不了的。这样一场史无前例的社会经济的大变革出现一些问题是难免的，但必须引起高度重视。只有进一步解放思想、深化改革、加快发展，才能使这些问题得到有效解决。倒退是毫无出路的，也不符合广大人民群众的根本利益，是不得人心的。

中国特色社会主义经济发展道路走过了 60 多年的历程，取得了一系列辉煌成就，但是我们也要清醒地认识到，国际社会瞬息万变，尤其进入 21 世纪，西方发达国家经历了金融危机和债务危机，经济状况持续衰退，直接影响到全球经济的发展，在中国崛起的过程中会遇到国内外诸多艰巨的问题，未来十年中国完善社会主义市场经济体制的任务将进入建设"成熟社会主义市场经济体制"的新阶段。所谓成熟的社会主义市场经济体制是能够自我调整、自我完善和自我演进的经济制度。建设成熟的社会主义市场经济体制，要从全面制度创新的高度，谋划改革方略、路径和动力问题，统一凝聚改革共识，增强改革动力，注重顶层设计和顶层推进，发挥地方和企业的首创精神，突出改革的整体性，推动改革的多层次协调配套，我们要做好攻坚克难的准备。应当从理论上、实践上认真总结中国经济发展的成绩、经验和教训，提高认识，以利于夺取中国特色社会主义经济发展建设的全面胜利！

陈佳贵
全国人大常委、经济学部主任
中国社会科学院原副院长
2012 年 12 月 6 日

前　言

　　党的十八大提出了全面建成小康社会的宏伟目标，并且指出加快完善社会主义市场经济体制和加快转变经济发展方式是实现这一宏伟目标的兴国之要。关于如何推进经济结构调整，党的十八大报告指出："要牢牢把握扩大内需这一战略基点，加快建立扩大消费需求长效机制，释放居民消费潜力，保持投资合理增长，扩大国内市场规模。"阐明了我们在新的历史时期做好经济社会发展工作的一项根本原则。

　　扩大内需包括消费需求和投资需求两个方面。我们在着力扩大消费需求的同时，丝毫不能忽视投资在内需中的作用，丝毫不能忽视保持投资合理增长的重要性。生产力水平的提高，科学技术的进步，人民生活的富裕，经济社会的发展，归根结底是要依靠合理的投资。合理的投资增长既包括投资规模即量的考虑，更重要的是要注重投资效益即质的考虑。投资规模的考虑，主要是要考虑投资与消费的宏观经济结构问题，以及国内外宏观经济环境因素对宏观经济稳定的即期影响对投资的需求。而投资效益的考虑则包含着十分丰富的内容，从宏观的投资部门结构到投资区域结构，从微观的投资项目效益到企业投资的整体效益，以及从投资的技术先进性、适用性到投资对环境友好、资源节约的实现。

　　正如党的十八大所指出的，中国特色社会主义是改革开放新时期开创的，也是建立在我们长期奋斗基础之上的，是全党全国人民经历了千辛万苦，付出巨大代价，接力探索取得的，是长期实践取得的根本成就。同样，我国的投资工作在新中国成立以后，在社会主义建设时期，在改革开放时期所发挥的重要作用，所经历的曲折道路也是中国特色社会主义的一个重要组成部分，也是需要我们认真总结并继续开拓创新的。我们在新中国成立初期的社会主义建设时期，将一个贫穷落后的农业国逐步转变成为工业国，投资起到了不可估量的作用。这其中既有宝贵的经验，也有沉痛的教训。我们的巨大努力之所以未能取得期盼的效果，中国经济社会发展仍然明显落后于发达国家，乃至许多原来与我们条件相差不多的发展中国家，根本原因在于体制问题，在于我们僵化的计划经济体制，包括投资的计划经济体制。

党的十届三中全会以后，改革开放使中国经济社会发展进入了黄金时期，经济社会各项事业全面发展，特别是经济建设成绩斐然，我国的经济总量现在已经跃居世界第二，我国的国际地位大幅度提升。取得这样举世瞩目的成绩，投资的贡献功不可没，投资的重要性不容否定。应该说，改革开放以来，没有连续多年两位数的投资增长，甚至20%以上的投资增长，要实现我们现有的经济实力是不可想象的。然而，使改革开放时期投资能够真正发挥拉动经济快速发展的，不仅在于投资的规模数量，而且更重要的起决定性作用的是贯穿于整个改革开放时期的投资体制改革。与整个经济体制改革进程密切相联的投资体制改革的不断推进，是保证我国巨额投资取得实效、发挥作用的关键因素。回首改革开放30多年投资体制改革的过程，使人不胜感慨。在党的十八大新的历史时期，回首过去，把投资体制改革的历程做一下梳理，总结一下我国投资体制改革的经验，是学者们应尽的职责。中国社会科学院数量经济与技术经济研究所的同事们，把研究中国投资体制发展道路作为一项有意义的工作，撰写了本书，奉献给读者。

正如本书所述："投资对我国经济发展的重要作用不仅在于投资数量对经济增长的贡献，而且在于改革开放过程中投资体制改革的逐步深化对提高经济增长质量和效率的贡献。本书全面分析和探讨了我国改革开放以来投资体制改革各方面的问题，包括投资体制的功能分析、投资体制改革的历史背景、投资体制改革的目标、投资体制改革的历程、投资的宏观管理改革实践、投融资方式改革实践、投资项目管理的改革，以及投资体制的国际比较等方面的丰富内容。本书以马克思主义经济学基本理论为指导，以我国改革开放以来投资体制改革的伟大实践为素材，既有深厚的理论分析，又有丰富的实际资料支撑。本书对于欲了解我国投资体制改革情况的读者，对于希望进一步研究投资体制问题的读者，都会有所助益。"最后，我们真诚地期待读者对本书提出宝贵的评论、批评和建议。

2013年1月

目　录

第一章　投资体制的功能问题 …………………………………… 1
第一节　固定资产投资概念的来源与变迁 ………………… 2
第二节　经济学意义上的投资问题 ………………………… 8
第三节　投资管理体制 ……………………………………… 21

第二章　投资体制改革的历史背景 …………………………… 25
第一节　新中国的计划经济 ………………………………… 25
第二节　基本建设管理体制的形成与发展 ………………… 40
第三节　基本建设管理体制的内容与特征 ………………… 44
第四节　基本建设的部门管理 ……………………………… 49
第五节　基本建设的项目管理 ……………………………… 52
第六节　基本建设管理体制改革的动因 …………………… 56

第三章　投资体制改革的目标 ………………………………… 63
第一节　投资主体改革的目标 ……………………………… 63
第二节　融资渠道改革的目标 ……………………………… 73
第三节　投资管理改革的目标 ……………………………… 79

第四章　投资体制改革的历程 ………………………………… 91
第一节　概述 ………………………………………………… 91
第二节　中国投资历史数据分析 …………………………… 97
第三节　起步阶段：1978~1984 年 ………………………… 108
第四节　探索阶段：1984~1992 年 ………………………… 119
第五节　入轨阶段：1992~2002 年 ………………………… 132
第六节　深化阶段：2002~2010 年 ………………………… 144

第五章 投资的宏观管理改革实践 ……………………… 159
第一节 投资主体改革 ………………………………… 159
第二节 政府投资改革 ………………………………… 174
第三节 投资立法实践 ………………………………… 186
第四节 配套体制改革 ………………………………… 190

第六章 投融资方式改革实践 …………………………… 219
第一节 投融资方式的类型与结构 …………………… 219
第二节 "拨改贷"的推行与银行信贷的发展 ……… 223
第三节 债券发行与债券市场发展 …………………… 232
第四节 股权融资与股票市场发展 …………………… 237
第五节 外资利用与外资企业发展 …………………… 242
第六节 基础设施建设融资模式的探索与进展 ……… 248

第七章 投资项目管理的改革 …………………………… 261
第一节 投资项目管理的改革 ………………………… 261
第二节 可行性研究的引入与发展 …………………… 275
第三节 项目管理的科学化 …………………………… 284
第四节 建设项目的社会服务体系 …………………… 294

第八章 投资体制的国际比较 …………………………… 305
第一节 投资主体的国际比较 ………………………… 305
第二节 筹资结构的国际比较 ………………………… 328
第三节 投资宏观调控和管理的国际比较 …………… 346
第四节 外国投资体制的经验 ………………………… 355

第九章 投资体制改革的评价与思考 …………………… 361
第一节 投资体制改革的经验 ………………………… 361
第二节 投资体制改革的教训 ………………………… 369
第三节 投资体制改革前景分析 ……………………… 372

中国投资体制改革大事记 ………………………………… 379

参考文献 ……………………………………………………… 391

索　引 ………………………………………………………… 393

后　记 ………………………………………………………… 395

第一章 投资体制的功能问题

本书的主题是对中国改革开放30多年以来固定资产投资管理体制的发展道路进行回顾总结。

毋庸讳言，固定资产投资管理体制改革（以下简称"投资体制"）在各项改革中至今仍是相对滞后的一个领域。造成这一局面的原因何在？回答这一问题是设立本章的基本出发点。为了达到这一目的，就需要了解投资管理体制所要解决的问题或者说它的功能。因为，从功能与形态关系的观点来看，投资体制的选择只能取决于它所要实现的功能，这也是投资体制选择的基本标准。要回答这一问题就需要说明两方面的问题：一是投资在当代经济中的地位、作用；二是在市场经济中投资具有哪些特点，它与市场经济特有的调节机制特别是资本主义市场经济特有的调节机制是一个什么样的关系，或者说，市场经济特有的调节机制特别是资本主义市场经济特有的调节机制在对投资的调节中是如何发挥作用的以及作用效果如何。

上述两方面的问题涵盖了投资体制在生产力与生产关系两方面的功能。

其实，在改革的早期理论研究中，不论是东欧国家的经济学家还是中国的经济学家就都注意到，与日常生产不同，投资具有其特殊性，仅靠市场的价格调节难以避免资本主义国家屡屡出现过的经济危机问题，也无法建立起包括投资体制在内的能够体现社会主义优越性的经济体制。因为改革毕竟不是资本主义制度的复辟，而是要在坚持社会主义基本方向的前提下对原有的计划经济体制进行改革。之所以选择市场经济作为改革的基本方向，并不是出于市场原教旨主义的意识形态考虑，更不是出于对市场经济的迷信，而是基于对计划经济体制弊端分析后做出的选择。但在这一过程中，这些具有强烈改革意识的经济学家不约而同地提出了一个共同问题，就是在投资体制改革中能否像对日常生产体制改革那样把投资决策权也让给企业，进而让市场像调节企业的日常生产活动那样调节企业的投资活动。尽管各个流派的具体观点有所不同，但大部分人的结论是否定的。

无独有偶，不单是信奉社会主义的经济学家对投资持有非市场化的观点，就是被列宁称为"布尔什维克凶恶敌人"的凯恩斯也同样认为，为了实现充分就业，对投资应"由社会来综揽"。

显然，在市场经济条件下，从调节资源配置的机制角度看，投资确实具有自身的特点。因此，为了深入总结固定资产投资管理体制的改革经验，就有必要从这一特殊角度对已有相关研究做一扼要介绍，以便为以后的论述提供理论基础。这将构成本章的主要内容。

此外，为了便于读者理解和论述的完整性，首先有必要对本书频频出现的固定资产投资这一术语及相关概念做出说明，这将构成本章的另一部分内容。

第一节 固定资产投资概念的来源与变迁

固定资产投资是一个具有中国特色的用法，通过对它的来源与变迁及其与相关概念关系的考察，有助于我们对中国固定资产投资管理体制改革的认识。所以，本节将从上述两方面展开论述。

一、概念与术语

（一）资产

资产最早出现于法律实践，与负债相对应。随着商业簿记的发展，中世纪后期成为一个会计学术语而被普遍使用，即使在今天它首先也是一个会计学术语，其他各种用法均源于此。

按照财政部最近颁布的《企业会计准则》的说法，资产是指企业过去的交易或者事项形成的、由企业拥有或者控制的、预期会给企业带来经济利益的资源。其中所谓"预期会给企业带来经济利益"，是指直接或者间接导致现金和现金等价物流入企业的潜力。[①] 对于这一点，美国财务会计准则委员会甚至这样定义资产："资产是某一特定经济主体由于过去的交

---

① 中华人民共和国财政部发布企业会计准则编审委员会. 企业会计准则——应用指南. 立信会计出版社, 2006.

易或事项而获得或控制的可预期的未来经济利益。"①

资产有不同的分类,从资产周转角度可分为固定资产和流动资产,从存在形式可分为有形资产和无形资产,从变现能力可分为货币性资产和非货币性资产,从投资形式可分为实物资产和金融资产。

资产与财产、资本这些概念在某些场合可以互换使用,但在某些场合则需要严格区分。例如,在法律实践中和作为法律术语,常常用财产一词,而不用资产,但实际指的是同一事物。而在会计学中对它们的使用则有严格区分,例如在"资产−负债=资本"这一等式中,资产与资本显然不能混用。而在经济学特别是在马克思主义经济学和宏观经济学中普遍使用的是资本这一术语。

由于企事业单位会计科目的一致性,会计学意义上的资产概念要比经济学意义上的资产概念宽泛。在资产概念中所说的"未来经济利益",可以指商业性盈利,也可以指对资产本身的使用。

(二) 固定资产

从资产概念可得知,固定资产首先也是一个会计学概念,但在中国,不仅在会计实践中,而且在统计实践中也得到广泛使用。

固定资产与流动资产是依据其在资本周转中不同的周转方式划分的。固定资产可以经历多次周转,其价值是以折旧的方式逐步收回的;而流动资产则是在产品生产中一次性投入,其价值随着产品销售一次性收回。

固定资产概念的外延在企业会计核算、固定资产投资统计和国民经济核算中略有区别。

在企业会计核算中,固定资产包括房屋及建筑物、机器设备、运输设备、工具器具,且使用寿命要超过一定年限。这些都是指有形资产,而且是通过生产获得的,因此土地本身不是固定资产。

在我国的固定资产投资统计中,获得土地使用权的支出计入固定资产投资统计。

而在 GDP 的资本形成项目下的固定资产,一方面要扣除用于土地使用权的支出;另一方面不仅要包括上述各项有形资产,还要包括计算机软件、矿产勘探信息等无形资产。

---

① 胡代光,高鸿业.现代西方经济学辞典.会计学部分,中国社会科学出版社,1996:642.

(三) 固定资产投资

资产和固定资产都是存量概念，而固定资产投资则是流量概念。在中国，固定资产投资指的是固定资产的建造和购置活动，作为一个反映广泛存在于各个领域的经济活动的术语被中国人大量使用，特别是在经济统计中更是人们熟知的术语，但与汉语相应的这一术语在英文中则很少看到。英文中一般就叫"固定投资"或"固定资本投资"。虽然严格地说投资包括固定资本投资和存货增加，但在西方宏观经济学中，投资往往就是指固定资本投资，是对固定资本投资的简称。与投资词义相近的词是积累。在马克思主义政治经济学中，积累指剩余价值的资本化，固定资产投资构成其主要部分。但从资金来源上看，不包括折旧资金。目前这一概念在我国国民经济核算中已不再使用。但长期以来，在实行 MPS 统计体系期间，积累是一个重要概念。在 MPS 统计体系中，积累指的是国民收入中用于固定资产投资和流动资产投资的支出，包括固定资产积累和流动资产积累。因为在这里国民收入是净收入概念，所以积累不包括用折旧资金投资形成的固定资产。

从外延方面看，按照中国多年的统计制度，固定资产投资包括基本建设投资、更新改造投资和房地产投资。

二、固定资产投资概念的形成背景与过程

如果说资产和固定资产首先是一个会计学术语，并且是世界通用的术语的话，那么固定资产投资这一术语则可以说是一个中国特色的术语。它的形成和普遍使用是中国特定背景的产物。

(一) 概念的形成背景

首先，固定资产投资这一术语的大量使用是在中国计划经济体制改革初期背景下的产物。这一时期的历史特点决定了，既可能出现术语的创新，但在术语的选择上又在一定程度上受到来自意识形态方面的束缚。在社会主义政治经济学中，一直回避"资本"这一术语，主要理由是社会主义的生产关系已不同于资本主义，因此"资本"作为反映资本主义生产关系的概念和术语已不再适用，而把资本称为资金。但资金这一术语和概念历来强调的是资本的价值方面，表现形式就是货币。而固定资产投资强调的则是资本的实物方面。因此，在术语使用上，说固定资金投资显然从词

义上就有自相矛盾之嫌。所以，在排除了固定资金投资这一选择后，就只能借用会计学中固定资产这一术语了，从而顺理成章地形成了固定资产投资这一术语，早期主要出现在基本建设管理文件中。

其次，它是经济发展阶段性变化在经济管理体制上的反映。改革开放前，新中国得自旧中国的生产性固定资产极少，不可能大量利用固定资产折旧基金进行建设，固定资本形成主要来自于新创造的价值。那时，把这样的固定资本形成称为基本建设。所以，新中国成立后固定资本形成主要是通过基本建设完成的。但到了20世纪70年代末，中国已形成了6000多亿元的国有固定资产，每年通过折旧形成的投资数量已经相当可观，特别是，在基本建设规模膨胀的背景下加强对这部分资金的计划管理就显得十分必要。

正是在上述背景下，固定资产投资这一术语随着对它的管理在中国计划经济管理中的地位就变得重要起来。从它被大量使用的背景及过程可以看出，它是作为计划经济工作术语出现的，由于统计是直接服务于计划的，所以也就成为了一个社会经济统计术语。

1976年粉碎"四人帮"后，当时的中央领导"对经济形势作了盲目乐观的错误估计，继续追求高速度、高指标，投资规模急剧膨胀，犯了又一次急于求成的错误"，"国民收入中的积累率，1976年为30.9%，1977年已达32.3%，1978年又提高到36.5%"，"同时，1979年的计划，基本建设投资规模、生产指标、利用外资等方面都安排过多了，在物力和财力上留了不小缺口。据当时计算，水泥缺100多万吨，木材缺75万立方米，钢材的品种和到货时间都不能保证，而财政收入指标还有20多亿元没有分配落实"。[①]

当时，"对基本建设投资规模最为敏感的是中国人民建设银行。因为建设银行经管了全国的基本建设投资和更新改造资金，掌握了充分的数据。建设银行从1975年就敏锐地注意分析基本建设投资规模。1979年，建设银行又进行了全面计算，发现当年的固定资产投资不只是400亿元的基本建设，在基本建设之外，还有国家预算其他支出中用于固定资产的投资、地方机动财力安排的投资、部门企业的挖潜改造投资、各种技措贷款，以及同计划脱钩的利用外资的投资，计360亿元。加上预算内基本建设投资，共六大部分，共计760亿元，都是固定资产投资"，"建设银行在计算材料中第一次使用了'固定资产投资'的概念。建设银行的材料认

---

① 曹尔阶，等. 新中国投资史纲. 中国财政经济出版社，1992：256.

为，现在基本建设投资这个概念所包括的投资范围越来越窄，已经不能如实地反映建设投资的规模，因而要用包括基本建设和技术改造（当时称为'挖潜改造'）在内的'固定资产投资'的概念来衡量建设投资规模"。"1981年五届四次人代大会上的《政府工作报告》中提出：'今后用于固定资产的投资，要把基本建设和技术改造的资金统一安排使用。'从1982年起，国家决定编制包括基本建设和技术改造的统一的固定资产投资计划。"[①] 从此，固定资产投资这一概念和术语开始在中国的官方文件中正式取代了基本建设一词，在写入计划经济和经济统计教材的同时也得到了经济理论界的认可，开始在理论研究文章中大量使用。在这方面，围绕固定资产投资的研究大量地表现为对其增长速度与规模问题的研究。

（二）计划经济时代的固定资产投资概念——基本建设

如上所述，新中国成立后，我国的固定资产投资主要是通过基本建设的形式实现的。基本建设计划是国民经济计划的一个十分重要的组成部分。

我国的计划经济体制学自苏联，与其相关的各种概念也自然是随着体制一起引进的，基本建设就是其中之一。苏联经济学家严格遵循马克思的再生产理论构造了基本建设这一概念。

按照马克思的再生产理论，再生产包括简单再生产和扩大再生产，简单再生产是扩大再生产的一个现实构成要素，而简单再生产和扩大再生产则是一种理论的抽象，在现实经济生活中实际是混在一起进行的。但苏联经济学家以其固有的教条主义精神，在把马克思再生产理论用于固定资产再生产问题时，不仅从理论上对固定资产简单再生产和扩大再生产做了严格的区分，而且企图在实际经济工作中对二者也进行严格的区分。把固定资产简单再生产范围以内的固定资产投资活动划归各级经委主管，算做现行生产，一律不叫基本建设，截然与固定资产扩大再生产分开，而单把固定资产扩大再生产，如新建、改建、扩建，叫做基本建设，划归各级计委、建委主管。[②]

基本建设一词，最早见于斯大林1926年4月13日《关于苏联经济情况和党的政策》一文。原文是这样说的："要在新技术基础上革新我国工业，就需要大宗的、极大宗的资本。可是我们的资本很少……今年我们对

[①] 曹尔阶, 等. 新中国投资史纲. 中国财政经济出版社, 1992: 291~292.
[②] 张达. 基本建设经济. 中国建筑工业出版社, 1982.

工业基本建设这一事业大约只能投资八亿多卢布。……这是我们对我国工业第一次较大的投资。"①

我国的基本建设概念和体制基本沿袭了前苏联的用法和做法，并在此基础上形成了计划经济下的基本建设管理体制。由于术语的变迁，本章及下一章所说的固定资产管理体制实际上大部分指的是基本建设管理体制，这一体制基本覆盖了前五个五年计划和1963~1965年的三年调整时期。从名称上真正可以称为固定资产投资体制的实际只是第六个五年计划以来的事。

三、作为经济分析概念的固定资产投资辨析

从固定资产投资概念形成的背景中可以看出，它首先是一个在统计分析中得出的概念，并带有浓厚的管理色彩。它的特点是外延宽广，覆盖了全社会所有的固定资产，既包括生产性投资也包括所谓非生产性投资，在非生产性投资中，既包括社会公用设施的投资也包括居民自建的住宅投资。作为一个社会统计概念，这样的概念无疑是必要的。在计划经济时期，从经济管理角度看，由于计划是无所不包的，这样的概念也有其合理之处。

但是，从经济分析角度看，这一概念抹杀了生产资料投资和生活资料投资的区别，特别是，它抹杀了在市场经济条件下企业以营利或以生产为目的的投资和个人直接以消费为目的的投资的区别。而在经济分析中特别是在对市场经济条件下投资活动的分析中，问题恰恰是由以营利为目的的投资产生的。原因即在于不确定性。企业以营利或以生产为目的的投资，不论是在计划经济条件下还是在市场经济条件下，都面临着不确定性问题。而个人直接以消费为目的的固定资产投资，如居民自建住宅，它的用途一开始就已被确定，实际是耐用消费品投资。

所以，虽然固定资产投资这一概念被我国经济学界普遍使用，但作为一个经济分析概念并不是一个好概念，因为它无法真正反映所要分析的问题。特别是在分析研究投资体制时，这样的概念更显得不适应，原因是投资体制的功能正是要解决投资所面对的问题，如果一个概念不能体现所要研究的问题，显然就不是一个好概念。

所以有必要区分经济学意义上的固定资产投资和统计学意义上的固定

---

① 斯大林全集（第8卷）.人民出版社，1954：114.

资产投资，前者专指企业以生产为目的的固定资产投资，在市场经济条件下则是以营利为目的的固定资产投资。在马克思主义的术语中，资本是自行增殖的价值，因此，这样的投资按照马克思主义的经济学术语一般应该叫做固定资本投资。本书所说的固定资产投资实际指的主要就是固定资本投资，或者简称投资。

当在使用这种简称时，要注意两个问题：一是虽然投资是固定资本投资的简称，没有包括流动资产投资部分，但这既不是因为流动资产投资不重要，也不意味着固定资本可以独立发挥作用，西方经济学中在使用生产函数描述生产行为时之所以把投资或资本的增长简化为固定资本投资，是因为他们认为，固定资本总要有一定量的流动资产相匹配才能发挥作用，而且这一比例是相对固定的，所以，一定量的固定资本本身就能代表全部物质资本。二是在现代西方经济学中，投资一词更多指的是对金融资产的投资。金融投资与实物投资在现代市场经济中具有强烈的互补性，在论述投资问题时也是一个不可回避的问题。

第二节　经济学意义上的投资问题

如上所述，对经济学意义上的投资问题可以从两个方面来认识，一是生产力，二是生产关系。

从生产力角度看，主要是投资与经济增长的关系；从生产关系角度看，主要问题是如何使投资在结构和总量上达到合理的水平以促进经济增长。其中，生产关系问题又具体表现为围绕投资的各种制度安排。

现代经济的一个突出特点就是所谓迂回式生产方式，由此造成投资与最终消费品生产的分离，进而造成执行不同职能的资本的分离。如何协调它们之间的关系就成为现代各种经济制度面临的一个基本问题。经济学的定义甚至就是由此产生的，生产什么、生产多少、如何生产和为谁生产这四个经济学研究面临的基本问题都离不开投资。古典经济学把它归为分工的深化，马克思主义经济学则把它概括为生产的社会化。

如果是一个静止的社会，即使存在分工和生产的社会化，协调也不会成为问题，不论是用计划的方法还是市场的方法都可以解决。问题在于现代经济是一个不断增长的过程，而这一点已经作为一种制度成为对经济过程的强制性要求。不论是在计划经济条件下，还是在市场经济条件下，剩余劳动都会表现为利润，只要在价格中包含利润，产品的价值实现就必须要以一定量的投资为条件，否则生产、流通、消费的循环就无法正常进行，再生产过程就会中断。原因很简单，从全社会角度看，价格构成中的两大基本要素 C 和 V 所提供的需求小于产品的全部价值或价格——C+V+M。而投资是面向未来的活动。

从资产概念可以看出，它的一个基本特点就是，它是"可预期的未来经济利益"，对于固定资本来说，资产的这一属性就更加突出。原因是，固定资产由其物质属性决定了它是一项长期资产，作为"可预期的未来经济利益"要在几年、十几年甚至几十年、上百年的时间才能实现。而未来与现实的最大区别就是，它是会变的。至于变化的结果，人们最多只能在概率意义上加以把握，而不能像对现实那样，予以百分之百地确认。换句话说，未来是不确定的。而且，未来愈是遥远，愈是不确定。而固定资本投资就是这样一项面向未来的行为。特别是，随着生产力的发展，固定资本作为长期资产的属性就愈加突出，面对的不确定性也就愈大。预期是主观的，它如何才能与客观的未来变化相一致呢？市场经济中存在这样一种可以揭示未来如何变化的机制吗？它是通过什么样的机制来引导人们做出投资决策的呢？特别是，由于生产的专业化，固定资产本身的专业化属性也愈来愈强。面对成千上万种产品生产，人们如何决定把资金投向哪个领域呢？归根到底一句话，市场经济具备解决这些问题的能力吗？

在这里，我们不可能回答这些问题，这也不是我们的研究目的。我们的目的只是通过对已有文献的梳理，说明至今为止的经济学是如何提出、如何认识和如何处理这些问题的。

一、投资与经济增长

投资在现代经济增长或者说生产力发展中占有极其重要的地位。它不仅关系到普通老百姓的生活水平，还直接影响着一国的综合实力。但是，长期以来，经济学更关注投资中的生产关系问题，这种关注在马克思那里可以说达到了顶峰。以后，由于经济学研究对象的转变，这一问题一度被主流经济学研究所忽略。从生产力角度对经济增长问题的系统考察，开始于新古典增长模型。在此之前的研究，不论是古典经济学还是凯恩斯创立的宏观经济学，绝大部分内容关注的依然是这一问题的生产关系层面。至于新古典经济学，由于它的研究对象是一个静态经济体系，所以投资与增长问题基本在它们的视野之外。新古典增长理论，通过把新古典经济学中的生产函数的动态化和总量化，建立了新古典增长模型。

（一）早期增长理论——哈罗德—多玛增长模型

凯恩斯的理论是一短期理论，为了使其长期化，在凯恩斯理论基础上发展起了现代增长理论。开创这一理论先河的是哈罗德—多玛增长模型。简单说，哈罗德—多玛增长模型的构成形式就是G=S/C。其中G为经济增长率，S为储蓄率，C为资本产出率即获得每一元的净产出需要多少投资。

在哈罗德—多玛增长模型中，一方面，凯恩斯的思想更集中地得到表现，储蓄与投资的相等成为经济稳定增长的基本条件；另一方面，这一模型突出了投资对经济增长的重大推动作用，在资本产出率一定的前提下，经济增长速度唯一地取决于投资率。

哈罗德—多玛增长模型原本是研究宏观经济稳定问题的，所以在哈罗德那里，他把这一模型表述为不同形式，即实际增长率（G）模型、有保证增长率（G_w）模型和自然增长率（G_N）模型。只有当$G=G_w=G_N$时，经济才能实现稳定增长。由此产生了所谓"刃锋问题"，即只有一个G_w值能与S和C相匹配。也正是这一问题引发了新古典增长模型的建立。

但是，在规划专家那里，哈罗德—多玛增长模型经常被用来规划发展中国家的经济增长。因为它确实在一个侧面揭示了投资与经济增长的关系。

（二）新古典增长模型

如上所述，新古典增长模型是在解决哈罗德—多玛增长模型的不足中产生的。新古典增长模型的一般形式是Y=F（A，K，L）。其中Y代表国民收入，A代表技术进步，K代表资本，L代表劳动。通过引入技术进步，在新古典增长模型中，资本与劳动的比例是可变的，改变了只有一个G_w值能与S和C相匹配的关系。因此，在新古典增长模型中技术进步不仅具有巨大的实际意义也具有重要的理论意义，后者的地位甚至更具有根本性。但是在由此产生的经济增长核算中，技术进步的地位要远比其理论意义重要。资本似乎退居为不那么重要的因素。[①]但随着经济计量的细化，特别是随着体现型技术进步概念的提出，人们认识到技术进步是需要载体的，这个载体就是投资。技术进步需要借助于资本和劳动这两大有形要素才能得到实现。按照著名经济计量学家乔根森运用新古典增长模型对美国

---

① ［美］罗伯特·M.索罗.经济增长理论：一种解说.上海三联书店，1989.

1948~1979年经济增长的核算结果，资本投入对经济增长的贡献为年均1.6个百分点，占年均经济增长率3.4%的47%，所以，乔根森得出结论说："在战后美国经济增长的背后，驾驭力量就是资本和劳动投入的增长。资本的增长是产出增长最重要的根源。"①

（三）马克思有关投资与经济增长的论述

马克思在《资本论》中主要研究的是资本主义的生产关系，但与古典经济学不同，马克思是在与生产力的关系中研究资本主义生产关系的，所以在《资本论》中也包含了大量有关投资与经济增长的论述，只是所用术语与现代增长理论有所不同。第一，按照现代增长理论，经济增长的实质就是人均产出的增长。在马克思那里，马克思更集中于劳动生产率的增长。实际上这与经济增长所指的是同一个事实。第二，马克思更多使用的是积累而不是投资这一概念，积累就是剩余价值的资本化，就是指投资，只是这里的投资不仅包括固定资本投资，还包括了流动资本投资。从增长与投资的关系角度看，二者并无实质区别，如果从结构分析看，积累比投资这一概念可能还更全面和更深刻。

马克思指出，当从生产过程而不是从生产结果来看时，劳动生产率的提高具体表现就是每一名劳动者所推动的生产资料数量的增长。"一定量的劳动所推动的生产资料的价值和数量是同劳动的生产效率的提高成比例增加的。"②这是马克思的一个基本观点。基于这一观点马克思提出了资本有机构成的概念，并得出了在资本主义条件下，资本积累的一般规律，资本的技术构成和反映这一技术构成的价值构成即有机构成会不断提高。这一命题实际上与现代经济增长理论的结论——经济增长需要以投资增长为条件是同一含义。在这里，劳动生产率的提高与有机构成的提高是同一过程的不同侧面，如果采用数学形式，就像现代增长理论一样，二者同样可以表述为函数关系。而且同样投资是自变量，劳动生产率的提高是因变量。

马克思在相对剩余价值生产的分析中还更深入地分析了形成这一关系的内部经济机制，即资本家为了获取更多的剩余价值，就要不断提高劳动生产率，而为了提高劳动生产率就要改进生产方法。马克思分析了从分工到大工业的资本主义条件下生产力发展的各个阶段。特别是，在对机器与大工业的分析中说明了物质资本的改进在这一过程中的重要作用。而且在

---

① [美] D.W.乔根森，等.生产率与美国经济增长.经济科学出版社，1989：1.
② 马克思.资本论（第一卷）.人民出版社，2004：699.

马克思那里这本身就同时也是一个科学与技术进步的过程。

实物形态的固定资本的改进为什么能够提高劳动生产率？马克思的回答是，它提高了人类对自然力的运用水平。按照马克思的观点，劳动力本身也是一种自然力，但它的力量是有限的，只有借助于外界的自然力，劳动这一自然力的生产力才能不断提高。用现代增长理论的语言，自然力本身是"无成本"的，只是为了使用自然力，"就需要一种'人的手的创造物'。要利用水的动力，就要有水车，要利用蒸汽的压力，就要有蒸汽机。利用自然力是如此，利用科学也是如此"。[①] 这些利用自然力的装置就是固定资本本身。马克思在这里实际早就回答了现代增长理论中投资与技术进步的关系问题，说明了技术进步是怎样与固定资本投资联系在一起的。同时，也从经济学角度给出了技术和技术进步的定义：技术就是利用自然力的方式和方法及其物质手段；技术进步就是对所利用的自然力在范围上的拓展和利用的方式和方法及物质手段的改进。按照马克思的这一观点，从生产力角度看，投资的直接目的就是如何用最少的投资更充分、更巧妙地实现对自然力的运用。

马克思的上述思想不仅具有巨大的理论价值，也具有重要的实践价值；不仅对我国的投资体制改革具有重要意义，而且对我国转变经济发展方式也具有重要的指导意义。

二、社会主义国家中早期改革理论家提出的投资问题

在社会主义国家经济体制改革过程中，东欧国家涌现了一批经济学家，从事经济体制改革研究，产生了很大影响。对他们的成果不可能也没必要在这里一一予以介绍。与我们研究目的相关的是他们对固定资产投资体制的看法。其中，特别有代表性的经济学家又首推波兰的布鲁斯。布鲁斯是著名的市场社会主义理论家兰格的弟子。兰格虽然主张计划经济可以引入市场调节机制，通过试错，让价格发挥调节生产的作用，但他始终对是否同样由市场调节投资持保留态度。布鲁斯继承和发展了兰格的这一思想。

如同其他改革学派的经济学家一样，布鲁斯虽然批评计划经济体制存在的问题，但他同时也是一位坚定的社会主义者。认为社会主义的经济体

---

① 马克思. 资本论（第一卷）. 人民出版社，2004：444.

制（以公有制和计划经济为特征）可以避免资本主义经济制度造成的一系列弊端，如资本主义经济危机、无产阶级的贫困化、社会分配贫富悬殊，等等。所以，布鲁斯和其他改革学派的经济学家提出的改革方案都力图在保留社会主义优越性的同时避免由于过分集中统一而造成的弊端。

布鲁斯理论的特点是，从决策角度出发，把社会主义社会的经济决策分为了三个层次：一是宏观决策层次，这是带有根本性的决策层次。包括经济增长速度、积累和消费的比例关系、投资方向、投资的技术选择、消费基金在集体消费和个人消费之间的分配等。二是企业经常性经济活动的决策，包括企业的生产规模、物质消耗的数量和结构、企业经营战略和原料供应、较小的投资以及工资的具体形式等。三是家庭或个人的经济决策，包括收入已定情况下关于个人消费的决策和职业选择的决策。他根据这三个层次的决策主体把社会主义经济划分为四种模式：一是军事共产主义模式；二是集权模式；三是分权模式；四是市场社会主义模式。布鲁斯赞成第三种模式，即第一层次决策集权，而第二、第三层次放权的模式。认为这样既可以通过国家对一些战略层次的决策，特别是积累消费比例和投资方向的决策，避免资本主义经济的无政府状态造成的危机，也可以发挥企业和个人的积极性，发挥商品价值规律的作用，解决第二种模式中存在的中央与企业和个人之间存在的信息不对称问题。

我国著名经济学家孙冶方早在 1960 年在如何为扩大企业自主权划"杠杠"时，也提出过以简单再生产和扩大再生产为界，扩大再生产投资是大权，属于国家，而简单再生产投资属于小权应给予企业。道理同样在于，他认为靠市场无法合理解决投资结构和投资总量问题。

三、投资结构问题

所谓投资结构问题就是指投资在不同部门和行业的配置比例问题。这一问题最早出现于古典政治经济学家的著作中，他们对问题的提法是，是什么支配了资本在不同部门和行业间的流动？使得不同部门和行业的生产能够与需求相适应。

在这一意义上我们也可以把马克思再生产理论放在这里一并介绍，原因是马克思研究的也是一个比例问题，虽然是两大部类之间的比例。

（一）西方经济学

现代西方经济学被分割为微观和宏观两个部分。市场经济条件下，或者准确地说资本主义市场经济条件下的投资问题在这两个部分中都有涉及。虽然从纯理论角度，微观经济学既研究了总量问题，也研究了结构问题，但如果着眼于经济运行，总量问题实际是一个宏观经济学问题。

如何使投资结构与需求结构相适应，是古典政治经济学提出的问题，甚至可以说是古典政治经济学为了证明市场经济优越性而提出的一个问题。

按照马克思的说法，古典政治经济学产生于工场手工业时期。这一时期资本主义虽然已确立了自己的历史地位，但是还未在生产力方面奠定自身存在的基础，"水推磨"还未被"蒸汽磨"所取代，因此，在其代表人物那里，虽然区分了固定资本和流动资本的概念，但并未对固定资本投资问题进行单独研究，而是将其放入资本概念下与资本配置问题一道来分析的。而这种资本配置又仅仅是用于工人阶级消费资料的流动资本配置，以至于马克思认为，在亚当·斯密和李嘉图那里，在他们所说的积累因而也是投资中根本就没有包括固定资本投资，而只是可变资本的投资。[1]

从我们的研究目的出发，这一时期值得关注的成果主要有两个：一是亚当·斯密提出的"看不见的手"，这个词本身就是在谈到资本投资时提出的；二是他关于支配资本在各个部门流动的论述。

"看不见的手"中的"手"可以理解为一个无形的社会经济管理者。斯密不赞成重商主义的贸易保护主义政策，主张政府不要干预私人资本的使用，为了说明为什么对进口或使用自己的资本进行限制是不必要的，斯密创造了"看不见的手"（Invisible Hand）这一著名词组，他说："各个人都不断地努力为他自己所能支配的资本找到最有利的用途。固然，他所考虑的不是社会的利益，而是他自身的利益，但他对自身利益的研究自然会或者毋宁说必然会引导他选定最有利于社会的用途。""在这场合，像在其他许多场合一样，他受着一只看不见的手的指导，去尽力达到一个并非他本意想要达到的目的。"[2] 按照斯密的观点，市场经济的价格调节机制就是一个看不见的社会经济的管理者，通过价格机制的调节，各种经济资源会按照社会需要得到合理的配置，当然也包括资本在各个部门的配置。斯密的这一观点对后来的西方经济学发展产生了深远的影响，以至可以不过分地说，在他以后200年的西方经济学就是围绕这一命题发展起来的。

---

[1] 马克思. 资本论（第一卷）. 人民出版社, 2004: 680.
[2] 亚当·斯密. 国民财富的性质和原因的研究（下卷）. 商务印书馆, 1988.

斯密关于资本在各个部门流动的论述依据的就是"看不见的手"的原理。这一原理首先是通过价格机制实现的,他说:"如果市场上商品量一旦超过它的有效需求,那么它的价格的某些组成部分必定会降到自然率以下。如果下降部分为地租,地主的利害关系立刻会促使他们撤回一部分土地;如果下降部分为工资或利润,劳动者或雇主的利害关系也会促使他们把劳动或资本由原用途撤回一部分。于是,市场上商品量不久就会恰好足够供应它的有效需求,价格中一切组成部分不久就都升到它们的自然水平,而全部价格又与自然价格一致。"[1] 在平均利润率作用下,不同部门利润率的波动引导着资本在各个部门的分配。

但是,这一理论的不足之处在于,一方面,由于在斯密所处的时代固定资本只占资本的一小部分,大部分资本用于对劳动力的购买,在物质形态上,固定资产的专用性不强,资本在各个部门间的流动几乎不受什么限制;另一方面,斯密本身就忽略了固定资本投资问题。因此,在这里,资本在不同部门间的调整可以看做是瞬时完成的,资本投入的调整可以和产品的调整同步实现。这样,价格机制的作用可以得到较充分的发挥。所以斯密对"看不见的手"充满信心。古典经济学的另一代表人物大卫·李嘉图对斯密的这一思想赞不绝口,并对其做出了更明确的表述:"在一般情况下,没有一种商品能长期继续恰好按照人类的需要和愿望所要求的数量得到供给,所以也没有一种商品能免除价格上偶然的和暂时的变动。只是因为有这种变动,资本才能恰好按照必要的数量而不致过多地分配在有人需要的各种产品的生产上。在价格发生涨跌时,利润就会提高到一般水平以上或降到以下。这时资本要不是受到鼓励进入到某种发生这种变动的行业,便是受到警告退出这种行业。"[2] 显然,李嘉图像斯密一样,觉得固定资本同样是可以在短时间就能顺利完成在不同部门的调整,而不会由于固定资产本身的物质形态受到影响。这与大工业时代的情况完全不同。我们无法设想一个钢铁厂能够很快转变为一个糕点厂。尽管李嘉图为了说明劳动价值论花费了大量笔墨讨论固定资本和流动资本的区别,但以上论述仍说明他心目中的资本实际上还是一种货币形态的资本,只是一种不具物质形态的价值物。像后来的经济学家形象比喻的那样,是一种"黏土"形态的资本,可以如人所愿,捏造成任意形状。显然,这与我们面对的市场经济实际相差太远了。

---

[1] 亚当·斯密. 国民财富的性质和原因的研究(下卷). 商务印书馆,1988:52.
[2] 大卫·李嘉图. 政治经济学及赋税原理. 商务印书馆,1976:73.

虽然一般均衡理论被看做是新古典经济学的最高成果，但在笔者看来，它对经济学的最大贡献是发现和阐述了人的最优化经济行为，并赋予了它在经济学研究中的基础地位。由此出发，新古典经济学从一个侧面探讨和揭示了市场经济运行的机制。但是，新古典经济学本质上是一个静态理论，希图解释的主要是某一时点调节各种商品供求关系的问题，它所建立的一般均衡理论实质也是一个静态理论。这在熊彼特《经济发展理论》中有很好的概括。而对支配储蓄与投资的经济活动分析，套用的实际是对调节商品供求关系的价格机制的分析成果。在储蓄方面，消费者受时间偏好率的支配，在投资方面，生产者受利息率的支配，二者的均衡决定了投资。所以，从总体上看，经济可以实现充分就业的均衡。从微观上看，支配投资方向的是各生产部门所获得的超额利润（即所谓经济利润），而这种超额利润从长期看，在均衡状态下为零。以利润最大化为目标的企业家经济行为导致了利润为零的后果，这个结论显然令人费解。所以围绕利润，又出现了许多解释，其中以奈特的解释最为著名。但争论并未停止，按照投资结构问题的提法，可以说，至今这也是一个没有解决的问题。

随着生产社会化程度的提高，以及资本主义经济中职能资本家和货币资本家的分离，特别是所有者与管理者的分离，建立在现代信用制度基础上的金融市场得到长足发展。20世纪80年代以来，资本市场在投资领域发挥了越来越大的作用，以至在术语和概念上使得投资一词逐渐成为金融投资的专用术语。各种以投资学命名的教材教授和总结的全都是与各种证券投资相关的知识，几乎找不到实物投资的影子。

随着金融市场的发展和现代投资学研究的深化，实际上使得古典政治经济学意义上的投资结构问题已然被新的问题所取代。换句话说，原有问题的解决是通过否定自身和提出新问题来实现的。

实践证明，即使在发达市场经济条件下，市场也无法解决古典政治经济学提出的投资结构问题。20世纪80年代以来不断出现的房地产泡沫和IT泡沫就是明证。根本原因就在于投资是面向未来的经济活动，而未来是无法准确预测的，由于技术进步和由此决定的消费者偏好变化以及经济发展本身的复杂性，使得未来即使在概率意义上也是无法预测的，所以要想解决投资结构问题似乎是不可能的。

这样，投资结构问题演变成了储蓄在各个部门的分配问题，进一步，储蓄的分配问题又转化为金融投资的收益与风险分配问题。这一问题推动了金融市场和金融理论的发展。

1953年，莫里斯·肯德尔在研究中发现，他确定不出任何股票价格的可预测形式，股票价格的变化似乎完全是随机的。在任何一天它们都有可能上涨或下跌，不论过去的业绩如何，那些过去的数据提供不了任何方法来预测股票价格的涨跌。但是，随着研究的深入，这一曾经令经济学家惊异的现象被认为恰恰是资本市场有效性的证明。这表明资本市场反映的只是价格的即时信息，包括那些可预测的信息，而真正的新信息必然是不可预测的。

而且，在非理性假设下，金融行为学研究还发现，在从众行为等非理性行为支配下，资本市场不仅无法提供未来的信息，还可能造成泡沫等反常现象，增加经济的不稳定性。那么，金融市场的功能究竟是什么呢？这成为20世纪中叶以来经济学家研究的一个重要领域。

20世纪90年代以前，金融市场理论虽然已经成为理论经济学家关注的重要领域，但在微观经济学教科书中一直缺少立足之地。只是到了90年代，金融市场理论才在微观经济学中占有了一席之地。

斯蒂格利茨在其撰写的被认为可能成为经济学教科书第四个里程碑的《经济学》一书中把未来不确定性这一问题归为风险问题，这样市场处理未来发展的能力问题就演变为市场处理风险问题的能力问题。对于不确定性形成的风险，市场的作用是通过分配风险降低企业的风险，而不可能消除风险。换句话说，市场无法有效地解决古典经济学提出的投资结构问题，但可以在企业投资失败时尽可能减少企业的损失，从而增加经济的稳定性。

从以上介绍可以看出，古典政治经济学家提出的投资结构问题，在西方经济学中始终是一个没有解决的问题，只是随着研究的深入改变了问题提出的方式。很可能，在市场经济条件下，起码在资本主义市场经济条件下，这本来就是一个无法解决的问题。科学史上往往会出现这样的情况，问题的解决最终是通过否定原有问题来实现的。投资结构问题可能就是这样一个问题。

那么，计划能否解决这一问题呢？特别是，在实行市场经济条件下，计划能否解决这一问题呢？答案可能是，要看历史阶段。至今为止的实行过计划经济的社会主义国家都是落后国家。由于工业化和现代化本身具有一定的规律性，在学习和赶超先进国家的过程中，通过借鉴先进国家的经验，未来在一定范围内是可以预测的，因而也为在一定阶段通过计划实现发展提供了可能。即便是后起的发达国家，譬如战后欧洲为了恢复被战争破坏的经济，也曾实行过广泛的计划。显然，这都要以预测未来发展为前提。而随着经济发展，未来的可预测性势必会减少。发达国家提供的经验和理论表明,在这种情况下,市场无法解决的问题计划同样也无法解决,原因是计划也是以对未来的认知为前提的,而一个经济体愈接近现代化,未来的可预测性将愈低。而在这时,投资结构问题同样会转变为风险分担问题。

从更高层次的理论看,这样的结论也是符合辩证唯物主义认识论的。认识只能源自实践,它的同义语就是认识永远是落后于实践的。人类只能在实践中前进,意味着人类只能在试错中发展。问题就演变为,如何充分利用可能得到的一切信息避免那些应该避免的错误和谁来承担错误的成本。在这个意义上,资本市场这种经济形式无疑是人类的一个有益探索。因此,总结其中的经验,也就成为建立社会主义市场经济投资体制的一个重要理论任务。

(二) 马克思经济学说

从方法论上说,马克思的分析方法与现代西方经济学不同,不是把整个经济分为微观和宏观两个部分,马克思使用的是从抽象到具体的方法,所以在马克思那里所有抽象的经济要素都既包括了其微观性质也包括了宏观性质。有学者曾把马克思再生产的两个公式的等式的左边和右边分别相加,表示可以得出与现代宏观经济学"储蓄+消费=投资+消费"同样的国民经济恒等式。如果说,为了从马克思主义角度改造西方经济理论,这样做多少还有些意义外,从对马克思经济学说的理解上,则是弊大于利。因为马克思经济学优于西方宏观经济学的地方恰恰在于通过把微观与宏观相结合从而揭示了造成宏观经济后果的微观经济机制。所以我们宁愿把马克思关于再生产的理论放在这里叙述。

按照马克思自己所说,《资本论》是"把资本主义生产方式的内部组织,在它的可说是理想的平均形式中叙述出来"。[①] 因此,马克思在考察资本主义再生产过程时,考察的也是能够使其正常运行的条件。这个条件就是人们所熟知的 I 、II 两个部类的数学关系式 "$IV+m=IIc$" 和 "$IV+m>IIc$"。马克思给出的这两个条件与其说是能够使资本主义再生产正常运行的条件,不如说是资本主义再生产难以正常运行的条件。原因是,稍加分析就会发现这两个条件实际上是十分苛刻的条件。它既要求两部类产品在使用价值上相互适应,又要求二者在价值上保持特定的比例关系。如果联

---

① 马克思. 资本论(第三卷). 人民出版社, 2004: 941.

系到马克思所确定的资本主义生产的剩余价值规律，那么，这就基本是一个无法实现的条件。满足了使用价值方面的条件就无法满足价值条件，而满足了价值条件就无法满足使用价值条件。原因就在于，为了获取更多的剩余价值，资本家有一种不断降低产品价值的冲动。而这种冲动的实现又是不平衡的，即有的行业技术进步快些，有的行业技术进步慢些，所以等量价值中包含的使用价值的量时时在发生变化，而排除价值革命这一变化恰恰是资本循环的条件。[①] 所以正如人的生理学研究同时可以揭示生命的死亡机制一样，马克思对资本主义生产方式的生理学研究的最终目的实际上也是旨在揭示其死亡机制。所以，按照马克思的分析，从根本上说，资本主义生产方式是无法解决投资结构问题的，它必然以周期性的危机为代价，直至其灭亡。

四、总量与投资率问题

投资的总量与投资率是两个既相互联系又有区别的问题。总量问题是按照凯恩斯理论提出的一个问题，含义是如何使宏观经济中投资达到充分就业的水平。而投资率问题在理论上是一个增长经济学问题。在实践上，我国经济多年来面临的一个问题，主要指积累率或投资率过高，或者说投资与消费比例失衡。二者的共同之处在于如何使国民经济中的投资达到适宜的水平。

（一）凯恩斯及宏观经济学

凯恩斯经济学是在1929年大规模的经济危机背景下产生的，针对的首先是他所说的古典经济学。

正如凯恩斯本人所言，在这里他犯了一个术语的错误。古典经济学这一概念是马克思提出的，而按照马克思的定义，所谓古典经济学，在英国是指配第、斯密至李嘉图的经济学说，在法国是指从布阿尔吉尔贝尔至西斯蒙第的经济学说，而凯恩斯所说的古典经济学，实际指的是在他之前包括新古典经济学在内的资产阶级主流经济学。

凯恩斯针对新古典经济学的投资理论提出，决定消费（因而也是储蓄，储蓄表现为消费支出的剩余项）的是收入水平，而不是什么时间偏好，在边际消费倾向递减规律的作用下，储蓄会增加。而支配资本家投资

[①] 马克思. 资本论（第二卷）. 人民出版社，2004.

的动机则是对资本边际效率的预期。凯恩斯引入了灵活偏好的概念,认为利率是对放弃流动性或在某一时期储藏货币的报偿。流动性偏好比储蓄对利率更有影响。

凯恩斯的结论是市场自发的作用无法使经济达到充分就业的均衡。他开出的药方就是政府干预,特别是对投资的干预。他的一句经常被引用的话是:"要达到离充分就业不远之境,其唯一办法,乃是把投资这件事情,由社会来综揽。"① 以至经常有后人提出这样的问题:"凯恩斯是社会主义者吗?"② 对于马克思主义者来说,当然不是。列宁把凯恩斯称为是"一个人所共知的资产者,布尔什维主义的死敌"。③ 那么,凯恩斯为什么要这么说呢?原因主要就是,他认为,靠市场自发的调节,无法使投资达到充分就业的水平,从而把投资在市场经济中的特殊性作为一个宏观经济问题确定下来。

凯恩斯对新古典经济学的批评导致了宏观经济学的产生。在他以后,虽然产生了不同的学派,比如货币主义学派、理性预期学派,尽管他们在结论方面各持己说,但他们都要面对凯恩斯提出的那些问题,用科学哲学的语言,他们同属一个理论范式。在这个理论范式中,投资的总量问题始终占有一席之地。

(二) 投资率问题

投资虽然是经济增长的重要条件,但是并不能因此得出投资率愈高愈好的结论。原因是,首先,从整个再生产的循环过程看,投入与产出的物质规律决定了生产与消费之间必须保持一定的比例。原因在于,投资的二重性,它既是当期的需求,在这一意义上,它是最终需求,但它又是未来的供给,在这一意义上,它只能算作中间产品,而生产的最终目的只能是消费。其次,从纯粹经济学角度即经济效果角度看,如果把国民整体福利最大作为生产的目的,那么,过高的投资率将会使经济效果下降。关于这一点,增长理论中的拉姆齐模型已经给出了证明。最后,事实和理论都表明,消费不足是产生泡沫的重要宏观条件。④

新中国成立以来,我国经济出现过的大起大落基本都可以归结为投资

---

① 凯恩斯. 就业利息和货币通论. 商务印书馆, 1977: 321.
② [美] 詹姆斯·K.加尔布雷思. 宏观经济学. 经济科学出版社, 1997: 54~56.
③ 列宁选集 (第四卷). 人民出版社, 1972: 318.
④ 布兰查德, 等. 高级宏观经济学. 经济科学出版社, 2002.

规模的膨胀，投资与消费比例失衡似乎已经成为我国经济难以克服的一个顽症。

所以，如何保持适度投资率是投资管理体制面临的一个十分重大的问题。

第三节　投资管理体制

一、投资管理体制的概念

作为全书的基础理论，这里有必要对固定资产投资管理体制这一概念做一辨析。

管理活动广泛地存在于人类社会中，可以说古已有之。管理的基本含义就是按照一定规则，通过干预而实现的某种安排。目的是在一定的约束条件下，更好地实现特定行为的目标，从这一意义上说，抽象的管理学（管理科学）等同于运筹学。而具体地说，每一种管理活动都是与其管理的客体相连的，最简单的如图书管理，就是按照某种分类标准对图书的排列做出的安排。管理的基本特点在于，它是一种人的有意识的活动。这种活动可以是纯个人意义上的，也可以是有组织的。即使在有组织的场合，也是通过人的有意识的干预活动实现的。

强调这一点的意义在于：在现代社会，市场经济与这种人类有意识的活动同时发挥着组织经济的功能。区别在于，市场经济对经济的组织并不是通过一定管理活动实现的，而主要是通过价格机制实现的，价格机制的作用又是通过商品、货币等经济形式实现的。按照马克思的看法，商品货币关系是一种人与人之间的关系，但它表现为物和物的关系，遵从一定的经济规律，在这种意义上，它像自然过程一样有其客观性，并不被人的有意识的活动支配。

所有社会组织都承担着一定的社会功能，为了实现这些功能，都需要管理活动，即都具有一定的管理职能。对于某些组织来说，它们的主要功能就是管理，设计这种组织的初衷就是实现对某一事物的管理，例如企业的质量管理机构。被赋予一定权限、承担一定责任，按照一定规则实施某种管理活动的管理机构或管理机构构成的管理体系就叫管理体制。

自大工业产生以来，固定资本在生产中就起到越来越重要的作用，包括技术进步，也总要以一定形式的固定资本来实现。

按照马克思的资本流通公式，G—W···P···W—G′，其中 G—W 中的 W 又分为 P_M 和 A，这里的 P_M 指生产资料，A 指劳动力，二者都是商品，区别它们的只是使用价值的特点，前者是生产的物质要素，后者则是人的要素，但都以商品形式结合在一起而进入生产过程。对此，马克思特别强调，区别不同生产方式的正是这种要素的结合方式。如果把其中的 P_M 进一步区别为劳动资料和劳动对象，即固定资本 F_1 和流动资本 F_2，所谓投资就是指 G—F_1 的转化过程。虽然固定资产与一般商品存在一定的差别，但是按照马克思的公式，它仍然仅仅是一个购买行为，是资本从货币形式向实物形式的转化。像消费指的就是消费品的购买活动一样，投资指的就是资本货的购买。在这里，作为投资的货币完成的是货币职能，而不是资本职能。为了完成这一职能，需要的只是购买决策。在市场经济条件下，由于分工的高度化，一般而言，固定资产的生产是一个独立的生产过程，由特定的企业提供（主要是建筑业企业和机械制造业企业）。对于投资者，一旦做出投资决策，项目的建设就会通过各种形式的招标由各种形式的工程公司承包建设，设备则直接或间接通过向厂商订货购买。

因此，这里的投资管理主要是以项目选择为核心的投资立项管理，主要形式是可行性研究。甚至项目选择和可行性研究也可以委托专门的投资机构进行，由投资机构提出项目建议。所以，在这里投资管理基本是发生在微观经济领域的一种管理活动。20 世纪 30 年代的大危机后，市场经济国家开始在宏观经济层面对投资进行干预。在这一过程中，为了使投资达到适宜的规模，主要是通过财政手段与货币政策来实现的，如修建公共工程、调整利率等。在那里，也很难找到与中国固定资产投资管理相对应的概念。当然也不存在固定资产投资管理体制这一概念。

二、中国的投资管理体制

在中国，固定资产投资管理概念经历了两个阶段。20 世纪 80 年代以前，通常使用的是基本建设管理一词，而基本建设投资管理只是基本建设管理的一个方面；80 年代后，情况在不知不觉中发生了变化，固定资产投资管理一词才代替了基本建设管理，成为主流语言。至今人们似乎并未深究这两个用语所表示的含义的区别，也并未刻意去厘清这两个概念的同一性与差别。例如，在 1989 年出版的《当代中国的固定资产投资管理》

一书中，第一章名为"固定资产投资管理的发展历程"，实际介绍的主要是改革开放前的基本建设管理，其中并未对基本建设管理与固定资产投资管理做出区分。

实际上，这两个术语隐含了重大的概念区别。基本建设和固定资产投资有共性的一面，基本建设是固定资产（并且特别专指新增固定资产）的实物形成过程，固定资产投资是资金转化为实物的过程。从结果看，二者没有区别，都是 G—F_1。但是，基本建设包括了固定资产的形成过程，如厂房、办公楼的建设，所以基本建设管理不仅包括资金（投资）管理，还包括设计施工及物资等方面的管理。在这里，投资及投资管理只是基本建设的一个构成要素。原因是基本建设的计划目标就是一实物目标，由计划经济这个"大工厂"自己来生产。从顺序上看，是先确定实物目标，再核算其（计划）价格，再确定投资额。资金是跟着实物走的，而不是实物跟着资金走。基本建设投资作为预算内投资，不是购买建设项目，财政预算作为国家的钱是直接用于建设属于国家自己所有的项目。在市场经济条件下，有时也会由作为投资者的企业自己充当固定资产的生产者，例如在技术的过程创新场合，为了保守秘密，企业对一些技术改造项目会自行设计、自行制造、自行施工。这时，企业的投资就不仅限于立项，而且要对整个项目实施过程进行管理。在这里，没有市场关系，只有企业内部的管理关系。但是，在市场经济条件下这只是例外情况。而在计划经济条件下，对于市场经济条件下是例外的情况却变成了普遍现象。

固定资产投资突出的是实现固定资产投资的资金垫付和购买行为，主要指资本从货币形态到实物形态的转化，并不包括固定资产本身的建设过程。所以固定资产投资管理，从概念上说应该到项目和项目预算确定就基本结束了，并不包括对项目本身建设的管理，也不承担相应的责任。

按照上述区分，从概念上说，与固定资产投资管理对应的应该是基本建设投资管理，按此推理，与固定资产投资管理体制相对应的就应该是基本建设投资管理体制，而不是基本建设管理体制。或者，与基本建设管理对应的应该是固定资产再生产管理，即沿用计划经济时期的概念，把基本建设与更新改造一起称为固定资产再生产，使其既包括固定资产的简单再生产也包括固定资产的扩大再生产，按此推理，与基本建设管理体制对应的就应该是固定资产再生产管理体制。实际上，改革开放初期的计划经济学教科书就是这样处理的，单列一章，称为固定资产再生产计划。但是，并没有被人们普遍接受。原因是，改革开放以来对固定资产再生产的管理方式发生了变化。在实际经济生活中，国家的计划管理越来越偏重于对投资的计划管理，而对建设过程的计划管理则在逐步弱化。在这种情况下，如果再延续计划经济时期的传统，比照基本建设管理的叫法，使用固定资产再生产管理这一概念，显然与实际不符。

但这也不意味着，在介绍改革开放30多年来固定资产投资管理体制改革背景时，应该仅局限于计划经济时期的基本建设投资体制，而弃整个基本建设管理体制于不顾。因为，从以上概念辨析中已经可以发现，从基本建设管理到固定资产投资管理本身既有着密不可分的内在联系性，属于同一的投资活动，同时又是投资行为的一个重大变革。它表明，改革开放后，企业已不再是政府行政机构的附属物，而是一个相对独立的商品生产者了，国家对经济的管理正在向市场经济国家的做法靠拢，首先就是从以实物形式为主借助行政命令的管理向以价值形式为主借助经济手段的管理转化。所以，我们在介绍改革开放30多年来固定资产投资管理体制改革的历史背景时，仍需要较全面地介绍计划经济时期的基本建设管理，而不是仅仅介绍基本建设的投资（资金）管理。

由本章的简单介绍可以看出，自20世纪30年代以来，不论是代表资产阶级的经济学家凯恩斯，还是信奉马克思主义的经济体制改革学派的经济学家，对固定资产投资都给予了特殊的关注。从他们的关注中，反映出固定资产投资在现代市场经济中确实处于一种较特殊的地位。市场经济对它的调节似乎确实存在某种程度的失灵，不论从发达市场经济国家70年代出现的"滞胀"和90年代后出现的"泡沫"破裂，还是发展中国家屡屡出现的金融危机，以及处于改革过程中的中国出现过的经济过热和通货紧缩，都表明，对如何解决这一问题还远没有令人满意的答案。

本章参考文献

1. 马歇尔. 经济学原理. 商务印书馆, 1991.
2. [美] 斯蒂格利茨. 经济学. 中国人民大学出版社, 1997.
3. [美] 滋维·博迪, 等. 投资学. 机械工业出版社, 2007.
4. [波兰] 奥斯卡·兰格. 社会主义经济理论. 中国社会科学出版社, 1981.
5. 弗·布鲁斯. 社会主义的经济与政治. 中国社会科学出版社, 1981.
6. 弗·布鲁斯. 社会主义经济的运行问题. 中国社会科学出版社, 1984.
7. 孙冶方. 孙冶方选集. 山西人民出版社, 1984.
8. 孙尚清, 等. 孙冶方的社会主义经济理论体系研究. 经济日报出版社, 1987.
9. 洪银兴, 等. 当代东欧经济学流派. 中国经济出版社, 1988.
10. 杨玉生. 社会主义市场经济理论. 山东人民出版社, 1999.
11. 苏联科学院经济研究所. 政治经济学教科书. 人民出版社, 1955.

第二章 投资体制改革的历史背景

第一节 新中国的计划经济

基本建设管理体制是计划经济时期经济体制的一个组成部分，而且处于核心地位，说整个计划经济体制就是围绕基本建设形成的也并不为过。所以，在介绍基本建设管理体制之前，有必要先对整个计划经济体制做一简单的介绍。

一、中国计划经济管理体制的构成要素

新中国成立后为什么选择了计划经济体制？要回答这一问题需要进行专门的研究，不是本书的任务。但是，为了理解中国的经济体制改革，包括固定资产投资管理体制改革，有必要对改革开放前的体制概况有一基本的理解。为了达到这一目的，比较有效的办法就是透过现象，对中国计划经济管理体制的基本构成要素进行分析。通过这一分析，不仅有助于我们从运行机制层面理解这一体制，而且可以在一定程度上认识其起源上的合理性与必然性，也只有理解了其历史合理性与必然性，才能认识其历史局限性和改革的必要性。

（一）现代财政与国家预算

在现代财政中，国家预算在国家财政中处于核心地位。国家财政古已有之，但国家预算却是资产阶级革命的产物。国家预算的首要特征就是其计划性、法律性。这种计划性和法律性最初只是资产阶级限制封建统治、维护自身利益的一种手段。英国是资本主义发展的典型，也是最早形成议

会制度的国家，现代国家预算也最早出现于英国。最初，资产阶级对封建王权的斗争集中在对国王课税权的限制上。1217年的英国《大宪章》规定，除特殊事项外，课税必须得到贵族和大地主代表会议的同意；随着资产阶级的壮大，到14世纪，国王要开征新税和增加税负，必须经代表资产阶级利益的议会的同意与批准。此后，新兴资产阶级与封建统治者的斗争又扩大到争夺财政资金支出的支配权上。最后，为了取消封建统治阶级在财政控制上所享受的特权，要求政府的各项财政收支必须事先制订计划，编制全年财政收支平衡表，国家财政收支必须经议会批准通过后才能执行，财政资金在使用过程中要接受议会的监督。1640年资产阶级革命后，这一制度得到进一步发展，1789年议会通过了《联合王国总基金法案》，把全部财政收支统一在了一个文件中。到19世纪，英国率先建立了预算制度，即以立法形式批准的国家财政收支计划。到20世纪初期，发达资本主义国家都先后建立起了国家预算制度。[1]

国家预算制度的建立，首次在国家层面上引入了计划因素，而且开创了一种新的资金运动形式。

按照马克思的分析，资本运动的一般公式是：$G—G'$。而在财政资金的运动中变形为：计划—$G—G$—计划，当财政资金渗入到生产领域时，就成为：计划—$G—G'$—计划。其中$G—G$（$G—G'$）虽然有了不同的内容，但资金运动自始至终受到计划的约束这一特征则是一目了然的。这种特征从纯形式上的意义远大于它的内容。限制其内容的并不是形式本身，而是政府的职能。因为，从概念上说，财政就是执行政府职能的经济基础。一旦政府职能扩展到经济领域，这种形式就能发挥组织经济的功能。

事实上，计划经济中的基本建设投资的资金运动遵循的也是这样一种形式。所以，从经济形式上看，计划经济并不是从天上掉下来的，也不是最早实行计划经济的苏联的发明。从内容上看，计划经济不过是预算原则在全社会生产领域的推广。而之所以出现这一变化，又是因为政府职能及与之相应的财政职能发生了转化。

这一点在新中国经济史上表现得格外明显。早在革命战争年代，毛泽东主席就为根据地的财政经济确定了"发展经济，保障供给"的原则。这里的供给指的就是财政供给，是相对于战争年代党政军的需求而言的，而

---

[1] 张馨，等. 当代财政与财政学主流. 东北财经大学出版社，2000：29；王金秀，等. 国家预算管理. 中国人民大学出版社，2001：5.

经济则包括了各种生产和商贸活动，这样就在财政与社会经济之间建立了紧密的联系，甚至可以说，发展经济就是为财政服务的。直至新中国成立初的"三年恢复"时期，它一直还是财政工作的指导方针。以后，党的任务发生了转移，从夺取战争胜利到实现工业化，虽然这里需求的内容不同了，但原则实质上还是一个。①

（二） 中国的现代化与工业化

现代化一词究竟于何时、何地、出于何人之口现在已无从考证。在中国，这一词汇的普遍使用大约始于20世纪30年代。最早主要在知识分子圈内使用，后来为中国共产党所接受。作为一个限定词，现代原本是时间或时段概念，以区别于古代和近代，而作为"现代"的一个基本的共同标志就是工业化。因此，在现代化中的所谓现代主要指的是生产力发展的现代成果，突出的是资本主义经济发展的生产力方面，最早它与工业化是混用的。例如，从政治文化等方面英国可以不同于法国、美国，更不同于日本，但它们都可以叫做现代化国家，一个共同的可以分辨的特点就是经济高度发达，都实现了工业化。中国共产党作为以马克思主义为理论指导的政党，之所以可以接受这一概念，并将其纳入自己的执政纲领，原因也在于此。

按照马克思历史唯物主义的基本原理，需要从生产力与生产关系两个方面观察、分析一个社会。也正因为如此，中国所说的现代化包括了一个限定语，即社会主义现代化，二者分别代表生产关系和生产力这两个方面。在中国共产党的执政理念中一个突出的特点就是一直把实现中国的现代化作为基本目标。现代化目标的提出实际上为社会制度的变革提供了一个生产力标准。正是由于这一点，使中国共产党在新中国成立后能够克服各种教条主义的干扰，始终坚持了基本的正确方向。

早在1944年，毛泽东主席在延安的一次演说中首次明确提出："我们共产党是要努力于中国的工业化的。"② 1945年在中共七大报告《论联合政府》中，毛泽东主席又从党的纲领的高度提出了"使中国由农业国变为工业国"的任务。③

---

① 直到五届全国人大第一次会议通过的《宪法》中还是规定："国家坚持鼓足干劲、力争上游、多快好省地建设社会主义的总路线，有计划、按比例、高速度地发展国民经济，不断提高社会生产力，以巩固国家的独立和安全，逐步改善人民的物质生活和文化生活。"
② 毛泽东文集（第三卷）．人民出版社，1996：146~147.
③ 毛泽东选集（第三卷）．人民出版社，1991：1080~1081.

新中国成立后，毛泽东主席又多次重复这一思想。例如，毛泽东主席先后在《关于正确处理人民内部矛盾的问题》和《在中国共产党全国宣传工作会议上的讲话》中及时指出，在大规模的阶级斗争基本结束之后，我们的根本任务是"在新的生产关系下面保护和发展生产力"，"建设一个具有现代工业、现代农业和现代科学文化的社会主义国家"。1964 年在修改周恩来的三届人大一次会议政府工作报告草稿时又增写了"把我国建设成为社会主义的现代化的强国"一段著名文字。

1965 年，周恩来在《政府工作报告》中第一次提出四个现代化，号召全国人民"在不很长的历史时期内，把中国建设成为一个具有现代农业、现代工业、现代国防和现代科学技术的社会主义强国"。

10 年后，1974 年冬，邓小平受毛泽东主席委托，代周恩来主持起草在第四届全国人民代表大会上的《政府工作报告》，重申了四个现代化的目标。

在实现社会主义现代化的时间问题上，毛泽东主席先后设想过若干个五年计划，提出过用 50 年、75 年、100 年或者更长一些时间实现社会主义现代化的思想。1962 年，毛泽东主席认为在中国"要使生产力很大地发展起来，要赶上和超过世界上最先进的资本主义国家，没有一百多年的时间，我看是不行的"。[1]

从历史上看，中国的现代化或工业化可以说是从外部植入的。19 世纪中叶，中国与西方经历过产业革命的资本主义国家在生产力方面的差距，集中表现为国防军事能力的落后。在这种局面下，一方面因为中国还未形成一个能够代表资本主义先进生产力的资本家阶级；另一方面，国防本身就是任何一个政府必须承担的职责。所以，从一开始中国的现代工业就是由政府引入的。兴办军事工业，并围绕军事工业兴办其他工业，建立以新式兵器装备的陆海军，是 19 世纪中叶开始的中国工业化的主要内容。采取的形式则是官办工业和官督民办工业。

产业经济学的研究结果表明，工业发展离不开一定的产业组织形式，在所谓"民族资产阶级软弱"的背景下，中国的工业化一直离不开政府（国家）的力量，从清政府的"洋务运动"到国民党统治下的"四大家族"，再到新中国的国营经济，无不具有这一特点。区别在于，哪一个政府才能真正承担这一职能，完成这一历史任务。而历史选择了中国共产党

---

[1] 毛泽东著作选读（下册）. 人民出版社，1986：828.

和她领导的人民政府。

(三) 公共产品与政府职能

作为古典政治经济学的集大成者,在《国富论》一书中,亚当·斯密的研究领域明显地可以划分为两大块,一个是市场活动的领域,另一个是政府活动的领域。后者即他的财政理论,而财政理论的基础实际是政府职能。穆勒的主要功绩就是发展了亚当·斯密关于政府职能的理论。但关于政府职能理论的最终建立则是20世纪50年代以后的事。关于公共产品与外部经济的研究为确定政府职能提供了经济学的理论基础,从而明确了政府职能就是提供公共产品。

但是,虽然公共产品是一个具有明确内涵的概念,而其外延则是不确定的,要视具体的历史条件来确定。对于后发展国家,在一定历史时期,由于特定的历史条件,工业化本身也成为了一种公共产品,特别是涉及国防军事工业和交通运输、通信、市政基础设施建设的工业部门,按其自身性质本来就是公共产品或准公共产品。其他像钢铁、化工等现代工业由于一次性投资大、回收周期长、私人难以投资的部门也具有了公共产品性质。① 而这些部门在发展中国家工业化历程中,往往是工业化初期的主要部门。这也就是为什么后发国家的工业化大多具有政府主导性质的原因。而中国,由于其落后程度以及新中国成立前后(乃至20世纪60年代中期)面临的战争环境,② 就更增加了这些部门的公共性,发展工业就成了政府的主要职能之一。这在中国共产党提出的过渡时期总路线得到明确反映,并写入了宪法。新生的人民政权明确宣布,国家行政管理的首要任务就是经济建设,而经济建设的核心任务就是实现国家的工业化。

在工业中,国防工业又占有突出位置,至1965年,中国的8个机械工业管理部门中有6个是以军事工业为主的部门(见表2-1)。按照投入—产出关系,可想而知,实际上其他基础工业部门也必然大部分是为国防工业提供直接或间接服务的。正如陈云在《关于第一个五年计划的几点说明》中指出的:"按照五年计划,国防工业是很突出的。为了实现发展国防工业的计划,很多民用工业就必须跟上,而且跟的很吃力。有些民用工业,实际上也是为了配合国防工业而建立的,比如有些特殊钢厂、化工厂等。这种情况的存在,是由于外国是在已经发展了的工业水平上搞国

---

① 植草益. 微观规制经济学. 中国发展出版社, 1992: 3~18.
② 李向前. 六十年代美国试图对中国核计划实施打击揭密. 百年潮, 2001 (8).

防工业,而我国工业落后,基础太差,但又必须迅速地发展国防工业。这样,就不可避免地要采取目前的办法。"① 从这一时期的经济发展任务和实现方式,我们就不难理解,当时选择计划经济体制的必然性与合理性。

表 2-1　　　　　　　　1965 年中国的工业管理部门

各部名称	管辖范围
冶金工业部	钢铁、有色冶金工业
第一机械工业部	通用机械、仪器仪表工业
第二机械工业部	核工业
第三机械工业部	航空工业
第四机械工业部	电子工业
第五机械工业部	兵器工业
第六机械工业部	船舶工业
第七机械工业部	航天工业
第八机械工业部	农用机械
煤炭工业部	煤炭工业
石油工业部	石油工业
化学工业部	化学工业
建材部	建材工业
纺织工业部	纺织工业
第一轻工业部	轻工业及轻工机械
第二轻工业部	原中央手工业管理局

(四) 命令经济——内部行政行为与外部行政行为

时至今日,许多人仍笼统地使用"行政手段"一词描述计划经济的特征。实际上,这样说是不准确的,会导致计划经济与市场经济体制的混淆。市场经济并不排除行政手段,观察一下西方国家的经济就会发现,对经济的行政管理无所不在。譬如产品安全与质量管理,在市场经济条件下就要广泛地借助于行政手段。在运用行政手段方面,计划经济与市场经济的真正区别在于,在市场经济中借助的是外部行政行为,按照行政法规实现对经济的行政管理;而在计划经济体制中,行政手段主要表现为内部行政行为,从而可能通过上下级关系实现对经济的计划管理。

计划经济的本质就是把国家行政权力作为组织经济的基本手段,具体表现为以指令性计划为核心的行政命令。这种方式的性质决定了它对内部

---

① 中华人民共和国经济档案资料选编(1953~1957)(固定资产投资和建筑业卷). 中国物价出版社,1998:22.

行政行为的依赖，从而使依靠层级结构中的上下级关系实现其经济管理目标成为它的基本特征。

为了使这种管理经济的方式成为可能，就需要把各种经济组织都纳入到国家行政体系中，作为行政部门的附属物，按照行政管理的条块结合的方式把它们组织在一起。这样做的结果就使整个国民经济变成了一个大公司，各个企业只是它的一个生产车间，而国务院主管经济的各部委则成了这个大公司的职能部门。实际上这也正是列宁在《国家与革命》这一名著中早就提出过的设想。

这一体系发挥作用的核心机制就是以内部行政行为为特征的行政推动。具体来说就是：中央政府作为这个大"公司"的"生产指挥部"，依据各种计划指标，借助于"条条块块"组成的经济管理体系，通过指令性计划的执行，使各项计划得到实施。不论是各级政府与各级计经委、各级主管部门与下属企业，还是各级专业管理机构与其上级单位，都通过隶属关系形成了上下级之间的环环相扣的命令—服从关系，并通过这一关系，达到政令的上通下达，形成了以内部行政行为为主要管理手段的管理体系。

由此形成的这一体制的一个突出特点就是行政权力的泛化，既是行政的社会化，也是社会的行政化。通过所谓"单位制"，①使每个社会成员通过对"单位"的依附关系，被纳入这一体制。所谓行政管理也被赋予了特定含义，就是指通过内部行政行为进行的管理。这是计划经济管理手段的一个基本特征，也是计划经济激励机制的一个基本特征和基本构成要素。

鉴于内部行政行为与外部行政行为两种不同行为方式对辨别体制特征的重要意义，有必要把这两个概念的具体含义引述如下："所谓内部行政行为，是指行政主体在内部行政组织管理过程中所作的只对行政组织产生法律效力的行政行为，如行政处分及上级机关对下级机关所下达的行政命令等。所谓外部行政行为，是指行政主体在对社会实施行政管理活动过程中针对公民、法人或其他组织所作出的行政行为，如行政许可行为、行政处罚行为。划分内部行政行为与外部行政行为的意义在于：第一，内部行政行为适用内部行政规范，因而只能用法定的内部手段和方式去进行；而外部行政行为适用于社会行政等外部行政法的规范，因而能够采用相应的法律、法规所规定的各种手段和方式去进行。由此可以看出，内部行政行

---

① 路风.单位：一种特殊的社会组织形式.中国社会科学，1989（1）；周翼虎，等.中国单位制度.中国经济出版社，1999；刘建军.单位中国.天津人民出版社，2000；李路路，等.中国的单位组织——资源、权力与交换.浙江人民出版社，2000.

为与外部行政行为的内容与方法是不同的，两者不能任意交叉使用。第二，对于内部行政行为的主体资格，法律没有严格要求，而外部行政行为的主体资格，法律则有严格要求。所以，某些具有内部行政行为主体资格的组织，不一定具有外部行政行为主体资格。第三，内部行政行为不得适用行政复议程序和提起行政诉讼，而外部行政行为在法定条件的情况下，可以适用行政复议程序和行政诉讼程序。"[1]

与外部行政行为相比，内部行政行为有两个突出特点：一是对于外部行政行为，行政机关与行政对象是平等的法律主体，而对于内部行政行为则是上下级关系；二是外部行政行为必须依法行政，受到法律的约束，而内部行政行为则是一种自由裁量行为，能否按政策办事完全取决于领导者的素质，结果就形成所谓的"人治"或"按长官意志办事"。

上述内部行政行为往往还被冠以"组织"的名义。而这里的组织实际指的是党组织，从而增加了内部行政行为的权威性、随意性和作用范围。这样就形成了整个经济组织的两个基本特点：一是按行政部门（条条）和行政区划（块块）组织经济；二是按行政隶属关系组织经济，所有基层企事业单位都按不同情况分别隶属于各部门或各地区的管理机构。国家计划则分别按照这两个系统、按基层单位的行政隶属关系下达和组织执行。企业和个人离开这种隶属关系将寸步难行，小到出差旅行、婚丧嫁娶，大到产品的采购销售、企业的设立，都要在一定的行政隶属关系下才能进行。

（五）国家所有制（各种形式的集体所有制）

为了使以指令性计划为核心的行政命令经济成为可能，建立单一的公有制所有制形式就成为了一种客观要求。这种公有制的实质是依附于行政权力的国家所有制。其理论逻辑是：国家是人民的代表，所以国有就等同于全民所有。在落后的生产力基础上为了使单一的公有制成为可能，在具体形式上，公有制又分成了国有（全民）所有制及不同水平的集体所有制，从城市经济的大集体所有制、小集体所有制到农村政社（人民公社）合一的"队为基础，三级所有"的所有制。

城市经济中划分集体所有制水平的依据实际是其所属的行政层次，比如，隶属于市局一级管理部门的企业就是所谓"大集体企业"，而隶属于

---

[1] 罗豪才. 行政法学. 北京大学出版社, 2001.

街道一级的企业就是"小集体企业",但有一点是共同的,就是它们都隶属于某一级政府(乃至像居民委员会这样的"准政府"),从而可以置于统一的行政管理体系下。

农村经济则通过人民公社这种政社合一的组织形式,同样纳入到了行政管理体系。

经济系统的统一性特点决定了计划经济具有一种把全社会经济纳入到自身的冲动,即建立单一公有制的冲动,原因是,只有这样才能实现计划经济的基本要求——综合平衡。

从这样的观点来看,所有制改造不过是实行计划经济的一个条件,从而成为了计划经济的一个基本构成要素。[①] 只有这样,才能使生产资料和各种资源——从使用权到处置权,置于统一的行政权力控制下,使所有基层单位和个人服从于统一的计划。例外的情况只有农村的自留地、自由市场以及城市居民无须票证的消费活动。

二、中国计划管理体制的形成与基本制度安排

所谓经济体制实际是经济管理体制的简称,其含义简单地说就是各种管理机构的设置和不同管理机构间权力(权利)的分配。中国的计划经济体制具体包括计划管理体制、农业管理体制、工业管理体制、交通运输管理体制、商业管理体制、物资管理体制、基本建设管理体制、科技管理体制、教育管理体制、医疗卫生管理体制、劳动工资管理体制、综合财政管理体制,等等。其中计划体制居于核心位置,指的是各种计划机构及其权力(权利)关系的总和。

与苏联相比,中国的计划体制似乎从未定型过,它不断地处于变革中,1965年似乎是它完善的顶点,但马上就陷入了"文革"的冲击,直至1978年改革开放。

1949~1953年,新中国成立后面临的经济形势极为严峻:一是物质生产力经受了严重破坏;二是旧社会遗留的各种经济势力通过恶意囤积、投机倒把等行为对经济的破坏;三是朝鲜战争。与此同时,革命战争年代形成的"统一管理,分散经营"的财政经济体制与建立统一的国家财政货币体系的要求又极不适应。

---

① 这样说并不等于否定改革后公有制在社会主义市场经济中的地位和作用。重要的一点恰恰是在计划经济与市场经济中公有制实现形式的区别。

在这种形势下，为了保证战争的需要和尽快恢复国民经济，在1950~1952年的国民经济恢复时期和"一五"初期，建立和形成了高度集中的财政经济体制，这一体制为后来的计划管理体制的建立奠定了基础。

1950年3月政务院通过并发布了《关于统一国家财政经济工作的决定》，决定统一全国财政收支、统一全国物资调度、统一全国现金管理。

1952年随着国民经济恢复时期的结束，开始了第一个五年计划的建设。1952年11月15日成立了中央人民政府委员会领导的与政务院平级的国家计划委员会，负责对国民经济和社会发展的规划和方针政策的研究制定，原政务院所属的重工业部、一机部、二机部、燃料工业部、建筑工业部、地质部、轻工部、纺织部、劳动部等部门划归国家计划委员会领导。

1954~1978年，随着第一届全国人民代表大会的召开，新中国的国家组织发生了重大变化，全国人大代替了原来的中央人民政府委员会，撤销了政务院，代以国务院，国家计划委员会由国务院领导，同时在中央各部和省市县成立了专门的计划工作机构。此后，伴随工商业社会主义改造和农村人民公社化，逐渐形成了由"条条"、"块块"组成的计划经济管理体制（见图2-1）。

全国人大是国家的最高权力机关（它要通过一定的形式接受中国共产党的领导，事实上每一个五年计划首先是以党的建议的形式提出的），也是国民经济计划管理的最高权力机关。国家的中长期计划和年度计划必须经过全国人大的审查和批准，才能付诸实施；计划的执行情况要定期地向全国人大报告。

国务院是国家的最高行政机关，也是国家计划管理的最高行政机关。全国人大通过的国民经济计划由国务院负责组织执行。

国家计划委员会是国务院计划管理的职能机构，在国务院的领导下，具体负责全国的国民经济长期、中期和短期计划的编制和检查工作，负责拟定国民经济计划的指导方针、指标体系、审批程序以及其他有关规定，研究国民经济发展中的重大问题，总结计划工作的经验，指导各部门、各地区的计划工作。

国务院各部委设计划司（局），负责制订所主管的行业的计划，进行行业的综合平衡，并指导所属基层单位的计划管理工作。县以上各级地方政府设立计划委员会，作为各级地方政府在计划工作方面的职能机构，负责制订本地区的计划，进行地区的综合平衡，并对所属基层单位的计划管理进行业务指导。

以上各级计划管理机构之间不是行政上的领导与被领导关系，而只是

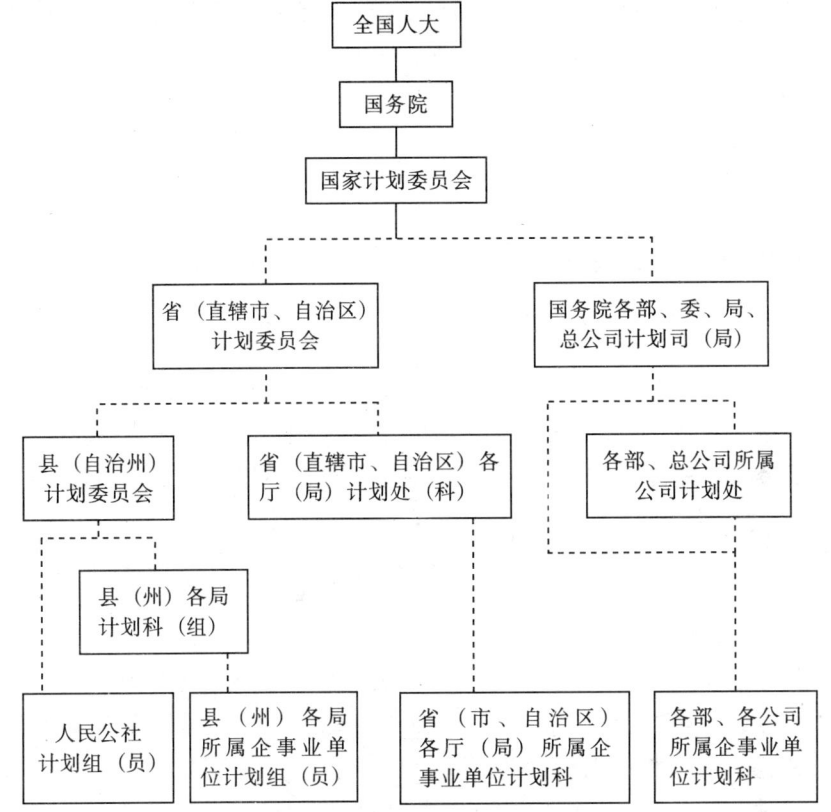

图 2-1 中国计划经济管理体制结构

注：图中虚线代表业务指导关系，实线代表领导关系。

业务上的指导关系。行政隶属关系是通过其直接上级部门与再上一级（"条条"或"块块"）的领导关系确定的，并借助这种行政隶属关系使计划层层下达。

在计划经济体制下，计划权是一基本的权力（权利），不论是集权还是分权，各级政府和企事业单位都只能按照计划所赋予的权力（权利）行事。从计划经济体制建立到 1978 年改革开放，其间的改革涉及的只是各级政府及企业计划权力（权利）的大小（以一定的计划指标为代表），没有改变的是计划权力的分配。上级下达计划指标，下级在权力范围内再制订计划指标下达给下级，直至企业（如产量、利润、职工人数等）和个人（如每人的身份、工作岗位、工资、粮食定量等），并按照计划进行生产建设、分配、流通、消费。

"一五"时期，国家计委管理的产品范围较广，计划种类较多，计划指标齐全。基本建设投资和建设项目的绝大部分由中央各部直接安排。中央统一分配的物资达到 500 多种，地方的权限很小。

1958 年，对上述体制进行了改革，中心是扩大省一级的经济管理权限。中央管理的企业约有 87% 下放给地方管理，中央统一分配的物资比 1957 年减少了 75%，地方建设项目占预算内投资的比重由"一五"的 10% 增加到 50%。

1963 年，贯彻"调整、巩固、充实、提高"的八字方针，强调经济管理的大权必须集中到中央，又大量收回下放的管理权。1963 年，中央统一分配的物资又增加到 522 种，基本建设审批权限上收，实行了中央集中统一领导下的以"条条"为主、"条块结合"的计划管理体制。与此相应，国务院增设或恢复了若干新的职能部门，如恢复了 1958 年撤销的国家建设委员会，更名为国家基本建设委员会，恢复了 1958 年被并入建工部的建材工业部，增设了物资部和第四、五、六、七机械工业部，等等，国务院所辖机构达到了 79 个，其中 49 个职能机构中有 35 个是经济管理部门。

这里，还需概要谈一下中国计划管理的主要内容与基本特点。

实行计划经济的根本目的就是实现国民经济的高速发展，核心任务是实现工业化。但由于社会经济是一个整体，为了实现上述目标，计划管理就要涉及社会经济的方方面面，由此也就规定了国民经济计划的内容。根据改革开放前几个五年计划的具体内容，可以将其分为：

（1）社会总产品和国民收入计划。它是国民经济计划最综合的部分，主要指标有：社会产品总值、国民收入、消费与积累的比例等。

（2）农业生产计划。包括农产品产量计划、农作物播种面积计划、畜牧业计划、林业计划、水产计划、农业机械化计划。

（3）工业生产计划。包括主要工业产品产量计划、主要工业产品生产能力计划、主要技术经济指标计划、新产品试制计划等。

（4）基本建设计划。主要指标有：基本建设投资额、建筑安装工作量、新增生产能力、大中型建设项目及其建设进度、投产年限、投资效果等。

（5）交通运输计划。包括铁路、公路、河运等计划。主要指标有：货物和旅客运输量和周转量、主要运输技术经济指标、主要运输工具和设备的拥有量和利用量等。

（6）物资供应计划。主要指标有：主要物资的需要量与分配量、主要物资的消耗定额、主要物资的库存量及国家储备等。

（7）劳动工资计划。主要指标有：全国城乡人口数、社会劳动力资源与分配、劳动生产率、职工人数、工资总额、平均工资、劳保福利等。

(8) 商品流转计划。主要指标有：社会商品购买力、社会商品零售额、主要商品供应量、主要商品收购量、商品收购总额等。

(9) 成本、价格计划。主要指标有：产品总成本、可比产品成本降低额和降低率、工农业产品价格及其比价等。

(10) 综合财政计划。它是国家财政、信贷、现金计划的综合表现，反映国民经济货币资金的收支情况及其与物资的平衡关系。主要指标有：国家财政收入、国家财政支出、信贷收支、现金收支等。

此外还有科教文卫计划、对外贸易计划、援外计划、地质勘探计划、废钢铁有色金属回收计划等。

上述计划都是通过一系列计划指标实现的，在实际工作中具体化为一张张计划表格（参见表2-2、表2-3、表2-4）。为了保证计划的实现，首先，这些指标作为指令性计划是具有法律效力的，本身就是计划权限的反映。其次，这些指标本质上都是实物指标，货币指标不过是实现实物指标的手段。

为了对计划制订过程有一个形象的了解，以下给出几张工业生产计划常用的表格。

表2-2是主要工业产品生产能力利用计划，其中年初生产能力是每年编制计划前核定的生产能力，一年中生产能力的变化主要由生产设备的增减决定，这也反映了为什么在计划经济时期基本建设那么重要。

表2-2　　　　　　　　主要工业产品生产能力利用计划

19××年度

产品名称	计算单位	报告年度		计划年度				
		年平均生产能力	预计产量	年初生产能力	减少的年平均生产能力	新增的年平均生产能力	年平均生产能力	计划产量
甲	乙	1	2	3	4	5	6	7
生铁								
钢								
化肥								
……								

新增的年平均生产能力=新增设备的生产能力×（自投入生产到年底月数/12）

减少的年平均生产能力=减少设备的生产能力×（自减少那月到年底月

数/12)

年平均生产能力=年初生产能力+新增年平均生产能力–减少的年平均生产能力

生产能力利用率=计划产量/年平均生产能力

计划产量=年平均生产能力×生产能力利用率（%）

各种工业产品的计划产量是在各种产品的资源与国民经济的需求之间求得平衡时，才能最终确定下来。为此需要编制各种产品的平衡表（见表2-3）。

表2-3　　　　　　　　××产品平衡表

19××年度

项　目	报告期	计划期	计划期为报告期的%
一、资源总计			计量单位：
1. 年初库存			
2. 生产			
3. 进口			
4. 其他资源			
二、需求总计			
1. 生产经营			
2. 基本建设			
3. 市场需要			
4. 出口			
5. 年末库存			
三、平衡差额			

在确定基本建设的投资需要量时，一般还要编制年度的或较长时期的生产能力平衡表来计算（见表2-4）。

表2-4　　　　　　　　××产品的生产能力平衡表

19××年　　　　　　　　　　单位：万吨

	年初能力	依靠大修理和技改措施增加的能力	依靠基本建设增加的能力	报废	年末能力	产量	年平均能力	能力利用率（%）
一、上年度预计	1500	30	180	60	1650	1150	1530	75
二、19××年								
第一方案	1650	30	420	60	2040	1320	1760	75
第二方案	1650	60	210	60	1860	1320	1700	78

三、1949~1978 年中国基本建设成就

半封建半殖民地的旧中国给新中国经济留下的是一个十分弱小的可怜的烂摊子，1949 年全国工业固定资产只有 124 亿元，平均每个国民只有 20 多元。从新中国成立到 1979 年 30 年的短短时间里，新中国基本建设投资达到 6517 亿元，新增固定资产 4541 亿元。基本建设加上更新改造及其他专项投资，即全社会固定资产投资，达到 8444 亿元，其中工业基本建设投资占 56.8%。通过大规模建设，中国的经济发展取得了重大成就，初步建成了独立的比较完整的工业体系和国民经济体系。

30 年中，新中国建成了 30 多万个工业企业，1978 年比 1952 年工业总产值增长了近 17 倍。1978 年主要工业品产量：煤炭达到 6 亿多吨，约为 1949 年的 20 倍；发电量 2566 亿度，是 1949 年的 60 倍；钢 3718 万吨，是 1949 年的 232 倍。工业产品产量在全世界所处的地位有了大幅度提升：棉布居世界第一位，水泥居世界第二位，煤炭由第九位上升到第三位，钢由第二十六位上升到第五位，发电量由第二十四位上升到第七位，石油从无地位一跃而为第九位。还从无到有逐步建立和发展了许多旧中国所没有的工业部门，如矿山设备、冶金设备、发电设备、高精度机床、拖拉机、汽车、飞机等制造工业；能够生产塑料、合成橡胶、化学纤维三大合成材料；能够制造每秒运转 100 万次的电子计算机；成功爆炸了原子弹、氢弹，成为少数几个掌握卫星制造、发射和回收技术的国家。

生产力布局得到明显改善，1978 年与 1952 年相比，内地全民所有制企业拥有的固定资产占全国的比重由 27.1% 增长到 53.6%。内地工业品产量占全国的比重：钢由 14.2% 提高到 34.4%，煤由 52% 提高到 63.9%，电由 35.7% 提高到 45.3%，棉纱由 17.5% 提高到 37.2%。

1952~1978 年，交通运输邮电事业基本建设投资占全国基本建设投资额的比重为 15%，仅次于工业。从新中国成立到 1978 年新建铁路铺轨 2.4 万公里，复线铺轨 6000 公里，有 1000 公里实现了电气化；铁路通车里程达 5 万公里，占世界第三位，比 1952 年增长了 1.1 倍。新修公路 24 万公里，使全国除两县外的 80% 的公社全部通了汽车；公路通车里程达 89 万公里，比 1952 年增长 6 倍。内河航运里程达 13.6 万公里，比 1952 年增长 43%。民用航空里程达 14.9 万公里，比 1952 年增长 10.4 倍。国际航线有 12 条，同十几个国家或地区通航。建立起了一支初具规模的远洋船队，

同 100 多个国家或地区往来。1978 年比 1952 年，铁路货物周转量增长 7.9 倍，公路货物周转量增长 18.6 倍，水运货物周转量增长 24.9 倍，沿海港口吞吐量增长 12.8 倍，全国邮路总长度增长 2.8 倍，全国 97% 的公社可通电话。

农业方面，不论是农田水利基本建设还是农业机械化也取得了明显成就。

虽然新中国成立以来一直存在重生产、轻生活的问题，但即便如此，在非生产性基本建设领域也取得了举世瞩目的成就，以全国医院病床数为例，1978 年达到 185.6 万张，比 1952 年增长 11 倍。大、中、小学建设也有较大幅度增长，在校学生人数分别增长 3.5、20 和 1.9 倍。

总的来说，改革开放前 30 年我国的基本建设事业取得的成绩是伟大的，尽管出现了种种失误，但我们应该用历史唯物主义的观点去看待当时的体制，而不应该用今天的改革去否定昨天的选择。

事实上，正是由于计划经济时期所取得的建设成就，才使得原有体制不再适合新获得的生产力，才提出了体制改革的要求，推动了体制的变革。这一自我否定的过程，符合历史的辩证运动规律。

第二节　基本建设管理体制的形成与发展

我国的基本建设管理体制是伴随国家的建设逐步形成的，是一个根据实践需要不断摸索的过程，既有学习苏联的成分，也有自己独特的经验，并且从形成那天起就开始了不断的改革。

基本建设管理要解决的核心问题可以理解为：如何使用好由财政而且主要是由中央财政支出的基本建设投资，使其达到预期的目的。基本建设管理体制实际就是围绕如何管好用好财政的基本建设支出设计的。虽然，可能不是一开始就有这样一个明确的设计目的，而是在实践中按照需要一步步形成的。但只要考察一下基本建设管理体制的内在关系，这一点就很容易理解了。例如，为什么对基本建设实行计划管理？为什么要把建筑安装过程也纳入到基本建设管理体系？原因很简单，财政预算本身就是一个计划制订和实施的过程。只不过在这里由于计划涉及的是整个社会经济发展，所以需要一个专门制订计划的机构，而这一计划的制订和实施又需要一系列条件。其中，项目投资额的计算就是按照计划定额制定的，包括建筑安装工作量和它所需要的资金量也是这样确定的。如果不把建筑安装过程也纳入到计划管理体系，基本建设计划管理的目标就可能落空，财政资金也就达不到预期的目的，因为不论是设计过程还是施工过程所依据的各项定额指标实际都是指令性计划的一个基础性组成部分。

一、1950~1952 年：雏形期

从 1950~1952 年，在三年经济恢复时期，借鉴苏联经验，主要从三个方面加强基本建设管理，形成了基本建设计划管理的雏形，为"一五"时期基本建设计划管理体制的形成奠定了基础。

第一，对基本建设投资实行专业银行管理。为了监督基本建设投资按国家计划进行，按程序办事，防止损失浪费，1951 年 2 月，中国人民银行指定交通银行兼办基本建设投资拨款，确定把按计划及时供应资金和监督专款专用作为交通银行的任务。

第二，建立基本建设的规章制度。中央财政经济委员会（中财委）于 1951 年 3 月颁发了《基本建设工作程序暂行办法》，规定了建设单位在施工以前，必须编制设计文件，并且把设计工作分为"初步设计"、"技术设计"、"施工详图"三个阶段依次进行。从此，基本建设开始建立起"先勘察、后设计，先设计、后施工"的工作程序。在此前后，国家还制定和颁发了关于建设单位申请基本建设投资必须具备的依据、基本建设投资与生产流动资金分别管理禁止互相挪用以及建设单位竣工投产必须编报决算等规章制度，为对基本建设实行全面计划管理奠定了基础。

第三，对全国的基本建设实行统一的计划管理。虽然在 1950 年基本建设投资就列入了国家预算，1951 年主管全国经济工作的中财委还制定并下达了年度基本建设控制数字，但具体的基本建设工作还是由各部门、各地区分管，没有全国统一的基本建设计划。管理基本建设的只有中财委计划局下设的一个基建处。1952 年 1 月中财委颁发了《基本建设工作暂行办法》，规定基本建设实行"两下一上"的计划管理办法，即由中财委自上而下逐级颁发年度基本建设投资控制数字，然后由建设单位自下而上在控制数字范围内，编报基本建设计划，最后自上而下审批下达。这样就使全国基本建设年度投资额置于了中央政府的控制之内。在项目管理上，规定把建设单位按投资额的大小划分为限额上下和甲乙丙丁四类。全部投资在 1000 万元以上的为甲类项目，计划（设计）任务书由政务院批准；限额以上，投资不足 1000 万元的为乙类项目，计划任务书由中央主管部提

出审核意见后报中财委或政务院批准；限额以下，投资在 20 万元以上的为丙类项目，计划任务书由中央主管部或大区指定的机关批准；投资不足 20 万元的为丁类项目，由省决定，报中央有关部门备案。这就使重大项目的投资纳入了计划轨道。

二、1953~1957 年：形成期

1953~1957 年是我国第一个五年计划时期。这一时期的基本建设的主要任务就是完成以 156 个项目为中心、由限额以上的 694 个项目组成的重点建设。

"一五"时期，我国的国民经济管理延续"三年恢复"时期的从分散到集中的方向，一是建立了统收统支财政体系，二是初步形成了经济管理的行政体系，三是建立了自上而下的计划体系，四是建立了集中的物资管理体系，五是建立了基本建设管理体系。与此同时，1956 年基本完成农业、手工业、资本主义工商业的社会主义改造，为计划经济提供了所有制基础。随着"一五"计划的完成，由上述体制组成的高度集中的国民经济管理体制基本形成。

其中，成立于 1954 年的国家建设委员会承担基本建设计划实施的职能。其归口管理的有建筑工程部（成立于 1952 年）和建筑材料工业部（成立于 1956 年）。它们也是基本建设管理的职能部门。

按照中共中央批示的、国家建委党组提出的国家建委的总任务是：根据国务院和国家批准的计划，组织以工业为重心的基本建设计划的实现，从政治上、组织上、经济上、技术上采取措施，保证国家基本建设特别是 156 个单位工程建设的进度、质量，并力求经济节省。下设重工业局、燃料工业局、机械工业局、交通水利局、建筑企业局、标准定额局等专业和综合机构。

在这一时期，基本建设投资拨款制度得到进一步强化，于 1954 年成立了由财政部领导的中国人民建设银行并在全国设立了分支机构，负责基本建设资金的拨付和监督使用。

为了实现对施工企业的统一管理，早在 1953 年国家就开始着手对私营营造厂进行社会主义改造，到 1956 年实现了建筑业的国有化。

三、1958~1965年：完成期

随着计划经济体制的形成，其集中过多、统得过死的矛盾也突出出来。1956年毛泽东主席作了《论十大关系》的报告，强调要处理好国家、生产单位和生产者个人的关系、中央和地方的关系。1957年11月以国务院名义公布了陈云主持起草的《关于改进工业管理体制的规定》、《关于改进商业管理体制的规定》和《关于改进财政管理体制的规定》。这三个规定的基本精神是调整中央和地方、国家和企业的关系，把一部分工业、商业和财政的管理权力下放给地方和企业。

但是，1958~1960年"大跃进"时期，在"左"的错误思想的冲击下，出现了盲目下放企业管理权、计划管理权、基本建设项目审批权、财权和税收权、劳动管理权、商业和银行管理权等现象，同时又不适当地扩大了企业管理权限，造成了国民经济和企业管理的混乱。这些问题与其他问题一起造成了国民经济的比例失调，成为新中国经济体制改革史上一次不成功的尝试。

为了纠正上述错误做法，自1961年开始再一次加强中央对国民经济的集中统一领导，通过一系列集中管理的措施，使计划经济管理体制达到了顶峰，包括基本建设投资管理体制在内的计划经济管理与"一五"时期相比更臻细化和完善。例如，不仅恢复了建委，而且把原建筑工程部又分为了建筑工程部和建筑材料工业部。国务院所辖机构达到了79个，比1954年国务院成立时多了15个。

四、1966~1978年：动荡与恢复期

"文革"时期，像其他领域一样，基本建设投资管理也受到严重冲击，许多规章制度在批判"修正主义管卡压"的名义下被破除了，建设银行等管理机构一度被撤销，大批干部被下放到"五七"干校。1976年打倒"四人帮"后，为了克服"文革"遗留下来的混乱状态，中央决定通过整顿恢复对经济的集中统一管理。1977年初，国家在全国范围内有计划地组织了基本建设财务大检查，抓住典型案例进行严肃处理，此后又出台了一系列严肃基本建设财经纪律的措施，起到了有力的约束作用。1978年4月，国家计委、国家建委、财政部联合颁发了《关于加强基本建设管理的几个规定》、《关于基本建设程序的若干规定》、《关于加强自筹基本建设管

理的规定》、《关于基本建设投资和各项费用划分的规定》、《关于基本建设项目和大中型划分标准的规定》等文件,9月又颁发了《关于加强基本建设概、预、决算管理工作的几项规定》。

这一时期出现的一个新事物是更新改造投资规模的扩大。

1967年以前,中国的固定资产投资,统称基本建设投资。财政每年拨给企业一些"三项费用"或"四项费用",虽然带有固定资产投资性质,但为数甚微。"一五"时期,只占固定资产投资的3.78%,"二五"时期只占7.72%,当时都没有纳入投资计划。但随着国际范围的技术进步和原有企业设备经济寿命接近后期,设备更新和技术改造日益提到了企业挖潜增产的议事日程,全厂性大型技术改造项目陆续出现,更新改造投资绝对额及其占固定资产投资的比重都在大幅度上升。"三五"时期更新改造投资233.06亿元,占全部固定资产投资的19.3%;"四五"时期,达到512.42亿元,占全部固定资产投资的22.5%。

从1967年开始,国营企业的基本折旧基金,先是全部留给企业,后来采取部分由财政集中分配,部分留给企业用于设备更新和技术改造,从此,更新改造投资开始成为独立于基本建设投资之外的又一条固定资产投资渠道。由于有了这条渠道,国家计委陆续地把一些简单再生产投资从基本建设投资计划中分离出去,由财政运用所集中的折旧基金,另给"挖潜改造拨款"。这样做,国家计委可以腾出一些基本建设投资指标满足追加投资的需要,财政部则可以保证更新改造资金切实用于企业维持简单再生产,而不致被拿去扩大基本建设。因而从1970年起由基本建设投资中分离出去的项目越来越多,主要有"五小工业"补助、油田维护费、煤炭矿井开拓延伸费、冶金矿山维持简单再生产费用、林业采伐开拓费、商业网点投资、简易仓棚投资、土粮仓、小油罐投资等。这些固定资产投资分离于基本建设投资计划之外,形成了投资的第二个战场。这一情况的出现,成为后来固定资产投资管理体制改革的一个重要推动力。

第三节 基本建设管理体制的内容与特征

按照计划经济时期的概念,基本建设就是固定资产的形成,由于旧社会遗留的固定资产极其有限,所以固定资产形成主要是以新建、改建、扩建形式实现的,基本建设指的就是这种固定资产新建、改建、扩建过程。

而且这些建设主要是由国家财政出资进行的,从建设项目的确定、项目拨款到项目建设的全过程都是在国家的支配下完成的。而项目建设,特别是工业项目的建设,是一个技术性、专业性都很强的工作,需要大量的专业部门来完成。新中国成立前后,中国共产党就确定了"边打、边建"的方针,在新老解放区特别是东北地区开始了基本建设。三年经济恢复时期以后,就开始了以 156 个项目为核心的大规模建设。社会主义建设在中国绝不是一句空话,在新中国成立以来很长一个时期,实际指的主要就是这种大规模的基本建设。基本建设管理体制就是在基本建设实践过程中逐步形成的。

一、基本建设在计划经济中的地位

从理论上说,整个国民经济的物质生产活动可以分为两个部分:一部分是现有工业、农业、交通运输业的生产活动;另一部分是各部门的固定资产的新建、改建、扩建和更新改造的活动。后者为前者提供生产所需要的劳动资料。经济的发展离不开生产的发展,而发展生产就需要增加新的固定资产。从这个意义上说,基本建设应该是国民经济计划的核心,原因是国民经济计划本身就是经济发展计划,而要发展就离不开基本建设。事实上,整个"一五"就是围绕 156 个项目制定的。但是,从另一方面说,基本建设所需要的物资、设备以及从事基本建设的劳动力所需要的消费品,又离不开当前生产,为了保证基本建设任务的完成,首先必须搞好当前生产。但从发展的角度看,为了实现生产的发展就必须有相应的基本建设。这种互为前提的关系显然是摆在计划工作面前的一道难题。所以,在计划经济体制下,如何确定基本建设的规模始终是计划制订需要解决的最重要问题。

二、基本建设管理的基本概念

在我国基本建设的长期实践中,形成了一套指导基本建设管理的理论概念(以下简称"基本建设理论")。了解这些概念,对于统一地理解计划经济时期的固定资产投资管理体制是一条捷径。

基本建设理论把马克思的再生产理论作为自身的理论基础。首先,它通过运用再生产这一概念,把基本建设定义为固定资产再生产过程。本来在马克思的再生产理论中是不存在固定资产再生产这一概念的。在马克思那里，即使是在扩大再生产场合，马克思也是简单地以剩余价值资本化（即投资）来概括的。当考虑积累的实物形式时，马克思按照产品的特征区分了生产的两个部类，即生产资料生产和消费资料生产，而在生产资料生产中并未细分劳动资料（它是固定资产的实物形式）和劳动对象的生产，原因是在马克思的分析中，只把资本分为可变资本（C）与不变资本（V），而C的价值是一次性转移的，即假定不存在固定资产。而在基本建设理论中，通过固定资产再生产这个概念，就从理论上把基本建设和现行生产划分开来，从而为在实践中把对现行生产的管理与对基本建设的管理严格分开提供了理论依据。其次，借助马克思简单再生产和扩大再生产的概念把固定资产再生产分为固定资产的简单再生产和固定资产的扩大再生产，用折旧基金从事的固定资产再生产属于固定资产的简单再生产，被称为更新改造，属于现行生产范畴；而用积累基金从事的固定资产再生产属于固定资产的扩大再生产。基本建设即专指固定资产的扩大再生产。在苏联，基本建设属计委管理，而更新改造属经委管理，中国后来沿用了这一做法。最后，通过固定资产再生产这一概念，使固定资产本身成为有别于其他产品的一种产品，由此来论证不论是这种产品本身，还是其生产过程，都有其特点，因此需要特殊的管理者。

三、基本建设管理的内容

新中国成立后，百废待兴。党和国家根据不同历史时期的需要，确定了不同时期的发展目标，这些目标的实现，绝大部分都是通过一个个建设项目来实现的。如何确定建设的总体规模，保证各个项目建设过程中对人、财、物的需要，如何通过项目安排、协调不同部门的发展，如何用尽可能少的投入达到发展的目标，这些都是基本建设管理要解决的问题。它既涉及国民经济层面的问题，用现在的话说就是宏观管理问题，又涉及每一项目建设过程中的微观管理问题。

按照项目建设的流程，分别从宏观和微观角度看，基本建设管理可以分为部门管理和项目管理两大部分。

基本建设的部门管理包括：基本建设的计划管理、基本建设的设计与施工管理、基本建设的资金管理和基本建设的物资管理。这也是一个建设项目从立项到施工必须涉及的管理部门。

基本建设的项目管理按照有关基本建设程序的规定共包括8个步骤：①编制计划任务书。②选择建设地点。③编审设计文件。④编制年度计划。⑤设备订货和施工准备。⑥施工。⑦生产准备。⑧竣工验收，交付使用。按照不同阶段的任务及其性质，可以分为项目的立项管理、项目的预算管理、项目的施工准备管理、项目的施工管理和项目的竣工管理。

四、基本建设管理的组织机构

基本建设是一项复杂的经济活动，是一个社会化的生产过程，每项基本建设项目完成，都是许多部门和单位协同工作的结果。基本建设从计划、勘察、设计、施工，直到竣工验收，每个阶段都有专门的组织，包括部门、项目管理机构和企业负责完成。

从宏观上看，基本建设管理机构根据其任务不同，可以分成两类：一类是对基本建设进行全面管理的综合管理部门，主要是各级计委、建委；另一类是分管某方面任务的具体管理部门，包括代表财政部对基本建设投资使用进行监督的建设银行、建工部门、设计部门和物资部门。

基本建设的微观管理主要是通过建立建设单位来实现的。按照计划经济依托一定行政隶属关系管理经济的办法，具体到每一个基本建设项目就都需要构造一个相应的行政机构，这个机构需要隶属于一定的上级单位，并实行独立的经济核算，以完成项目的建设，直至交付（投产）使用。这个机构一般叫做建设单位。在实践中，新建项目的管理机构叫某某项目（工程）筹建处，或某某项目指挥部，受其上级主管部门委托负责项目建设的管理。改扩建项目则由原单位的建设处（科、办公室）负责。

建设单位从行政上看，是负责执行国家基本建设计划的基层单位。它代表建设工程的拥有者（国家），是基本建设投资的支配人，也是建设工程的组织者和监督者。建设单位在整个基本建设工作中起着主导的作用，它对完成基本建设任务直接向国家承担政治责任和经济责任。

通过这样一个机构，有关基本建设的事项，如勘察、设计、施工、财务、物资，就有了一个具体的管理者。

建设单位在办完竣工验收和财务决算之后，工程随即交付生产或使用，整个筹建工作到此结束，建设单位的机构即予以撤销。

建设单位是未来的企业、事业单位的筹建机构，是从事固定资产生产活动的经济组织。建设单位在负责生产设备和某些基建材料的供应工作时，国家也核拨一定数量的流动资金。

五、基本建设管理体制的特征

中国计划经济时期基本建设管理的突出特征就是高度集中的统一管理。这主要体现在以下方面：

（1）基本建设计划采取集中管理的办法。建设规模由国家确定，投资绝大部分由国家分配，大中型项目计划任务书、大型项目初步设计、国家设备成套项目都要经国家计划和建设部门批准。中央除管直属项目外，还以直供项目、下放代管项目、戴帽项目、部商地方项目、进口配套项目等名义管理着大多数的大中型项目。而大中型项目又占了基本建设的很大比重。

（2）基本建设投资主要由国家拨款。由于财政实行统收统支，基本建设主要由国家预算直接安排，地方用机动财力安排的建设投资所占比重很小。

（3）基本建设物资，除砖、瓦、灰、沙、石等地方建筑材料由地方负责分配外，钢材、木材、水泥、玻璃等主要建筑材料都是国拨部管物资，都由中央分配。基本建设材料物资随投资走的分配办法，使基建材料很大部分的支配权也在中央。

（4）基本建设设计、施工力量也主要集中在中央。中央各主要生产建设部，如冶金、石油、煤炭、化工、铁道、交通、建工等部都有自己的设计、施工队伍，承担本部门和中央建设项目的设计、施工。这些设计、施工力量由各部直接管理。

（5）企业在固定资产再生产方面的权限仅限于大修理和利用部分折旧基金进行局部的更新改造。国家规定可以按一定比例从生产成本中提取大修理基金，由企业根据实际需要支配使用。但是大修理基金规定不准用于技术改造，大修理只能按原样修复，不能改变固定资产的原有规模、原来的结构。结果就出现了电影《血总是热的》一片中的场面，一个锅炉只要不动外壳，花再多的钱修都可以，而要动外壳则必须按照技术改造程序层层审批。新中国成立以来很长一段时间，企业固定资产折旧基金要全部上缴财政，企业技术改造所需资金全部由财政拨款。1967年在毛泽东主席批示后，情况有所改变，国家把折旧基金全部留给企业和主管部门，给企业的留成比例由地方和主管部门决定；1978年又改为上交中央财政30%，交地方财政20%，企业留50%。但折旧基金不得用于新建、改建和扩建。作为基本建设的新建、改建和扩建，企业只有申请权，批准权在地方和中央的主管部门。相比工交企业，建筑施工企业的自主权就更少，施工企业施工所需要的主要建材、物资一直是由建设单位提供；施工设备，从20世纪60年代到改革开放前，要按施工需要列入建设单位的计划，否则无申请渠道。

第四节 基本建设的部门管理

在计划经济时期，由于全部基本建设都是由国家进行的，所以，除了需要对项目建设进行微观管理外，还需要宏观管理即整个国民经济层面的管理，这种管理是通过各职能部门管理实现的。这些部门的功能，一是保障计划的实施和生产与基本建设的平衡以及基本建设过程所需要的人、财、物之间的平衡；二是为建设过程中人、财、物的结合提供可操作的机制。

一、基本建设的计划管理

一个从平地起家的企业是如何诞生的？在私有制条件下似乎不是一个问题，主要由投资者决定。而在公有制的计划经济条件下则是层层计划的产物，从提出项目设想到项目的规划、立项都要按照一定的行政隶属关系通过计划渠道实现。

基本建设计划首先要解决一定时期（五年计划）内在宏观经济层面的投资规模和投资方向问题。按照"统一计划，分级管理"的原则，国家计委根据五年计划确定的经济增长速度，通过综合平衡，在考虑需要和可能的条件下，确定出基本建设的总规模、投资方向和重点建设项目。据此再将初步确定的控制数字下达给各个主管部门和地方，由部门和地方提出各自的基本建设计划，而部门和地方所做的计划就是依据拟上项目做出的，这些拟上项目需要由各级计划部门（也可能通过项目的筹建单位）提前编制计划任务书。通过这种上下结合的办法最终形成指令性的五年计划。通过了这一步，部门和地方的项目就进入了国家计划的大盘子。

下一步就是制订年度计划，部门和地方（通过建设单位）必须按照基本建设程序对建设项目做出设计和编制项目预算，方可进入国家的年度计划。至此，一个建设项目就可以开始进入建设施工阶段。

二、基本建设的资金管理

基本建设投资的资金管理包括三个层次的内容：一是基本建设投资的预算管理；二是基本建设投资的拨款管理；三是基本建设项目的财务管理。其中第一、二两个层次属于宏观层次的部门管理，第三个层次属于投资的微观管理。这里涉及的内容主要是第一、二两个层次。

基本建设支出预算，是国家财政资金用于基本建设投资的基本财政计划，具体反映国家的方针、政策和建设要求，反映各个年度国家对基本建设投资分配的数量和方向。新中国成立以来至1978年改革开放，在大部分年份，基本建设投资在财政支出中都位居首位，正常情况下也要占40%的份额。从管理体制上看，虽然其间有过放权的改革尝试，但基本上实行的是集中统一管理的模式，所有投资权力集中于中央，基本建设支出预算由中央统一管理。在"一五"时期完成的588亿元基本建设投资总额中，90%来源于财政，其中79%来源于中央财政，中央直接管理的投资占总投资的86.5%。

基本建设投资预算管理的核心环节是预算编制的管理。基本建设投资预算是基本建设的年度投资额，它的编制既要以五年计划为前提，也要以年度确定的基本建设规模为基础。采取自上而下和自下而上相结合的办法，年度开始以前，在国家年度基本建设计划和国家预算指标范围内，下达各部门、各地区支出预算控制指标，作为编报年度基本建设财务计划的依据。各建设单位编报的年度基本建设财务计划，经各主管部门、各地区汇总后，报送中国人民建设银行总行，经审查平衡，分别核定基本建设的拨款额度，确定年度基本建设支出预算，国家预算正式成立后下达执行。

基本建设投资预算的执行过程，也就是资金的拨款和使用过程。自"一五"时期以来，办理基本建设拨款的机构一直是中国人民建设银行，隶属于财政部。职责是保证基本建设资金的及时供应并监督资金的合理使用。建设单位负责管理资金的使用。

三、基本建设的设计与施工管理

基本建设的实现是靠一个个项目建设来完成的，而项目的建设是一个专业性很强的工作，不仅需要大量的专业技术人员，而且需要制定一系列以技术为基础的定额和规范，它们既是基本建设的技术依据，也是制订计划投资额的经济依据，由于新中国成立后在这方面基础极为薄弱，所以对设计施工力量的建设就特别重视。改革开放前，通过近30年的基本建设，培养了大批设计和工程技术人员，形成了庞大的建筑施工队伍。这些设计、施工力量大部分隶属于中央和地方的各个专业部门及企业，同时主管建筑和城市建设及它们的归口管理部门国家建委也掌握了一批设计、施工队伍。各设计、施工单位的任务则是按照"条条"和"块块"的不同计划渠道分配下达的。

所有这些设计、施工单位，虽然在行政上隶属于不同部门，但设计与施工中的标准、规范、定额都必须接受各级建委的统一管理，实际上这也构成了建委的核心职能。

四、基本建设的物资管理

物资供应紧张是计划经济的一个特点，因此对物资的管理在计划经济中就显得格外重要，成为计划经济管理的一个重要组成方面，为此在各级政府成立有物资管理的专业部门。在中央政府，1962年以前为国家经委下属的物资管理总局，1963年成立国家物资管理总局，1964年成立物资管理部，1970年一度撤销，仅有国家计委下属的物资局，1975年重新成立国家物资总局，为国务院的直属局，在某些时期，物资管理部门内部还设有专门的基本建设物资管理机构。

计划经济时期的物资供应被划分为：统配物资、部管物资和地方管理物资。所谓统配物资指关系国计民生的最重要的通用物资，由国家计委编制物资平衡计划和物资分配计划，如钢材、有色金属、煤炭、石油、水泥、电动机、车床等。部管物资为国务院各主管部门统一分配的物资，这类物资是在国民经济中比较重要的物资，多数是专用性较强的物资和中间产品，如钢丝、耐火材料、皮带运输机等。地方管理物资主要指砖、瓦、灰、沙、石，以及通过商业渠道和企业自销的产品。不同历史时期进入统配物资和部管物资目录的物资数量种类是不同的，它实际可以作为衡量计划经济体制对经济控制程度的一个指标。如1953年共计234种，其中统配物资为112种；1957年增加到532种，统配物资231种；1963年为516种，统配物资为256种。

基本建设所需物资，一是建筑工程所需的钢材、木材、水泥，二是非成套设备与成套设备。非成套设备与物资按物资供应渠道供应，成套设备由专门的成套设备机构供应。物资供应先是按计划进行申请，列入物资供应计划后,再由建设单位通过不同方式与企业签订供货合同,以直达供应或中转供应的方式供给建设单位或施工企业。

物资到达后,对物资的仓库管理则成为项目管理的重要方面。

第五节　基本建设的项目管理

整个基本建设是由一个一个的项目构成的,宏观经济层面的基本建设投资规模和投资方向最终也要通过一个一个的具体项目才能落实。而计划经济条件下的基本建设管理体制,决定了基本建设的项目管理必然是从项目的提出到建成投产的全过程管理。按照以上介绍的基本建设程序共包括8个环节,在每个环节都会涉及相应的管理问题。为了便于理解和突出重点,我们把它归并为项目的立项管理、项目的施工准备管理、项目的施工管理、项目的竣工管理和项目的资金管理。这种划分方法既考虑了基本建设的阶段性,又考虑了基本建设过程所涉及的价值过程和实物过程。因为,在计划经济条件下,虽然基本建设过程是以使用价值为目的的,但仍然离不开商品货币关系,在这里商品货币关系仍然是一个基本的约束条件;所以虽然项目的资金管理贯穿于基本建设的全过程,我们仍然把它独立出来与其他具有阶段性的管理环节相并列予以介绍。

一、项目的立项管理

所谓立项管理,是指建设项目审查批准成立前的一切管理工作,包括拟建项目的勘察设计、提出计划任务书和设计文件、论证评估、审查批准等项管理工作,以计划任务书、设计预算、项目审批为主要内容。立项管理是基本建设前期工作的根本内容,也是基本建设管理工作的首要环节和起点,属于基本建设项目决策和规划阶段的管理。它主要解决的问题是定项(建什么样的项目?该不该建?)、定点(在什么地方建?)、定方案(按什么样的水平和内容建?)。解决这些问题的具体形式就是计划任务书、选址报告和初步设计。计划任务书批准前的工作一般由主管部门指定计划与设计部门承担,它实际也是制订五年计划的一个组成部分;具体的批准机关,则视项目的隶属关系来定,而项目的隶属关系在很大程度上取决于项目的规模,一般由上一级的计划部门批准,涉及全国的大项目则由国务院批准。

一个项目从提出到立项批准实际是一个在计划制订过程中不断反复深化的过程,既要以计划确定的社会经济发展目标和生产力布局为依据,同时也是计划的有机组成部分,重要一点的项目都要列入各级五年计划的基本建设项目表格。项目的确立是以项目计划任务书获得批准来实现的,因此,不论从项目建设的需要还是从项目管理的程序上看,编制计划任务书都是立项管理阶段的核心。

以大中型工业项目为例,按照要求计划任务书要包括以下10项内容:①建设目的和根据。②建设规模,产品方案或生产纲领,生产方法或工艺原则。③矿产资源、地质、水文和原材料、燃料、动力、供水、运输等协作配套条件。④资源综合利用和"三废"治理的要求。⑤建设地点或地区,估算占用土地数量。⑥防空、防震等要求。⑦建设工期。⑧投资控制额。⑨劳动定员控制数。⑩要求达到的经济效益和技术水平。这些任务的完成需要计划和设计部门做出必要的勘察、设计、调查研究工作。

计划任务书的审批即立项审批涉及的是项目立项的部门管理,主要是一个审批权限问题,其基本内容已如上述。

计划任务书确定后,具体从事各项管理工作的则是以上提到过的建设单位。按照基本建设工作程序,计划任务书中提出的设计方案仍然是初步的,在列入年度计划之前还要做出更详细的选址勘察,编制设计文件,按照项目的大小和复杂程度分阶段编制初步设计、技术设计、施工图设计。设计文件由技术和经济两部分组成。编制初步设计时,要编制设计概算。提交施工图后要编制施工图预算。施工图预算的基础是各种定额标准,它们实际是指令性计划的组成部分。建设单位要负责组织项目的勘察设计,制订项目的年度计划并通过相关部门审批。

负责勘察设计的机构隶属于各个部门或地方,它们的经费来自各级财政的事业费拨款,与建设项目支出无关。

二、项目的施工准备管理

根据批准的基本建设计划和设计预算文件,建设单位要做好施工的准备工作,主要包括:征地、拆迁、进行"三通一平"、安排施工力量、编报国家统一分配物资的申请计划、组织大型专用设备的预安排、落实地方材料、做好材料的采购和保管供应工作。

从施工单位的角度看,施工前的工作一是编制施工计划,二是编制施工组织设计。它们与建设单位的工作要相互衔接。

三、项目的施工管理

施工管理根据基本建设的经营方式不同而有所不同。所谓基本建设经营方式，是指基本建设建筑安装工程是由建设单位自己组织施工力量及组织施工，还是由建设单位委托给专门的施工企业负责完成。前者称为自营方式，后者称为承发包方式。但是不论采取何种方式，施工管理的目标都是加快工程进度，保证工程质量，降低工程成本，提高劳动效率，都包括工期管理、质量管理和成本管理三方面的内容。

工期管理，对于建设单位来说，主要是抓计划、设计、施工力量三个方面的衔接、协调，抓投资工程内容、施工图纸、材料设备、施工力量等方面的落实；对于施工单位来说，主要是合理安排施工的组织和计划。

质量管理，除施工单位要建立质量管理制度，严格按照施工图纸施工，组织工人对工程进行自检、互检和专业监督检验外，建设单位要根据工程的大小，建立相应的工程质量管理机构，对从施工准备到竣工验收的各个环节进行严格的质量检查和监督。必要时，设计单位也要到施工现场配合施工，或进行巡回服务。

四、项目的竣工管理

项目竣工投产前要进行生产准备工作。这一工作一般也是由建设单位负责组织专门的人员和机构进行的。竣工验收主要是指承建单位向建设单位和建设单位向国家有关主管部门或使用单位办理交付手续的过程。竣工验收要求按照一定的标准，由特定的机构，如建委、主管部门、地方政府组织验收。

竣工验收除了要对形成的固定资产交付使用和移送有关的技术档案外，还要进行竣工决算。

项目一旦交付使用，即意味着基本建设任务的完成，建设单位的使命随之宣告结束，按规定予以撤销。

五、项目的资金管理

按照基本建设资金的运动过程（见图2-2），项目资金的管理应该包括两方面的内容：一是建设银行对拨款的管理；二是建设单位对资金使用的管理，即财务管理。主要内容是建设单位的财务管理。

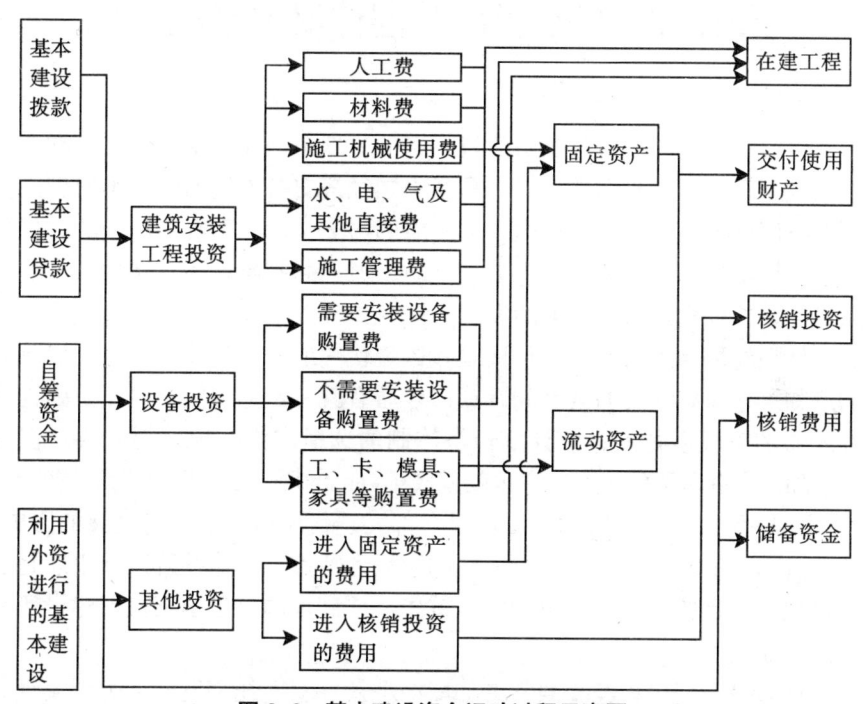

图 2-2　基本建设资金运动过程示意图

基本建设拨款即国家预算拨款，是基本建设投资预算的执行过程。由于财政收入是逐日、逐月完成的，为了适应财政收入的这一特点，也为了节约资金，监督资金的使用，负责基建拨款的建设银行是按照基本建设计划、基本建设程序、基本建设支出预算、基本建设工程进度，分次、逐笔拨给建设单位的。

建设银行根据建设单位提交的计划任务书、年度基本建设计划、年度基本建设工程项目表、施工图预算、年度基本建设财务计划方能拨款。

对于建设单位的财务管理工作，根本任务就是管好用好国家供应的建设资金，具体任务包括制定财务制度、建立财务机构，开展"三算（设计概算、施工图预算和竣工决算）"审查、进行经济核算，编制财务计划、合理分配资金，加强资金管理、实行财务检查，编制财务决算、搞好财务分析。

第六节　基本建设管理体制改革的动因

　　生产力、生产关系与上层建筑关系的原理是马克思主义历史唯物主义的基本原理，也是我们观察、分析新中国经济史必须遵循的基本原理。任何经济制度和经济体制，在生产力发展的历史长河中都有其历史的合理性和历史局限性。当它适合生产力发展时，就能起到解放和发展生产力的作用；反之，则会阻碍生产力的发展。

　　计划经济体制的产生和形成是我国现代化或者说工业化特定历史阶段的产物，它所要解决的发展问题或曰矛盾有其特定的内涵，也正是因为这种矛盾的阶段性特点，使计划经济体制的选择成为一种客观需要。但同样，随着发展阶段的转变，它也就完成了自己的历史使命而退出历史舞台。

　　1840年以来，中国的历史就是一部在现代化道路上曲折发展的历史。这一过程在不同阶段会表现出不同的阶段性特点。而这种阶段性主要是由工业化所满足的不同需要决定的。首先需要满足的就是国家机器建设所需要的工业化。

　　许多研究现代化经验的学者如库兹涅茨、罗斯托都发现，为了实现国家的现代化，主权国家是一基本前提，而且"占有关键的重要性"。在我国，1949年的人民大革命在政治上解决了这个问题。但这是远远不够的，为了在列强环伺、内忧外患之下实现民族的复兴，国家的对外独立、对内统一，还必须为国家政权对外实现独立、对内建立统治效能提供现代工业的基础。因此，这一阶段的任务所要完成的是以国家机器为核心的国家工业化。之所以叫做"以国家机器为核心的国家工业化"，是因为这里的国家并不是指包括全部社会成员、领土在内的社会意义的国家，而只是以国家政权为核心的政治意义上的主权国家。因此，这时的工业化是为政治服务的。凡是从20世纪五六十年代过来的人对我国那一时期"政治挂帅"的指导思想都会留有深刻的记忆。这其实正是那一时期社会经济发展客观实际的反映。这一任务的完成构成了1949~1978年这一历史时期中国经济发展的主要内容。在这一时期，通过计划经济体制，实现了广泛的社会动员，集中全社会的力量，在较短的时间内，建立了以国防工业为核心的基本完整的工业体系，为国家政权建立了强大的物质基础，以"两弹一星"为标志基本实现了国家政权建设层次的工业化。

1978年以后,我国经济发展进入了一个新的阶段。这一阶段经济发展的内容主要是在原有城市地区快速推进工业化。虽然我国的改革开放是从农村地区开始的,首先受益的群体就是农民。但是查阅一下当时的文件就不难发现,这一改革的出发点还是为了给城市提供更充足的粮食和工业原料,而不是为改变农村的社会经济面貌(这将是进入21世纪以后中国经济发展的主要内容)。为城市经济服务仍是这一阶段以财政体制为代表的一系列制度安排的基本特征。在这些制度安排背景下,改革开放后特别是在20世纪90年代,我国城市经济得到迅猛发展,城市经济以远高于国民经济平均水平的速度迅速缩小了与发达国家的差距,城市居民生活水平迅速提高,一个以小汽车消费为代表的大众消费阶段在城市已经到来。

我国的经济体制改革也就是在这样一种生产力发展背景下开始的。值得庆幸的是,虽然有过短暂的失误,但中国共产党人适应生产力发展的阶段性变化,不失时机地选择了以社会主义市场经济为方向的改革,把中国的现代化推向了新的历史阶段。

一、计划经济体制改革的必要性

虽然,按照苏联式的马克思主义,计划经济似乎是与市场经济不相容的,但事实上,不论在苏联还是在中国,商品货币关系从来就没有被取消过。能够超越商品货币关系的领域,仍然像现代经济学所揭示的那样,只能是在公共产品领域,区别仅在于这里的公共产品与一般意义上的公共产品在外延上有所不同罢了。它表现为一个相对完整的工业体系。它的首要任务虽然是提供国防产品,但由于生产力自身的性质,随着它的成长,越来越多的功能只能是提供私人产品,这是内含于生产力自身中的规律。相应地,就需要按照私人产品那样来利用市场机制组织生产。只有这样,社会化的生产力之间才能建立起有机的联系,使供给适合需求,使生产适合消费。否则,经济组织就会遇到双重的困难。一方面,当个人利益与计划冲突时会破坏计划的有效性;另一方面,当计划想满足个人利益时,又遇到了偏好展示的困难,使得计划不可能了解每个人方方面面的需求,也就不可能制订出符合人们各种需求的计划,就会使供求失衡。计划经济后期表现出的协调困难,不过是这些深层矛盾的反映。

至于马克思所说的计划经济,只要看看《马克思恩格斯全集》第46卷,就会明白需要生产力发达到何等程度。而不论苏联还是中国的计划经济体制,都不过是工业化特定阶段提供公共产品或者准公共产品的一种手段。

随着这一任务的完成，它必须要经受变革，否则就不再适合生产力的发展。这首先就需要承认和满足人们的物质利益需求。

事实上，中国的经济体制改革也是从激励人们的物质利益开始的。而一旦把物质利益放出牢笼，调节它的就只能是商品货币关系。因为即使在计划经济条件下，物质利益也只能以商品货币关系来表现。

上述深层次矛盾具体表现为生产、分配、流通、消费各个方面成堆的问题，正是这些现实问题推动了实际经济生活中的体制改革。

第一，国民经济比例失调，具体表现为积累和消费的失调以及农轻重比例失调。

有计划按比例地发展本来被奉为计划经济的基本规律，但是在计划经济时期这一规律却屡屡失灵。这一事实表明，所谓按比例发展虽然是经济发展的客观要求，但对计划者只是一种主观愿望。事实上，随着生产力的发展，经济比例的不断失调倒成了计划经济的一种客观规律。之所以称其为规律，原因是，它是这一体制的必然产物。

造成计划经济条件下积累与消费比例失调的原因主要有两个：一是计划人员的主观冲动；二是体制内的压力。如果说来自第一方面的原因还可以在原体制内得到克服的话，那么，要消除第二方面的原因则非改变这一体制不可。

所谓计划就是发展计划，所以制订计划的出发点就是发展，在实际工作中就具体化为发展速度。而为了实现速度目标，就要增加积累。实际上，计划经济工作者早就在按照与哈罗德—多玛模型类似的规律行事，为了提高速度就要增加积累。所以，经济计划总会把积累率尽可能推高，否则就难以实现高速度发展的目标。由这一原因造成的积累与消费的失调，"一五"时期出现过两次。第一次是1953年，因动用上年财政节余，造成市场紧张，出现了财政赤字。第二次是1956年，财政预算安排的基本建设投资由原定的112.7亿元，增加到140亿元，比1955年实际完成93.66亿元增长了49.5%，基本建设支出占财政总支出的比重，由32.9%猛增到45.7%，影响到经济的平衡。表现在物资供应平衡上的一个突出后果就是生产用钢材被挤占了45%，不仅影响了消费也影响了基本建设，使计划内的20个重点项目不能按时开工。

以后出现的三次失误则都是上述两个原因叠加的产物，所以造成的后果更为严重。其中以发生在1958~1960年"大跃进"时期的第一次失误最严重，三年的积累率分别达到了33.9%、43.8%和39.6%，比"一五"时期猛增了13个百分点，结果造成国民经济比例严重失调，消费品紧缺、物价上涨，最终造成灾难性后果，成为一个严重教训。探究其原因，一方面是急于求成，不切实际地提出"超英赶美"；另一方面就是这一时期由于放权导致计划外项目的大量增加。二者叠加造成了基本建设规模的急剧膨胀。造成后一方面的深层原因就是我们以上所说的体制内压力。所谓体制内压力是指地方、企业作为利益主体为了自身利益产生的投资冲动。这是计划经济体制固有矛盾的产物。一方面，计划经济需要统一的计划，但是，另一方面，构成这个统一体的各个部分本身又是具有自身利益的不同主体，当为了调动下级的主动性、积极性，不得不下放一部分权力给下级时，这种统一的计划就会受到破坏。原因在于计划经济归根到底还是建立在商品经济这个大底盘上的，不论是表现为地方财政收入还是表现为企业利润，甚至是表现为企业的级别，后面跟着的都是表现为商品货币的物质利益。

在计划本身的速度冲动和地方与企业的利益冲动共同作用下，就导致了一次次的投资膨胀和积累与消费及农轻重的比例失调。"四五"、"五五"时期的两次比例失调同样也是这样产生的。

经济的比例失调严重影响了居民消费水平的提高，留下一堆欠账。这些欠账实际都是隐性的财政负担。从上到下的改革可以说首先是财政压力的反映，因此财政体制改革就成为中国经济体制改革的序幕。原因是，在计划经济体制下，财政已扩展到企业和农村基层，成为所谓综合财政。不论是老百姓的吃饭、穿衣还是住房、看病，最后都要表现在财政上。大包干之所以那么快就被迅速推广，背后的原因就是农产品大量进口花费了大量外汇，而这些外汇都要来自财政。①

所以财政成了最先进行改革的部门，放权让利表面上看是企业改革，实际是财政体制改革的表现形式，是财政分配体制的改革。

第二，经济效益低下，表现为经济效益指标恶化。由于"干多干少一个样"的所谓"大锅饭"分配体制和各部门、各行业间的协调困难，随着生产力的发展，计划经济体制显得越来越不适应它所亲手制造出来的复杂生产力——现代大工业，从而造成经济效益的严重下降。1978年，全国重点企业主要产品的30项质量指标中有13项低于历史最好水平；38项消耗指标中有21项没有恢复到历史最好水平。全国国营工业百元产值利

---

① 1976~1978年净进口粮食265亿斤。1978年与1976年相比，粮食进口增加了2.7倍，棉花进口增加了1.7倍，砂糖进口增加了1.3倍，1978年进口的粮棉油糖共花费了21亿美元，相当于当年进口总额的1/5。

润率比历史最好水平低 1/3，独立核算的国营工业企业亏损面达 24.3%，亏损额达 37.5 亿元。流通领域中物资紧缺与积压并存，改革开放前夕的 1978 年，在全国商品库存中，质次价高、冷背呆滞、残损变质的商品总值达 100 多亿元。特别是基本建设由于在建规模过大，投资效果极差。1978 年施工的 1773 个大中型项目中，只有 99 个投产，投产率仅为 5.8%。

而这一期间，正是所谓"四小龙"经济快速增长时期。这无疑又给中国的改革增加了极大的压力。

二、基本建设管理体制改革的动因

如上所述，基本建设规模膨胀本身就是改革的基本动因之一，反过来，经济体制的全面改革又促使了基本建设管理体制的进一步改革，二者形成了一种相互促进的关系。其中财政因素仍然处于主导地位，这也是我国改革开放的一个基本特点。新中国历史上几乎每一次改革都能够在其身后发现财政的影子。而对于财政来说，改革的现实意义就是增收节支。这种思路在 1978 年后体现得非常明显，从放权让利到 20 世纪 90 年代末期的医疗、教育、住房等项改革莫不如此。只是到了 2003 年后，在科学发展观、五个统筹的战略思想指导下，才发生了方向性转变。这也是我们总结 30 年改革必须加以重视的重要现象之一。

基本建设管理体制改革的直接动因同样源于财政。这可以从 1978 年后出台的一系列固定资产投资改革措施得到印证。

首先，无偿拨款的基本建设资金供应方式是造成地方企业争投资、争项目的一个基本原因。这种资金供应方式也是造成基本建设规模膨胀和行业间比例失调的一个重要原因。而且，由于企业对资金的使用不承担经济责任，既无压力，也无动力，无法唤起企业对投资效益的关注。因此，改革固定资产投资的资金供应方式就成为推动基本建设投资管理的一个初始动因。

其次，如何既能减少基本建设投资，又能保持经济增长，或者说既能减少财政负担，又能促进经济增长，同样是促使投资体制改革的一个基本动因。答案当然是发挥更新改造投资的作用。这一改革首先是通过经济学界呼吁改变发展战略提出来的，即从重视外延扩大再生产（基本建设）转变到重视内含扩大再生产（更新改造）。由此促成了使用银行贷款进行技术改造，从而开创了以银行贷款从事固定资产投资的先河。

再次，随着其他方面的改革，物资、施工等约束条件对固定资产投资的约束力越来越小，而本来就存在于基本建设内部的高度集中统一的弊端就显得格外突出，由此推动了基本建设和更新改造的计划管理体制改革，具体表现为审批权的下放。

最后，随着企业作为相对独立的商品生产者的地位得到明确，各种项目主体与施工单位之间就需要建立其新型的商品货币关系，这就推动了各种形式的建设项目的包干责任制。同时，在建筑施工能力本来就过剩的情况下，建筑业又成为安置大量城市待业人员的一个重要途径。这些因素对基本建设管理体制的改革都发挥了不可忽视的作用，从而使基本建设管理逐渐蜕变为固定资产投资管理，国家对固定资产投资的管理，不论是对新建、改建、扩建项目还是更新改造项目，都越来越多地转向了价值形式的管理，而逐渐退出了对设计、施工领域的管理。

事实上，中国的计划经济体制由于其固有的矛盾和缺陷，以毛泽东主席的《论十大关系》为标志，自形成那天起就伴随着不断的改革，所以改革对计划经济体制来说并不是什么新鲜事。与已往改革不同的是，开始于中共十一届三中全会的改革，其政治、思想、经济各方面的基础以及面对的国际环境都发生了一系列根本性的变化。当这些因素结合在一起时，就把中国带入了30年波澜壮阔的改革开放历史进程。

（声明：除分析和评论外，本章是在引用大量参考文献基础上编写而成的，难以一一注明出处，有兴趣的读者可自行阅读所列参考文献。）

本章参考文献

1. 中国社会科学院，中央档案馆. 中华人民共和国档案资料选编（1953~1957）（固定资产投资和建筑业卷）. 中国物价出版社，1998.
2. 中国行政管理学会. 新中国行政管理简史（1949~2000）. 人民出版社，2002.
3. 国家统计局国民经济综合统计司. 新中国五十年统计资料汇编. 中国统计出版社，1999.
4. 房维中. 中华人民共和国经济大事记（1949~1980年）. 中国社会科学出版社，1984.
5. 刘国光. 中国十个五年计划研究报告. 人民出版社，2006.
6. 周道炯. 当代中国的固定资产投资管理. 中国社会科学出版社，1989.
7. 林森木，等. 中国基本建设工作手册. 中国发展出版社，1992.
8. B.C.列利丘克. 苏联的工业化：历史、经验、问题. 商务印书馆，2004.

第三章 投资体制改革的目标

计划经济时代，中国投资体制的基本特征是：政府是投资的唯一主体，政府通过高度集中的指令性计划，直接从事投资活动或控制全社会的投资活动过程。这种投资运行和管理模式是传统计划经济体制的重要组成部分，集中体现了计划经济体制的主要特征。随着经济的发展和市场经济体制的逐步建立，传统投资体制所暴露出来的弊端和局限日渐突出，这使得投资体制的改革成为必然。中国投资体制改革的主要内容是：投资主体、投资渠道和投资管理模式。其基本目标是：将全社会可用资金广泛引入经济建设的各个领域，将市场机制运用到融资、运营、管理、建设以及退出等各个环节；依据"谁投资、谁决策、谁受益、谁担风险"的原则，最大限度地发挥市场机制对经济活动的调节作用，确立企业的投资主体地位，形成多元化的投资主体格局；逐步建立起投资主体自主决策、银行独立审贷、融资渠道多样、中介服务规范、政府调控有力的投融资体制。其重点是：建立投融资风险约束机制，培育为投资主体服务的市场体系，达到对全社会资源的有效配置。

第一节 投资主体改革的目标

一、计划经济体制下的投资主体

（一）投资主体特征：单一投资主体

投资，是一定量的货币为了获得预期经济收益，通过生产运营活动而不断转化为资产的活动。在市场经济条件下，存在着两种性质不同的投资活动：一种是企业投资；另一种是政府投资。企业投资以营利为目标，通过货币形态、生产形态、商品形态等，通过周而复始、不断循环的资金运转，达到资本增值；政府投资通常以社会整体和公众利益为目标，通过资金的循环，实现公共服务设施、生产生活环境的改善，并进而促进生产效率的提高，引导经济发展。

投资主体，是在投资活动中具有一定资金来源，拥有投资决策权力，享有投资带来的利益，并承担风险的法人和自然人。投资主体是投资活动的法定承担者，必须有一定的资金来源，是资金的积累者；投资主体是投资活动的决策主体，能对投资活动中的重大问题如投资数额、投资方向、投资期限等重大问题做出决策和选择；同时，投资主体也是投资收益的享有者和投资风险的承担者，投资活动能使资本保值增值，投资主体能处分和支配投资收益，对投资活动中可能出现的损失、风险承担责任。

在传统的计划经济体制下，政府是唯一的投资主体，企业是政府行政机构的附属物。在这种单一投资主体条件下，全社会投资基本上由政府决策和实施，无论是营利性投资还是政策性投资，都作为政府投资由政府实施。企业，特别是国有企业都不是独立的投资主体，不具备投资决策的能力，无法从事投资活动；个体业主和境外企业的投资活动完全被排斥。

在单一的投资主体下，投资资金的来源也单一。政府投资的本质是国民经济整体效益的提高，故政府投资资金的主要来源是财政拨款。1978年的改革开放以前，中国基本建设投资的80%以上来源于财政拨款，国内银行信贷资金极少用于固定资产投资，基金、股票、债券以及国外资金等直接融资方式均未被有效利用过。据统计，[①]"一五"时期，我国基本建设投资总额中，国家预算拨款所占比重约为89%；"二五"时期约为78%；"三五"时期约为89%；"四五"时期约为82%。

在单一的投资主体下，企业是政府行政机构的附属物，不具有投资能力和投资决策的权力，投资决策权力高度集中于政府。政府通过指令性计划，以行政部门为中介进行投资决策。无论是投资总量、投资结构，还是投资方向、投资期限；无论是扩大再生产项目，还是简单再生产项目；无论是项目建议书、设计任务书、可行性研究报告，还是开工报告、实施方案等，都要通过政府审查批准。国家计划委员会（1952年成立）负责管理全国的基本建设长期规划和五年计划，国家基本建设委员会（1954年成立），则管理全国的建设业，负责限额以上项目的设计、审批和决策。

---

① 国家统计局. 中国统计年鉴（1986）. 中国统计出版社，1986.

在"一五"时期，国家规定：基建项目在 500 万~3000 万元的，当由国家建设委员会审核，国务院批准；60 万~500 万元的项目当由省、自治区、直辖市人民政府批准；60 万元以下的项目，其审核和批准程序由国务院各部委和省级人民政府自行规定，全部基本建设投资和大中型项目均需纳入基本建设规划。

（二）单一投资主体的局限和困境

1. 投资规模扩张，投资战线过长

由于是单一的投资主体，投资体制是行政强制性模式，因而各类资金在使用方向和重点上均要受政府的直接干预和控制，这使得投资资金成为变相的行政分配资金，助长了地方争投资、上项目的冲动，容易导致投资规模膨胀、结构失衡。

在相当长的一段时期，我国投资出现过度膨胀，难以控制。一些涉及国家安全、重要资源开发、产业布局的投资往往超过计划投资；一些在建项目的扩张速度也常高于预期，投资膨胀的惯性很大。1978 年，国家完成投资 501 亿元，比 1977 年增加 119 亿元，增加 31%，在建项目 1773 个，比 1977 年增加 290 个。1980 年，全国基本建设战线仍然过长，建设项目仍然过多，总规模也继续过大，这导致当年的新增固定资产交付使用率由 1979 年的 83.7%下降为 79.1%。整个"六五"期间，建成投产项目 17.6 万个，全民所有制单位完成固定资产投资 5330 亿元，比"五五"期间增长了 67.3%。

为控制过度膨胀的投资规模，国家于 1979 年 3 月下旬至 4 月上旬在北京召开了全国基本建设工作会议，提出要搞好在建项目的清理，扩大国营施工企业的经营管理自主权，改进基建物资供应工作；8 月，国家计委发出《关于抓紧清理、压缩全国基本建设在建工程量的通知》，旨在控制过快增长的固定资产投资规模。1980 年，国家基本建设规模仍然偏大，积累率也偏高，达 32%，国务院发出了《关于紧缩基本建设支出的紧急通知》。1981 年 3 月，国务院作出《关于加强基本建设计划管理、控制基本建设规模的若干规定》。1983 年 2 月，国务院发出《关于严格控制基本建设规模，清理在建项目的紧急通知》。1985 年 4 月，国务院发出《关于控制固定资产投资规模的通知》；8 月又发出《关于不再扩大 1985 年基本建设规模的通知》。这从一个侧面反映了当时我国固定资产投资规模扩张的状况。

由于政府投资审批的范围大、权限广，政策因素影响强，在一定程度上也导致了国家产业结构的不尽合理。如一段时期内,我国农业和基础支柱产业投入不足,农业抵御自然灾害的能力较弱,而家电、纺织品生产能力过剩。

2. 投资责任弱化,投资效益欠佳

由于从投资决策到建设施工全部是由政府直接操作,因而投资过程缺乏严格的责任约束和法律约束。加之投资建设服务体系不健全,与投资相关的各个宏观管理部门职能模糊,同时社会上存在的乱集资、乱拆借和随意拖欠,干扰了国家对资金投向的宏观调控,也使得投资领域竞争机制难以充分发挥作用,进一步弱化了投资责任。所以,1988年2月,国务院批转国家体改委提出的《1988年深化经济体制改革的总体方案》,提出主要任务是加强对固定资产的投资管理。

单一的投资主体,给国家人力和物力造成了很大的浪费。由于没有自主权,企业缺乏积极性和主动性,潜力不能充分发挥出来,这使得我国的基本建设一直是一种高投入、高消耗的投资模式,生产投资的效率普遍偏低。有资料显示:[①] 新中国成立以来,我国的GDP投资回报率和有一定投资回收能力的公益事业与公共基础设施增长了10多倍,但是矿产资源的消耗却增长了40多倍,每增加1亿元GDP,所需要的投资却要高达5亿元。因此,1990年5月,国务院批转国家计委和清理固定资产投资领导小组的报告,提出要继续搞好固定资产的清理工作;1992年9月,中共中央、国务院发布了《关于加强对固定资产投资和信贷规模进行宏观调控的通知》,提出要从八个方面加快职能转变,进一步扩大地方和企业基本投资决策权,减少国家指令计划,提高投资效益。

二、国外投资主体

(一)多元化的投资主体

在发达的资本主义国家,投资主体一般呈多元化状态。如美国、法国、日本等。

美国是典型的市场经济高度发达的国家,私有企业成为其经济的主体。美国也是投资主体多元化的国家,企业、政府、金融机构、中介组织交互作用,在投资中发挥着不同功能。美国的银行体系主要由商业银行、

[①] 林森木. 深化投资体制改革 完善各类经济主体. 财经问题研究,1994(4).

储蓄与贷款银行和信用社组成，商业银行的主要职能是吸收各类储蓄存款，办理支付账户，重点服务大中型企业；储蓄与贷款银行主要服务小型企业和个人；投资性公司包括保险基金公司、养老基金公司、小企业经济发展公司和其他投资性公司，这些公司实力雄厚，资金来源较稳定，一方面可为企业投资提供资金支持，另一方面也成为投资的主体。

在日本，建设主体与经营主体合二为一，形成了一个完整的投资经营主体。这些主体包括：道路公团、铁道建设公团、股份公司等。公团是一种准政府机构，又是一个具有独立地位的特殊法人，其主要领导一般由在政府部门中有一定地位的人担任。它在发展方向上听从政府的意见，而在具体建设经营方面拥有很大的自主权。公团的资金主要来源于政府，一是直接补助，二是通过财政投融资提供无息或低息贷款。这样，公团一方面完成了国家的重点工程，另一方面又将其置于了一种自负盈亏的境地，促使其注意缩短工期，减少成本，提高投资效益。

法国也是多元投资主体的国家，政府、企业和银行均为投资主体。政府投资主要集中于公共基础设施、社会服务和福利设施以及国家和政府机构的建设，如道路、桥梁、城市供水排水、医疗保健和体育设施等。中央政府承担全国范围的、跨地域的、关系到国计民生或全社会共同利益的投资，地方政府承担地区范围之内的、涉及本地区经济和社会发展的公共投资。无论是中央政府还是地方政府，都是独立的投资主体，都能自主决定主体权限范围之内的投资项目。

（二）企业是主要的投资主体

市场经济国家的投资主体一般是企业而不是政府。如美国的企业大体分为三类：[①] 一是单个企业，这类企业占了全美企业的绝大部分；二是合伙制企业；三是公司制企业。这些企业都是主要的投资主体。企业通过兼并、重组、联合等形式实现资本扩张和增值。美国企业投资资金的主要来源是自筹资金，包括企业的折旧和直接融资，另一部分来自借款和未分配利润。美国企业投资要列入企业战略发展规划，投资项目主要考虑企业所处行业、生产经营环境和应达到的目标。在美国，政府不直接管理企业，特别是不直接运用行政手段干预企业的生产经营活动和投资活动，而主要是以法律、法规的形式，鼓励、引导、帮助企业投融资，为企业营造自主发展、公平竞争的有利环境和自由空间。

---

① 李荣融. 外国投融资体制研究. 中国计划出版社，2000.

在法国，主要的投资主体也是企业。企业的投资主要集中于生产领域，如农业、制造业、一般加工业等，也包括一些经营性的公共设施。一些垄断性基础工业，如电力、石油、钢铁、铁路、航运等，通常由少数国有公司掌控，而竞争性、营利性行业中的投资，则主要是私营业主。无论是国营企业，还是私营企业，均享有同等的自主投资和自主选择融资方式的权利，法律规定，政府不参与竞争性投资，也不干预企业投资决策。

三、投资主体的改革目标

(一) 关于企业投资主体的理论纷争

长期以来，中国国有企业在国民经济活动中一直占主导地位。新中国成立初期，党的中心任务之一是恢复和发展城市的生产建设事业。国家确定的企业发展顺序是国营工业的生产、私营工业的生产、手工业的生产。政府对国营企业的定位是，[①] 工业主管部门是从事生产经营的一个基层单位。当时条件下，无论是中央管理的企业，还是地方管理的企业，都属于社会主义国家所有，都是社会主义国家的财产，企业的一切活动均由政府安排和指挥，国营企业的根本任务是按照国家计划规定，增加产品，满足社会的需要，同时完成国家规定的利润上缴计划。

1979年初，经济界对企业管理体制的改革展开了一次讨论，主要有三种观点：第一种认为，在企业生产中，不是国家集中的过多，而是集中不够；第二种认为，企业生产中中央集中过多，应把权力下放到地方，让一个省或市有独立的自主权；第三种认为，国家集中过多，企业还不是独立的经济核算单位，没有自主权，不能充分发挥其积极主动性。针对企业管理体制，有学者提出：[②] 要以企业为基本单位，让企业在国家的统一领导和监督下，成为实行独立核算和独立经营的实体。他们认为，企业是现代经济的基本单位和从事生产的经济组织，其在技术上自成一个独立的生产体系，与其他生产单位以及消费者发生经济联系，它是一个能动的经济体，具有独立的经济利益。企业与国家的经济关系，归根结底是利益关系。因此，国家对企业的领导和管理，必然要采用经济手段，如制定经济

[①] 张卓元.论争与发展：中国经济50年.云南人民出版社，1999.
[②] 蒋一苇.企业本位论.中国社会科学，1980 (1).

政策，指导和约束企业的经济活动，通过立法保护企业与职工的正当权益，监督企业执行政策法令，运用经济杠杆调节和控制企业的经济活动。

1979年9月，吴敬琏、周叔莲与汪海波三位学者合写了论文《价值规律和社会主义企业自动调节》，提出：必须使社会主义企业自动化，要从根本上改变企业由国家行政机关从外部上推一推、动一动的状况，要使企业时时刻刻发挥主动性，努力发展社会主义生产，满足整个社会及其成员的需要。1978年4月，中共中央颁发了《关于加快工业发展若干问题的决定（草案）》，提出了按专业化协作原则进行行业改组的决定。不久，国家在集体所有制企业中开始了承包制的探索，具体做法是：企业自己管，盈亏自己负，干部自己选，工人自己招，工资自己担。依据这些原则，在1979~1983年的五年间，集体所有制企业承包制普遍推广。于是，在国有大型企业中是否可以搞承包制，也摆上了议程。

1984年10月，中共十二届三中全会通过了《中共中央关于经济体制改革的决定》，提出了国有企业改革的新问题。认为，现行经济体制的种种弊端集中体现为企业缺乏应有的活力，增强企业的活力，是以城市为中心的整个经济体制改革的中心环节。企业改革的目标是，使企业真正成为相对独立的经济实体，成为自主经营、自负盈亏的商品生产者和经营者，成为具有自我发展能力，享有权利、承担义务的法人。

从1992年开始，以邓小平南方谈话的发表和中共十四大为标志，我国的经济体制改革与现代化建设事业进入了深化改革的阶段。与此同时，企业改革开始从机制转换向制度创新与战略改组的新阶段过渡。1993年11月，中共十四届三中全会通过的《中共中央关于建立社会主义市场经济体制若干问题的决定》提出："坚持以公有制为主体，多种经济成分共同发展的方针，进一步转换国有企业经营机制，建立适应市场经济要求，产权清晰，权责明确，政企分开，管理科学的现代企业制度。"随着改革的深入，国有资产管理中要处理一些重要的问题。[1]一是政府的行政管理职能和国有资产管理职能的关系；二是国家终极所有权与企业法人所有权的关系；三是国有资产管理与国有资产经营的关系。只有将政府的行政管理职能和国有资产管理职能区分开，实现国有资产的独立运作，才能摆脱政府部门对企业的行政干预；只有将一部分国有资产全权委托企业，由企业独立经营，由企业承担保值增值的责任，企业的发展才有活力。

---

[1] 张卓元. 论争与发展：中国经济50年. 云南人民出版社，1999.

(二) 投资主体改革的主要目标

1. 主体多元化，企业成为最主要的投资主体

将企业定为最主要的投资主体，就需要划分两类投资主体的投资范围，完善各自的运行机制。不同性质的投资具有不同的作用，从而有各自的作用范围。企业的投资范围，主要是竞争性、营利性行业和产品；政府的投资范围，则主要是公共性、开发性、福利性、公益性领域。当然，两类投资主体的投资范围并不是固定不变的。

确定企业投资主体的地位，首要的是解决大型国有企业的授权问题，即国有大型企业可以成为国家授权的投资机构。具体而言，企业拥有投融资权、一定数量的资产处置权和资产收益的使用权，国家拥有资产增值的最终收益权、管理者的人事选择权，国家需要对授权的投资机构进行监管，对集团公司的有关政策要做相应调整，对获权机构制定相应的考核办法。

对于出资主体，一些学者主张（如唐宗焜[①]）：应尽快解决国有资产的出资主体问题，即设立国家控股公司，确定国家控股公司的职责和权限，使集团公司摆脱政府的行政干预，从而达到企业扩大实力，优化结构，提高规模效益的目的。王珏主张：[②] 虽然不是每个企业都能起主导作用，但国有经济应该起主导作用，必须从整个国民经济的高度搞活国有企业。自然垄断的行业，国家可独资；基础性、支柱性、先导性的产业，国家可控股；一般性的企业，国家应参股。对于国有资产投资机构的设立，主要有两种观点。一种是主张依托企业集团，将大型国有企业建立为国有资产授权投资机构；另一种是主张以行政性公司为主，设立国有资产授权投资机构。前者认为，集团公司可借助国有资产的存在优势扩大实力，优化结构和提高规模效益，集团公司的母公司性质与国家授权投资机构的要求相符合，有利于企业集团母子公司体制的完善；后者认为，行政性总公司有更多的行业管理经验，企业应注重规模经济，注重行业内部联合，与外资抗衡。

明确了企业的投资主体地位后，随之而来的是确定企业与政府的投资方向。对此，改革的目标是：对于基础性项目如能源、交通、通信等基础工业以及直接增强国力的支柱产业项目，由于其投资规模大、建设周期

---

① 唐宗焜. 国有产权营运体制改革评析. 经济导刊, 1996 (4).
② 王珏. 抓住大的，放开小的. 经济日报, 1995-07-03.

长，直接效益、经济效益低，而社会效益高，需要政府扶持，故主要由中央政府和地方政府投资，资金来源为政策性贷款，政府可集中必要的财力、物力，通过经济实体进行投资、建设、经营，也可广泛吸引地方、企业参与投资，并鼓励骨干企业直接投资。对于竞争性项目，经济效益是其第一目标，投资主体应以企业为主。这类投资是由市场导向的，企业投资应受市场调节。企业根据市场信号和市场刺激，决定是否投资，以及投向哪里；利多多投，利少少投，无利不投。同时，企业要自行组织筹资、建设和经营，政府只负责指导和制定政策，并逐步从中退出，把投资主体地位转移到企业，促进投资行为的根本转变。

在投资主体方面，更进一步的目标是，政府推行投资准入政策，明确划分鼓励投资、允许投资、限制投资或禁止投资的领域，打破所有制界限、部门垄断和地区封锁，逐步建立适应民间投资需要的多层次金融体系；不断扩大企业投资的自主权，缩小政府投资的领域和范围；通过税收杠杆，鼓励企业投资国家优先发展的行业；通过简化行政审批程序，鼓励个人实业投资和外商投资。基于这些设想，1986年10月，国务院发布《关于鼓励外商投资的规定》；1987年1月，财政部制定7项有关外商投资税收优惠的条款；1988年6月，财政部发布《关于沿海经济开发区鼓励外商投资减征、免征所得税和工商统一税的暂行规定》；1998年9月，国家经贸委发布《关于国有企业利用外商投资进行资产重组的暂行规定》。

2. 投资主体自主选择金融机构

投资活动中，金融机构占有十分重要的地位。在新的投资主体确立后，金融机构的改革目标是，在国务院下设国家国有资产管理委员会，专职行使工商企业和银行中国有资产的所有权。国务院授权国资委投资设立一个国有独资公司性质的债务托管机构，同时，把专业银行分成商业银行和投资银行两部分。投资银行直接投资经营投资业务，发行自己的投资银行债券，以债券收入来购买已向商业银行出让的企业股权。国家对投资银行的注资不采用货币形式，而是通过股票认购券的形式注入。

对于具体的投资贷款，可分为政策性投资贷款和商业性投资贷款。竞争性项目投资主体主要与商业银行直接发生联系，银行按照资产负债比例管理和风险管理的责任、效益原则自主选择贷款对象，投资主体按照竞争与效益原则自主寻找贷款银行，确定贷款数额，通过商业银行间接融资。同时，企业可按照法定程序进行直接融资，如通过批准发行投资债券、股票，或组织横向联合投资等。

基于这些思路，2005年3月，国家发改委颁布了《国际金融组织和外国政府贷款投资项目管理暂行办法》，规定：国外贷款属于国家主权外债，境内企业、机构、团体均可申请借用国外贷款；国外贷款主要用于公益性和公共基础设施建设，保护和改善生态环境，促进欠发达地区经济和社会发展；按照政府投资资金进行管理。《办法》还明确要求，国外贷款项目主要用于土建、设备、材料、咨询和培训等资金安排，项目用款单位要依法履行国外贷款偿还责任，及时进行外债登记，加强国外贷款债务风险管理；国外贷款项目出现余款时，项目用款单位要办理余款取消手续，若将余款用于完善原项目建设，需要参照资金申请报告的要求，编制余款使用方案。

3. 建立多元投资主体下的出资人制度

与多元投资主体相适应，改革的另一方向是逐步建立起出资人制度，特别是出资人的资信评价体系。主要目标是：以资信等级为依据，实施对出资人融资能力的宏观调控。放弃项目的行政审批，形成投资决策、资本决策、信贷三权鼎立，相互制约，各负其责的投融资格局。

出资人制度要求：出资人负起责任，履行出资人之责；出资人要承担起民事责任；形成损益机制，战略投资者对于自己的投资负有直接的决策责任，对于下属企业的投资负有间接的督导责任，无论哪一类投资失误，投资者不仅要承受资产损失，更要承受资信损失；以资信等级为依据，建立起针对出资人的资信评价体系，实施对出资人融资能力的宏观调控。

旧体制下，国有资本投资的弊端主要表现为投资主体不明确，投资活动的利益关系不清晰，收益和风险不对称，产权对投资活动不能形成根本性约束，因而无人对投资项目的筹资、建设、经营、偿债和取得资本回报全面负责。实践证明，唯有通过制度建设对出资人代表机构形成制约，出资人代表机构通过公司治理结构对企业形成制约，才能建立起国有投资的责任链，才能使投融资体制改革走上正轨。

第二节 融资渠道改革的目标

一、计划体制下的融资渠道

(一) 主要特征：单一的财政拨款

投资项目可按项目性质、管辖权限、资金来源等标准划分。固定资产投资项目按性质可分为基本建设投资项目和技术改造（挖、革、改）项目两大类；按管辖权限和资金来源又可分为中央投资项目、中央与地方合作投资项目和企业自筹项目等。一段时期内，全社会的基本建设项目由计委管理，而技术改造项目由经贸委管理，投资建设实施则由建委系统管理。传统的计划经济体制下，这些项目投资资金的主要来源是单一的财政拨款，其特点是使用的无偿性。国内银行信贷资金极少用于固定资产投资，国外信贷资金也十分有限。

当时条件下，主流观点认为，商业信用是计划外资金的再分配，商业银行的贷款有可能助长企业的盲目经营，而且商业银行资金的运动，削弱了国家对银行业务的监督，不利于国家计划的执行。据统计，1978年以前，国家80%以上的基本建设投资来自于国家的预算内资金，且主要是以无偿供给的国家财政拨款形式拨出。由企业和单位自筹资金和银行贷款所占的比重多数时期不足20%，如"一五"时期约为10%，"二五"时期约为22%，"三五"时期约为12%，"四五"时期约为18%，"五五"时期约为22%。

尽管用于投资的财政信用资金来源包括预算内、预算外、银行资金、社会资金和国外资金五部分，但资金主体仍然是财政资金。通常情况下，固定资产投资资金的70%源自财政拨款，20%左右是委托财政贷款，这些资金主要用于支持重点企业和出口创汇企业的技术改造，新产品开发，支持经济欠发达地区的经济开发，地方公用设施建设，风险性行业的发展，科教文卫事业的发展等。

(二) 单一融资渠道的局限与困境

1. 投资资金匮乏，投资结构不合理

由于政府预算内投资来源终究是有限的，建设资金的筹措主要靠增加税收、发行债券和政策性贷款等方式实现，所以重点建设资金常常短缺。加之一段时期地方乱集资的冲击，地方和企业对增加税收的能力有限，大大限制了国家重点建设项目资金的来源。

在封闭的计划经济体制下，外资利用受到严格限制。据统计，20世纪50~60年代，我国曾有限地利用过苏联的一些贷款。与苏联交恶后，也曾通过延期付款方式，以及由设在中国香港、中国澳门的中国银行吸收存款和接受外商银行存款。70年代，国际融资主要局限于出口信贷中的卖方信贷。而且，大部分的国际贷款采用现汇支付，没有利用出口信贷，增加了国内经济负担。在1979年的基建战线在建项目清理中，发现投资领域长期存在着向国家争投资、争项目的现象，国家的基建战线长、资金散、管理混乱、浪费严重。普遍认为，国家对基本建设的无偿拨款是导致这种现象发生的主要根源。

在实践中，财政投资资金还带来其他一些负面影响。主要表现在：一是地方资金缺口大，导致资金来源超范围，特别是由于不允许地方政府发行债券，中央政府拨付的资金又是专款专用的项目资金，这使得地方政府千方百计地开辟资金来源，以致出现在金融市场拆借资金的不规范行为；二是一些地方政府为追求局部、短期效益，往往将资金投向时间短、见效快、收益高的行业，而关系全局和长远利益的基础建设项目却资金欠缺，导致资金投向不合理；三是由于没有严格的监管程序和机制，特别是缺乏资金的回收和效益审核制度，银行资金营运困难，贷款的呆坏账很多，影响了财政政策效用的发挥。

有计划、按比例的投资模式，也使得投资带有很强的主观性，由此产生了投资结构的严重失调。这反映在：长期以来农业投资不足，特别是水利、林业等基础设施建设投资得不到满足，影响了农业作为国民经济基础的地位；国家确定的支柱产业的投资水平也不高，总量偏小，使得资本密集型的现代支柱产业很难真正成为国民经济的支柱；教育、科技以及为此服务的综合技术服务事业投入长期不足，影响了其对经济增长的贡献。

2. 银行职能弱化，利益机制缺失

由于融资渠道主要是财政，银行成了国家财政的附属物，成为全社会资金入出的出纳机关，除储蓄、转账结算和工商企业超额流动资金的贷

款外，银行没有主审贷款和投资的权力。这样，银行的活动基本上不能产生利润。

为了加强经济核算，提高企业投资效益，从1979年开始，国家对投资资金试行了"拨改贷"，到1985年，全面推行，无偿使用的财政资金被变为有偿贷款，这增强了银行配置社会投资资金的能力。但是，国家通过利率管理、信贷管理和现金管理来控制社会资金的运用，并对银行的业务进行严格控制，这导致了国有企业巨额债务和国有银行的大量不良资产。据统计，1993年，国有企业的固定资产投资资金的50%、流动资金的90%来自银行贷款，银行成为国有企业最大的债权人，而银行却经营困难，上缴利润逐渐减少。1995年，工行、农行、建行三大行全行业亏损，信贷资金周转速度减弱，贷款质量也日渐恶化，坏账、呆账比率不断上升，自有资本率连续下降，全社会资金出现了居民债权高、国家债务高、银行利率高、企业成本高的反常现象。

二、国外融资渠道模式

（一）融资渠道广泛

国外固定资产投资融资渠道广泛，财政、银行、商业信用、证券和国外资本等都是投资资金的来源。

如日本，投资资金有银行贷款、证券市场融资，也有财政投入。特别是财政投入资金，来源于三个方面：一是资金运用部资金，它包括邮政储蓄存款，政府医疗卫生保险基金特别会计、国民退休基金特别会计的积累金和剩余金，大藏省资金运用部特别会计的积累金和剩余金；二是简易保险资金，包括简易生命保险年金的积累金和邮政年金的积累金，这部分资金主要用于5年期以上的项目；三是产业特别投资会计，也是国家财政资金，主要用于发展重点产业和振兴对外贸易，或者用于社会基础设施建设、产业结构调整及国际合作，以支持国家产业政策的实施。

在美国，政府主要负责公共基础设施建设的投资，其资金主要来源于税收，这些税包括财产税、营业税、所得税等。此外，政府还通过其他途径获取建设基金的来源，如开辟专项建设税费，发行专项建设债券，通过低利率的债券鼓励私人投资等。

澳大利亚的投资资金也来源广泛，主要有：联邦政府向州政府提供的用于特定项目的资金、州政府的联合基金、公共贸易企业的内部资金、商业银行贷款、州政府向国库公司的借款、私人投资以及外资等。一些涉及公众利益、社会效益好的项目,政府可从财政预算中直接拨付给政府的相关部门或国有公司进行投资,有时根据需要,政府也向国有或国家控股的公司通过参股的方式注入资金进行投资。

(二) 直接融资和间接融资结合

在国外,资本市场十分发达,以英、美等国为代表的市场经济国家,主要通过直接融资等方式获取投资资金,即企业先依靠利润留存和折旧,而后求助于外部融资。而外部融资中,企业主要是通过企业债券和股票方式从资本市场上筹措长期资本。

在美国,法律规定,商业银行不能经营7年以上的长期贷款,不能从事股票业务,也不得在企业中持股。所以,企业的长期贷款只能通过发达的资本市场,一般来说,资本市场的融资占到企业外部融资比重的一半以上。

在法国,中央银行只负责货币发行、制定利率和金融政策,投资业务主要集中在商业银行。法国企业投资资金的主要来源是企业的自主资金,一般占到投资额的60%以上,政府根据需要可以采取减税、贴息等方式影响企业的投资,但很少直接向企业投资。企业投资的少部分资金来自商业银行的贷款,其比例约占10%。企业投资的项目中,若能扩大就业,增加外汇收入,节约能源,则可获得由国家贴息的优惠贷款。

日本的固定资产投资,特别是企业投资主要依靠银行贷款。有资料显示,1957~1974年,日本企业通过折旧和内部利润留成所占的比重为26%~38%。而外源融资额中,银行融资比例通常在40%左右,股票、证券融资所占比重一般在10%左右,且呈下降趋势。不过值得注意的是,随着日本经济的增长,股票市场有很大发展,加之企业经营战略的转变,从20世纪70年代中后期开始,日本企业的融资方式慢慢由银行融资转向证券融资、间接融资和内源融资三种方式并重,到20世纪80年代后期,日本证券市场融资比重已近30%。

三、融资渠道改革的目标

(一) 目标之一:依项目类型确定融资渠道

固定资产投资项目可分成三大类,即竞争性投资项目、基础性投资项目和公益性投资项目。在多元化的投资主体下，将依据不同的项目确定不同的融资渠道。

竞争性投资项目，收益较高、市场调节比较灵敏，具有市场竞争能力，主要面向市场融资，让企业通过债券、银行贷款等方式融资，并吸引外商进行直接投资。

基础性投资项目，中央政府和地方政府是基本的投资主体，要加重地方和企业的投资责任，拓宽投融资渠道。新建项目，要鼓励中央、地方、企业、外商联合投资，并组成规范化的有限责任公司或股份公司进行投资建设与经营。中央政府只负责关系到国计民生、跨地区的重大基础设施项目、重大基础工业项目和重大农业水利工程项目的投资建设。有关地方性的能源、交通、邮电、农林水和城市公用设施等项目的投资建设，均由地方政府负责承担。基础性投资项目的资金，主要以政策性融资为主，政策性融资主要来自养老保险基金的积累部分，邮政储蓄吸收的存款，商业银行按储蓄存款的一定比例承购的金融债券，政府向国外的借款，国际金融业务融资等。政策金融提供的资金利率低于市场利率，但不是无偿的，其贷款必须归还，不能豁免。基础性投资项目的融资也要注意吸引外资。

公益性投资项目，主要由政府通过财政拨款投资建设。公益性项目是政府机关、社会团体、国防机关以及科、教、文、卫、体、环保等部门的投资建设项目，投资主体是中央政府和地方政府。除了重大重要项目由中央政府安排投资外，其他均按受益范围分别由中央政府和地方政府承担投资主体的责任。这类项目也可广泛吸收社会各界的资金参与投资建设，但要实行规范化的监控和管理，包括项目的申报、审批、设计、施工、决算、交付使用等，要从制度上保证此类项目财产价值的安全和完整。

（二）目标之二：以资本市场作为主要融资渠道

随着投资体制暴露出来的问题和投资体制改革的启动，发展资本市场，以资本市场作为主要的融资渠道已成为必然。

我国的资本市场是从20世纪80年代开始建立的，80年代股份制试点工作的开始，为资本市场的发展提供了良好契机。20世纪90年代初，上海证券交易所和深圳证券交易所正式开业，标志着我国资本市场向规范化的方向快速发展。随着有关证券交易法律、法规的不断出台，我国已形成由债券市场、股票市场、基金市场和期货市场组成的市场体系。资本市场成为主要的融资渠道成为一种必然。

1987年10月，中国投资学会在山东省烟台举行了一次理论讨论会，与会者对投资者的融资渠道展开了充分讨论。有学者主张：应促使各种融资主体通过资本市场来筹集资金、运用资金，惟有如此才能强化融资者的效益观念、风险观念、时效观念、竞争观念。也有学者主张：投资是一个影响生产力布局、产业结构、技术创新、市场总供给总需求平衡的宏观经济问题，要靠"有形的手"来控制和调节，而建立和发展长期资本市场，是国家控制市场、市场支配企业的最好途径，是宏观与微观经济之间最为有效的结合点。另有学者主张：以股票市场为主体，有限制地发行国债，适当地发展企业债券。还有学者主张：建立以长期借贷市场为主，债券市场和股票市场并重的体制，这是因为我国企业类型多为中小企业，其资金存量和流量波动大，同证券市场筹资的集中性、长期性有矛盾，且中小企业难以用高成本到证券市场进行筹资，而金融机构的储蓄业务有较强的社会信誉，利于中小企业的筹资。

对于长期投资的资金供应，有三种主要观点。第一种观点，建立以国家计委为主体的国家投资体系、以财政部为主体的政府信用体系和以中国人民银行为主体的货币供应体系，三者各自运用相应的经济工具来影响和制约长期资本市场的资金供应；第二种观点，将长期资金市场分为营利性投资市场体系和非营利性投资市场体系，在营利性投资市场中，以信用融资为主，在非营利性投资市场中，以有限责任融资为主；第三种观点，中央银行所监管的仍然是货币资金，其市场的规模、发展速度和运行状态不能脱离货币总供给的制约，因此，应建立由中央银行制约市场、决定企业的运行方式，形成长期资金市场。

作为以资本市场为主要融资渠道的实践，国家于1994年成立了由国务院直属的国家开发银行。国家开发银行的宗旨是，以市场化方式实现国家的发展战略和政策，保持和发展国际先进的市场业绩。国家开发银行贯彻国家宏观经济政策，筹集和引导社会资金，缓解经济社会发展的"瓶颈"制约，致力于以融资推动市场建设，支持国家基础设施、基础产业、支柱产业和高新技术等领域的发展和国家重点项目的建设；向城镇化、中小企业、"三农"、教育、医疗卫生和环境保护等社会发展"瓶颈"领域提供资金支持，促进科学发展和和谐社会的建设；积极拓展国际合作业务。

与国家开发银行相对应，国家于1995年5月还成立了国家开发投资公司。国家开发投资公司是国务院直接联系的国有独资政策性投资机构，其任务是按照国家的经济发展战略、产业政策和区域规划的要求，对能源、交通、原材料、机电、轻纺、农业、林业和其他政策性项目进行参股、控股投资，实现国有资产的保值增值。国家开发投资公司按照《公司法》组建，实行独立核算、自主经营、自负盈亏。与国家开发银行一样，它是国家政策性投资的执行者，又是经济实体。不同点是，开发银行履行银行的职能，以贷款、收回本息的方式进行投资，而投资公司则是以参股、控股等方式对政策性项目进行投资，与企业风险共担，用红利方式收回投入。

第三节 投资管理改革的目标

一、计划体制下的投资管理

（一）计划体制下投资管理的特征

1. 政企不分，项目管理上无限延伸

政企不分是计划经济时代的重要特征，政府既是行政权力的实施主体，又是国有资产的所有者；既行使经济管理的职能，又行使投资经营管理的职能。作为行政管理者，政府要考虑全社会的经济利益和社会利益，要从国家整体和大局出发；作为投资经营者，政府又承担着财产所有者权益的责任，负责资产的保值增值。客观上，政府的这两种职能是冲突的、互不相容的。双重职能的出现，一方面，使得国有企业很难成为独立的法人实体，地区封锁、"条块"分割的局面很难打破，重复建设的情况很难避免。另一方面，政府与企业间没有明确的权力界限，也没有明确的责任，政府是投资主体，也是投资的决策者，政府的一切投资决策通过行政审批实行。政府的投资决策没有必要的风险责任约束，也没有监督机制；部门职能之间交叉重叠，政出多门、多头审批，很难对全社会投资总量和方向实施有效的调控和引导。

在投资活动中，政府的权力被无限扩大。上不上项目，上什么样的项目，上多大的项目，在何时何地上项目，均由政府决策。政府通过指令性计划，对项目进行"一揽子"管理，如项目咨询、项目评估、项目决策以及勘察、设计、建筑施工等全部由政府统一安排，政府管项目、管企业，也管分配。针对这一状况，在改革开放初期，国家逐步扩大了企业的自主权。1984年8月，国家计委发布了《关于简化基本建设项目审批手续的通知》，同年12月又下达了《关于国家预算内基本建设投资全部由拨款改为贷款的暂行规定》，对建筑实施阶段的管理进行了改革，推行投资包干责任制，但没有赋予企业投资自主决策权。1988年，国务院发布了《关于投资管理的近期改革方案》，确定企业成为一般性建设的投资主体，扩大了企业的投资决策权。到1992年9月，中共中央、国务院发布了《关于加强对固定资产投资的信贷规模进行宏观调控的通知》，9月25日，《人民日报》报道，国家计委改革计划体制和投资体制，从八个方面转变职能，扩大了地方和企业基本建设投资决策的权力，减少了国家指令性计划。尽管如此，企业在投资方面的决策权仍然没有真正实现。

2. 中介服务机构和银行职能弱化

投资中介服务机构是介于政府与企业之间的事业单位，有以宏观决策服务为主的咨询机构，也有以编制建设项目书、可行性研究报告和设计文件为主的咨询机构，还有以建设项目实施阶段服务为主的咨询机构。其主要职责是：为企业提供相关信息，帮助企业开展投融资活动，减少失误，规避风险，解决投融资活动中的各种问题，提高投资质量和效益。投资中介机构为投资主体服务。计划经济时期，中介服务机构很少，即便成立了机构，也带有明显计划经济的色彩，其与地方政府有着密切的联系，除行政隶属关系外，还有着财务关系。因此，在招投标等各项投资活动中，中介机构受地方政府的干预较重，进而导致部门保护、行业垄断和地方封锁。由于中介机构不能选择企业，企业也不能选择中介机构，这使得中介机构不能很好地发挥作用，无法提供公开、公平的服务和有效地开展公平竞争，致使其执业信誉不高。

政府干预企业的生产，干预中介服务机构，也干预银行的经营。在一段时期，中国金融业由政府垄断，机构单一。企业和金融机构不能在市场见面，不能在较大范围内相互选择，缺少竞争，缺少活力。这增加了企业获得银行贷款的融资成本，也加大了银行风险。随着投资体制改革的不断深入，国有专业银行也进行了商业化改革，《公司法》确定了商业银行的法律地位，明确商业银行是独立经营的企业法人，实行企业化的经营和管理。但是，非国有银行、非银行金融机构（如信托投资公司、财务公司、保险公司、证券公司等）和国外金融机构发展还不快，无法满足多元化的投资需求。

（二）投资管理的局限与困境

在传统的投资管理体系中，投资决策权高度集中于中央政府，地方政府只有建议权、执行权；无论是扩大再生产项目，还是简单再生产项目，都须按照一定限额，由中央或省政府审查批准，这使得全社会的投资活动遇到许多困难。

1. 投资损失大，项目失误率高

投资管理体制改革之初，应该由市场发挥作用的机制没有建立，本应由企业自主决策的投资活动受到行政方面的不正当干预；适应市场经济要求的宏观调控体系不完善，各种调控手段缺乏形成合力的有效机制。这使得全社会投资损失大，项目失误率高。

国家统计局提供的《中国固定资产投资统计年鉴》等相关资料显示：1958~2001年，我国投资项目失误率接近投资项目的50%；"八五"期间，我国中型以上项目的成功率为58%，不成功率为42%，投资失败多数由政策操作失误所致。2002年，有关部门在审计15个省（区、市）国债资金管理使用情况时发现，一些国债项目损失浪费、效益低下问题十分突出。9个省的37个污水处理项目，总投资额58.41亿元，其中使用国债资金为19.95亿元。但由于前期准备不充分、配套资金不到位以及运行费用不足等原因，有15个项目未按计划完工或开工，16个已完工项目中，有7个达不到设计要求，而且许多配套设施落后于主体工程，大量设备闲置，项目整体效益难以发挥。同年，国家有关部门在对国内18个重点机场和38个支线机场建设进行审计时发现，大部分机场亏损严重，经营困难。已竣工投产的12个重点机场中有9个亏损，累计亏损额14.46亿元；38个支线机场中有37个亏损，2000~2001年度累计亏损15.27亿元。造成这种局面的根本原因是，决策责任机制和风险约束机制缺失，地方政府参与项目决策和建设，投资建设与经营管理相脱节。

有专家指出，多年来国家投资项目建设与管理中出现的问题，根本原因在于现行投资管理体制与市场经济不相适应，新的项目建设监管体制和运行机制尚未形成。一个投资项目的审批要过项目建议书、可行性研究报告、开工报告这三道关，一般起码需要1~2年的时间，大量的市场机会在这种审批中丢失了。

2. 投资行为缺乏责任制度，风险约束机制缺失[①]

由于缺乏责任制度，部分地区和行业出现了低水平重复建设等问题，同时，由于信息不透明，也导致了投资领域，特别是政府投资领域的腐败，出现了"工程上马，干部下马"的现象。此外，庞大资产存量的不合

---

① 国家计委投资研究所课题组. 转向市场经济的中国投资体制改革. 经济研究，1993 (10).

理配置，也严重制约了有限投资增量的优化组合。据统计，目前国家近2万亿元的国有资产中，30%左右处于闲置和低效运作状态，资产存量的不合理配置既耗费了巨额新增投资作为亏损补偿，又使重点建设的新增投资规模受到很大限制。

因为没有风险约束机制，银行不承担贷款风险，计委审批了项目，银行就发放贷款，致使国有银行出现大量的呆账、坏账。同时，信用缺失，也导致储蓄难以转化为投资。一方是巨额的居民储蓄，老百姓手持金融资产找不到良好的增值出路；另一方则是各类企业的融资困境。责任制度与约束机制的缺失是导致这一局面的主要原因。

二、国外投资管理模式[①]

（一）政府：服务职能强化，管理职能弱化

在美国，政府、企业、银行、中介组织的职能和作用、责任和权益的界定十分明显。在投资活动中，政府提供公共产品和服务，社会管理职能较健全，但经济管理职能相对弱化，政府不管企业、不直接运用行政手段，而是通过法律、法规、财政、税收等方式，间接调控经济，影响企业的投资。其职能主要是：制定经济法律，如公司法、所得税法、银行法等；通过税种、税率调节企业投资和居民消费；为中小企业贷款提供担保，为受自然灾害影响的企业提供帮助；发布各类信息，提供水、电、公用设施、安全保障等，为企业投资活动提供信息支持。

英国的私人经济一直占主导地位，国民经济主要由自由市场机制来调节。英国政府尽量避免干预经济，其作用主要是税收、国防和对外事务。在投资活动中，企业是投资主体，也是决策主体，其投资资金主要来源于自有资金、设备更新改造基金以及直接融资。政府则通过财政公共开支，制定银行基准利率，以对欠发达地区进行适当补助等形式，为企业和私人投资创造低通胀、高就业的投资环境。此外，政府还通过利率等杠杆，调节总供给和总需求的平衡，通过税收优惠政策，建立开发区和企业园区，吸引国外投资；对中小企业、高科技产业和特殊产业给予资助，提供工商联络、技术咨询的出口帮助，扶持其发展。

---

① 李荣融. 外国投融资体制研究. 中国计划出版社，2000.

澳大利亚是中等发达的资本主义国家，私营企业在经济中占有绝大比重。澳大利亚的政府投资主要集中于基础设施、新兴部门和战略部门，如电力、煤气、用水、公路、铁路、港口、电信等，私人投资和企业投资一般集中于竞争性行业。政府的投资支出是财政预算支出的组成部分，由国库、财政及相关金融机构负责管理，国库部负责预算收入管理，财政部负责预算支出管理，政府严格按项目预算执行投资计划，以保持财政预算平衡。在澳大利亚，全社会投资总量没有控制，但政府投资却受到严格限制。对于私人投资，政府通过税收、货币政策等进行间接调控。20世纪80年代以后，澳政府的宏观经济政策发生了较大变化，主要是减少政府的行政干预，对公有经济实现私有化，向私人企业和公众出售基础性行业中国有企业的股份等。目的是使政府逐步从基础性项目中退出，进一步完善政府对投资的宏观管理。

瑞典是发达的市场经济国家，国有企业在国民经济中占有一定比例。国家对投资管理的基本指导思想是市场调节为主，政府指导为辅。瑞典政府的投资主要用于社会福利和公共设施，包括铁路、公路、邮政、电信、电力等基础产业和设施，电子、医药、运输设备等技术开发以及中小企业投资等，其投资资金主要源于政府财政拨款、政府投资基金、资本市场融资。瑞典有"地区发展基金会"，这是由瑞典政府和工商协会共同组建的全国性机构，是自负盈亏的企业，其以贷款形式为中小企业提供支持，并提供信息和咨询，帮助中小企业提高竞争能力和投资效益。

（二）金融机构功能健全，中介服务体系完善

美国的金融机构是企业投资的重要支撑机构，其数量多，资金充裕，自主权大，利益、风险、责任紧密相关。美国的中央银行独立于政府制定货币政策，制定贴现率、商业银行准备金率，发行货币，干预和调整汇率，影响企业投资和经济发展。商业银行则自主制定各类贷款利率，通过严格的借贷手续向企业发放贷款。美国的中介组织分为营利性中介组织和非营利性中介组织，前者如投资公司、投资银行、律师事务所，后者如商会、行业协会等。这些组织向政府和企业提供信息，为企业提供商情服务，协助政府扶持中小企业发展计划，支持企业发展好的项目，增加就业机会；研究政策，代表企业与政府和国会对话，参与讨论与企业相关政策的制定；制定行规，规范职业道德和行业技术标准，保证竞争的公平、公开。

英国的金融业十分发达，除英格兰银行为国有银行外，其他银行均为

私有银行。从业务上划分，这些银行可分为两类：一类是投资银行，一类是商业银行。投资银行不办理储蓄业务，主要帮助企业发行股票、开展保险、证券业务；商业银行办理储蓄，发放短期贷款、中长期贷款，并开展租赁业务。在英国，对于投资活动，企业与银行实行双向选择。对于申请贷款的企业，银行一般考虑由权威中介组织评定的企业信誉等级、企业经营者的管理能力、水平，投资的盈利潜质，以及担保、抵押的可靠度等，一般投资期短、见效快的项目很容易获得短期贷款。

英国的中介组织也十分发达，市场中介组织众多，如各类行业协会、商会、投资银行、咨询公司、财务公司、资产评估机构等。中介组织受银行、企业等的委托，直接为用户服务，其主要功能是：对企业的项目情况、财务情况进行验资、评估；对项目进行技术论证，如对项目投入产出情况、市场情况、投资环境、投资风险、决策风险等进行论证；根据市场导向，为企业融资、发行股票等；根据委托项目的技术难度、复杂性等收取服务费，同时对项目借贷承担一定的经济责任和法律责任。通常，一个项目往往要经过二三家中介公司的评估。

在澳大利亚，资本市场筹资是重要的渠道，政府设有专门的贷款委员会，以确定政府在资本市场上的融资量。澳大利亚有4个独立的债券市场：联邦债券市场，半政府债券市场，公司债券市场，指数化债券市场。一般地，政府债券以拍卖的方式发售，以降低筹资成本。对于一些基础设施部门，如陆地运输、机场、港口、发电输电、天然气管道、供水、下水道和废水道安装等，澳政府也鼓励私人投资，并通过"澳大利亚发展债券"的发行，以减少政府在基础设施方面投资的费用和风险。

当然，国外投资也有政府投资，政府投资中也相应地存在一些问题，但由于长时期的体制和法律建设，发达国家政府已较好地解决了投资管理和效率问题。这为中国的投资体制改革方向提供了有益的借鉴。

三、投资管理改革的目标

投资管理改革的目标是：综合运用经济杠杆，将投资活动纳入法制建设的轨道；建立激励机制和约束机制，完善与社会主义经济体制相适应的投资总量和结构调控体系；建立与投资活动有关的投资服务体系和要素市场，形成在法制规范下的公平竞争机制，使中介服务机构成为管理投融资活动的主要组织形式。

其基本内容包括：将建设项目划分为竞争性、基础性和公益性三类。

竞争性投资项目以企业作为基本的投资主体，向市场融资；基础性投资项目由中央、地方、企业三方承担；公益性投资项目则主要由政府负责。改变项目立项办法和审批程序，先定法人主体、后定项目；扩大法人主体决策权限，企业的投资由企业决策，同时承担投资风险；建立投资风险约束机制，让银行与法人相互选择，风险自行负责，政府负责引导；投资的宏观调控，实行中央统一确定调控政策和目标，中央和省两级负责的原则；对投资总量不再单纯依靠计划指标控制，而主要运用经济手段实行间接调控；分离政策性融资与商业性融资，建立中央政策性投融资体系，政策性融资划归到国家银行。

投资管理改革的目标具体如下：

（一）政府宏观调控，间接管理

现代社会，政府的主要职能是稳定社会秩序，协调社会关系，维护经济发展，提供国防、社会治安、司法等公共服务，适度干预经济的市场化活动，进而促进市场竞争、优化产业结构，并调控宏观经济。因此，财政投融资是实施政府特定政策的手段之一。

针对投资活动中出现的问题，投资管理改革的目标之一，就是政府缩小投资项目的审批范围，加强对投资的宏观管理和法制化建设。具体而言，政府与企业都作为投资主体参与投资，二者均按照国家产业政策，出资建设国家鼓励和允许发展的项目，除了重大和特殊规定的项目外，其他项目均由各方自主决策，各自承担风险，不再上报政府投资主管部门审批。

政府将按照国民经济和社会发展的中长期目标，制定优化产业结构和协调地区经济发展的投资政策，以产业政策、货币政策和财政政策为主要手段来调控全社会的投资规模和投资结构；通过制定、实施有关法律法规，依法保护各类投资者的合法权益和公平竞争，规范投资行为，把投资活动纳入法制化轨道；通过建立投资项目登记备案制度，了解在建项目的规模、结构、布局，及时发布投资和投资市场信息，以指导投资主体的投资决策，引导社会投资方向。总之，政府对投资的管理将由直接管理转变为间接管理。

2004年7月，国务院颁布了《关于投资体制改革的决定》，《决定》要求：①改企业投资项目的审批制为核准制和备案制。今后对不使用政府投资资金的企业建设项目，一律不再实行审批制，政府只对其中的重大项目和限制类项目进行核准，对其他项目实行备案制。②政府投资主要用于关系国家安全和市场不能有效配置资源的经济社会领域，用于加强公益性和公共基础设施建设、保护和改善生态环境、促进欠发达地区的经济社会发展、推进科技进步和高技术产业化；采取直接投资、资本金注入、投资补助、转贷和贷款贴息等方式，合理使用各类政府投资资金。对非经营性政府投资项目，加快推行代建制。③完善投资宏观调控体系，改进调控方式；综合运用经济的、法律的和必要的行政手段对全社会投资进行以间接调控方式为主的有效调控。④完善对政府投资的监督管理，建立政府投资责任追究制度，健全政府投资制衡机制，建立政府投资项目后评估制度和社会监督机制；加强和改进对社会投资的监督管理，建立健全协同配合的企业投资监管体系，依法加强对企业投资活动的监督，建立企业投资诚信制度；加强对投资中介服务机构的监管，对咨询评估、招标代理等中介机构实行资质管理。这些要求，是对投资管理改革目标的完整诠释。

（二）完善决策机制，建立财政投融资体系

投资活动中，投资决策、资本决策和信贷决策是投资活动成立的基础。投资决策，就是要决定何时、何地、以什么方式建设何种项目。一般来说，商业性项目的投资决策由资本所有者做出，公益性项目的投资决策由政府做出。资本决策，就是要决定投入的资金量，应由权益资本所有者根据项目可能带来的经济收益或者社会效益，决定是否出资建设某个项目，进而设计具体的项目结构。信贷决策，就是决定以何种条件、何种方式提供债务资金，应由债务资金提供者根据项目的风险和清偿能力进行决策。

改革的目标就是确立"谁投资、谁决策、谁承担风险"的原则。凡企业投资国家允许发展的产业、产品和技术，均由企业自主决策、自担风险。除重大项目外，政府一般不再对项目进行审批，环保、土地等方面，均按照法律规定的程序办理有关手续。确需政府审批的项目，也将尽可能简化审批程序，主要是看项目在投资方向和宏观布局上是否合理，是否符合国家有关政策和法规。

在融资方面，国务院《关于投资体制改革的决定》明确提出：能够由社会投资建设的项目，尽可能利用社会资金建设；要逐步理顺公共产品价格，通过注入资本金、贷款贴息、税收优惠等措施，鼓励和引导社会资本以独资、合资、合作、联营、项目融资等方式参与经营性的公益事业、基础设施项目建设；对于涉及国家垄断资源开发利用、需要统一规划布局的项目，政府在确定建设规划后，可向社会公开招标选定项目业主；鼓励和支持有条件的各种所有制企业进行境外投资。

投资活动离不开政府的参与，脱离不了政府各种公共融资手段，如税收、政府信用、政府基金等的财力支持，因而需要建立合理的财政投融资体制。关于财政投融资体制，国内在认识上存在较大分歧。一种观点认为，财政投融资业务的主要承担机构是政策性银行，应纳入财政投融资体系，且财政投融资活动属财政行为，应成为财政管理的对象；另一种观点认为，政策性银行的活动不是财政性行为，而是金融行为，没必要也不应纳入财政管理范畴，央行应对其实行监管和领导。事实上，财政投融资行为不同于一般的银行信贷活动，它具有很强的政策性，其活动方向受到严格限制，所以财政投融资在客观上要求实行有偿使用的原则，否则其业务将难以为继，或者失去独立存在的意义。尽管我国以往的政策性投资业务分别由专业银行和财政两家同时执行，但两家执行的情况产生了种种不利影响。为了克服这些弊端，国家决定建立财政投融资体系，成立政策性银行（国家开发银行、中国农业发展银行和中国进出口银行），以图通过一个统一的体系和专门的业务机构来实行政策性投融资，真正为政府的政策服务。

在财政投融资体系中，财政投融资业务实行有偿性。财政投融资业务机构在严格遵守国家有关法律规定的前提下，采取类似于商业银行的经营管理方式，遵从类似于商业银行的经营程序，即先对拟投资的项目进行评估，而后再决定是否贷款、贷款量以及利率的水平，即财政投融资机构实行"银行化"的经营方式。但是，与商业性金融活动有别的是，政策性金融机构的活动范围受到国家有关法律或政策的严格限制，它依据国家有关法律或政策规定开展投融资活动，自主对规定范围和方向内的投资项目进行评估和选择；按照有偿使用原则，开展贷款或其他形式的投资，实行保本微利经营。

（三）建立资信评价，强化风险约束

投资活动中，贷款者的基础素质、偿还能力、信誉质量等构成其程度不同的资信。在金融开放的市场经济条件下，投资借贷是频繁的，投资活动参与者的信用是保证各种契约关系如期履行，保证整个投资活动正常运行的基本前提。因而，在投资管理改革中，目标之一就是要建立起资信评级制度，从投融资角度完善针对国资国企的激励机制和约束机制，实行商业银行利率市场化。同时，要强化投资风险约束机制，建立法人投资和银行信贷的风险责任。

风险约束机制要求建设项目先定法人、后定项目，由企业法人对建设项目的筹划、筹资、建设实施直至生产经营、归还贷款和债券本息以及资产的保值增值实行全过程负责，并承担投资风险。同时，银行要承担贷款的风险，企业与银行在申请贷款上实行双向选择。

与风险约束机制相配套的是，建立政府投资责任追究制度，工程咨询、投资项目决策、设计、施工、监理等部门和单位，都应有相应的责任约束，对不遵守法律法规给国家造成重大损失的"花架子、无效益"工程，要依法追究有关责任人的行政和法律责任，有效抑制盲目投资、乱花钱的行为。在国家开发银行成立后，国家计委主要侧重于固定资产投资规模和结构的宏观调控以及重大建设项目的立项决策工作，而国家开发银行则根据筹资能力和项目的实际情况，负责具体的项目资金配置工作；所有商业银行按有关法律，根据资产负债比例管理的原则，在对企业或项目进行评估的基础上，自主决策，独立承担贷款风险，各级政府均不再干预银行的独立审贷。

(四) 完善投资服务市场，构建投资法律体系

投资管理改革的另一重要目标就是，加快发展为投资建设服务的市场体系和立法工作，建立为企业法人服务的工程咨询、工程设计、工程施工、工程审计、工程监理等市场体系，制定完整的法律、法规，保证投资活动有序进行。

完善投资服务市场的一个重要方面就是投资项目实行"代建制"。在国务院原则通过的国家发改委上报的《投资体制改革方案》中明确规定：对非经营性政府投资项目加快实行"代建制"，即通过招标等方式，选择专业化的项目管理单位负责建设实施，严格控制项目投资、质量和工期，建成后移交给使用单位。"代建制"实际上是一种委托管理，它明确了项目管理单位和建设单位的责任和奖惩条款。

通过法制手段进行投融资管理，是市场经济条件下投融资体制的另一显著特点。根据投资实践，完善的投资法律体系应包括《商业银行法》、《公司法》、《人民银行法》、《贷款通则》、《固定资产投资法》、《招标投标法》等法律法规。

国务院《关于投资体制改革的决定》颁布后，有关部门据此推出了许多配套规定和细则，如国家发改委发布的《企业投资项目核准暂行办法》、《外商投资项目核准暂行管理办法》、《境外投资项目核准暂行管理办法》、《国际金融组织和外国政府贷款投资项目管理暂行办法》、《中央预算内投资补助和贴息资金管理办法》、《中央预算内投资项目管理办法》、《国务院

核准或审批的固定资产投资项目目录》、《国务院审批或核准的投资项目管理办法》、《关于实行企业投资项目备案制指导意见的通知》等。此外，国土资源部颁发的新的《建设项目用地预审管理办法》、国家环保总局与国家计委联合发布的《关于加强建设项目环境影响评价分级审批的通知》、国家海洋局与国家发改委联合发布的《关于加强建设项目用海预审管理有关问题的通知》。这些文件都按照国务院《关于投资体制改革的决定》的要求，与投资体制改革进行了衔接。

本章参考文献

1. 田江海，张昌彩. 投资体制改革的突破. 江苏人民出版社，1998.
2. 彭森. 科学健全有效的投资监督体系探索. 中国计划出版社，2006.
3. 廖一承. 论我国投资体制改革的政策性取向. 财经理论与实践，1994（4）.
4. 石逸. 深化投资和金融体制的改革，适时稳步地发展长期资金市场——中国投资学会第二次理论讨论会综述. 理论探讨，1987（11）.
5. 钱又伟. 中国投资体制改革日益深化——访国家开发投资公司. 中国对外贸易，1995（5）.
6. 刘海涛. 财政投融资的本质界定. 财经研究，1996（8）.
7. 李荣融. 国家投融资体制改革进程与目标思路. 施工企业管理，1998（12）.
8. 郭励弘. 中国投融资体制改革的目标与框架. 管理世界，2003（11）.
9. 桂世镛. 中国计划、投资体制改革的现状及发展方向. 国际经济合作，1994（4）.
10. 文章代，舒乡. 二十年投融资体制改革纵览. 经贸导刊，1998（12）.
11. 刘改. 我国投融资体制改革总体评价. 中国投资与建设，1997（12）.
12. 殷成东. 我国投融资体制现状及改革建议. 经济体制改革，2005（1）.
13. 何川. 我国投融资体制存在的问题和改革方向. 经济师，2003（5）.
14. 刘星，彭艺. 投资体制改革综述. 教学与研究，1994（6）.
15. 郭励弘. 投融资体制改革的框架设计. 经济研究参考，2003（26）.
16. 郭励弘. 中国投融资体制改革的回顾与前瞻. 经济与社会体制比较，2003（5）.
17. 桂世镛. 中国的投融资体制改革. 中国工业经济研究，1994（6）.
18. 胡彦伟. 市场经济条件下我国投资体制改革的方向. 当代经济研究，1994（2）.

第四章 投资体制改革的历程

第一节 概述

投资体制是经济体制的重要组成部分,由此决定了投资体制改革的历程必然与总体经济体制改革的历程密切相关。因此,了解中国总体经济体制改革的基本情况是考察中国投资体制改革历程的重要基础。

一、中国经济体制改革简况

1949年新中国成立,中国随之建立起与苏联相似的高度统一的计划经济体制,可称为传统的计划经济体制。在这种传统的计划经济体制下,全社会经济资源的配置,包括整个社会的生产与分配等各环节的经济活动,几乎全部通过由国家制订的指令计划来实现。

在新中国成立的初期,这种传统的计划经济体制对中国经济与社会的发展曾发挥过重要的积极作用。但随着经济的发展,这种高度集中的计划经济体制逐渐同社会生产力的发展要求越来越不相适应,导致一些弊端逐渐显现,对中国经济与社会的发展越来越不利。具体表现如在中共十二届三中全会通过的《中共中央关于经济体制改革的决定》中所言:"政企职责不分,条块分割,国家对企业统得过多过死,忽视商品生产、价值规律和市场的作用,分配中平均主义严重。这就造成了企业缺乏应有的自主权,企业吃国家'大锅饭'、职工吃企业'大锅饭'的局面,严重压抑了企业和广大职工群众的积极性、主动性、创造性,使本来应该生机盎然的社会主义经济在很大程度上失去了活力。"① 因此，对经济体制进行改革成为必然要求。

中国经济体制改革的进程始于 20 世纪 70 年代末期。1978 年 12 月 18~22 日，中国共产党第十一届中央委员会第三次全体会议召开，这成为中国历史发展的一个转折点。中共十一届三中全会的召开，实际上宣告了中国"以阶级斗争为纲"时代的结束，转而开始进入以社会主义现代化建设为核心内容的新时代，也就是开始了以经济建设作为中国共产党工作重点的时代。中国经济与社会的发展由此揭开了历史新篇章，1978 年也因此成为中国实行改革开放的标志性年份。

邓小平在中共十一届三中全会召开之前发表了《解放思想，实事求是，团结一致向前看》的讲话，这实际上是中共十一届三中全会的主题报告，也就是中国实行改革开放政策的主题报告。邓小平在讲话中指出：如果现在再不实行改革，我们的现代化事业和社会主义事业就会被葬送；要允许一部分地区、一部分企业、一部分工人农民，由于辛勤努力成绩大而收入先多一些，生活先好起来。这是一个大政策。②

中共十一届三中全会做出了多项决定中国未来发展的重大战略性决策。其中一项重大战略决策是：从 1979 年起，把全党工作重点转移到社会主义现代化建设上来。同时针对当时在经济建设中存在的主要问题，具体提出从纠正急于求成的错误倾向和解决好国民经济重大比例严重失调等问题出发，对陷于失调的国民经济比例关系进行调整，对过分集中的经济管理体制着手改革。这实际是对传统计划经济体制进行改革的开始，中国由此开始了经济体制改革的实质进程。

纵观中国经济体制改革的历程，发生的一些具有重大意义的标志性改革事件主要有：①1978 年中国共产党十一届三中全会召开，这是中国经济体制改革开始起步的标志。②1984 年中国共产党十二届三中全会通过《中共中央关于经济体制改革的决定》，这标志着中国开始全面启动经济体制改革，即从农村经济改革开始转向城市经济改革。③1992 年中国共产党第十四次全国代表大会确立"建立社会主义市场经济体制"的改革目标，这是在总结改革开放以来经验的基础上对经济体制改革目标做出的明

---

① 《中共中央关于经济体制改革的决定》，中国共产党第十二届中央委员会第三次全体会议一九八四年十月二十日通过。

② 邓小平在 1978 年 12 月 13 日中央工作会议闭幕会上所做的《解放思想，实事求是，团结一致向前看》的讲话。

确表述，标志着中国开始进入确定方向的经济体制改革阶段。④2003年中国共产党十六届三中全会通过《中共中央关于完善社会主义市场经济体制若干问题的决定》，这是中国开始进入深化与完善经济体制改革阶段的标志。

因此，基于上述经济体制改革重大事件的发生时间，可将中国经济体制改革历程划分为四个主要阶段：起步阶段（1978~1984年）、探索阶段（1984~1992年）、入轨阶段（1992~2002年）、深化阶段（2002年至今）。每个阶段的基本情况如下：

第一阶段：起步阶段，时间是1978~1984年。自1978年起，中国的经济体制改革首先从农村开始，即形成以包产到户、包干到户为主要形式的家庭联产承包责任制。事实证明这一制度是成功的，对以后中国总体改革开放的局面产生了积极而深刻的影响。农村经济体制改革由此也成为中国总体经济体制改革的"试验田"，为推动中国城市经济体制以至整个国民经济体制的改革提供了良好基础和宝贵经验。然而这时期的改革仅是起步性和局部性的改革，是局限于农村经济范畴内的改革，而国民经济在总体上仍主要是按计划经济的机制在运行。

第二阶段：探索阶段，时间是1984~1992年。在农村改革成功的基础上，1984年10月20日中国共产党十二届三中全会通过了《中共中央关于经济体制改革的决定》。以此为标志，中国开始进入以城市改革为重点的总体经济体制改革的阶段。增强企业活力，是当时经济体制改革的中心环节。围绕增强企业活力这个核心内容，逐步推行政企分开、承包制、责任制、工资制度改革及股份制试点等多方面的工作。这一时期的改革内容是多方面的，涉及计划体制、流通体制、金融体制、投资体制、外贸体制、科技体制、收入分配体制、价格体制及有关行政管理体制等多方面的改革。但从总体上看，这期间的改革主要是探索性的，即"摸着石头过河"式的改革。改革的深度也很不够，即主要还是局限在计划经济体制范畴内的改革。事实上这时期的改革主要限于对商品经济的理解基础上，还没有形成对社会主义市场经济的清晰认识。而这种探索阶段具有历史的必然性，人们对一定事物的认识总要有一个实践的过程。

第三阶段：入轨阶段，时间是1992~2002年。经过多年的全面探索后，"建立社会主义市场经济体制"的改革目标逐渐明确。1992年10月中国共产党第十四次全国代表大会召开，明确提出我国经济体制改革的目标是建立社会主义市场经济体制。由此标志着中国经济体制改革进入了目标十分明确的新阶段，即中国经济体制改革开始进入既定轨道的阶段。社会主义市场经济体制的基本内涵是：要使市场在社会主义国家宏观调控下对资源配置起基础性作用，使经济活动遵循价值规律的要求，适应供求关系的变化；要通过价格杠杆和竞争机制的功能，把资源配置到效益较好的环节中去，并给企业以压力和动力，实现优胜劣汰；要运用市场对各种经济信号反应比较灵敏的优点，促进生产和需求的及时调节。[①]

第四阶段：深化阶段，时间是2002年至今。2002年11月，中国共产党第十六次全国代表大会召开，确立了全面建设小康社会的发展思路，即开始强调经济与社会协调发展的问题。2003年10月，中国共产党十六届三中全会通过了《中共中央关于完善社会主义市场经济体制若干问题的决定》，这标志着中国经济体制改革开始进入不断深化与完善的阶段。决定提出了统筹城乡发展、统筹区域发展、统筹经济社会发展、统筹人与自然和谐发展、统筹国内发展和对外开放的要求，这成为深化与完善经济体制改革的主要指导思想。其中明确提出完善社会主义市场经济体制的主要任务是：完善公有制为主体、多种所有制经济共同发展的基本经济制度；建立有利于逐步改变城乡二元经济结构的体制；形成促进区域经济协调发展的机制；建设统一开放、竞争有序的现代市场体系；完善宏观调控体系、行政管理体制和经济法律制度；健全就业、收入分配和社会保障制度；建立促进经济社会可持续发展的机制。

随着中国经济体制改革的不断深入，以及在实践过程中新情况与新问题的不断出现，中国经济体制改革的历程还必然会呈现出具有不同特点的阶段性。

2007年10月，中国共产党第十七次全国代表大会召开，其主题是：高举中国特色社会主义伟大旗帜，以邓小平理论和"三个代表"重要思想为指导，深入贯彻落实科学发展观，继续解放思想，坚持改革开放，推动科学发展，促进社会和谐，为夺取全面建设小康社会新胜利而奋斗。之后的中国经济体制改革，主要是贯彻科学发展观，重点加强与社会发展配套的改革。强调加快转变经济发展方式、完善社会主义市场经济体制，大力推进经济结构战略性调整，注重提高自主创新能力、提高节能环保水平、提高经济整体素质和国际竞争力。以上所述是截至2010年上半年以前时间范围内的中国经济体制改革的基本概况。

[①] 江泽民代表党的第十三届中央委员会向大会做题为"加快改革开放和现代化建设步伐，夺取有中国特色社会主义事业的更大胜利"的报告。

二、中国投资体制改革的相关问题

投资体制是经济体制中的一项重要内容。投资体制作为总体经济体制的组成部分,它与总体经济体制有着错综复杂的关系。首先,投资体制在很大程度上受制于总体经济体制的约束。也就是说,总体经济体制是计划性的,则要求相应的投资体制必须是计划性的。否则,在以计划为主导的经济体制中却按市场决定的供给与需求关系来决定投资行为,其结果必然难与计划经济的结果相一致。同样,在以市场为主导的经济体制中却按严格的计划决定投资行为,其结果也必然是难与市场经济的结果相一致。其次,投资体制具有一定程度的相对独立性,而不是简单的服从或隶属关系。实际上,投资体制与总体经济体制是相依共融、相辅相成的关系。一方面,投资体制并不总是被动地适应总体经济体制。在中国改革开放的初期,投资体制改革即是在总体仍是传统的计划经济体制的情况下而进行的局部性改革。而一个有效的投资体制,将有利于总体经济体制的运行。另一方面,从长远来看,要建立有效的投资体制,总体经济体制也必须适应投资体制的需要。这就要求在进行投资体制改革的同时,也必然要对有关的其他方面的经济体制进行适时的改革。因此,投资体制改革与总体经济体制改革是相互促进而又相互制约的关系。

在中国传统的计划经济体制下,相应的投资体制是高度统一的计划体制。在这种体制下,投资决策权与行政管理权合二为一,即政府起核心的作用。这时政府具有双重身份:一方面是投资者,另一方面是管理者;或者说,政府既是运动员,又是裁判员。而这种状况即使是在改革开放后相当长的时间里依然存在。在总体上政企不分、产权不清的经济体制下,单纯的以市场为取向的投资体制改革的成效必然受到抑制。由此,在中国投资领域中长期存在诸多严重问题,如盲目投资、重复建设、多头管理、层层审批、投资效率低下等。因此,深化投资体制改革是十分必要和迫切的。

从中国改革开放的实践过程看,投资体制改革是作为总体经济体制改革的先行试验而进行的。具体表现为,在改革开放初期的1979年即率先进行了基本建设投资的"拨改贷"试点工作。这是在总体经济体制尚未有较大改革情况下进行的。而以后的事实也表明,正是由于总体经济体制改革与投资体制改革的进程不一、不相配套,从而使投资体制的改革进行得非常艰难,导致投资体制改革的进程明显滞后于其他方面体制改革的进程。事实上，直到 2004 年，关于投资体制改革的全面纲领性文件，即《国务院关于投资体制改革的决定》才正式出台。而在此之前，关于财政、金融和外贸等体制改革的文件早已出台。

在中国的国情下，投资对国民经济的运行具有举足轻重的甚至是决定性的作用。投资已成为拉动中国经济增长的重要动力，以至于可以把中国经济增长的动力特点称为投资拉动型。对此，可从中国投资数据与 GDP 数据之间所表现出的高度相关性而得到验证。[①] 因此，决定投资行为的投资体制在中国经济中所具有的重要作用是非常显著的。或许正是由于投资体制的重要性，使得中央对投资体制的改革持非常慎重的态度，以致出现投资体制改革明显滞后的情况。

一些投资体制改革的重要事件是：①1979 年开始试点"拨改贷"，两个重要文件是 1979 年 8 月 28 日国务院转发的《关于基本建设投资试行贷款办法的报告》和《基本建设贷款试行条例》。②1984 年开始全面推行"拨改贷"，两个重要文件是 1984 年 9 月颁布的《关于改革建筑业和基本建设管理体制的若干问题的暂行规定》和国务院于 1984 年 10 月批转的国家计委《关于改进计划体制的若干暂行规定》。③1988 年国务院发布《关于印发投资管理体制近期改革方案的通知》。④1992 年国家颁布《全民所有制企业转换经营机制条例》。⑤1993 年国务院批转国家体改委的《关于 1993 年经济体制改革要点》。⑥2004 年《国务院关于投资体制改革的决定》出台。这些重要文件的具体内容与意义将在后面具体论述。这里预先提示要关注这些与投资体制改革有紧密关系的事件。

考察中国投资体制改革的历程，可从不同时间、不同方面及不同角度来进行。而经济体制改革的阶段性，在总体上决定了投资体制改革的阶段性，因此本章对中国投资体制改革历程阶段的划分，主要是按总体经济体制改革的阶段来划分的。考察顺序主要按总体经济体制改革的时间进程来进行。考察重点是介绍和评述与投资体制改革有关的具体内容以及有关的经济体制改革重要事件。论述涉及的内容是广泛的，如涉及有关投资的宏观调控体系改革、投资项目管理模式与组织实施方式演变、投资项目审批权限以及投资主体变化等问题。

值得注意的是，随着经济的发展与经济体制的变化，投资内涵的主体内容实际也在不断发生变化。在传统的计划经济体制下，投资的内涵主要

---

① 本章后面有关数据分析的结果很强地支持这一结论，对此可见本章后面数据分析部分的内容。

是指政府投资，而且主要是政府的基本建设投资。而在社会主义市场经济体制下，投资内涵不仅包括政府的基本建设投资，也包括企业投资、房地产投资以及资本市场中的投资等多方面的内容。事实上在目前开放的、多元的经济体系中，投资与融资变得密不可分。因此，当前的投资体制改革涉及财政、金融、企业制度、公司股权、资本运作等多方面复杂的问题。而事实上投资体制改革的核心路线，是围绕以企业为投资主体的确定与管理的问题。1992年国家颁布关于股份制企业的一系列文件和《全民所有制企业转换经营机制条例》，明确肯定企业享有投资决策权，并从企业的投资范围、决策权限的界定、政策优惠和责任约束等方面进行了具体规定。这一改革突出了强化市场导向以及以企业为投资主体的目标。到2004年《国务院关于投资体制改革的决定》正式出台，明确实行企业投资项目的审批制为核准制和备案制，使企业投资自主权进一步得到落实。

第二节　中国投资历史数据分析

为了对中国投资体制改革历程的考察有一定的直观性，同时也有助于了解中国宏观经济的基本背景，本节先对中国投资有关的历史数据和经济增长的历史数据进行分析。数据分析的结果表明，在中国投资数据与GDP数据之间存在着高度的相关性，这从统计意义上验证了中国经济增长是投资驱动型的结论。由此可从数据方面反映出，投资体制改革对中国经济运行具有非常重要的影响作用，因此对投资体制进行改革需要非常慎重。

一、中国投资与经济增长数据分析（1978~2010年）

自1978年实行改革开放以来，中国经济与社会发展取得了举世瞩目的成就。数据表明，1978~2010年，中国32年的GDP年均增长率达到9.9%，是同期世界上经济增长最快的国家。到2010年，中国人均国民总收入（GNI）达到4260美元。[①] 按世界银行的标准，中国已经进入中上收入国家之列。目前，中国经济总量已位居世界第二。

---

① 根据世界银行的数据。

（一）投资总量

在投资总量方面，[①] 1978 年中国全社会固定资产投资为 899 亿元，与 GDP 之比为 24.7%。到 2010 年，全社会固定资产投资为 278122 亿元，与 GDP 之比为 69.3%。可见，从 1978 年到 2010 年，中国投资规模显著地扩大。其他一些年份的具体投资数据如图 4-1 所示。

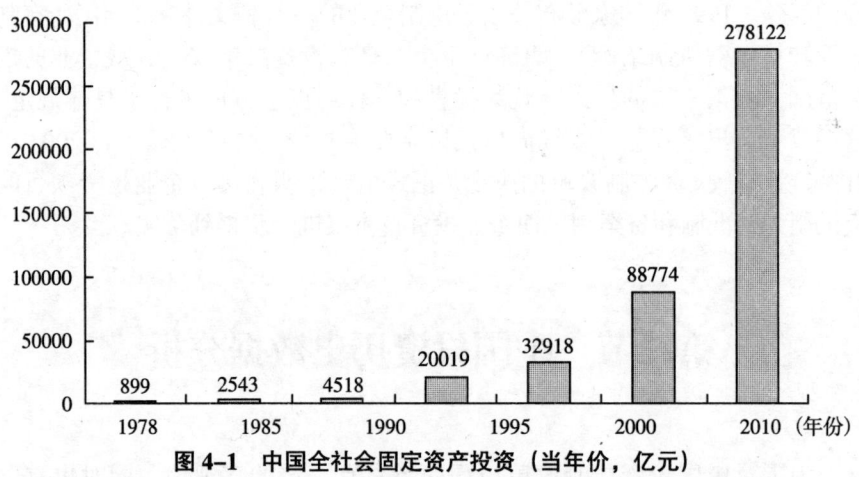

图 4-1　中国全社会固定资产投资（当年价，亿元）

对投资实际量的考察，需要考虑通货膨胀因素。自 1978 年中国实行改革开放至 2010 年的时间里，中国曾经历多次显著的通货膨胀。计算结果显示，中国居民消费价格指数（CPI），2010 年是 1978 年的 5.31 倍；GDP 价格指数，2010 年是 1978 年的 5.34 倍。因此，为了恰当估计中国投资规模的实际变化，有必要考虑对当年价的投资数据进行价格因素的剔除，以此得到对投资规模实际量的估计。[②] 对投资规模实际量的估计结果表明，2010 年全社会固定资产投资的水平是 1978 年的 68.0 倍。对此的直观展示如图 4-2 所示。

---

① 本节中所说的投资数据，即指全社会固定资产投资数据，数据来源于《中国统计年鉴》(2012)。

② 具体方法是：投资实际量（可比价）= 当年价全社会固定资产投资 ÷ 投资品价格指数。

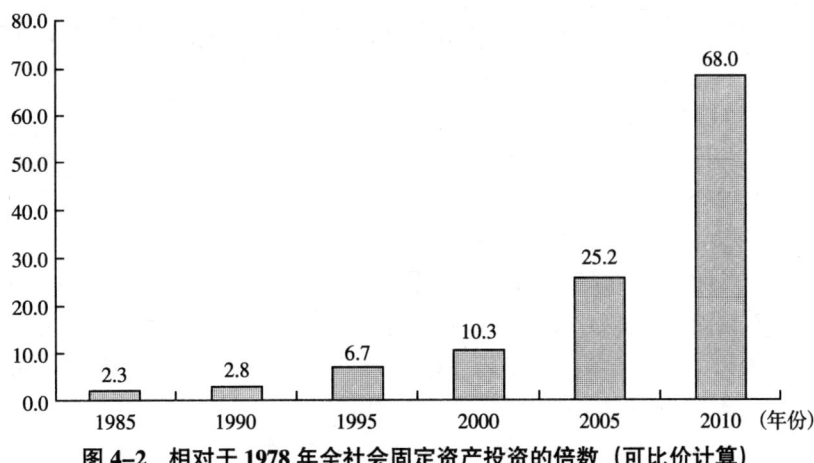

图 4-2 相对于 1978 年全社会固定资产投资的倍数（可比价计算）

（二）投资增长率

图 4-3 是关于按可比价计算的 1978~2010 年全社会固定资产投资年度实际增长率的曲线图。其中，同样给出了按经济体制改革历程划分的不同阶段的投资年平均实际增长率。

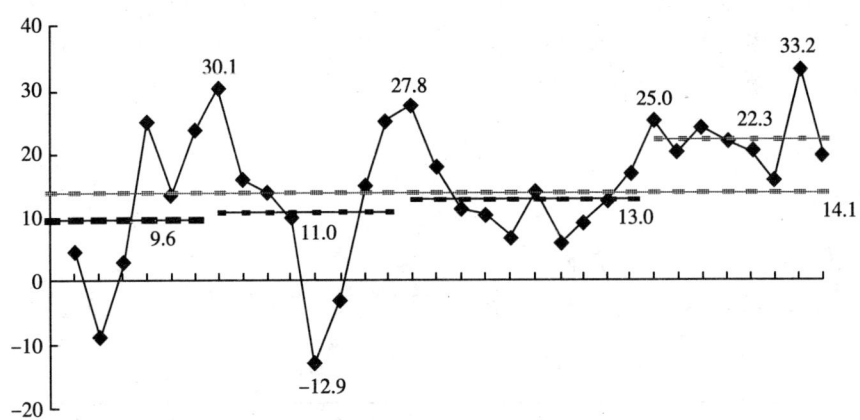

图 4-3 1978~2010 年全社会固定资产投资实际增长率（按可比价计算，%）

从图 4-3 可以看到，自 1978 年改革开放以来，中国全社会固定资产投资在总体上同样表现出快速增长的态势。虽然在个别年份出现过投资负增长的情况，但就总体而言，投资增长率是远高于 GDP 增长率的。数据显示，1978~2010年中国全社会固定资产投资年均实际增长率达14.1%，高于同期GDP增长率4.2个百分点。

而就经济体制改革的不同阶段来看，投资增长表现为随经济体制改革的深入而不断加快。具体地说，第一阶段的投资年均增长率为9.6%，高于同期GDP增长率0.4个百分点；第二阶段的投资年均增长率为11.0%，不仅高于第一阶段的投资年均增长率，而且高于同期GDP增长率1.5个百分点；第三阶段的投资年均增长率为13.0%，不仅高于第二阶段的投资年均增长率，而且高于同期GDP增长率3.2个百分点；第四阶段的投资年均增长率高达22.3%，不仅高于第三阶段的投资年均增长率，而且高于同期GDP增长率11.4个百分点。可见，中国的投资增长不仅表现为随经济体制改革不断深化而加快的态势，而且表现出越来越快于经济增长速度的态势。

(三) 经济增长

投资规模的扩大是与经济增长速度紧密结合在一起的。图4-4是1978~2010年中国年度GDP增长率的曲线图。从图4-4可以明显看到，在自1978年改革开放以来到2010年整个期间内，中国GDP总量总体上实现了快速增长。在1978~2010年中国GDP年均增长率达到9.9%。但在不同的时期内，GDP增长率的平均水平不尽相同。按经济体制改革的历程来划分，总体上表现为GDP增长率不断加快的趋势。

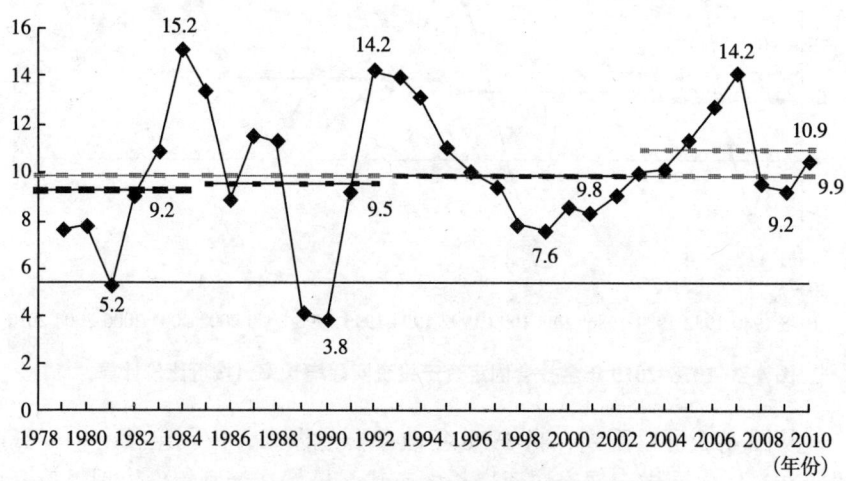

图4-4　1978~2010年中国GDP增长率曲线（%）

具体来看，在经济体制改革的第一阶段，即改革开放初期的1978~1984年，GDP年均增长率为9.2%；在第二阶段，即全面探索改革的1984~1992年，GDP年均增长率为9.5%，即高于上一阶段的GDP年均增长率；在第三阶段，即确立以建立社会主义市场经济体制为改革方向的1992~2002年，GDP年均增长率为9.8%，即进一步高于上一阶段的GDP年均增长率；在第四阶段，即在深化与完善经济体制改革的2002~2010年，GDP年均增长率为10.9%，即显著高于前三个阶段的GDP年均增长率。这种情况表明，随着经济体制改革的不断深化，中国经济增长呈现不断加快的趋势。

由以上的数据分析可以直观地看到，在经济增长与投资增长之间存在趋同的趋势。这表明，中国改革开放以来的经济快速增长，与投资快速增长的拉动作用密切相关。对这一结论可在以下的数据分析中得到确切的验证。

二、中国投资与GDP数据分析（1978~2010年）

以下数据分析的结果表明，在中国GDP数据与全社会固定资产投资数据之间存在着高度相关性。而且这种高度的相关性，不仅表现在彼此的总量之间，而且也表现在彼此的增长率之间。

（一）中国GDP总量与全社会固定资产投资总量之间的相关性

首先来看中国GDP总量与全社会固定资产投资总量的数据。1978年，中国GDP总量为3645.2亿元，到2010年达到401202亿元；按可比价计算，2010年中国GDP总量约是1978年的20.6倍。1978年，全社会固定资产投资总量为899亿元，到2010年达到278122亿元；按可比价计算，2010年全社会固定资产投资总量约是1978年的68倍。各年份的数据可见图4-5关于1978~2010年各年份的中国GDP总量与全社会固定资产投资总量数据的曲线。从图4-5可以直观看到，两条曲线均呈现同向且相似的上升趋势，这表明中国GDP总量与全社会固定资产投资总量呈现同步扩大之势。

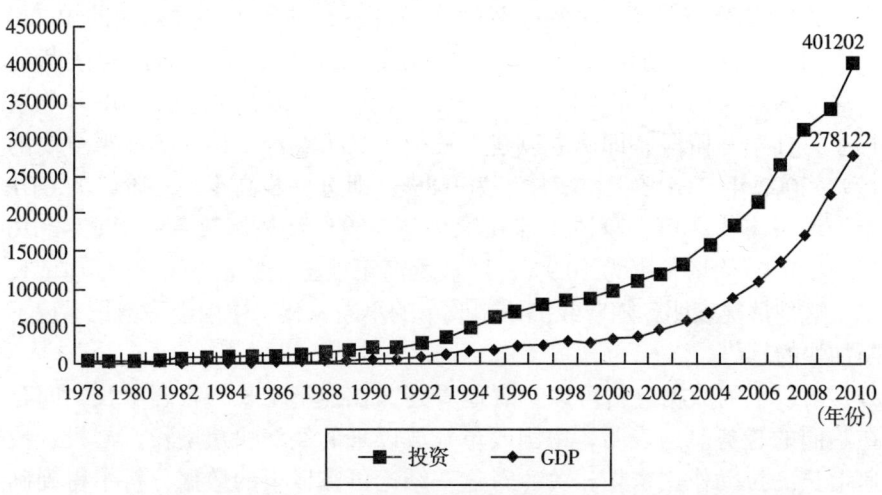

图 4-5 1978~2010 年中国 GDP 总量与全社会固定资产投资总量数据曲线
（当年价，亿元）

为了确切考察两变量在统计数据上的相关性，进行如下数据处理：①分别计算出两变量的可比价格数据。具体是分别计算出 1978~2010 年各年份的中国实际 GDP 总量数据，以及全社会固定资产的实际投资总量数据。其中，中国实际 GDP 总量数据可通过对各年份的《中国统计年鉴》中有关国内生产总值指数的处理而得到；而全社会固定资产的实际投资总量数据，则可通过其现价值数据除以投资品价格指数而得到。②对中国实际 GDP 总量数据与全社会固定资产实际投资总量数据进行标准化处理。经数据标准化处理后的数据，即数据序列的均值为 0、标准差为 1。不同序列数据之间的相关性，经数据标准化处理后不改变其彼此之间原有的相关性。

对上述两变量进行标准化处理后而得到的曲线由图 4-6 给出。从图 4-6 可以直观地看到两条曲线表现出很高的相关性。通过具体计算可知，二者之间的相关系数高达 0.97（根据统计学知识，如果相关系数为 1 即表明两数据序列之间的相关性为百分之百）。由此得出的结论确切表明：在 1978~2010 年，中国实际 GDP 总量与实际投资总量之间在统计数据上存在高度相关性。

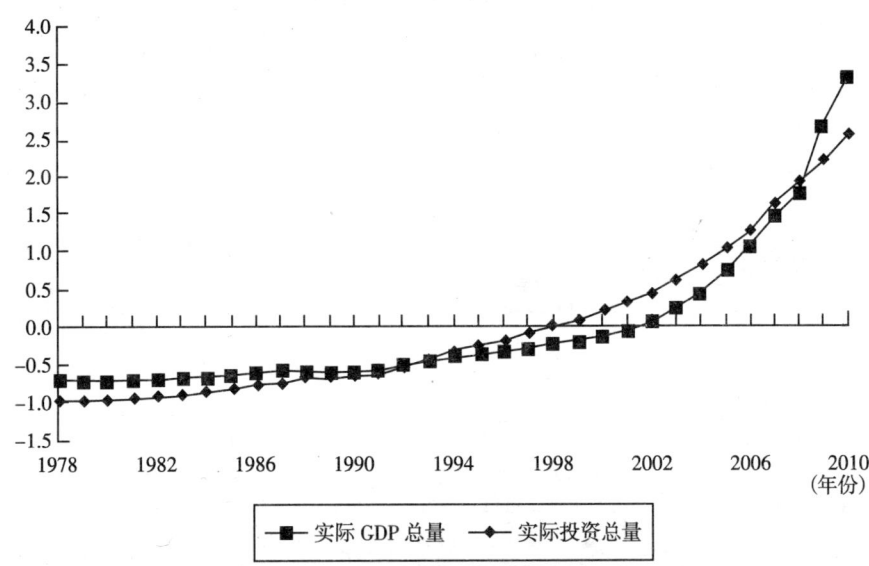

图 4-6　1978~2010 年中国实际 GDP 总量与实际投资总量曲线（经数据标准化处理）

（二）中国实际 GDP 增长率与全社会固定资产投资实际增长率之间的相关性

再看中国实际 GDP 增长率与全社会固定资产投资实际增长率之间的数据关系。如图 4-7 所示是关于 1978~2010 年各年份的中国实际 GDP 增长率与全社会固定资产投资实际增长率数据的曲线。尽管此时尚未进行数据标准化的处理，但从图 4-7 已经可以看出两者增长率的变动趋势存在一定的相同性。虽然在每个年度上两者增长率之间并不遵循严格同向的变动趋势，但在相邻的二三年内两者增长率的变动趋势存在一定的趋同倾向。

同样，为了更为直观地展现两变量增长率之间的相关性，现对这两变量增长率的数据进行标准化处理，并绘制曲线图，由此得到图 4-8。图 4-8 是经过数据标准化处理后而得到的 1978~2010 年中国实际 GDP 增长率与实际投资增长率的数据曲线。通过图 4-8 可以更清楚地看到，这两个变量增长率存在明显的相同变化趋势。具体的计算结果表明，两变量增长率之间的相关系数为 0.73。这样相关的程度，虽然不如两变量之间在总量水平之间的相关性程度高，但仍然可以说两变量增长率之间存在较高的相关性。也就是说，在 1978~2010 年中国实际 GDP 增长率与实际投资增长率之间存在着较高程度的相关性。

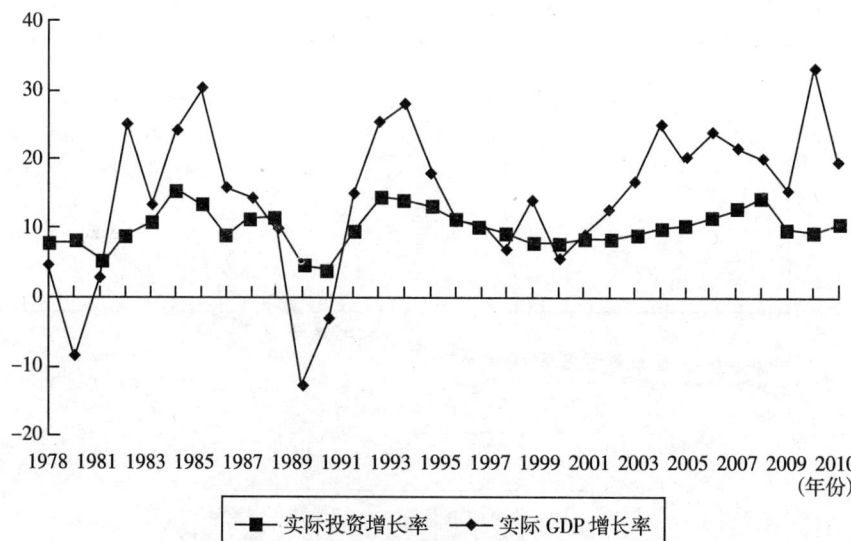

图 4-7　1978~2010 年中国实际 GDP 增长率与全社会固定资产投资实际
增长率数据曲线（%）

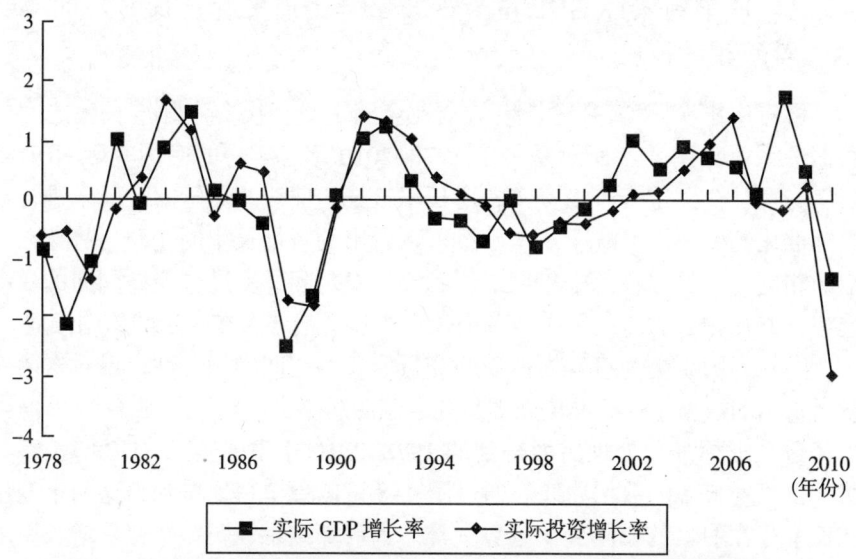

图 4-8　1978~2010 年中国实际 GDP 增长率与实际投资增长率数据曲线
（经数据标准化处理）

因此，以上的数据分析可以表明：在 1978~2010 年，中国 GDP 与投资之间，不论是在总量水平上，还是在增长率水平上，均表现出彼此之间存在高度的相关性。

三、1978~2010 年中国投资增长数据分析

中国投资与 GDP 之间的高度相关性，可从统计数据的经验方面证明中国经济增长所具有的投资拉动特点。因此可以表明投资对中国经济增长具有重要的作用和意义。下面进一步分析各不同时期的中国投资增长情况。

计算结果显示，在 1978~2010 年，中国全社会固定资产投资的年均名义增长率为 19.6%，在剔除价格因素后得到的年均实际增长率为 14.1%。图 4-9 是关于 1979~2010 年各年份的中国全社会固定资产投资名义与实际增长率的数据曲线。可以看到，投资增长率在总体上保持高位增长的情况下，呈现出较大的波动性。这种波动性实际上与经济体制改革及宏观经济调控的状况密切相关。

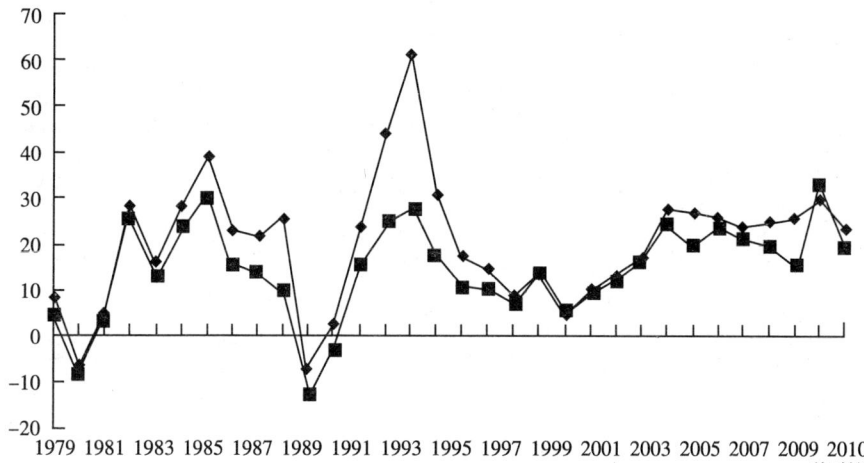

图 4-9 1979~2010 年中国全社会固定资产投资增长率曲线（%）
（名义增长率与实际增长率）

从图 4-9 可以看到，自改革开放以来，投资增长既有高潮也有低潮。投资增长的低潮曾分别出现在 1980 年前后、1989 年前后以及 1997~1999 年。其中 1980 年和 1989 年的投资增长率都为负数。这些年份的有关经济背景情况是：1980 年是改革开放的初期，也是经济体制与投资体制改革的初期；1989 年经历了一场"政治风波"，并开始三年的治理整顿；

1997~1999年先后经过治理经济过热、抑制通货膨胀，1998年发生的亚洲金融危机和中国发生特大洪水。投资增长的高潮则分别出现在1985年前后、1992~1994年前后以及2003年前后。其中，1985年中国经济改革开始以城市经济改革为重点；1992年邓小平发表了著名的南方谈话；2003年中国开始进入深化与完善社会主义市场经济体制改革的阶段。

按国民经济与社会发展五年计划的阶段划分来看，按可比价计算："十一五"时期（2006~2010年）的年均投资增长率达到22.0%，是增长速度最快的；"十五"时期（2001~2005年）的年均投资增长率达到19.6%；"八五"时期（1991~1995年）的年均投资增长率为19.3%；"六五"时期（1981~1985年）的年均投资增长率为18.6%；"九五"时期（1996~2000年）的年均投资增长率为9.1%；"七五"时期（1986~1990年）的年均投资增长率为4.2%。关于此方面的具体数据，如表4-1所示。而关于年度投资增长率与年度经济增长率的数据，如表4-2所示。

表4-1　　　　　各五年计划时期的年均投资增长率

期间	现价计算（%）		可比价计算（%）	
	投资增长率	GDP增长率	投资增长率	GDP增长率
"六五"：1981~1985年	22.8	14.7	18.6	10.7
"七五"：1986~1990年	12.2	15.7	4.2	7.9
"八五"：1991~1995年	34.7	26.6	19.3	12.3
"九五"：1996~2000年	10.5	10.3	9.1	8.6
"十五"：2001~2005年	21.9	13.0	19.6	9.5
"十一五"：2006~2010年	25.7	16.8	22.0	11.2
1979~2010年平均	19.6	15.8	14.1	9.9

注：表4-1中的数据是根据国家统计局2012年前各年份的统计年鉴有关数据计算而得。

表4-2　　1979~2010年中国全社会固定资产投资增长率与GDP增长率

年份	现价计算（%）		可比价计算（%）	
	投资增长率	GDP增长率	投资增长率	GDP增长率
1979	8.7	11.5	4.7	7.6
1980	-6.8	11.9	-8.5	7.8
1981	5.5	7.6	2.9	5.2
1982	28.0	8.8	25.1	9.1
1983	16.2	12.0	13.3	10.9

续表

年份	现价计算 (%)		可比价计算 (%)	
	投资增长率	GDP 增长率	投资增长率	GDP 增长率
1984	28.2	20.9	23.9	15.2
1985	38.8	25.1	30.1	13.5
1986	22.7	14.0	15.8	8.8
1987	21.5	17.4	14.1	11.6
1988	25.2	24.7	10.0	11.3
1989	-7.1	13.0	-12.9	4.1
1990	2.4	9.9	-3.0	3.8
1991	23.8	16.7	15.0	9.2
1992	44.4	23.6	25.3	14.2
1993	61.8	31.2	27.8	14.0
1994	30.4	36.4	18.1	13.1
1995	17.5	26.1	10.9	10.9
1996	14.8	17.1	10.3	10.0
1997	8.6	11.0	6.7	9.3
1998	13.9	6.9	14.1	7.8
1999	5.1	6.2	5.5	7.6
2000	10.3	10.6	9.1	8.4
2001	13.0	10.5	12.6	8.3
2002	16.9	9.7	16.7	9.1
2003	27.7	12.9	25.0	10.0
2004	26.8	17.7	20.1	10.1
2005	26.0	15.7	24.0	11.3
2006	23.8	17.0	21.9	12.7
2007	24.9	22.9	20.2	14.2
2008	25.9	18.1	15.6	9.6
2009	30.0	8.6	33.2	9.2
2010	23.8	17.7	19.5	10.4
1979~2010 年平均	19.6	15.8	14.1	9.9

注：表4-2中的数据是根据国家统计局2012年前各年份统计年鉴中的有关数据计算而得。

图 4-10 是关于 1979~2010 年中国 GDP 增长对投资增长的弹性系数。该弹性系数主要度量了当投资增长 1%时，对应的 GDP 增长百分之多少。如果弹性系数大于 1，表明与该投资增长率对应的 GDP 增长率大于该投资增长率；如果弹性系数等于 1，即意味投资增长率等于 GDP 增长率；如果

弹性系数小于1，则表明与该投资增长率对应的GDP增长率小于该投资增长率。

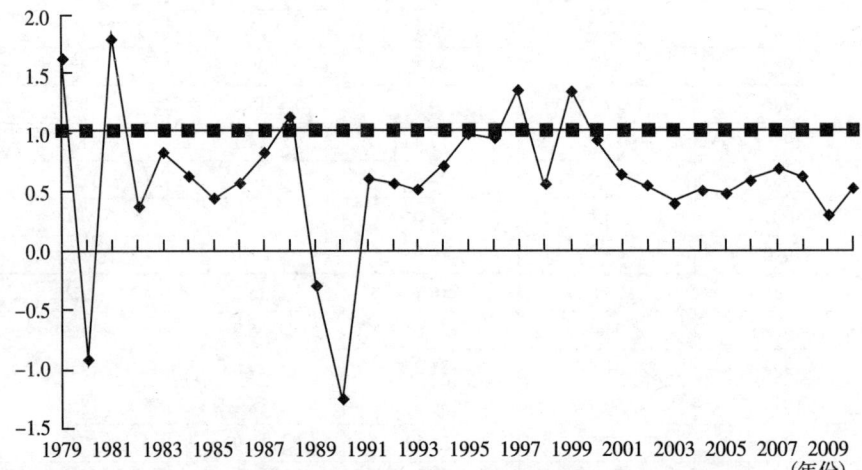

图4-10　1979~2010年中国GDP增长对投资增长的弹性系数

从图4-10可以看到，在1979~2010年的中国GDP增长对投资增长的弹性系数，只有少数年份如1997年和1999年的投资弹性系数大于1，多数年份的投资系数增长率表现为小于1。这表明长期以来，中国投资对经济增长所起的作用呈现逐渐下降的态势。

通过以上的数据分析可以看到，投资对中国经济增长起着至关重要的作用。至少从数据统计的角度看，中国经济增长是投资驱动型这一结论是基本成立的。这表明中国投资体制改革对中国整个经济的运行具有非常重要的影响作用，因此对投资体制的改革是重要且需要特别慎重的事情。

第三节　起步阶段：1978~1984年

1978~1984年是中国经济体制改革的起步阶段，也可以说是经济体制改革的第一阶段。这一时期的经济体制改革重点在农村，即在中国的农村开始实行以包产到户、包干到户为主要形式的家庭联产承包责任制。

一、改革概况

从总体上看，1978~1984 年经济体制改革的重点是农村经济体制改革。此期间在其他方面进行的有关经济体制改革，主要是局部性和试点性的改革。这些改革主要是局限在传统计划经济体制范围内的改革，甚至是加强计划性的改革。

投资领域是经济体制改革中较早涉及的领域。针对 20 世纪 70 年代中后期在基本建设中存在的混乱现象，1978 年上半年国家开始出台一系列政策，以加强对投资领域的管理。具体情况是，1978 年 4 月 22 日，国家计委、国家建委、财政部下达了《关于试行加强基本建设管理几个规定的通知》。该通知在基本建设计划管理、自筹资金安排使用、基本建设程序、基本建设项目设计、施工管理、经济核算与财务管理等多方面提出了具体规定。1978 年 12 月 31 日，国务院批转了国家计委、财政部《关于改进固定资产更新改造资金管理的报告》。

中共十一届三中全会之后，中共中央于 1979 年 4 月召开工作会议，针对当时国民经济比例严重失调的情况制定了重要措施，即从 1979 年起，用 3 年时间对国民经济实行"调整、改革、整顿、提高"的工作方针。这一方针事实上成为改革开放初期指导经济工作的基本思想。"按经济规律办事、讲究经济效率"成为这一时期开展经济工作的口号。受这一方针的影响，加强投资管理、提高投资效益成为当时投资领域中的工作重点。随后一项对以后投资体制改革有重要影响的改革措施很快出台，这就是"拨改贷"政策。

所谓"拨改贷"是指将国家财政预算内基本建设投资，由财政拨款方式改为由银行贷款方式来安排。1979 年 8 月，国务院批准国家计委、国家建委、财政部《关于基本建设投资试行贷款办法的报告》及《基本建设贷款试行条例》，决定开始试行基本建设投资"拨改贷"的规定。后来的实践结果表明，"拨改贷"规定的出台对未来的经济生活以至对投资体制改革乃至经济体制改革都有重要的影响。可以说，"拨改贷"的试行是改革开放初期对投资体制改革最具有重要意义的事件。到 1984 年，国家财政预算内基本建设投资实行"拨改贷"的方式被全面推行。但是，对"拨改贷"这一做法到目前仍是褒贬不一，仍是存在很大争议的问题。

二、"拨改贷"的实施历程与主要内容

1978 年以前中国实行的是高度统一的计划经济体制。在这种传统的计划经济下，不论是投资决策、项目审批、资金筹集与使用及投资管理等各环节，都是由政府来决定，国有企事业单位只是按计划行事的主体。而国有企事业单位投资所需资金，主要是通过财政拨款方式来运作的。这时，政府实际上是真正的且是唯一的投资主体。

"拨改贷"的实施即意味着企业要对国家原来按计划调拨的资金，开始担负偿还的责任。这是按当时所强调的"按经济规律办事，运用经济规律管理经济的原则"的一种具体体现。对此，在《关于基本建设投资试行贷款办法的报告》中提出的实施"拨改贷"的理论依据是：银行和贷款单位都是经济组织，它们之间的业务往来按合同办事，互相承担经济责任和法律责任。由于贷款单位要保证按期还本付息，这就促使它们慎重地考虑是否需要进行建设，建设过程中怎样精打细算，少花钱多办事，加快建设进度，更好地发挥投资效果，以达到发展生产、增加盈利的目的。同时，银行发放贷款，要按规定进行严格审查，实行择优发放的原则，符合条件的，才给予贷款，不符合条件的，有权拒绝贷款。这对于那些只从需要出发，不看建设条件，不讲经济效果，盲目争项目、争投资、争材料设备，随意拉长基建战线的做法是一个有力的限制。

在当时传统的计划经济体制下，"拨改贷"的实施可在一定程度上增加企业的责任感，也有利于加强基本建设管理，改变当时基本建设"长、散、乱"的状况以提高投资效果，因而具有一定的积极意义。但是从总体上看，这期间的"拨改贷"是在高度统一的计划经济体制框架内进行的，其本质是属于计划经济投资体制范畴内的局部改革内容。

初期"拨改贷"所涉及的资金范围，仅限于基本建设投资资金，而且是在一定地域及行业领域范围内试行。按照 1979 年的《关于基本建设投资试行贷款办法的报告》中提出的安排是：在整个经济管理体制没有改革以前，今明两年先在轻工、纺织、旅游等行业和北京、上海、广东三个省、市中，选择投资少、见效快、利润高、建设条件较好的项目以及交通、铁道、旅游等部门买车、买船等方面的投资进行试点。其他部门和地方也可以选择一些项目进行试点。在总结经验的基础上，积极创造条件逐步推广。因此从 1979 年开始，一部分中央预算内基本建设投资由财政拨款改为贷款的工作在纺织、旅游、电力等行业和全国 28 个省、自治区、

直辖市展开。

进入 1980 年后，"拨改贷"的实施力度进一步加大。1980 年 11 月 18 日，国务院批转国家计委、国家建委、财政部和中国人民建设银行《关于实行基本建设拨款改贷款的报告》，决定从 1981 年起，凡是实行独立核算、有还款能力的企业，都应全面推行基本建设投资拨款改贷款的制度。

在施行"拨改贷"后，企业能否按时还贷款成为另一重要的现实问题。为此在《关于实行基本建设拨款改贷款的报告》中特别指出：贷款能否按期归还，是检验贷款项目该不该建设，有没有实际经济价值的重要标志。并要求建设银行要切实把基本建设拨款改贷款的任务承担起来，努力学会用银行办法办银行，开展信贷和信托业务，吸收固定资产再生产领域里的闲散资金，加强资金调度，在国家计划指导下，组织发放贷款，把资金搞活。

为了增强企业的还贷能力，随后开始实行企业利润留成制度。1980 年 4 月，在全国基本建设工作会议上提出的措施是：扩大国营施工企业的经营管理自主权，确定其合理利润，实行利润留成的制度。到 1982 年 5 月，国家计委、国家建委、财政部和中国人民建设银行又发布了《关于进一步实行基本建设拨款改贷款的通知》，充实和修订了扩大贷款工作的细则。到 1984 年，"拨改贷"全面推广。

1984 年 9 月 18 日，国务院《关于改革建筑业和基本建设管理体制若干问题的暂行规定》发布。主要内容有：全面推行建设项目投资包干责任制；大力推行工程招标承包制；建立工程承包公司，专门组织工业交通等生产性项目的建设；建立城市综合开发公司，对城市土地、房屋实行综合开发；改革建设资金的管理办法等。其中关于改革建设资金的管理办法中指出：国家投资的建设项目，都要按照资金有偿使用的原则，改财政拨款为银行贷款。贷款实行差别利率。国家将投资包干协议规定的总金额分年拨给建设银行，由包干单位根据工程进度，按实际需要向建设银行贷款建设。在不超过投资总额的前提下，可以不受年度的限制。

1984 年 12 月 14 日，国家计委、财政部、中国人民建设银行颁布了《关于国家预算内基本建设投资全部由拨款改为贷款的暂行规定》，即决定对国家预算安排的基本建设投资全面实行"拨改贷"的方式。其中的一些主要内容如下：

（1）根据中共六届人大二次会议关于《政府工作报告》决议的精神，为了有偿使用国家财政资金，提高经济效益，决定从 1985 年起，凡是由国家预算安排的基本建设投资全部由财政拨款改为银行贷款（以下简称"拨改贷")。

（2）基本建设部门和建设单位要执行基本建设程序，实行投资包干经济责任制，缩短建设周期，提高工作质量，降低工程造价，节约建设资金，提高投资效益，按期归还贷款。

（3）"拨改贷"基本建设投资由建设银行依据国家基本建设计划办理。各级建设银行要认真执行国家的投资政策和信贷政策，合理调剂资金，保证资金及时供应，监督资金使用，促进提高效益。

（4）"拨改贷"基本建设投资计划，实行分级管理。"拨改贷"投资总额和分部门、分地区投资额由国家确定。"拨改贷"投资安排的基本建设项目，大中型项目按隶属关系，分别由国务院各部门和各地区提出安排意见，经国家计委综合平衡后确定，并列入国家基本建设大中型项目计划；小型项目按隶属关系，分别由国务院各部门和各地区确定。各级计划部门在安排建设项目时，要充分听取同级建设银行的意见。

（5）实行"拨改贷"以后，原来的"国家预算直接安排的投资"渠道相应取消。"拨改贷"投资与利用银行存款和地方财政专项资金安排的基本建设贷款，在资金渠道上应分别管理，不相混同。

（6）"拨改贷"投资安排的基本建设项目，必须纳入国家五年和年度基建计划。按照建设项目隶属关系和计划安排权限，国务院各部门和各地区安排的项目，其"拨改贷"的资金，分别由中央财政预算和地方财政预算拨给。与此相应，建设银行收回的贷款，其中属于中央预算安排的，上交中央财政；属于地方预算安排的，原则上交地方财政部门。

（7）"拨改贷"实行差别利率。具体是：①电子、纺织、轻工、石油化工、原油加工项目年利率4.2%。②钢铁、有色、机械、汽车、化工、森工、电力、石油开采、铁道、交通、民航项目年利率3.6%。③农业、林业、农垦、水利、畜牧、水产、气象、国防工业、煤炭、建材、邮电、粮食和节能措施项目年利率2.4%。④长线产品的建设项目和在能源紧张地区搞的耗能高的产品的建设项目，年利率12%。产品目录由国家计委另行公布。⑤其他行业的项目年利率3%。

（8）国内合资企业，由出资方负责借款和还款。中外合资企业中方投资，由中国合营者负责借款和还款。前期工作项目，如用"拨改贷"投资的，由中央或地方主管部门（或指定单位）负责借款和还款。

三、对"拨改贷"的有关评价

要了解实施"拨改贷"的影响范围,需要对当时的投资结构有所了解。中国的全社会固定资产投资总额可划分为基本建设、更新改造、房地产开发投资和其他固定资产投资四个部分。其中,基本建设指企业、事业、行政单位以扩大生产能力或工程效益为主要目的的新建、扩建工程及有关投资。而在改革开放初期,国有经济占有很高的比重。具体表现为,基本建设投资特别是国家预算内的基本建设投资,在全社会固定资产投资中占有很高的比重。数据表明,1978年仅是国家预算内的基本建设资金就为389.21亿元,[①]占当年全社会固定资产投资总额的43.3%。虽然到1984年,国家预算内的基本建设资金占全社会固定资产投资的比重下降到19.6%,但这也意味着在此时"拨改贷"涉及近20%的全社会固定资产投资资金。

由此可见,对国家预算内的基本建设资金实行"拨改贷"的措施,对中国经济建设的影响是深刻的。在改革开放初期经济体制改革尚没有全面展开的背景情况下,"拨改贷"的实施无疑具有明显的积极作用。如在一定程度上增强了企业自主性,提高了经济活力,同时为经济体制改革提供了有益的经验。然而不能否认的是"拨改贷"也招致一些批评。其中一些批评意见如下:

首先,"拨改贷"虽在形式上改变了企业的资金来源方式,但并不具有硬约束。在总体经济体制没有改革的情况下,投资主体本质上仍是政府,因此企业如果不能还贷,国家事实上也没有更有效的措施。在"国家定项目、国家给资金"、"投资项目层层审批、集体决策"的体制下,看起来谁都负责,但实际上谁都可以不负责。因此,"拨改贷"没有解决对企业的"硬约束"问题。实际情况也的确可以证明这一点。即在实施"拨改贷"后,一些国有企业出现高负债率和盲目投资的现象。而为了解决这些问题,后来又出台了有关国有企业实施资产重组、"债转股"等一系列政策。

其次,虽然"拨改贷"以及"利改税"对企业资金使用效率的提高具有积极的作用,但同时也的确给企业压上了沉重的负担。实施"拨改贷"后产生的新问题是:一方面,贷款最终要通过企业实现的利润来还,从而

[①] 1996年《中国统计年鉴》表5-3。

大幅度增加了企业的负担与加剧了企业资金的紧张状况；另一方面，由于职工不占有企业的股份，因此通过贷款所形成的固定资产全部归国家所有，而企业职工并不能从中得到直接的收益，因而缺少激励机制。而企业资金紧张，债务负担过重，使企业没有余力进行开发与创新活动，从而降低了国有企业的活力。特别是国有企业的许多投资项目仍是国家计划与政府行为的结果，其中相当一部分属于重复引进和重复建设，没有产生应有的效益，反而导致资金使用的巨大浪费。而这个国家计划和政府行为失误的结果，最终要通过企业的还贷来承担，要用企业的利润来偿还，且不说公平与否的问题，仅此结果就会导致企业根本没有余力进行技改与研发等增强实力的再投入。

上述问题的出现，同投资体制改革与总体经济体制不相匹配有关。在总体经济体制尚未进行改革的情况下，实施"拨改贷"而产生的种种问题在所难免。

四、与投资体制改革相关的其他内容

针对当时国民经济中基本建设规模过大，项目过多，重复建设、盲目建设的情况比较严重，建设资金的使用浪费很大等这样一种实际情况，除出台"拨改贷"政策外，国家为此还出台了其他一系列有关的政策。这些政策涉及加强投资管理、控制投资规模、提高投资效益、加强投资可行性研究和提高审批效率等多方面的政策内容。

（一）关于加强投资管理与控制投资规模的有关规定

1980年8月20日，国家计委、国家建委等单位联合发出《关于抓紧清理、压缩全国基本建设在建工程量的通知》。通知要求，认真抓好基本建设项目的竣工验收、交付生产和使用的工作，继续认真清理在建项目。1980年11月30日，国务院发出《关于紧缩基本建设支出的紧急通知》，决定从12月1日起，1980年基建计划不再追加；各地区、各部门待分配的基建投资包括国家预算拨款，地方、部门、企业自筹资金，各个银行基建贷款，用于基本建设的更新、改造资金等，全部停止分配；1980年计划内尚未开工的项目一律暂不开工；所有办公大楼、机关礼堂、招待所、宾馆、旅游饭店等，一律停下来重新审查，各级银行不再拨款。

1981年3月3日，国务院发出《关于加强基本建设计划管、控制基本建设规模的若干规定》，其中提出如下要求：

(1) 全国和地方的基本建设规模，都要进行严格的控制。凡属基本建设，不论其资金来源如何，都要按照隶属关系和计划安排权限，由各级计委综合平衡后，在核定的基本建设规模之内，纳入各级基本建设计划，并要严格遵守有关基本建设的规定，同时接受国家和各级政府的财政和统计监督。

(2) 各种渠道安排的基本建设资金，必须根据有利于国民经济调整的原则，明确使用方向。

(3) 银行发放基本建设贷款，必须在信贷平衡的基础上进行，必须根据中央和省、市、自治区一级综合财政、信贷计划和综合基本建设计划，切实做好信贷平衡，量力而行。

(4) 利用外资安排的基本建设要严格控制。

(5) 国防费安排的军事工程等要适当压缩。

(6) 所有基本建设计划，必须认真落实所需的物资。

(7) 严格基本建设项目的审批制度和责任制度，严肃基本建设纪律。

(8) 从基本建设工程造价中提取各种费用，必须由国家建委会同国家计委、建设银行总行统一规定。

(二) 提高投资效益与可行性的有关规定

1982年2月26日，国家计委和国家建委发出《关于缩短建设工期，提高投资效益的若干规定》。为了尽快把全国大中型项目的建设周期恢复到历史最好水平，使在建的大中型项目的绝大多数在"六五"期间建成投产，国家计委和国家建委为此在该规定中提出如下要求：

(1) 基本建设项目上项目之前一定要认真负责、精心细致地进行可行性研究和技术经济论证。

(2) 严格控制基建规模。凡是能够通过技术改造提高产品质量、增加产品品种、扩大生产能力的，就不要扩建、新建。

(3) 明确规定基本建设项目的合理建设工期，作为具体安排建设计划、工程进度的依据。

(4) 按合理工期安排建设计划，分配投资、材料。年度计划投资不得留有缺口。

(5) 严格执行开工报告制度。一切新建、扩建项目动工修建，都要有上级机关正式批准的开工报告。

(6) 实行分期建设、分期收益的办法。对包含若干个能独立发挥效益的单项工程，在建设方案确定后，实行分期、分段建设，分期、分段投产受益的办法。

1983年2月2日，国家计委发布《建设项目进行可行性研究的试行管理办法的通知》。有关具体内容包括：

（1）可行性研究是建设前期工作的重要内容，是基本建设程序中的组成部分。

（2）可行性研究的任务是根据国民经济长期规划和地区规划、行业规划的要求，对建设项目在技术、工程和经济上是否合理和可行进行全面分析、论证，做多方案比较，提出评价，为编制和审批设计任务书提供可靠的依据。

（3）利用外资的项目、技术引进和设备进口项目、大型工业交通项目（包括重大技术改造项目），都应进行可行性研究。其他建设项目有条件时，也应进行可行性研究，具体编制范围由各部门、各地区自行确定。

（4）负责进行可行性研究的单位，要经过资格审定，要对工作成果的可靠性、准确性承担责任。要为可行性研究单位客观地、公正地进行工作创造条件，任何单位和个人不得加以干涉。

（5）可行性研究，一般采取主管部门下达计划或有关部门、建设单位向设计或咨询单位进行委托的方式。在主管部门下达的计划或双方签订的合同中规定研究工作的范围、前提条件、进度安排、费用支付办法以及协作方式等。

（6）大中型建设项目的可行性研究报告，由各主管部门和各省、市、自治区或各全国性工业公司负责预审，报国家计委审批，或由国家计委委托有关单位审批。重大项目和特殊项目的可行性研究报告由国家计委会同有关部门预审，报国务院审批。小型项目的可行性研究报告，按隶属关系由各主管部门和各省、市、自治区或各全国性专业公司审批。

（7）咨询或设计单位提出的可行性研究报告和有关文件，按项目大小应在预审前1~3个月提交预审主持单位。预审主持单位认为有必要时，可委托有关方面提出咨询意见。报告提出单位与咨询单位应密切合作，提供必要的资料、情况和数据。

（三）关于提高审批效率的有关规定

1984年5月15日，第六届全国人民代表大会第二次会议上的《政府工作报告》提出，在基本建设的管理上必须简化审批程序，下放审批权限，减少环节，提高效率。今后除限额以上，需要国家计委综合平衡的项目报国家审批以外，其余的实行分级管理、分级平衡。需要国家审批的，国家计委拟将过去的五道手续简化为两道手续，即只审批项目建议书和设计任务书。有关单位在设计任务书批准后，即可先行询价和预订货。

为了贯彻第六届全国人民代表大会第二次会议《政府工作报告》中提出的简化基本建设项目审批手续的精神，1984年8月18日，国家计委发布了《关于简化基本建设项目审批手续的通知》，该通知的一些内容包括：

（1）需要国家审批的基本建设大中型项目审批程序，原为五道手续，即项目建议书、可行性研究报告、设计任务书、初步设计和开工报告。根据简政放权的要求，现简化为项目建议书、设计任务书两道手续。

（2）凡列入长期计划或建设前期工作计划的项目，应该有批准的项目建议书；凡列入五年计划的项目，应该有批准的设计任务书。

（3）各部门、各地区、各企业根据国民经济和社会发展的长远规划、行业规划、地区规划等要求，经过调查、预测、分析，提出项目建议书。按照批准的项目建议书，部门、地区或企业负责组织可行性研究，对项目在技术、工程、经济和外部协作条件上是否合理和可行，进行全面分析、论证，做多方案比较，认为项目可行后，推荐最佳方案，编制设计任务书（或可行性研究报告）上报。

（4）对建设项目的经济效果要进行分析，不仅计算项目本身的微观效果，而且要衡量项目对国民经济的宏观效果和分析对社会的影响。计算经济效果可以根据具体情况计算几个指标，其中对投资回收期必须计算。进行经济效果分析的技术经济参数，由各主管部门和地区根据部门、地区的特点自行拟定，报国家计委备案。

（5）基本建设大中型项目的初步设计，下放给各部门和各省、自治区、直辖市审批。初步设计是项目决策后，根据设计任务书要求所作的具体实施方案，应能满足项目投资包干、招标承包、材料、设备订货、土地征用和施工准备等要求。初步设计的内容和具体要求，由各部门、各地区结合部门和地区特点，加以拟定，报国家计委备案。凡列入年度建设计划的项目，应该有批准的初步设计。

（6）上述审批手续，从发文之日起正式实行。凡新建的基本建设大中型项目、大型技改项目的初步设计、开工报告和在建项目的"五定"、调整概算等业务不再由国家计委审批（已上报的"五定"和调整概算项目由国家计委继续办完），按隶属关系，由各部门和各省、自治区、直辖市负责审批，报国家计委备案。

由以上的考察可以看出，虽然这期间对投资体制的改革取得了一定成效，但这些改革主要是仍停留在计划经济框架内的改革，甚至有些改革在一定程度上是进一步强化了政府管理的职能。同时，在管理手段上主要是通过行政命令方式来进行的，而相对缺乏相应的经济手段方式。随着改革开放的进展，总体经济体制与财政、金融及投资等局部性经济体制之间的相互矛盾日趋加剧，因此对总体经济体制进行改革的迫切性已凸显出来。

> **附录 4-1：投资体制改革历程年度备忘录（1978~1984 年）**
>
> 　　1978 年：4 月 22 日，国家计委、国家建委、财政部下达《关于试行加强基本建设管理几个规定的通知》。12 月 31 日，国务院转批国家计委、财政部《关于改进固定资产更新改造资金管理的报告》。
>
> 　　1979 年：4 月 13 日，中共中央、国务院批转国家建委起草的《关于改进当前基本建设工作的若干意见》。8 月 28 日，国务院转发《关于基本建设投资试行贷款办法的报告》和《基本建设贷款试行条例》。10 月 11 日，国家计委等单位发出《关于投资项目及时进行竣工验收工作的通知》。11 月 8 日，经国务院批准，财政部、国家计委、国家建委等单位颁发《基本建设拨款暂行条例》。
>
> 　　1980 年：1 月 10 日，国家计委下发《关于基本建设计划按两级管理的初步意见》（征求意见稿）。3 月 21 日至 4 月 14 日，全国基本建设工作会议在北京召开。会议就 1979 年基本建设战线仍然过长、建设项目仍然过多、总规模仍然过大等问题提出对策。8 月 20 日，国家计委等单位发出《关于抓紧清理、压缩全国基本建设在建工程量的通知》。11 月 1 日，国家计委等单位发出《关于基建项目、技措项目要严格执行"三同时"的通知》。11 月 18 日，国务院批转国家计委、国家建委、财政部和中国人民建设银行《关于实行基本建设拨款改贷款的报告》。11 月 30 日，国务院发出《关于紧缩基本建设支出的紧急通知》。
>
> 　　1981 年：3 月 3 日，国务院作出《关于加强基本建设计划管理、控制基本建设规模的若干规定》。5 月 6 日，国务院批转国家建委《关于基本建设调整问题的汇报提纲》。
>
> 　　1982 年：2 月 26 日，国家计委和国家建委颁发《关于缩短建设工期，提高投资效益的若干规定》。5 月 1 日，国家计委、国家建委、财政部、建设银行总行发出《关于进一步实行基本建设拨款改贷款的

通知》。9月22日，国家计委发出《关于编制建设前期工作计划的通知》。11月26日，中央财经领导小组扩大会议讨论加强固定资产投资管理问题。

  1983年：2月2日，国家计委发出《建设项目进行可行性研究的试行管理办法的通知》。7月9日，国务院发出《关于严格控制基本建设规模，清理在建项目的紧急通知》。

  1984年：5月15日，第六届全国人民代表大会第二次会议上的《政府工作报告》提出，在基本建设的管理上必须简化审批程序，下放审批权限，减少环节，提高效率。8月18日，国家计委发出《关于简化基本建设项目审批手续的通知》。9月18日，国务院批准《关于改革建筑业和基本建设管理体制若干问题的暂行规定》。10月20日，中国共产党十二届三中全会通过《中共中央关于经济体制改革的决定》。12月8日，国家计委等单位发出关于《加强基本建设自筹资金管理的暂行规定》的通知。12月14日，国家计委等单位下达《关于国家预算内基本建设投资全部由拨款改为贷款的暂行规定》的通知。

第四节　探索阶段：1984~1992年

  1984~1992年是全面进入经济体制改革的阶段，即是经济体制改革的第二阶段。这是在农村改革取得成功后，在总结有关经验的基础上，开始进行以城市经济为核心内容的改革。农村改革的成功经验，农村经济发展对城市的要求为以城市为重点的整个经济体制的改革提供了极为有利的条件。但是，此阶段主要是对经济体制改革进行全面探索的阶段。

一、改革概况

  1984年10月，中国共产党十二届三中全会召开。会议通过了《中共中央关于经济体制改革的决定》，这标志着中国开始进入经济体制改革的新阶段。增强企业活力是此时经济体制改革的中心环节。其中主要是要解决好两个方面的关系问题，即确立国家和全民所有制企业之间的正确关系，扩大企业自主权；确立职工和企业之间的正确关系，保证劳动者在企业中的主人翁地位。同时要求建立自觉运用价值规律的计划体制，发展社会主义商品经济。

而关于投资体制改革，在《中共中央关于经济体制改革的决定》中没有明确被提及。具体表现为，在《中共中央关于经济体制改革的决定》中通篇没有出现"投资体制"的字样，甚至连"投资"两字在文中都没有出现。现在看这篇具有重要历史意义的文献，具有鲜明的论证性风格，而较少提及具体的改革措施。这种情况的出现，与当时的现实经济背景不无关系。

中共十一届三中全会决定把全党工作重点转到经济建设上来，经济体制改革首先在农村进行。经济体制改革在农村取得了巨大成就，使得农业生产能够在短时期内蓬勃发展起来，人民生活水平由此得到初步而明显的提高。然而，局限于当时中国长期饱受"左"的思想影响，以及长期在传统计划经济下形成的各种惯性思维，统一和正确理解对经济体制改革的认识是当时问题的关键。特别是突破"左"的思想束缚，成为首要的问题。因此，现在看《中共中央关于经济体制改革的决定》，似在用很大的篇幅讲理论、讲道理、讲进行经济体制改革的必要性与可行性，而相对缺乏有关将具体实施的措施。也就是在这样的时期，如果明确提出投资体制改革的问题，似显得为时过早。这也决定了，此时期的体制改革主要是探索性的，而难以有突破性的进展。

总体上看，这期间投资领域中的工作重点主要在提高投资效率、提高投资管理的规范性以及调节投资方向等方面，在管理手段方面仍主要以计划经济方式为主。对此主要通过两种渠道来进行：一是通过银行渠道；二是通过行政管理渠道。在银行渠道方面主要是通过控制贷款规模方式来进行，而在行政管理渠道方面主要是通过控制项目计划及项目审批等方式来进行。这些都是具有浓厚计划经济体制色彩的方法。

二、《中共中央关于经济体制改革的决定》的主要内容

《中共中央关于经济体制改革的决定》（以下简称《决定》）的发布具有重大的意义。《决定》论及十个方面的问题，分别是：①改革是当前我国形势发展的迫切需要。②改革是为了建立充满生机的社会主义经济体制。③增强企业活力是经济体制改革的中心环节。④建立自觉运用价值规律的

计划体制，发展社会主义商品经济。⑤建立合理的价格体系，充分重视经济杠杆的作用。⑥实行政企职责分开，正确发挥政府机构管理经济的职能。⑦建立多种形式的经济责任制，认真贯彻按劳分配原则。⑧积极发展多种经济形式，进一步扩大对外的和国内的经济技术交流。⑨起用一代新人，造就一支社会主义经济管理干部的宏大队伍。⑩加强党的领导，保证改革的顺利进行。

《决定》① 首先根据历史的经验和中共十一届三中全会以来的实践，对我国计划体制的基本点进一步作出如下的概括：①就总体说，我国实行的是计划经济，即有计划的商品经济，而不是那种完全由市场调节的市场经济。②完全由市场调节的生产和交换，主要是部分农副产品、日用小商品和服务修理行业的劳务活动，它们在国民经济中起辅助的但不可缺少的作用。③实行计划经济不等于以指令性计划为主，指令性计划和指导性计划都是计划经济的具体形式。④指导性计划主要依靠运用经济杠杆的作用来实现，指令性计划则是必须执行的，但也必须运用价值规律。按照以上要点改革计划体制，有步骤地适当缩小指令性计划的范围，适当扩大指导性计划的范围。对关系国计民生的重要产品中需要由国家调拨分配的部分，对关系全局的重大经济活动，实行指令性计划；对其他大量产品和经济活动，根据不同情况，分别实行指导性计划或完全由市场调节。计划工作的重点要转到中期和长期计划上来，适当简化年度计划，并相应改革计划方法，充分重视经济信息和预测，提高计划的科学性。

由上述可以看出，实行有计划的商品经济是对当时经济体制的基本定位。即从过去高度统一的计划经济体制，放宽到有所接纳市场经济的因素。但在总体上还是强调计划经济机制的作用。

而在这时，企业在经济体制改革中的地位已经被凸显出来。为此在《决定》中指出：增强企业活力是经济体制改革的中心环节。其提出的理论论述是：城市企业是工业生产、建设和商品流通的主要的直接承担者，是社会生产力发展和经济技术进步的主导力量。而现行经济体制的种种弊端，恰恰集中表现为企业缺乏应有的活力。所以，增强企业的活力，特别是增强全民所有制大、中型企业的活力，是以城市为重点的整个经济体制改革的中心环节。过去国家对企业管得太多太死的一个重要原因，就是把全民所有同国家机构直接经营企业混为一谈。根据马克思主义的理论和社

---

① 《中共中央关于经济体制改革的决定》，中国共产党第十二届中央委员会第三次全体会议1984年10月20日通过。

会主义的实践，所有权同经营权是可以适当分开的。总之，要使企业真正成为相对独立的经济实体，成为自主经营、自负盈亏的社会主义商品生产者和经营者，具有自我改造和自我发展的能力，成为具有一定权利和义务的法人。

关于改革计划体制的论述是：首先要突破把计划经济同商品经济对立起来的传统观念，明确认识社会主义计划经济必须自觉依据和运用价值规律，是在公有制基础上的有计划的商品经济。商品经济的充分发展，是社会经济发展不可逾越的阶段，是实现我国经济现代化的必要条件。只有充分发展商品经济，才能把经济真正搞活，促使各个企业提高效率，灵活经营，灵敏地适应复杂多变的社会需求，而这是单纯依靠行政手段和指令性计划所不能做到的。同时还应该看到，即使是社会主义的商品经济，它的广泛发展也会产生某种盲目性，必须有计划的指导、调节和行政的管理，这在社会主义条件下是能够做到的。因此，实行计划经济同运用价值规律、发展商品经济，不是互相排斥的，而是统一的，把它们对立起来是错误的。

关于价格体系的论述是：我国现行的价格体系，由于过去长期忽视价值规律的作用和其他历史原因，存在着相当紊乱的现象，不少商品的价格既不反映价值，也不反映供求关系。不改革这种不合理的价格体系，就不能正确评价企业的生产经营效果，不能保障城乡物资的顺畅交流，不能促进技术进步和生产结构、消费结构的合理化，就必然造成社会劳动的巨大浪费，也会严重妨碍按劳分配原则的贯彻执行。随着企业自主权的进一步扩大，价格对企业生产经营活动的调节作用越来越显著，建立合理的价格体系更为急迫。各项经济体制的改革，包括计划体制和工资制度的改革，它们的成效都在很大程度上取决于价格体系的改革。价格是最有效的调节手段，合理的价格是保证国民经济活而不乱的重要条件，价格体系的改革是整个经济体制改革成败的关键。

在改革价格体系的同时，还要进一步完善税收制度，改革财政体制和金融体制。越是搞活经济，越要重视宏观调节，越要善于在及时掌握经济动态的基础上综合运用价格、税收、信贷等经济杠杆，以利于调节社会供应总量和需求总量、积累和消费等重大比例关系，调节财力、物力和人力的流向，调节产业结构和生产力的布局，调节市场供求，调节对外经济往来，等等。我们过去习惯于用行政手段推动经济运行，而长期忽视运用经济杠杆进行调节。学会掌握经济杠杆，并且把领导经济工作的重点放到这一方面来，应该成为各级经济部门特别是综合经济部门的重要任务。

通过以上的引述可以看出，此时期关于投资体制的改革尚未提到议事日程，而是强调进行计划体制、价格体系、国家机构管理经济的职能和劳动工资制度等方面的配套改革。当然，这些改革为以后渐进式的投资体制改革不断提供了有利的基础。

三、关于控制投资规模的相关政策

此期间关于控制投资规模仍是投资领域中的一个工作重点。1985年4月4日，国务院批转中国人民银行《关于控制1985年贷款规模的若干规定》，提出如下的要求：

（1）严格控制贷款总规模。1985年增发150亿元货币的计划要严格控制，不得突破。必须严格将贷款规模控制在710亿元左右。

（2）1985年开始实行"统一计划、划分资金、实贷实存、相互融通"的新的信贷资金管理办法。

（3）改变敞口供应流动资金贷款的办法。

（4）农业银行的农村存、贷款增加额，要在全国范围内做到当年平衡。信用社在农业银行的存款比例不得低于30%。

（5）企业自筹基建，银行不予贷款。信托投资公司发放的基建贷款，要列入国家基建规划之内，银行不予贷款。

（6）加强金融工作的统一管理。

1985年4月8日，国务院发出《关于控制固定资产投资规模的通知》，指出目前全国固定资产投资规模偏大，要求各地区、各部门要严格控制计划外投资，对固定资产投资规模及银行贷款必须按计划严格控制。

1985年6月27日，国务院办公厅发出《关于加强银行金融信贷管理工作的通知》。要求各级人民银行要加强对专业银行和其他金融机构的业务领导，切实把各项资金管好，把固定资产的投资管好。各专业银行的信贷规模，要统一纳入人民银行的国家信贷计划；各专业银行的固定资产投资贷款，要按项目严格控制，不得突破国家下达的计划。1985年8月28日，国务院发出《关于不再扩大1985年基本建设规模的通知》。1985年12月14日，国家计委、财政部、中国人民建设银行发布《关于国家预算内基本建设投资全部由拨款改为贷款的暂行规定》，决定从1985年起凡是由国家预算安排的基本建设投资全部由财政拨款改为银行贷款（简称"拨改贷"）。对科学研究、学校、行政单位等没有还款能力的建设项目，《暂行规定》做了豁免本息的规定。根据一年的实践和国务院的指示精神，从

1986年起，上述豁免本息的建设项目不再采用"拨改贷"方式进行管理，恢复拨款办法。

1986年11月召开的全国计划会议明确把"继续控制投资规模，大力调整投资结构，保证重点建设"作为主要工作。在此之后的1987年1月，国务院在北京召开全国经济工作会议，提出1987年度全国经济工作的中心任务之一，是把过去膨胀的预算外投资规模和过高的非生产性开支压下来。

1987年9月，在全国计划会议和全国经济体制改革工作会议中提出：保证必要的重点建设，压缩一般性建设，停建一批无效益的项目和楼堂馆所。

1988年9月24日，国务院发出《关于清理固定资产投资在建项目、压缩投资规模、调整投资结构的通知》，旨在抑制通货膨胀，为价格、工资改革创造条件，并通过全面清理在建项目，做到大幅度压缩投资规模，进一步调整投资结构。

四、关于加强投资管理的相关政策

1988年是投资体制改革的一个关键年。在此之前的几年里，在固定资产投资管理方面，主要围绕着开辟多种资金渠道、实行投资有偿使用、简化项目审批手续和放宽审批权限、实行招标投标和承包责任制等进行了一些改革，并取得了一定成效。

但是，这些改革只是初步的，从总体上看，投资体制中一些带根本性的问题还没有解决，主要表现在：[①]

（1）在宏观管理上，还没有建立起适应投资渠道多元化这一新情况的调控体系，对建设规模和使用方向缺乏有效的调控和引导，盲目铺摊子、重复建设和投资膨胀的现象仍然相当严重。

（2）在重点建设上，还没有改变中央包揽过多的格局。中央掌握的投资与承担的重点建设任务不相适应，资金来源不稳定，而相当一部分预算外投资由于过多地考虑近期效益，搞了大量的一般加工工业和非生产性的楼堂馆所等的建设，以致能源、原材料供应紧张和运力不足的矛盾难以缓解。

（3）在投资安排上，仍然主要采用行政办法，按"条块"隶属关系

---

① 1988年7月16日《国务院关于印发投资管理体制近期改革方案的通知》。

"切块"分钱,权、责、利严重脱节,敞口花钱而不管效益的情况相当普遍。

(4) 在设计和施工中,立法不健全,管理、监督薄弱,没有真正形成竞争条件下的招标、投标制度,吃"大锅饭"、损失浪费的现象极为严重。

为此,1988年7月16日,国务院发布《关于印发投资管理体制近期改革方案的通知》,从七个方面明确提出了具体改革设计:

(1) 对重大的长期建设投资实行分层次管理,加重地方的重点建设责任。总的原则是,面向全国的重要的建设工程,由中央或中央为主承担;区域性的重点建设工程和一般性的建设工程,由地方承担。即实行中央、省区市两级配置,两级调控。

(2) 扩大企业的投资决策权,使企业成为一般性投资建设主体。提出企业进行必要的扩大再生产,在服从国家中长期计划、行业规划和国家有关法规的前提下,有权自主地筹措资金(包括折旧基金、企业留利和经批准筹措的资金)和物资(包括投产后所需原材料、燃料、动力等);有权自主地支配应得的投资收益。

(3) 建立基本建设基金制,保证重点建设有稳定的资金来源。为了使一些需要投资大、建设周期长、关系国民经济发展后劲的基础工业和基础设施建设项目的资金来源保持稳定,经国务院批准,从1988年起建立中央基本建设基金制。中央基本建设基金由以下部分组成:已经开征的能源交通重点建设基金中中央使用部分;已经开征的建筑税中中央使用部分;铁道部包干收入中用于预算内基本建设部分;国家预算内"拨改贷"投资收回的本息(利息部分扣除建设银行业务支出);财政定额拨款。

(4) 成立投资公司,用经济办法对投资进行管理。中央一级成立能源、交通、原材料、机电轻纺、农业、林业6个国家专业投资公司,负责管理和经营本行业中央投资的经营性项目(包括基本建设项目和技术改造项目)的固定资产投资。能源、交通、原材料、机电轻纺4个投资公司由国家计委归口领导,行业归口主管部门参与指导;农业、林业投资公司由国家计委与部门归口领导,以国家计委为主。

(5) 简政放权,改进投资计划管理。对投资活动实行多种计划管理形式,减少国家计委对投资活动的直接管理。国家专业投资公司建立以后,国家计委不再直接管理项目投资。经营性投资由国家计委"切块"给各专业投资公司,由投资公司按计划承包新增生产能力,自主经营。非经营性投资,小型项目,财经、文教部门的,按核定的基数包给部门,中直、国务院其他部门的,按归口管理部门"切块"分配,投资"切块"后,一定几年不变;大中型项目仍按项目安排。每年基金的增加额,由国家计委根据国家的产业政策和发展规划规定投向。

（6）强化投资主体自我约束机制。具体提出改革建设项目领导体制，实行包干责任制，经营性投资实行有偿使用，实行年度投资规模和在建总规模的双重控制等机制建设措施。

（7）实行招投标制，充分发挥市场和竞争机制的作用。全面实行招标、投标制，要求新建项目不涉及特定地区或不受资源限制的，都要通过招标选定建设地点；建设项目的设计、工程承包、设备供应和施工，都要通过招标、投标择优选定，不得按行政办法分配任务。大型项目的招标、投标必须在全国进行，部门、地区不得封锁。

五、关于鼓励外商投资的政策

1986年10月11日，国务院发布《关于鼓励外商投资的规定》（以下简称《规定》），鼓励外国投资者在中国境内举办中外合资经营企业、中外合作经营企业和外资企业。该《规定》包括改善投资环境、保障企业自主权、按国家产业政策给予税收优惠等，以利于更好地吸引外商投资，引进先进技术，提高产品质量，扩大出口创汇，发展国民经济等方面的内容。其中有关投资的内容是：

（1）产品出口企业和先进技术企业的外国投资者，将其从企业分得的利润汇出境外时，免缴汇出额的所得税。

（2）外国投资者将其从企业分得的利润，在中国境内再投资举办、扩建产品出口企业或者先进技术企业，经营期不少于5年的，经申请税务机关核准，全部退还其再投资部分已缴纳的企业所得税税款。经营不足5年撤出该项投资的，应当缴回已退的企业所得税税款。

（3）外商投资企业的出口产品，除原油、成品油和国家另有规定的产品外，免征工商统一税。1987年1月23日，财政部为了贯彻执行国务院《关于鼓励外商投资的规定》中有关的税收优惠条款，特制定实施办法。

六、与投资体制改革相关的其他改革

1987年9月，全国计划会议和全国经济体制改革工作会议召开。会议确定1988年我国经济体制改革的主要任务是：按照发展社会主义商品经济的总目标，把经济体制改革同经济发展、同政治体制改革紧密结合起来，以企业经营机制、投资体制、物资体制和外贸体制改革为重点，同时进一步发展和完善各种市场，加强和改善宏观管理。可见投资体制改革已作为工作重点之一，然而在实际上并没有实现较大幅度的改革，而是基本延续以往的做法。

1988年2月27日，国务院批转国家体改委提出的《1988年深化经济体制改革的总体方案》，提出1988年的经济体制改革主要任务是：按照发展社会主义商品经济的总目标，以落实和完善企业承包经营责任制，深化企业经营机制改革为重点；同时，改革计划、投资、物资、外贸、金融、财税体制和住房制度，加强对固定资产投资、消费基金和物价的管理，更好地促进国民经济持续稳定的增长。其中关于投资体制改革的内容是：

（1）1988年，投资体制改革，主要是对国家预算内基本建设投资，开始实行基金制管理。其中中央基本建设基金，由国家确定的几项中央预算收入和定额拨款构成，并在财政预算中列收列支，专款专用，年终结转，周转使用。经营性建设的投资实行有偿使用，并着手建立严格的投资管理、使用和回收的责任制；非经营性建设的投资，仍暂按原方式进行。基金主要是用于"七五"计划内的重点工程。同时，制定必要的政策，引导和组织各级地方政府的自筹资金和社会资金，投向能源、原材料、交通等基础工业和基础设施的建设。

（2）搞好对中央基本建设基金的管理。1988年，先组建少数竞争性的专业投资公司，如能源、交通、原材料和农业投资公司，主要承担本行业中央投资的重点建设任务，也可以跨行业投资。公司作为经济实体，负责基金的使用、回收，并努力使基金增值。相应取消各经济部门直接管理投资的职能。中央基本建设基金，由财政部按照纳入基金的项目的收入进度，划转建设银行，按国家计划进行管理。建设银行与投资公司的关系是经济关系，不是行政隶属关系。投资公司不得经办金融业务。

（3）促进投资结构合理化，提高投资效益。运用必要的税收手段，合理调节投资方向。制定合理的规模经济标准，限制那些达不到规模标准、技术工艺落后项目的建设。全面推行建设项目的招标投标制，从项目选定、设计、施工到设备供应和设备进口，都要打破地区、部门和军工、民用的界限，通过招标，择优选定中标单位。尽快制定建设项目招标、投标的法规，禁止营私舞弊、保护落后。

1989年3月4日，国务院同意国家体改委提出的《1988年经济体制改革要点》，其中内容包括结合投资基金制的建立，组建了能源、交通、原材料等6个专业投资公司，作为国家投资活动的主体。这6个国家专业投资公司一直运行到1994年3月，由国务院发文并入国家开发银行，同时筹组国家开发投资公司。到1995年5月，国家开发投资公司正式成立。国家作为投资主体以公司形式出现，意味着国家参与投资活动的方式出现了一定的变化，即改变了过去完全以行政主体出现的方式，而开始以经济方式参与投资活动，同时也标志着中国投资行业的形成。

七、关于"三年治理整顿"

1989年11月6~9日，中共十三届五中全会通过《中共中央关于进一步治理整顿和深化改革的决定》，由此开始了约三年时间的治理整顿时期。全会决定：包括1989年在内，用三年或者更长一点的时间，基本完成治理整顿任务。治理整顿的主要目标是：逐步降低通货膨胀率，使全国零售物价上涨幅度逐步下降到10%以下；扭转货币超经济发行的状况，逐步做到当年货币发行量与经济增长的合理需求相适应；努力实现财政收支平衡，逐步消灭财政赤字；在着力于提高经济效益、经济素质和科技水平的基础上，保持适度的经济增长率，争取国民生产总值平均每年增长5%~6%；改善产业结构不合理状况，力争主要农产品的生产逐步增长，能源、原材料供应紧张和运力不足的矛盾逐步缓解；进一步深化和完善各项改革措施，逐步建立符合计划经济与市场调节相结合原则的，经济、行政、法律手段综合运用的宏观调控体系。

三年治理整顿的直接目的仍是要加强企业改革和提高企业活力。1990年1月4~8日，国务院在北京召开全国经济体制改革工作会议，讨论以企业改革为重点的1990年改革工作的任务。会议就治理整顿、深化企业改革提出七条主要措施：完善发展承包经营责任制；继续实行和完善厂长负责制；增强大中型企业的活力，充分发挥大中型企业的骨干作用；进一步发展企业集团；采取措施推进企业兼并；强化企业管理，向经营管理要效益；有计划地推进各项改革试点工作。1月8日，李鹏在会上发表《改革开放要沿着健康的轨道前进》的讲话，着重指出：治理整顿和深化改革不是互相对立的，而是相辅相成的。治理整顿的目的，是为改革开放创造更有利的条件。

1990年4月，国务院决定在全国范围内开展清理"三角债"的工作，决定成立以邹家华为组长的国务院清理"三角债"领导小组，负责组织领导这项工作。由于一段时间里市场疲软、产品积压，企业流动资金不足的矛盾很尖锐，导致企业、单位之间互相拖欠货款的情况十分严重，1989年全国拖欠总数已达1000亿元以上，进入1990年以后继续呈上升趋势。

"三角债"现象的存在不仅妨碍生产的正常运转,同时也损害社会信誉,破坏了经济秩序。为此国务院要求各地区、各部门的领导同志高度重视清理"三角债"的工作,把它作为治理整顿、深化改革的一项重要任务抓紧进行。

总的来看,在三年治理整顿期间,一些改革措施主要是围绕治理整顿来进行,对投资体制的改革没有明显的进展。

八、投资资金来源结构分析

此期间经过对投资体制的局部与渐进的改革,到1992年前后投资主体与资金来源的多元化局面已凸显出来。其中,1984年开始进行企业股份制试点,1986年进行企业发债试点,而股和债都属于直接融资,从而扩大了企业投资资金的来源。

对此可通过表4–3的数据具体展示投资资金来源的结构。表4–3是关于全社会固定资产投资资金来源构成比重的数据。从表4–3可以看到,按资金来源,全社会固定资产投资可划分为国家预算内资金、国内贷款、利用外资、自筹和其他资金四个部分。

表4–3　　　　　　　全社会固定资产投资资金来源构成比重

单位:%

年份	国家预算内资金	国内贷款	利用外资	自筹和其他资金
1984	23.0	14.1	3.9	59.0
1985	16.0	20.1	3.6	60.3
1990	8.7	19.6	6.3	65.4
1992	4.3	27.4	5.8	62.5
1981~1992年比重变化百分点	–23.8	14.7	2.0	7.1

资料来源:2006年《中国统计年鉴》表6–4。

数据显示,国家预算内资金在全社会固定资产投资中的比重,1984年为23%,到1992年已下降为4.3%,即下降了18.7个百分点。国内贷款比重,从1984年的14.1%,上升到1992年的27.4%,提高了13.3个百分点。自筹和其他资金比重,从1984年的59%,上升到1992年的62.5%,提高了3.5个百分点。利用外资比重,从1984年的3.9%,上升到1992年的5.8%,提高了1.9个百分点。可见,此期间国家预算内资金的比重有较大幅度下降，而其他资金来源的比重均表现为不同程度的上升。

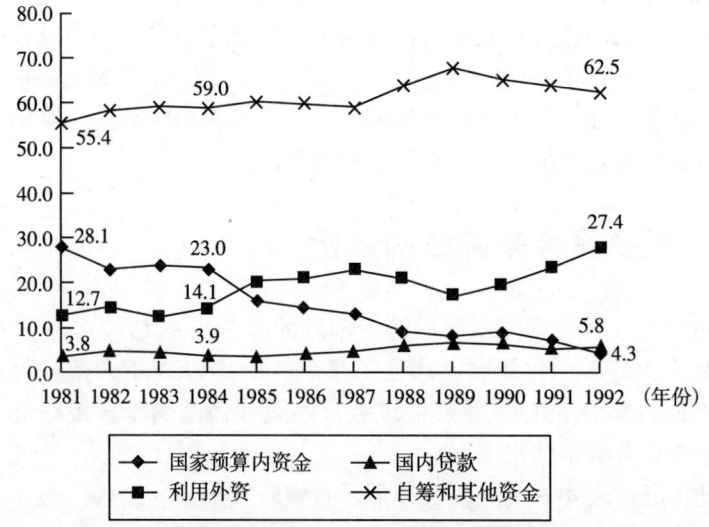

图 4-11　1981~1992 年中国全社会固定资产投资资金来源构成比重曲线（%）

图 4-11 是关于 1981~1992 年中国全社会固定资产投资资金来源构成比重的曲线图，直观地展现了全社会固定资产投资中的资金来源结构变化情况。

以上数据说明了，此期间通过国家预算方式实现的投资资金的比重有较大幅度下降，而其他形式的投资资金的比重有较大幅度上升。这表明计划经济机制的投资体制的作用在逐步降低，表明经济中的投资主体及资金来源正趋于多元化。

通过以上考察可以看到，此期间对经济体制的改革已全面展开。然而，此期间的改革在很大程度上是探索性、局部性和渐进性的改革，是在许多改革方向尚不明晰与确定的情况下的改革，也就是"摸着石头过河"的改革模式。尽管如此，此期间涉及的投资体制改革内容也是相当丰富的。如"拨改贷"的全面推广；推进企业改革；建立基金制管理；简政放权；实行招投标制；等等。这些都是有关投资体制改革的重要内容。经过第二阶段的经济体制改革，形成了投资主体与资金来源多元化的局面，为进一步的投资体制改革提供了有利条件。

附录 4-2：投资体制改革历程年度备忘录（1984~1992 年）

1984 年：10 月 20 日，中国共产党十二届三中全会通过《中共中央关于经济体制改革的决定》。

1985 年：4 月 4 日，国务院批转中国人民银行《关于控制 1985 年贷款规模的若干规定》。4 月 8 日，国务院发出《关于控制固定资产投资规模的通知》。6 月 27 日，国务院办公厅发出《关于加强银行金融信贷管理工作的通知》。8 月 28 日，国务院发出《关于不再扩大 1985 年基本建设规模的通知》。12 月 14 日，国家计委、财政部、中国人民建设银行发布《关于国家预算内基本建设投资全部由拨款改为贷款的暂行规定》。

1986 年：10 月 11 日，国务院发布《关于鼓励外商投资的规定》。12 月 5 日，国务院发布《关于深化企业改革增强企业活力的若干规定》。

1987 年：1 月 23 日，财政部为了贯彻执行国务院《关于鼓励外商投资的规定》中有关的税收优惠条款，特制定实施办法。

1988 年：2 月 27 日，国务院批转国家体改委提出的《1988 年深化经济体制改革的总体方案》。6 月 15 日，财政部发布《关于沿海经济开发区鼓励外商投资减征、免征企业所得税和工商统一税的暂行规定》。6 月 25 日，国务院发布《中华人民共和国私营企业暂行条例》。7 月 16 日，国务院发布《关于印发投资管理体制近期改革方案的通知》。9 月 24 日，国务院发布《关于清理固定资产投资在建项目、压缩投资规模、调整投资结构的通知》。

1989 年：3 月 4 日，国务院批转国家体改委《关于 1989 年经济体制改革要点》的通知。3 月 20 日，国务院总理李鹏在七届全国人大二次会议上作题为《坚决贯彻治理整顿和深化改革的方针》的政府工作报告。8 月 27 日，国务院发布《关于进一步抓紧抓好清理固定资产投资项目工作的通知》。11 月 9 日，中共十三届五中全会通过《中共中央关于进一步治理整顿和深化改革的决定》。

1990 年：5 月 23 日，国务院批转国家体改委《在治理整顿中深化企业改革强化企业管理的意见》。5 月 30 日，国务院批转国家计委和清理固定资产投资项目领导小组《关于 1990 年继续搞好清理固定资产投资项目工作的报告》。

> 1991年：2月25日至3月1日，国务院召开全国经济体制改革工作会议，讨论《经济体制改革"八五"纲要和十年规划》，以及1991年经济体制改革的要点。
>
> 1992年：2月19日，国务院批转国家体改委制定的《关于1992年经济体制改革要点》。5月16日，中共中央政治局会议通过《中共中央关于加快改革，扩大开放，力争经济更好更快地上一个新台阶的意见》。9月5日，国务院发布《关于加强对固定资产投资和信贷规模进行宏观调控的通知》。10月12~18日，中国共产党第十四次全国人民代表大会召开，明确提出我国经济体制改革的目标是建立社会主义市场经济体制。

第五节　入轨阶段：1992~2002年

1992~2002年是中国确立社会主义市场经济体制改革目标的阶段，即是经济体制改革的第三阶段。其中1992年10月召开的中国共产党第十四次全国人民代表大会，在总结改革开放以来的经验、教训基础上，明确提出了中国经济体制改革的目标是建立社会主义市场经济体制。这标志着中国经济体制改革进入既定轨道的改革阶段。

一、改革概况

事实上，在1992年中共十四大提出建立社会主义市场经济体制这一目标之时，仅是明确了进一步改革开放的总体方向和有关大政方针，而对如何具体实施各种体制的改革并没有给出明确的方案。而这时的经济体制改革实际已广泛触及多方面的利益，同时也越来越涉及不同体制之间的配套改革问题，这使得此期间的改革难度更大。从实践的过程来看，此期间的经济体制改革主要是采用先易后难、稳中求进的方式。

首先，进行了财政体制改革。1993年12月15日，国务院作出《关于实行分税制财政管理体制的决定》，即决定从1994年1月1日起改革地方财政包干体制，对各省、自治区、直辖市以及计划单列市实行分税制财政管理体制。

其次，进行了金融体制改革。1993年12月25日，国务院作出《关于金融体制改革的决定》。其中提出的金融体制改革的主要目标是：建立在国务院领导下，独立执行货币政策的中央银行宏观调控体系；建立政策性金融与商业性金融分离，以国有商业银行为主体、多种金融机构并存的金融组织体系；建立统一开放、有序竞争、严格管理的金融市场体系。

最后，进行了外贸体制改革。1994年1月11日，国务院作出《关于进一步深化对外贸易体制改革的决定》，主要目标是：统一政策、放开经营、平等竞争、自负盈亏、工贸结合、推行代理制，建立适应国际经济通行规则的运行机制。

相比其他体制的改革进程，此期间投资体制改革的进展是相对缓慢的。具体表现为，此期间没有出台类似于财政体制改革、金融体制改革及外贸体制改革那样专门的纲领性文件。而针对投资体制改革的有关重大举措，直到2004年方出台《国务院关于投资体制改革的决定》，对此将在第六节论述。

但是，没有出台正式文件并不表明对投资体制改革的不重视。事实上投资体制改革方案从1992年就已经列入议事日程。投资体制改革方案是不断地在修改着，而且需要各方面的认可。一直没有出台正式文件，一个原因是在当时各方面认识不一致，而且认识还有一个跟进的过程。[①]

1998年朱镕基总理就任之初，投资体制改革被列入其任期内的五项改革之一，并被列在第二位。到2003年，基本实现了投融资体制改革逐步深化，投融资渠道进一步拓宽，投融资方式实现多样化，初步建立了项目法人责任制、招标投标制、合同制、工程监理制。[②]

但从总体上看，此期间有关投资体制改革的举措，主要是分散体现在各种不同的文件中，而且许多是作为其他体制改革的一种配套性改革措施，如为了增强企业活力、转变企业经营机制或吸引外资等。此期间投资体制改革内容主要涉及进一步扩大地方和企业基本建设投资决策权，减少国家指令性计划，改组国家专业投资公司等方面。

此期间对中国经济发展与经济体制改革有重要影响的一个事件，是1992年初邓小平的南方谈话。在中共十四大召开前，即1992年1月18日至2月21日，邓小平视察武昌、深圳、珠海、上海等地，发表了著名

---

① 文钊.宏观调控见效 投资体制新政十年磨一剑.经济观察报，2004-07-29.
② 见2003年朱镕基总理政府工作报告。

的南方谈话。邓小平指出：革命是解放生产力，改革也是解放生产力。改革开放胆子要大一些。看准了的，就大胆地试、大胆地闯。2月28日，中共中央将邓小平南方谈话作为中央1992年第二号文件下发，并发出通知，要求尽快逐级传达到全体党员干部。之后，在"发展才是硬道理"的精神鼓舞下，中国经济开始进入新一轮的快速增长期。可以说，邓小平的南方谈话是影响20世纪90年代中国经济发展的重大事件，同时也是中国改革开放进入一个新的发展阶段的标志。

二、以企业为投资主体的改革

企业改革是整个经济体制改革的核心内容。因此，此期间对投资体制的改革主要是围绕企业改革来进行的，即围绕有利于增强企业活力来进行。其中一个具体的改革内容是，大力促进以企业为投资主体的改革。为此，1992年国家颁布了关于股份制企业的一系列文件，同时于1992年7月23日出台了《全民所有制工业企业转换经营机制条例》。

在《全民所有制工业企业转换经营机制条例》中明确指出："围绕转换企业经营机制，按照宏观要管好、微观要放开的要求，政府必须转变职能，改革管理企业的方式，培育和发展市场体系，建立和完善社会保障制度，协调配套地进行计划、投资、财政、税收、金融、价格、物资、商业、外贸、人事和劳动工资等方面的改革。"由以上的内容可见，关于投资改革的内容也在该条例之中。

同时，在《全民所有制工业企业转换经营机制条例》中具体明确了企业享有投资决策权，并对企业的投资范围、决策权限的界定、政策优惠和责任约束等方面进行了具体规定。其中一些有关的主要内容如下：

(1) 企业享有投资决策权。企业依照法律和国务院有关规定，有权以留用资金、实物、土地使用权、工业产权和非专利技术等向国内各地区、各行业的企业事业单位投资，购买和持有其他企业的股份。经政府有关部门批准，企业可以向境外投资或者在境外开办企业。

企业遵照国家产业政策和行业、地区发展规划，以留用资金和自行筹措的资金从事生产性建设，能够自行解决建设和生产条件的，由企业自主决定立项，报政府有关部门备案并接受监督。政府有关部门应当根据登记注册的会计师事务所或者审计师事务所的验资证明，出具认可企业自行立项的文件。经土地管理、城市规划、城市建设、环境保护等部门依法办理有关手续后，企业自主决定开工。

企业从事生产性建设，不能自行解决建设和生产条件或者需要政府投资的，报政府有关部门批准。

企业从事生产性建设，需要银行贷款或者向社会发行债券的，按照国家有关规定，报政府有关部门会同银行审批或者由银行审批。需要使用境外贷款的，报政府有关部门审批。

企业遵照国家产业政策，以留利安排生产性建设项目或者补充流动资金的，经企业申请，税务部门批准，可以退还企业再投资部分已缴纳所得税的40%税款。

企业根据其经济效益和承受能力，可以增提新产品开发基金，报财政部门备案。按照国家统一制定的有关固定资产折旧的规定，企业有权选择具体的折旧办法，确定加速折旧的幅度。

（2）企业享有留用资金支配权。企业在保证实现企业财产保值、增值的前提下，有权自主确定税后留用利润中各项基金的比例和用途，报政府有关部门备案。企业可以将生产发展基金用于购置固定资产、进行技术改造、开发新产品或者补充流动资金，也可以将折旧费、大修理费和其他生产性资金合并用于技术改造或者生产性投资。企业有权拒绝任何部门和单位无偿调拨企业留用资金或者强令企业以折旧费、大修理费补交上缴利润。国务院有特殊规定的，从其规定。

为配合《全民所有制工业企业转换经营机制条例》的实施，在1993年3月8日国务院批转的国家体改委《关于1993年经济体制改革要点》中，进一步提出对计划及投资体制改革的有关意见。其中主要内容如下：

（1）转变计划部门的职能。从主要运用行政手段管理经济，偏重于定指标、分投资、批项目，转变为研究战略、制定规划、宏观调控、总量平衡、产业政策、培育市场、重点建设、协调服务，逐步实现从直接计划管理为主，向协调运用经济杠杆和经济政策进行间接管理为主的转变。

（2）简化生产、流通领域的计划指标管理，保留的少数重要指标，有的只列全国总量指标，不分解下达。对供求大体平衡、价格已经放开的重要生产资料，取消指令性分配计划，实行市场调节，国家保留优先订货权；对供求尚有较大矛盾，价格还不能完全放开的重要生产资料，也要减少指令性计划分配的数量，并扩大平价转计划内高价的比重。

（3）鼓励地方政府对非竞争性的基础产业和公用设施进行投资，扩大其投资审批权。竞争性产业，特别是加工工业的投资决策权应逐步直接交给企业，使企业在国家产业政策的引导下，真正成为投资主体。国有企业有权在执行国家法律和国务院有关规定的前提下，以留用资金、实物、工业产权和非专利技术等向各行业、各地区的企事业单位投资,有权购买和持有其他企业的股份。

(4) 扩大国家投资的筹资方式和渠道。尽快建立规范化的、稳定的和良性循环的国家投资基金制度。进一步完善中央基本建设基金制,国家财政"拨改贷"收回的本息不再列入经常性预算,纳入建设基金滚动增值。对国家重点建设项目,国家通过扩大控股、参股、贴息、合资、合作以及直接投资等办法进行投资,并通过发行债券、股票吸收一部分企业和社会的资金进行建设。新开工的大中型基本建设项目主要采取招标、投标办法,原则上都要推行项目业主责任制,逐步扩大股份投资方式试点。

1999年9月22日,中共十五届四中全会通过了《中共中央关于国有企业改革和发展若干重大问题的决定》。其中提到的关于投资体制改革的内容是:加快投融资体制改革,建立投资风险约束机制,严格执行项目资本金制度和项目法人责任制,做到谁决策谁承担责任和风险。政府要通过制定产业政策和发布信息等方式进行引导,鼓励资金投向提高技术水平、产品有市场有效益的项目,对国内生产能力已经明显超过市场需求的新上项目必须严格控制。

总之,此期间的这些改革措施,对以企业为投资主体的形成起到了积极而有效的促进作用。

三、与投资体制改革相关的政策

从1993年开始,中国经济增长速度明显加快,而在随后的几年里中国经济出现过热,通货膨胀显著。1993年上半年,经济过热的势头即开始出现,具体表现主要是"四高"(高投资增长、高货币投放、高物价上涨和高贸易逆差)、"四热"(房地产热、开发区热、集资热和股票热)以及"两乱"(金融秩序混乱、市场秩序混乱)。

在这种情况下,控制固定资产投资再次成为调控经济的重要手段。1993年6月24日,中共中央、国务院下发《关于当前经济情况和加强宏观调控的意见》,即1993年中央六号文件。中央六号文件提出的有关投资体制改革的意见是:"投资体制改革要与金融体制改革相结合。从改革投资体制入手,尽快建立政策性银行,逐步实现政策性金融与商业性金融相分离。组建国家长期开发信用银行、出口信贷银行等政策性银行,专门承担政策性投融资和贷款任务。当前,各专业银行也可先采取过渡办法,在内部分设账户、分别管理,实行政策性和商业性业务分开。过渡期间的财务核算办法，实行单独记账，统负盈亏。"

1993年8月16日，国务院批转国家计委《关于加强固定资产投资宏观调控的具体措施》，要求对所有在建项目进行清理审核排队，其中特别是加大对开发区、层层建设的工业小区，房地产中的豪华建筑、高尔夫球场、赛马场等加大治理力度。随后，《国务院关于严格审批和认真清理各类开发区的通知》和《国务院关于发展房地产业若干问题的通知》也分别出台，旨在加强对国有土地出让的计划、规划管理，把房地产开发纳入固定资产投资计划管理，制止炒房地产获取暴利的行为。

1993年11月14日，中共十四届三中全会通过了《中共中央关于建立社会主义市场经济体制若干问题的决定》（以下简称《决定》）。该《决定》中明确提出了要深化投资体制改革的要求。提出的具体措施是：逐步建立法人投资和银行信贷的风险责任。竞争性项目投资由企业自主决策，自担风险，所需贷款由商业银行自主决定，自负盈亏。用项目登记备案制代替现行的行政审批制，把这方面的投融资活动推向市场，国家用产业政策予以引导。基础性项目建设要鼓励和吸引各方投资参与。地方政府负责地区性的基础设施建设。国家重大建设项目，按照统一规划，由国家开发银行等政策性银行，通过财政投融资和金融债券等渠道筹资，采取控股、参股和政策性优惠贷款等多种形式进行；企业法人对筹划、筹资、建设直至生产经营、归还贷款本息以及资产保值增值全过程负责。社会公益性项目建设，要广泛吸收社会各界资金，根据中央和地方事权划分，由政府通过财政统筹安排。

1994年，按照建立国家投资基金制度的要求，国务院发文明确将6个国家专业投资公司并入国家开发银行，同时组建国家开发投资公司，这是国有独资政策性投资机构。国家开发投资公司于1995年5月正式成立，是由中央直接管理的国有投资控股公司。国家开发投资公司的主要任务是：根据国家经济发展战略、产业政策和区域规划的要求，对基础产业、支柱产业和高新技术项目进行参股、控股投资，提高投资效益，确保国有资产的保值增值。这是此期间国务院对当时的中国投融资体制进行的一次重要改革。

1995年，由于实行"拨改贷"后，一些国有企业出现资本金不足以及还款付息负担太重等问题，国务院批转国家计委、财政部、国家经贸委《关于将部分企业"拨改贷"资金本息余额转为国家资本金意见的通知》（以下简称《通知》）。按该《通知》，即是将一些企业未还的贷款作为国家投入企业的资本金，也即"贷改投"。其中规定，对确有困难的企业可将

"拨改贷"资金本息余额全部或部分转为国家资本金，其他企业仍需按国家有关规定归还"拨改贷"本息。

1996年，为了建立投资责任约束机制，规范项目法人行为，当时的国家计委制定了《关于实行建设项目法人责任制的暂行规定》。该规定要求国有单位经营性基本建设大中型项目在建设阶段必须组建项目法人。项目法人可按《公司法》的规定设立有限责任公司（包括国有独资公司）和股份有限公司。实行项目法人责任制，由项目法人对项目的策划、资金筹措、建设实施、生产经营、债务偿还和资产的保值增值，实行全过程负责。

1996年，国务院还发布了《关于固定资产投资项目试行资本金制度的通知》（以下简称《通知》），决定从1996年开始，对各种经营性投资项目，包括国有单位的基本建设、技术改造、房地产开发项目和集体投资项目，试行资本金制度，投资项目必须首先落实资本金才能进行建设。个体和私营企业的经营性投资项目也要参照该《通知》的规定执行。而公益性投资项目不实行资本金制度。外商投资项目（包括外商投资、中外合资、中外合作经营项目）按当时的现行有关法规执行。投资项目资本金，是指在投资项目总投资中，由投资者认缴的出资额，对投资项目来说是非债务性资金，项目法人不承担这部分资金的任何利息和债务；投资者可按其出资的比例依法享有所有者权益，也可转让其出资，但不得以任何方式抽回。而该《通知》中作为计算资本金基数的总投资，是指投资项目的固定资产投资与铺底流动资金之和，具体核定时以经批准的动态概算为依据。

2001年11月7日，国家计委宣布取消第一批五大类投资项目审批。取消审批事项的原则是：对于不需要中央政府投资、国家产业政策鼓励发展、总投资限额以下的项目，属于地方政府出资的由地方计划部门审批，属于企业出资的由企业自主决策。第一批取消的五类审批事项有：

（1）城市基础设施建设项目。除城市轨道交通、热电厂、跨越大江大河的桥梁隧道、跨省区的城市调水之外的项目，主要包括城市供水设施、城市污水处理设施、城市垃圾处理设施、城市燃气设施、城市集中供热设施、城市道路和桥梁隧道。

（2）不需要中央投资的农林水利项目。既包括种植业、畜牧业、渔业和农副产品加工等方面的建设项目，又包括林业和水利设施建设方面的各类打捆项目。

（3）地方和企业自筹资金建设的社会事业项目。包括文化、广播电影电视、教育、卫生、体育和大型旅游娱乐设施等建设项目。

（4）房地产开发建设项目。主要是高档写字楼、高档住宅小区、高档旅游宾馆饭店等。

（5）商贸设施项目。包括商业设施、市场设施。

而为了搞好宏观调控，国家计委还将继续保留一部分审批事项。对使用中央政府投资的项目，使用其他资金的涉及战略性资源开发利用、跨流域、跨省区、影响区域经济协调发展的重大项目，以及国家产业政策限制发展和有特殊规定的项目，还要继续保留审批。

四、关于政府投资

从建立社会主义市场经济体制这一目标的角度来看，按市场机制决定投资行为是投资体制改革应坚持的方向。然而市场经济也不是完美无缺的，也有失效的情况。特别是在中国的国情下，政府投资的作用仍是不可忽视的，在一定的情况下是必要的。

1998年，亚洲金融危机爆发和中国发生特大洪水，为此中国政府采取了积极的财政政策，以确保中国经济增长目标的实现。1998年以及之后几年实施的积极财政政策，即是通过增加政府投资的方式来实现的。

1998年增发1000亿元长期国债，所筹资金用做国家预算内的基础设施建设专项投资。其中这1000亿元国债只对国有商业银行发行（中国工商银行、中国农业银行、中国银行和中国建设银行四家分别认购了500亿元、200亿元、100亿元和200亿元），还债期限为10年，年利率5.5%。1000亿元的举债一分为二，中央、地方各500亿元，相应使1998年中央预算支出扩大500亿元，中央财政赤字由年初预算的460亿元扩大到960亿元。

1999年在年初原定500亿元长期国债发行规模的基础上，报请全国人大常委会审议批准，增加发行600亿元长期国债，中央与地方仍各一半，以保持投资需求的较快增长。新增国债资金主要用于在建的基础设施、一些重点行业的技术改造、重大项目装备国产化和高新技术产业化、环保与生态建设以及科教基础设施等方面。对大型骨干国有企业的技术改造项目，实施了贴息办法。

2000年在年初决定的1000亿元长期国债发行规模的基础上，下半年又实行预算调整方案，经全国人大批准，财政部增发500亿元长期国债。这500亿元国债主要用于加快在建国债项目建设，以促使这批项目早日竣工，发挥效益。新增国债重点向五个方面投入：一是水利和生态项目建设，包括水利基础设施建设，移民建镇，退耕还林还草，天然林和草场保护工程，京津周围沙源治理启动工程；二是教育设施建设，包括高等学校扩招增加学生校舍等基础设施建设，中西部高校建设补助；三是交通等基础设施项目建设，包括公路干线、中西部地区贫困县道路建设、铁路建设，新增100亿公斤粮库建设以及中西部地区旅游设施建设；四是企业技术改造、高新技术产业化，城市轨道交通、环保等设施国产化，国防军工企业技术改造以及生物芯片、同步辐射等重大科技项目；五是城市环保项目建设。

2001年继续发行基础设施建设国债以及发行支持西部开发的特种国债。增发的长期建设国债共1500亿元，其中1000亿元主要弥补在建项目后续资金和工程收尾，另外500亿元为支援西部建设的特别国债，要支持青藏铁路等重点工程上马。同时，继续加大设备投资和高新技术产业的投资力度，包括技改贴息力度。

这期间政府投资产生了明显的引致效应。1998年以来累计发行的3600亿元长期建设国债，有统计结果显示直接带动地方、部门、企业投入项目配套资金和银行安排贷款约7500亿元，[①] 对促进经济增长发挥了重大作用。

当然，也存在对积极财政政策下的政府投资行为的不同观点。其中一种观点是，国债投资在项目确定、施工进度、项目效益等方面存在问题。[②] 首先是国债项目安排点多面广，使有限资金不能集中于重点城市和重点项目。自1998年实施积极财政政策以来，各级政府和计委在申报和安排国债项目时，大多以为本地区多争取国债资金并兼顾到各地市、各部门的项目和利益平衡为出发点，为照顾面，将一些前期工作不完备、配套资金不落实的项目申报并安排了国债资金。其次是国债资金下拨迟缓，工程项目大多不能按国家计委下达的投资计划如期完工。而上述问题的出现，实际上与投资体制改革尚不到位及投资体制不健全是有关系的。

五、投资资金来源结构分析

经过以建立社会主义市场经济体制为经济体制改革目标的实践后，全社会固定资产投资的资金来源结构相对上一阶段又发生了一些变化。表4-4是关于全社会固定资产投资资金来源构成比重的数据。从表4-4可以

---

① 重大的决策成功的实践——国家计委负责人就三年国债投资成效答记者问. 人民日报，2000-12-31.
② 马文辉. 积极财政政策存在的问题及建议. 中国审计，2003（22）.

看到，国家预算内资金的比重有一定的上升，而国内贷款比重出现下降。这种情况与此期间政府投资力度增强有关。数据表明，自1998年起连续实施积极财政政策的时期中，国家预算内资金的比重呈现连续上升，即1998年为4.2%，1999年为6.2%，2000年为6.4%，2001年为6.7%，到2002年达到7.0%。而自筹和其他资金所占比重的提高，在一定程度上可以反映出企业投资主体的作用进一步加强。

表 4-4　　　　　全社会固定资产投资资金来源构成比重

单位：%

年份	国家预算内资金	国内贷款	利用外资	自筹和其他资金
1992	4.3	27.4	5.8	62.5
1993	3.7	23.5	7.3	65.5
1994	3.0	22.4	9.9	64.7
1995	3.0	20.5	11.2	65.3
1996	2.7	19.6	11.8	66.0
1997	2.8	18.9	10.6	67.7
1998	4.2	19.3	9.1	67.4
1999	6.2	19.2	6.7	67.8
2000	6.4	20.3	5.1	68.2
2001	6.7	19.1	4.6	69.6
2002	7.0	19.7	4.6	68.7
1992~2002年比重变化百分点	2.7	-7.7	-1.2	6.2

资料来源：2006年《中国统计年鉴》表6-4。

表4-4中数据显示，1992~2002年，自筹和其他资金比重上升了6.2个百分点，国家预算内资金比重上升了2.7个百分点，而国内贷款比重和利用外资比重则分别下降了7.7个百分点和1.2个百分点。

图4-12是关于1992~2002年中国全社会固定资产投资资金来源构成比重曲线图，直观展现了全社会固定资产投资中的资金来源结构变化情况。从图4-12可以看到，国家预算内资金比重在经历改革开放以来有较大幅度下降后，从1998年起出现逐步回升的情况。而利用外资比重，在1996年前后达到相对最高点。

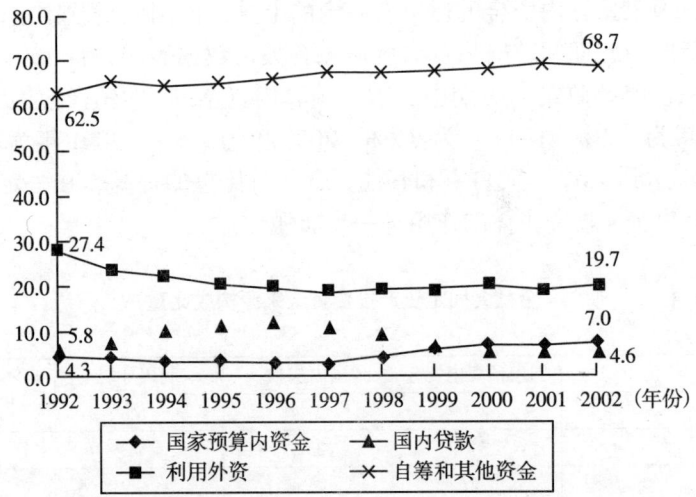

图 4-12　1992~2002 年中国全社会固定资产投资资金来源构成比重曲线（%）

附录 4-3：投资体制改革历程年度备忘录（1992~2002 年）

1992 年：7 月 23 日，国务院发布《全民所有制工业企业转换经营机制条例》。10 月 12~18 日，中国共产党第十四次全国人民代表大会召开，明确提出我国经济体制改革的目标是建立社会主义市场经济体制。

1993 年：3 月 8 日，国务院批转国家体改委《关于 1993 年经济体制改革要点》。6 月 24 日，中共中央、国务院下发《关于当前经济情况和加强宏观调控的意见》，即 1993 年中央六号文件。8 月 16 日，国务院批转国家计委《关于加强固定资产投资宏观调控的具体措施》。11 月 11~14 日，中共十四届三中全会通过《中共中央关于建立社会主义市场经济体制若干问题的决定》。12 月 15 日，国务院作出《关于实行分税制财政管理体制的决定》。12 月 25 日，国务院作出《关于金融体制改革的决定》。

1994 年：1 月 25 日，国务院发布《关于继续加强固定资产投资宏观调控的通知》。3 月 17 日，国务院发文：按照投融资体制改革的总体要求，将 6 个国家专业投资公司并入国家开发银行，同时组建国家开发投资公司。同日，国家开发投资公司筹备组成立。6 月 8 日，国务院批转国家体改委《1994 年经济体制改革实施要点》。7 月 21 日，国务院批转国家计委《关于清理基本建设项目资金拖欠问题的请示》。

8月16日，国务院发文，批复成立国家开发投资公司。

1995年：4月10日，国家体改委制定《1995年经济体制改革实施要点》。5月5日，国家开发投资公司正式成立。6月21日，国家计委、财政部、国家经贸委制定《关于将部分企业"拨改贷"资金本息余额转为国家资本金的意见》。7月12日，国务院批转国家计委、财政部、国家经贸委《关于将部分企业"拨改贷"资金本息余额转为国家资本金意见的通知》。9月22日，国家计委、财政部印发《关于将部分企业"拨改贷"资金本息余额转为国家资本金的实施办法的通知》。

1996年：1月20日，国家计委印发《关于实行建设项目法人责任制的暂行规定的通知》。3月7日，国务院批转国家经贸委《关于1996年国有企业改革工作的实施意见》。8月23日，国务院发布《关于固定资产投资项目试行资本金制度的通知》。

1997年：3月27日，国家体改委《1997年经济体制改革实施要点》出台。9月12~18日，中国共产党第十五次全国人民代表大会召开。

1998年：10月，国家计委、财政部发布《中央级基本建设经营性基金本息额转为国家资本金的实施办法》。12月，国家经贸委发布《关于国有企业利用外资投资进行资产重组的暂行规定》。

1999年：8月9日，国家经贸委发布《工商投资领域制止重复建设目录（第一批）》。9月19~22日，中国共产党第十五届四中全会审议并通过《中共中央关于国有企业改革和发展若干重大问题的决定》。10月27日，国务院批准保险资金可通过证券投资基金进入股市。

2000年：7月10日，国家计委组织清理整顿各类政府性建设基金。10月9~11日，中国共产党第十五届五中全会审议并通过了《中共中央关于制定国民经济和社会发展第十个五年计划的建议》。

2001年：11月7日，国家计委取消五大类投资项目审批。12月20日，国务院批准颁布《社保基金投资管理办法》。

2002年：11月8日，中国共产党第十六次全国人民代表大会开幕。江泽民代表第十五届中央委员会向大会作了题为《全面建设小康社会，开创中国特色社会主义事业新局面》的报告。

第六节 深化阶段：2002~2010 年

2002 年 11 月，中国共产党第十六次全国人民代表大会召开。大会确立了全面建设小康社会的奋斗目标，这是实施社会主义现代化建设的第三步战略部署，标志着中国经济与社会的发展开始进入以全面而协调为理念的新阶段。为了贯彻落实中共十六大的精神，在 2003 年 10 月中共十六届三中全会上审议并通过了《中共中央关于完善社会主义市场经济体制若干问题的决定》，由此中国经济体制改革开始进入不断深化与完善的阶段，即进入中国经济体制改革的第四阶段。在此阶段，投资体制改革出现重大突破，其主要标志是 2004 年 7 月《国务院关于投资体制改革的决定》正式出台。2007 年 10 月，中国共产党第十七次全国人民代表大会召开，以邓小平理论和"三个代表"重要思想为指导，深入贯彻落实科学发展观，成为现阶段中国经济社会发展的主导思想。

一、改革概况

中共十六届三中全会明确提出"坚持以人为本，树立全面、协调、可持续的发展观，促进经济社会和人的全面发展"这一重大理论；强调完善社会主义市场经济体制要贯彻"五个统筹"，即"按照统筹城乡发展、统筹区域发展、统筹经济社会发展、统筹人与自然和谐发展、统筹国内发展和对外开放的要求"，推进改革和发展。这成为以后中国经济体制改革的总体指导方针。

中共十六届三中全会通过的《中共中央关于完善社会主义市场经济体制若干问题的决定》，是在 21 世纪新形势下全面而系统阐述深化与完善中国经济体制改革的指导性与纲领性文件。其中对投资体制改革相应提出了重要的原则性指导意见，具体有四个方面的内容：①进一步确立企业的投资主体地位，实行谁投资、谁决策、谁收益、谁承担风险。②国家只审批关系经济安全、影响环境资源、涉及整体布局的重大项目和政府投资项目及限制类项目，其他项目由审批制改为备案制，由投资主体自行决策，依法办理用地、资源、环保、安全等许可手续。③对必须审批的项目，要合理划分中央和地方权限，扩大大型企业集团投资决策权，完善咨询论证制度，减少环节，提高效率。健全政府投资决策和项目法人约束机制。④国家主要通过规划和政策指导、信息发布以及规范市场准入，引导社会投资方向，抑制无序竞争和盲目重复建设。

按照上述对投资体制改革的基本思想，国务院于2004年7月16日颁布了《国务院关于投资体制改革的决定》。这是自1978年中国改革开放以来，投资体制改革取得突破性进展的重要标志。在此之前，虽然中国实行改革开放已20多年，但类似于此的有关全面的投资体制改革的决定却迟迟没有出台。以往有关投资体制改革的举措，主要是以分散于各种文件中的形式出现的。《国务院关于投资体制改革的决定》发布后，引起各界的高度关注与积极评价。国家有关部门随即抓紧制定配套文件，逐步落实改革精神。到2007年上半年，《企业投资项目核准暂行办法》《外商投资项目核准暂行管理办法》《境外投资项目核准暂行管理办法》《国家发展改革委核报国务院核准或审批的固定资产投资项目目录》《改进和完善报请国务院审批或核准的投资项目管理办法》等多项具体实施办法已经发布，企业投资项目核准制的基本框架初步形成。由于《国务院关于投资体制改革的决定》（以下简称《决定》）对中国投资体制改革所具有的重大意义，下面对此《决定》的主要内容进行介绍。

二、《国务院关于投资体制改革的决定》的主要内容

《国务院关于投资体制改革的决定》（以下简称《决定》）共分五部分内容：①深化投资体制改革的指导思想和目标。②转变政府管理职能，确立企业的投资主体地位。③完善政府投资体制，规范政府投资行为。④加强和改善投资的宏观调控。⑤加强和改进投资的监督管理。

《决定》首先肯定了自改革开放以来投资体制改革所取得的一定成就，主要是打破了传统计划经济体制下高度集中的投资管理模式，初步形成了投资主体多元化、资金来源多渠道、投资方式多样化、项目建设市场化的新格局。但同时也指出，现行的投资体制还存在不少问题，特别是企业的投资决策权没有完全落实，市场配置资源的基础性作用尚未得到充分发挥，政府投资决策的科学化、民主化水平需要进一步提高，投资宏观调控和监管的有效性需要增强。

为此，按照中共十六届三中全会通过的《中共中央关于完善社会主义市场经济体制若干问题的决定》（以下简称《决定》）的精神，《决定》提出了关于深化投资体制改革的指导思想是：按照完善社会主义市场经济体制

的要求，在国家宏观调控下充分发挥市场配置资源的基础性作用，确立企业在投资活动中的主体地位，规范政府投资行为，保护投资者的合法权益，营造有利于各类投资主体公平、有序竞争的市场环境，促进生产要素的合理流动和有效配置，优化投资结构，提高投资效益，推动经济协调发展和社会全面进步。

《决定》提出的深化投资体制改革的目标是：改革政府对企业投资的管理制度，按照"谁投资、谁决策、谁收益、谁承担风险"的原则，落实企业投资自主权；合理界定政府投资职能，提高投资决策的科学化、民主化水平，建立投资决策责任追究制度；进一步拓宽项目融资渠道，发展多种融资方式；培育规范的投资中介服务组织，加强行业自律，促进公平竞争；健全投资宏观调控体系，改进调控方式，完善调控手段；加快投资领域的立法进程；加强投资监管，维护规范的投资和建设市场秩序。通过深化改革和扩大开放，最终建立起市场引导投资、企业自主决策、银行独立审贷、融资方式多样、中介服务规范、宏观调控有效的新型投资体制。

《决定》中提出的一些重要措施，涉及政府管理职能转变、确立企业的投资主体地位，完善政府投资体制，规范政府投资行为，加强和改善投资的宏观调控，加强和改进投资的监督管理等多方面的内容。

（一）转变政府管理职能、确立企业的投资主体地位的措施要点

（1）改革项目审批制度，落实企业投资自主权。现行的企业投资管理办法是不分投资主体、不分资金来源、不分项目性质，一律按投资规模大小分别由各级政府及有关部门审批。现决定对于企业不使用政府投资建设的项目，一律不再实行审批制，区别不同情况实行核准制和备案制。

（2）规范政府核准制。要严格限定实行政府核准制的范围，并根据变化的情况适时调整。《政府核准的投资项目目录》（以下简称《目录》）由国务院投资主管部门会同有关部门研究提出，报国务院批准后实施。未经国务院批准，各地区、各部门不得擅自增减《目录》规定的范围。

（3）健全备案制。对于《目录》以外的企业投资项目，实行备案制，除国家另有规定外，由企业按照属地原则向地方政府投资主管部门备案。

（4）扩大大型企业集团的投资决策权。基本建立现代企业制度的特大型企业集团，投资建设《目录》内的项目，可以按项目单独申报核准，也可编制中长期发展建设规划，规划经国务院或国务院投资主管部门批准后，规划中属于《目录》内的项目不再另行申报核准，只须办理备案手续。

（5）鼓励社会投资。放宽社会资本的投资领域，允许社会资本进入法律法规未禁入的基础设施、公用事业及其他行业和领域。对于涉及国家垄断资源开发利用、需要统一规划布局的项目，政府在确定建设规划后，可向社会公开招标选定项目业主。鼓励和支持有条件的各种所有制企业进行境外投资。

（6）进一步拓宽企业投资项目的融资渠道。允许各类企业以股权融资方式筹集投资资金，逐步建立起多种募集方式相互补充的多层次资本市场。允许各种所有制企业按照有关规定申请使用国外贷款。规范发展各类投资基金。鼓励和促进保险资金间接投资基础设施和重点建设工程项目。

（7）规范企业投资行为。要求各类企业都应严格遵守国土资源、环境保护、安全生产、城市规划等法律法规，严格执行产业政策和行业准入标准，不得投资建设国家禁止发展的项目。

（二）关于完善政府投资体制，规范政府投资行为的措施要点

（1）合理界定政府投资范围。政府投资主要用于关系国家安全和市场不能有效配置资源的经济和社会领域，包括加强公益性和公共基础设施建设，保护和改善生态环境，促进欠发达地区的经济和社会发展，推进科技进步和高新技术产业化。

（2）健全政府投资项目决策机制。政府投资项目一般都要经过符合资质要求的咨询中介机构的评估论证，咨询评估要引入竞争机制，并制定合理的竞争规则；特别重大的项目还应实行专家评议制度；逐步实行政府投资项目公示制度，广泛听取各方面的意见和建议。

（3）规范政府投资资金管理。编制政府投资的中长期规划和年度计划，统筹安排、合理使用各类政府投资资金，包括预算内投资、各类专项建设基金、统借国外贷款等。要针对不同的资金类型和资金运用方式，确定相应的管理办法，逐步实现政府投资的决策程序和资金管理的科学化、制度化和规范化。

（4）简化和规范政府投资项目审批程序，合理划分审批权限。按照项目性质、资金来源和事权划分，合理确定中央政府与地方政府之间、国务院投资主管部门与有关部门之间的项目审批权限。

（5）加强政府投资项目管理，改进建设实施方式。规范政府投资项目的建设标准，并根据情况变化及时修订完善。对非经营性政府投资项目加快推行"代建制"，即通过招标等方式，选择专业化的项目管理单位负责建设实施，严格控制项目投资、质量和工期，竣工验收后移交给使用单位。

(6) 引入市场机制, 充分发挥政府投资的效益。各级政府要创造条件, 利用特许经营、投资补助等多种方式, 吸引社会资本参与有合理回报和一定投资回收能力的公益事业和公共基础设施项目建设。对于具有垄断性的项目, 试行特许经营, 通过业主招标制度, 开展公平竞争, 保护公众利益。

(三) 关于加强和改善投资的宏观调控的措施要点

(1) 完善投资宏观调控体系。国家发展和改革委员会要在国务院领导下会同有关部门, 按照职责分工, 密切配合、相互协作、有效运转、依法监督, 调控全社会的投资活动, 保持合理投资规模, 优化投资结构, 提高投资效益, 促进国民经济持续快速协调健康发展和社会全面进步。

(2) 改进投资宏观调控方式。综合运用经济的、法律的和必要的行政手段, 对全社会投资进行以间接调控方式为主的有效调控。国务院有关部门要依据国民经济和社会发展中长期规划, 编制重要领域的发展建设规划, 包括必要的专项发展建设规划。制定并适时调整国家固定资产投资指导目录、外商投资产业指导目录, 明确国家鼓励、限制和禁止投资的项目。

(3) 协调投资宏观调控手段。灵活运用投资补助、贴息、价格、利率、税收等多种手段, 引导社会投资, 优化投资的产业结构和地区结构。适时制定和调整信贷政策, 引导中长期贷款的总量和投向。严格和规范土地使用制度, 充分发挥土地供应对社会投资的调控和引导作用。

(4) 加强和改进投资信息、统计工作。加强投资统计工作, 改革和完善投资统计制度, 进一步及时、准确、全面地反映全社会固定资产存量和投资的运行态势, 并建立各类信息共享机制, 为投资宏观调控提供科学依据。建立投资风险预警和防范体系, 加强对宏观经济和投资运行的监测分析。

(四) 关于加强和改进投资的监督管理的措施要点

(1) 建立和完善政府投资监管体系。建立政府投资责任追究制度, 工程咨询、投资项目决策、设计、施工、监理等部门和单位, 都应有相应的责任约束, 对不遵守法律法规给国家造成重大损失的, 要依法追究有关责任人的行政和法律责任。完善重大项目稽查制度, 建立政府投资项目后评价制度, 对政府投资项目进行全过程监管。

(2) 建立健全协同配合的企业投资监管体系。国土资源、环境保护、城市规划、质量监督、银行监管、证券监管、外汇管理、工商管理、安全生产监管等部门，要依法加强对企业投资活动的监管，凡不符合法律法规和国家政策规定的，不得办理相关许可手续。审计机关依法对国有企业的投资进行审计监督，促进国有资产保值增值。建立企业投资诚信制度，对于在项目申报和建设过程中提供虚假信息、违反法律法规的，要予以惩处，并公开披露，在一定时间内限制其投资建设活动。

（3）加强对投资中介服务机构的监管。各类投资中介服务机构均须与政府部门脱钩，坚持诚信原则，加强自我约束，为投资者提供高质量、多样化的中介服务。鼓励各种投资中介服务机构采取合伙制、股份制等多种形式改组改造。健全和完善投资中介服务机构的行业协会，确立法律规范、政府监督、行业自律的行业管理体制。

（4）完善法律法规，依法监督管理。建立健全与投资有关的法律法规，依法保护投资者的合法权益，维护投资主体公平、有序竞争，投资要素合理流动、市场发挥配置资源的基础性作用的市场环境，规范各类投资主体的投资行为和政府的投资管理活动。认真贯彻实施有关法律法规，严格财经纪律，堵塞管理漏洞，降低建设成本，提高投资效益。加强执法检查，培育和维护规范的建设市场秩序。

对上述投资体制改革的内容，按国家发展和改革委员会有关负责人的概括，可用"四项新政、五项意义"来体现。①

"四项新政"主要体现在以下方面：①改企业投资项目的审批制为核准制和备案制。《决定》要求，今后对企业不使用政府投资资金的建设项目，一律不再实行审批制，政府只对其中的重大项目和限制类项目进行核准，对其他项目实行备案制。②合理界定了政府投资的职能。政府投资主要用于关系国家安全和市场不能有效配置资源的经济社会领域，用于加强公益性和公共基础设施建设、保护和改善生态环境、促进欠发达地区的经济社会发展、推进科技进步和高技术产业化。采取直接投资、资本金注入、投资补助、转贷和贷款贴息等方式，合理使用各类政府投资资金。对非经营性政府投资项目，加快推行代建制。③完善投资宏观调控体系，改进调控方式。综合运用经济的、法律的和必要的行政手段，对全社会投资进行以间接调控方式为主的有效调控。④完善对政府投资的监督管理，建立政府投资责任追究制度，健全政府投资制衡机制，建立政府投资项目后评估制度和社会监督机制；加强和改进对社会投资的监督管理，建立健全

---

① 国家发改委就《关于投资体制改革的决定》答记者问，2004年7月26日，新华网。

协同配合的企业投资监管体系，依法加强对企业投资活动的监督，建立企业投资诚信制度；加强对投资中介服务机构的监管，对咨询评估、招标代理等中介机构实行资质管理。

"五项意义"主要体现在以下五个方面：①深化投资体制改革，确立企业的投资主体地位，减少政府对企业生产经营活动的直接干预，有利于更好地发挥市场配置资源的基础性作用，优化投资结构，提高投资效益。②深化投资体制改革，促进行政管理、国有企业、财政税收、金融信贷等方面的改革，有利于建立企业和银行自我激励、自我约束的机制。③深化投资体制改革，改进对外商投资和境外投资的管理，有利于进一步扩大对外开放，更好地利用国际和国内两个市场、两种资源，为经济发展拓展更为广阔的空间。④深化投资体制改革，加快政府职能转变，有利于政府把工作重心转到经济调节、市场监管、社会管理和公共服务上来。⑤深化投资体制改革，有利于消除产生投资盲目扩张等问题的体制性根源，增强经济健康发展的内在活力和动力。

三、改革的相关进展情况

为贯彻落实《国务院关于投资体制改革的决定》，2004 年 9 月 6 日经国务院批准的《关于印发国家发展改革委核报国务院核准或审批的固定资产投资项目目录（试行）的通知》（以下简称《通知》）印发执行。该《通知》指出，对列入国务院批准的发展建设规划的企业投资项目，由国家发展改革委核准后报国务院备案；目录中规定需报国务院审批的政府投资项目，原则上由国务院审批可行性研究报告。

2004 年 9 月 15 日，国家发改委发布《企业投资项目核准暂行办法》（以下简称《办法》）。该《办法》规定项目申报单位应向项目核准机关提交项目申请报告。项目申请报告应由具备相应工程咨询资格的机构编制，其中由国务院投资主管部门核准的项目，其项目申请报告应由具备甲级工程咨询资格的机构编制。项目申请报告应主要包括项目申报单位情况、拟建项目情况、建设用地与相关规划、资源利用和能源耗用分析、生态环境影响分析以及经济和社会效果分析等方面的内容。在核准程序方面规定，企业投资建设应由地方政府投资主管部门核准的项目，须按照地方政府的有关规定，向相应的项目核准机关提交项目申请报告。

2004 年 10 月 9 日，国家发改委发布《外商投资项目核准暂行管理办法》（以下简称《办法》）。这是按照《中华人民共和国行政许可法》和《国务院关于投资体制改革的决定》，为规范对外商投资项目的核准管理而制定的办法。该《办法》适用于中外合资、中外合作、外商独资、外商购并境内企业、外商投资企业增资等各类外商投资项目的核准。核准机关及权限、项目申请报告的内容、核准程序、核准条件及效力以及变更及其核准等多方面的内容进行了规定。其中的第三条指出，按照《外商投资产业指导目录》分类，总投资（包括增资额，下同）1亿美元及以上的鼓励类、允许类项目和总投资5000万美元及以上的限制类项目，由国家发改委核准项目申请报告，其中总投资5亿美元及以上的鼓励类、允许类项目和总投资1亿美元及以上的限制类项目由国家发改委对项目申请报告审核后报国务院核准。而在第四条中规定，总投资1亿美元以下的鼓励类、允许类项目和总投资5000万美元以下的限制类项目由地方发展改革部门核准，其中限制类项目由省级发展改革部门核准，此类项目的核准权不得下放。

2004年10月9日，国家发改委还发布了《境外投资项目核准暂行管理办法》（以下简称《办法》）。这是为规范对境外投资项目的核准管理制定的办法。该《办法》适用于中华人民共和国境内各类法人（以下称"投资主体"），及其通过在境外控股的企业或机构，在境外进行的投资（含新建、购并、参股、增资、再投资）项目的核准。投资主体在中国香港特别行政区、澳门特别行政区和台湾地区进行的投资项目的核准，适用本《办法》。所称境外投资项目指投资主体通过投入货币、有价证券、实物、知识产权或技术、股权、债权等资产和权益或提供担保，获得境外所有权、经营管理权及其他相关权益的活动。其中的第四条规定，国家对境外投资资源开发类和大额用汇项目实行核准管理。资源开发类项目指在境外投资勘探开发原油、矿山等资源的项目。此类项目中方投资额3000万美元及以上的，由国家发改委核准，其中中方投资额2亿美元及以上的，由国家发改委审核后报国务院核准。大额用汇类项目指在前款所列领域之外中方投资用汇额1000万美元及以上的境外投资项目，此类项目由国家发改委核准，其中中方投资用汇额5000万美元及以上的，由国家发改委审核后报国务院核准。

2005年2月28日，国家发改委发布《国际金融组织和外国政府贷款投资项目管理暂行办法》（以下简称《办法》）。这是为加强国际金融组织和外国政府贷款（以下简称《国外贷款》）投资项目管理，提高国外贷款使用效益，根据《国务院关于投资体制改革的决定》和国家有关外债管理规定而制定的办法。借用世界银行、亚洲开发银行、国际农业发展基金会等国际金融组织贷款和外国政府贷款及与贷款混合使用的赠款、联合融资等投资项目的管理，适用本《办法》。其中的第三条规定，境内企业、机构、团体均可申请借用国外贷款；而第四条指出，国外贷款属于国家主权外债，按照政府投资资金进行管理。国外贷款主要用于公益性和公共基础设施建设，保护和改善生态环境，促进欠发达地区经济和社会发展。该《办法》对国外贷款备选项目规划、项目资金申请报告以及项目实施管理等多方面的内容进行了明确规定。

2005年7月，铁道部出台了《关于鼓励支持和引导非公有制经济参与铁路建设经营的实施意见》（铁政法［2005］123号），宣布铁路建设、运输、装备制造、多元化经营四大领域都将向非公有资本全面开放，凡是允许外资进入的领域，也允许国内非公有资本进入，并适当放宽限制条件。这不仅标志着中国铁路改革的又一个重大推进，而且也是具体贯彻《国务院关于投资体制改革的决定》中提出的"放宽社会资本的投资领域，允许社会资本进入法律法规未禁入的基础设施、公用事业及其他行业和领域"的切实体现。

2005年9月19日，国家发改委发布《中央投资项目招标代理机构资格认定管理办法》（以下简称《办法》）。这是为了加强中央投资项目招标代理机构的资格认定，规范中央投资项目招标代理活动，依据《中华人民共和国招标投标法》、《中华人民共和国行政许可法》、《国务院关于投资体制改革的决定》和《国家发展和改革委保留的行政审批项目确认书》而制定的办法。凡在中华人民共和国境内从事中央投资项目招标代理业务的招标代理机构，应按照本《办法》进行资格认定。国家发改委是中央投资项目招标代理机构资格认定的管理部门，依据《招标投标法》和相关法规，对招标代理机构进行资格认定和监督。

2005年11月12日，财政部发布《关于切实加强政府投资项目代建制财政财务管理有关问题的指导意见》。这是为指导政府投资项目代建制试点工作，规范财务管理，提高项目投资效益，结合落实《国务院关于投资体制改革的决定》精神，根据《预算法》和基本建设财务制度有关规定，就政府投资项目代建制财政财务管理有关问题提出的有关规定。所谓"代建制"是项目业主（使用单位）通过招标等方式，选择社会专业化的项目管理单位（代建单位），负责项目的投资管理和建设实施的组织工作，严格控制项目投资、质量和工期，项目建成后交付使用单位的制度。代建期间，代建单位按照合同约定代行项目建设的投资主体职责。实行"代建制"的关键在于通过公开竞争机制选择具有专业素质的代建单位、用经济合同以及法律手段来约束代建单位执行代建合同约定的代建任务。

2006年2月22日，国家发改委发布《关于办理外商投资项目〈国家鼓励发展的内外资项目确认书〉有关问题的通知》。这是为适应投资体制改革的变化，进一步明确鼓励类外商投资项目《国家鼓励发展的内外资项目确认书》办理的具体要求，根据《国务院关于调整进口设备税收政策的通知》（国发［1997］37号）、《国务院关于投资体制改革的决定》、《外商投资项目核准暂行管理办法》（国家发展和改革委令第22号）等文件精神而制定的有关规定。其中有关规定指出，根据《国务院关于调整进口设备税收政策的通知》（国发［1997］37号）精神，对符合《外商投资产业指导目录》中鼓励类和《中西部地区外商投资优势产业目录》并转让技术的外商投资项目，在投资总额内进口的自用设备及按照合同随设备进口的技术、配套件、备件，除《外商投资项目不予免税的进口商品目录》所列商品外，免征关税和进口环节增值税。而投资总额3000万美元及以上的鼓励类外商投资项目由国家发改委出具项目确认书；投资总额3000万美元以下的鼓励类外商投资项目，由省级（各省、自治区、直辖市、计划单列市及新疆生产建设兵团）发改委（经委）出具项目确认书。

进入2007年以来，投资体制改革进一步取得实质进展。工程建设项目招标投标、经营性土地使用权出让、产权交易、政府采购制度等"四项制度"进一步完善。2007年9月，经国务院批准，注册资本金高达2000亿美元的中国投资有限责任公司（以下简称"中投公司"）在北京成立。中国投资公司的成立是党中央、国务院在新的经济和金融形势下，高瞻远瞩做出的一项战略决策。中国投资公司承担着深化外汇投资体制改革、拓展国家外汇储备的运用渠道，提高国家外汇储备长期收益的历史任务。中投公司的成立被视为中国外汇管理体制改革的标志性事件。

在2008年后至2010年，国家进一步加强对固定资产投资细节工作的管理。如对注册咨询工程师（投资）注册工作、企业投资项目咨询评估报告与大纲、投资项目后评价及工程咨询业发展规划等方面，制定了有关政策。

2009年5月27日，国务院正式公布了《关于调整固定资产投资项目资本金比例的通知》（国发［2009］27号），细化了不同行业固定资产投资项目资本金比例。这是为配合应对2008年发生的国际金融危机而实施"保增长、扩内需、调结构"经济政策所采取的措施。该措施较大幅度降低了投资项目资本金比例的总体水平，一方面重点降低基础设施、基础产业、民生工程等项目资本金比例，另一方面根据有保有压、区别对待的原则，提高"两高一资"等项目的资本金比例，旨在有利于抑制盲目重复建设、防止产能过剩、促进节能减排和加强环境保护，推动经济结构调整和经济增长方式转变。

2010年5月7日，《国务院关于鼓励和引导民间投资健康发展的若干意见》（以下简称《意见》）（国发[2010]13号）发布。此《意见》旨在进一步鼓励和引导民间投资，充分发挥市场配置资源的基础性作用，建立公平竞争的市场环境，激发经济增长的内生动力，扩大社会就业，增加居民收入，拉动国内消费。主要内容是：拓宽民间投资的领域和范围；鼓励和引导民间资本进入基础产业和基础设施领域；鼓励和引导民间资本进入市政公用事业和政策性住房建设领域；鼓励和引导民间资本进入社会事业领域；鼓励和引导民间资本进入金融服务领域；鼓励和引导民间资本进入商贸流通领域；鼓励和引导民间资本进入国防科技工业领域；鼓励和引导民间资本重组联合和参与国有企业改革，推动民营企业加强自主创新和转型升级；鼓励和引导民营企业积极参与国际竞争，为民间投资创造良好环境，加强对民间投资的服务、指导和规范管理。

四、投资对经济增长的作用

2008~2010年，中国经济乃至世界经济经历了不平凡的历程。2007年中国出现经济过热态势，中央根据宏观经济形势于2007年12月确定"双防"政策，即防止经济由偏快转向全面过热，防止价格由结构性上涨演变为明显通货膨胀。然而，2008年伊始，中国南方遭受了历史上罕见的低温雨雪冰冻灾害，接着四川汶川发生特大地震。2008年北京成功地举行了夏季奥运会，充分地展现了中国人民的风采。但是到2008年9月以后，美国次贷危机最终演变成严重影响全世界经济的国际金融危机，中国宏观经济政策再次调整为"保增长"。随着世界经济增长明显减缓，中国出口增长受到较大阻碍，国家宏观经济政策调整为"一保一控"，即保持经济平稳较快发展及控制物价过快上涨。

为应对此番国际金融危机，中国政府迅速采取了一系列措施。2008年11月5日，国务院常务会议决定出台进一步扩大内需、促进经济增长的十项措施。这十项措施是：①加快建设保障性安居工程；②加快农村基础设施建设；③加快铁路、公路和机场等重大基础设施建设；④加快医疗卫生、文化教育事业发展；⑤加强生态环境建设；⑥加快自主创新和结构调整；⑦加快地震灾区灾后重建各项工作；⑧提高城乡居民收入；⑨实施增值税转型改革，鼓励技术改造，减轻企业负担1200亿元；⑩加大金融对经济增长的支持力度。这十项措施涉及民生工程、基础设施、生态环境建设和灾后重建等多方面的投资。为此，中国政府推出"4万亿元"投资计划。

在当时形势下，中国政府推出"4万亿元"投资计划是必要的。不论是经济理论还是实践经验，都表明投资对一个国家或地区的经济增长至关重要。其中在投资、消费、出口这三驾拉动经济增长的"马车"中，投资的作用更为特殊。这主要是源于投资对供给与需求两个方面都有重要的作用，而这种"双重作用"效应是消费与出口所不具有的。同时，中国目前具有较高的储蓄率，又有多年来经济高速增长积累下来的物质基础，因此利用投资对促进我国经济增长仍具有很大的潜力。而目前中国经济发展对投资依然有较大的需求。虽然经历长时期的经济快速增长，但是直到目前中国仍然是世界上最大的发展中国家，还处在实现工业化的过程中。因此在未来相当长的时间内，中国仍将存在大量的投资需求。

但是从长期来看，要把思想统一到落实科学发展观、转变经济发展方式的要求上来，重点在于改善投资方式，调整投资结构，提高投资效率，要在优化投资结构的基础上实现投资适度增长。然而，特别需要高度重视的是，不能为了短期内刺激经济增长的需要，就又回到粗放的、低效率的投资模式上去，绝对不能为了尽快上项目就乱投资。理论与实践经验都表明了，经济增长与投资有紧密的联系，经济增长的模式与效率同投资的模式及效率存在着高度的相关性。因此，如何有效地发挥投资对经济增长的积极作用，特别有效提高投资对经济增长潜力的作用，对转变中国经济增长方式乃至经济发展方式都是至关重要的问题。对此，需要从投资体制上进行不断地改革与不断地完善。

总之，当前中国正处于全面建设小康社会和构建社会主义和谐社会的过程中。"坚持以人为本，树立全面、协调、可持续的发展观，促进经济社会和人的全面发展"的科学发展观是指导各项事业发展的基本思想。《国务院关于投资体制改革的决定》（以下简称《决定》）的基本精神体现了这一基本思想。例如，《决定》中的一个重大突破是实行核准制，核准制不再审批企业的经济效益，而是审核土地资源、安全环保、城市规划这样一些具有外部性的社会效益指标，这正是体现了科学发展观的要求。然而，投资体制改革越深入，就越来越深地触到核心利益的机制与格局，也越来越涉及经济体制改革中的更为深层次的矛盾和问题。因此，中国投资体制改革是一项非常艰巨而复杂的任务。但无论怎样，中国投资体制改革的历程必将随着中国经济与社会发展的客观需要，特别是随着经济体制改革的进展而不断持续下去。

附录 4-4：投资体制改革历程年度备忘录（2003~2010 年）

2003 年：2 月 24~26 日召开的中共十六届二中全会，审议通过了《关于深化行政管理体制和机构改革的意见》。10 月 11~14 日召开的中共十六届三中全会，审议通过了《中共中央关于完善社会主义市场经济体制若干问题的决定》。

2004 年：7 月 16 日，国务院颁布《国务院关于投资体制改革的决定》。7 月 19 日，温家宝总理作出重要批示，指出推进投资体制改革，是建立和完善社会主义市场经济体制的重要举措，对当前加强和改善宏观调控有特别重要的意义。9 月 6 日，国家发改委《关于印发国家发展和改革委核报国务院核准或审批的固定资产投资项目目录（试行）的通知》。9 月 15 日，国家发改委发布《国家发展和改革委委托投资咨询评估管理办法》、《企业投资项目核准暂行办法》。10 月 9 日，国家发改委发布《外商投资项目核准暂行管理办法》、《境外投资项目核准暂行管理办法》。12 月 13 日，国家发改委与商务部联合发布《外商投资产业指导目录》(2004 年修订)。

2005 年：2 月 28 日，国家发改委发布《国际金融组织和外国政府贷款投资项目管理暂行办法》。5 月 25 日，国家发改委发布《国家发展和改革委关于进一步加强中央党政机关等建设项目管理和投资概算控制的通知》。5 月 25 日，国务院国有资产监督管理委员会发布《中央企业固定资产投资项目后评价工作指南》的通知。6 月 8 日，国家发改委发布《中央预算内投资补助和贴息项目管理暂行办法》。7 月 26 日，财政部发布《中央预算内固定资产投资贴息资金财政财务管理暂行办法》、《中央预算内固定资产投资补助资金财政财务管理暂行办法》的通知。9 月 19 日，国家发改委发布《中央投资项目招标代理机构资格认定管理办法》。10 月 17 日，国家发改委发布《中央政府投资项目公示试点办法》的通知。11 月 12 日，财政部发布《财政部关于切实加强政府投资项目代建制财政财务管理有关问题的指导意见》。11 月 14 日，国家发改委等十部委联合制定《创业投资企业管理暂行办法》。12 月 3~5 日，全国发展和改革工作会议在北京召开，会议指出，继续推进投资体制改革，完善核准制和备案制，规范政府投资管理，改进对全社会投资的引导和调控。

2006年：2月22日，国家发改委发布《关于办理外商投资项目〈国家鼓励发展的内外资项目确认书〉有关问题的通知》。3月20日，国家发改委发布《国家发展和改革委关于加快推进县级政府支农投资整合工作的通知》。7月18日，国务院国有资产监督管理委员会发布《中央企业投资监督管理暂行办法实施细则》的通知。

2007年：9月12日，国家发改委发布公告（2007年57号），对注册咨询工程师（投资）注册工作的有关事项进行明确。11月17日，国家发改委发布公告（2007年64号）《国务院办公厅关于加强和规范新开工项目管理的通知》。

2008年：6月17日，国家发改委编制了《关于企业投资项目咨询评估报告的若干要求》和《企业投资项目咨询评估报告编写大纲》（国家发改委发布公告2008年37号）。2008年11月13日，国家发改委印发了《中央政府投资项目后评价管理办法（试行）的通知》(发改投资〔2008〕2959号）。

2009年：5月27日，国务院正式公布《关于调整固定资产投资项目资本金比例的通知》（国发〔2009〕27号）。6月11日，国家发改委发布《加强中央预算内投资项目概算调整管理的通知》（发改投资〔2009〕1550号）。

2010年：2月22日，国家发改委发布《工程咨询业2010~2015年发展规划纲要》（发改投资〔2010〕264号）。5月7日，《国务院关于鼓励和引导民间投资健康发展的若干意见》发布（国发〔2010〕13号）。

本章参考文献

1.《解放思想，实事求是，团结一致向前看》，邓小平在1978年12月13日中央工作会议闭幕会上所做的讲话。

2.《中共中央关于经济体制改革的决定》，中国共产党第十二届中央委员会第三次全体会议通过（1984年）。

3. 江泽民在中国共产党第十四次全国人民代表大会上的报告《加快改革开放和现代化建设步伐，夺取有中国特色社会主义事业的更大胜利》(1992年)。

4. 国务院发展研究中心 UNDP 项目组. 经济发展改革与政策（1~3卷）. 社会科学文献出版社，1994.

5. 中共中央文献研究室. 新时期经济体制改革重要文献选编. 中央文献出版社，1998.

6.《中共中央关于完善社会主义市场经济体制若干问题的决定》，中国共产党第十六届三中全会通过（2003年）。

    7.《国务院关于投资体制改革的决定》（国发［2004］20号）。

    8. 国家发展和改革委员会投资司. 投资体制改革. 中国方正出版社，2004.

    9. 樊纲. 政府该管什么？中国投资体制改革的历程. 江西人民出版社，2005.

    10. 钱维，尤伯军. 政府投资体制的制度创新. 中国财政经济出版社，2006.

    11. 中国国家统计局. 中国统计年鉴2012及其他各年份的统计年鉴。

第五章 投资的宏观管理改革实践

改革开放以来,作为国家经济改革一部分的投资体制改革历经几次大大小小的变化,如今成绩斐然。为了更好地面向未来,我们可以从实践中吸取经验和教训,本章主要介绍中国投资的宏观管理改革实践。这里的投资主要指的是固定资产投资。固定资产投资体制,一般是指固定资产投资活动的运行机制和管理制度,包括宏观管理和微观管理两个层次。宏观管理主要是指政府对全社会固定资产投资活动进行指导、调节和管理的制度和方式,固定资产投资计划、建设项目决策和各类国家参数的确定和审批、指导方式,各类经济杠杆的调节方式,以及对各类市场(长期资金、建筑、设计、物资等)的政府监督方式等。微观管理主要是指各类投资主体、建设主体的运行(行为)机制,包括发展机制和约束机制。[①] 本章从投资的宏观管理改革的实践入手,从四个方面展开论述:一是投资主体改革;二是政府投资方式改革;三是投资立法改革;四是投资相关配套体制改革。

第一节 投资主体改革

一、企业投资主体需要多元化

所谓投资主体多元化,是指企业不再由单一出资者投资而成,而是由多个出资者投资组合而成。在企业发展史上,由个人业主制企业、合伙制企业发展到现代企业,其实质的变化是企业由单一投资主体走向多元投资

---

① 姚振炎,等. 中国投资体制改革. 中国财政经济出版社,1994.

主体。传统的国有制企业和个人业主制企业类似，都是单一投资主体，不同之处主要在于出资人不同。在单一投资主体的条件下，企业依赖于政府，政府直接经营企业是顺理成章的。1993 年以来，我国开始实行建立现代企业制度的改革。大多数国有制企业被改造成为国家独资公司、有限责任公司和股份有限公司。这相对于原有的国有企业无疑是一种进步，但离投资主体多元化的要求还相去甚远。到 2000 年，我国拥有单一投资主体的工商企业 14.5 万家，占全部国有企业总数的 75.9%。在 520 家国有重点企业中，有 430 家进行了公司制改革，只有 282 家整体或部分改组成为股份公司和股份有限公司。在这些股份公司中，国家绝对控股的又占相当比例。到 2001 年，全国 3.2 万户国有控股工商企业中，国有股本的比重平均为 63%。截至 2001 年 4 月底，全国上市公司中第一大股东份额占公司总股本超过 50% 的有 890 家，占全部上市公司的 79.2%。就国家独资公司而言，国家虽然只以出资额为限承担有限责任，但由于只有国家单一投资主体，投资的风险全部落在国家身上，政府不可能也不应该放任企业自主投资和经营。对那些只有国有企业相互持股的有限责任公司和股份有限公司而言，投资主体还是国家。即使那些拥有一部分非国有资本的有限责任公司和股份有限公司，由于国家绝对控股，国有股"一股独大"，企业的投资风险仍然主要由国家承担，企业的大权还是掌握在国家手中。在这种情况下，企业还只是具有现代企业的外在形式，而不能建立起规范的企业法人治理结构，这样的企业不是因国有股"一股独大"而继续受到来自政府的过度干预，导致企业经营权难以落实，就是因国有产权主体缺位而导致企业"内部人控制"，使所有者利益特别是中小股东利益受损。

按照投资多元化的要求，除极少数企业继续采取国家独资的存在方式外，大量的国有经济将采取国家绝对控股、相对控股和参股三种存在形态，在这三种形态中，国有经济应尽可能采取相对控股和参股的方式。实现投资主体多元化，有多方面的意义：有利于健全企业内部治理结构；有利于动员社会资本，加速企业的技术改造和发展；有利于优化企业资本负债比例，降低企业的债务风险；有利于完善国有资本有进有退、合理流动的机制，进一步推动国有资本更多地投向关系国家安全和国民经济命脉的重要行业和关键领域，增强国有经济的控制力；有利于提高企业的效益。

二、投资主体的角色变化：由政府主导变为企业主导

改革开放以前，政府的投资范围非常之广，企业不过是政府决策的执行者而已，那时的企业以国有企业为主，它不是独立的投资主体，而是政府的附属和投资的使用者。政府，尤其是中央政府包揽了各行各业大大小小的建设。在当时经济基础十分薄弱、资源相对短缺的经济形势下，政府的这种方式无疑有利于集中有限的资金进行重点项目的建设。但随着建设的发展，这种运行方式的负面影响越来越大。这样从1978年以来，中国的改革就如火如荼地展开了，其间的主要过程如下：

1984年，中共十二届三中全会通过的《中共中央关于经济体制改革的决定》就明确提出，增强企业活力是经济体制改革的中心环节。第一次真正明确划分政府投资范围的是以1988年8月国务院发布的《关于投资管理体制的近期改革方案》（国发［1988］45号文）为标志，确立投资主体，划分投资范围。强调政府"分层次"，企业"扩权利"。总的原则是，面向全国的重要的建设工程，由中央或中央为主承担；区域性的重点建设工程和一般性的建设工程，由地方承担，即实行中央、省区市两级配置，两级调控。此外，改革方案还主张扩大企业的投资决策权，促使企业成为一般性项目的投资主体。其后，另一个比较有影响力的文件是1993年的《中共中央关于建立社会主义市场经济体制若干问题的决定》。其中关于深化投资体制改革的内容是，所有投资项目划分为竞争性、基础性和公益性三类。竞争性投资项目是指投资收益较高、市场调节较灵敏、具有竞争能力、从事生产经营活动的项目；基础性投资项目是指基础工业和基础设施投资项目；公益性投资项目是指文化、教育、体育、卫生、环保和政府机构、社会团体办公设施、国防设施等投资项目。三类项目中，竞争性项目投资由企业自主决策，自担风险，所需贷款由商业银行自主决定，自负盈亏；基础性项目建设则鼓励和吸引各方面参与投资，地方政府负责地区性的基础设施建设；社会公益性项目投资，则广泛吸收社会各界资金，同时根据中央和地方事权划分，由政府通过财政统筹安排。

2004年7月，国务院下发了《关于投资体制改革的决定》。该《决定》确立了企业的投资主体地位，规范了政府的投资行为，强调政府要减少对企业生产经营活动的直接干预。这显然有利于更好地发挥市场配置资源的基础性作用，优化投资结构，提高投资效益，促进国民经济持续快速协调健康发展和社会全面进步。

2005年2月24日公布的《国务院关于鼓励、支持和引导个体私营等非公有制经济发展的若干意见》，规定非公有制资本可以进入垄断行业，创造了所有资本一律平等的投资政策环境。

这样我国就基本上形成了由企业为投资主体的社会主义市场经济格局。下面，我们将分别详细介绍国有企业改革实践和民间投资改革实践。

三、国有企业改革[①]

1978年12月，中共十一届三中全会召开，标志着我国社会主义建设和改革进入了一个新的历史阶段。尽管对该阶段的理论定性在理论界争论了很多年，但是，随着计划经济体制的改革，市场的调控作用日趋明显。针对该阶段的特征，一些经济学家把该阶段称为"过渡经济时期"。该时期国有企业的改革逐渐成为整个经济体制改革的中心环节，政府与企业的关系开始发生了根本性的变化，国有企业资产的经营管理体制也随之产生了质的变革。

中共十一届三中全会指出，我国经济管理体制的一个严重缺点就是权力过于集中，应该有领导地大胆下放，让地方和企业有更多的经营自主权，应该大力精简各级行政机构，重视价值规律的作用。根据这一精神，各地先后进行了对国有企业扩权让利的改革试点，并在实践中取得了显著的效果。

1979年5月，中央确定首都钢铁公司、上海柴油机厂等8家国有企业作为全国的试点；同年7月，国务院颁布了《关于扩大国营工业企业经营管理自主权的若干规定》、《关于国营企业实行利润留成的规定》等5个文件。此后，放权让利的改革很快在全国展开，到1979年底，全国试点企业有4200家；到1980年6月，试点企业扩大到6000多家，占全国预算内工业总数的26%。

实行放权让利的改革以后，国有企业的资产经营自主权和收益权有了明显的扩大。具体表现在：企业在完成了国家计划以后，有权根据自己的生产能力和市场需求，制订补充计划，计划外的产品若商业、外贸、物资部门不收购，可按照计划价格自销；企业实行全额利润留成，把企业按1978年工资总额提取的职工福利费、奖金、企业基金及国家拨付的科研和职工培训费，加上一定数额的新产品试制费，与1978年企业实现的利

---

① 乔均. 国有企业改革研究. 西南财经大学出版社, 2002.

润挂钩，换算出企业留成比例，该比例原则上三年不变。企业的利润留成用于建立企业生产发展基金、福利基金和奖励基金。

1980年，又把企业按利润全额留成改为基数利润留成加增长利润留成，在增长利润中，企业留成利润为40%，国家留成利润为60%。同时，提高固定资产折旧率以及企业提取折旧金的比例，折旧基金的30%上缴主管部门，由主管部门在企业间有偿调剂使用，70%留在企业。把企业固定资产原值低于100万元的小型国有企业的折旧费全部交给企业安排使用，并开征国有工业企业固定资产税，实行对固定资产的有偿占用。企业流动资金实行全额信贷制以提高资金的使用效率。

1981年9月，国务院发布了《关于试行工业企业经济责任制若干问题的意见》，该文件的中心内容是在国家计划指导下，通过国家对国有企业实行经济责任制和建立企业内部经济责任制，明确国家、企业、职工的责、权、利关系，把三者有机结合起来，使企业逐步成为相对独立的经济实体。实行经济责任制后，国家对不同类型、不同状况的企业，分别采取利润留成、盈亏包干、以税代利、自负盈亏四种管理模式。

1983年4月，在国有企业开始推行利改税的改革。这一改革的主要目的在于以法律的形式来稳定和规范国家与企业的分配关系，提高企业对国有资产经营管理的积极性。第一步利改税是实行税利并存制度，企业利润先上缴所得税和地方税，剩余部分采取多种方式在国家和企业之间进行分配。第二步利改税是由税利并存向完全的以税代利方向发展。企业按11个税种向国家纳税，税后利润归企业支配。国有大中型企业按55%的税率缴纳所得税后，再视企业不同情况，一户一率对企业征收调节税。小型企业仍按八级超额累进税率缴纳所得税。少数特殊企业或行业仍然实行多种形式的利润包干或利润分成制度。

1987年4月，中央决定在全国范围内推行承包经营责任制。1988年2月，国务院颁发了《全民所有制工业企业承包经营责任制暂行条例》。当年底，全国已有95%的国有大中型企业实行了第一轮承包。到1991年底，第一轮到期的企业又转入了第二轮承包。

承包的运行机制强化了企业承包者的经营责任，优化了企业内部资源配置，较好地体现了按劳分配的原则，极大地调动了生产者和经营者的积极性。正是如此，承包经营责任制实行后，工业生产速度上升很快。据统计，1987~1988年两年时间，全国预算内工业企业增加利税即达到350亿元，相当于1980~1986年企业增加利税的总和，全国财政收入7217亿元，年递增56.3%。实践证明，承包经营责任制对企业改革起到了促进作用。

但是，承包经营责任制也存在弊端，如企业的短期行为、企业的亏损虚拟化以及企业抗干扰能力弱化等，最终将导致承包制在效益递减中失效。1992年，国有企业承包兑现率明显下降。据统计，1993年全国预算内工业企业亏损达11453户，亏损面达31.8%。亏损企业的增多使承包企业的利润指标无法兑现，直接影响了国家财政收入，对国有企业改革形成了压力。

对国有企业实行税利分流改革是在1987年下半年提出来的，其基本内容是："税利分流、税后还贷、税后承包。"这一改革把国有企业上缴的利润分成税和利两部分，建立起国家与企业分配关系的新形式和新机制，使国家作为经济管理者和国有资产所有者的不同身份和职能得到更好的体现，保证国家税收的稳定增长和国有资产的合法收益。1989年和1991年，国家先后下发了《关于国营企业实行税利分流的试点方案》、《国营企业实行"税利分流、税后还贷、税后承包"的试点办法》等文件，改变了过去国有大中型企业按55%的税率和小型企业按八级超额累进税率缴纳所得税的做法，区别新老贷款，分别实行税后、税前还贷，取消调节税，实行税后上缴利润承包，具体按1989年颁布的"试点方案"所规定的方法确定承包基数。

1988年4月，我国第一部《企业法》诞生。《企业法》确立了国有企业的性质、地位和经营管理的基本原则，确立了政府与企业新型关系的准则。《企业法》赋予了企业生产计划权、指令性计划调整权、产品销售权、物资选购权、产品定价权、对外经济活动权、留用资金使用权、资产处置权、内部分配权、用工权、机构设置权、拒绝摊派权和联合经营权等。但是，由于当时条件和配套措施跟不上，企业应有的这些权利并没有得到有效落实。

在这一阶段，国家继续深化对国有企业投资体制的改革。1987年3月，国务院发出《关于放宽固定资产投资审批权限和简化手续的通知》，在进一步扩大地方政府投资决策权的基础上，明确规定了企业在规定的投资计划规模内，有权确定限额以下的技术改造项目。1988年7月，《关于投资管理体制的近期改革方案》出台。该方案的主要内容是：强调投资管理中计划和市场的有机结合，一般性的建设投资，放给企业或市场，重大的长期性建设投资，由国家计划调节，但要消除"大锅饭"，建立中央与地方的分工负责制，实行投入产出挂钩的投资包干责任制，实行分层次管理，扩大地方的重点建设责任；进一步扩大企业投资决策权，使之成为一般性建设的投资主体；建立基本建设基金制，保障重点建设资金的来源；建立投资公司，对投资采取经济手段管理；强化投资主体的自我约束机制，实行招标、投标制度，发挥市场机制的作用。1991年5月，国家开征固定资产投资方向调节税，用经济杠杆调节企业的投资方向。

为了加强对国有资产的管理，理顺国家与国有企业的财产关系，1988年4月，国务院直属的国有资产管理局成立，开始行使国有资产所有者的代表权，国有资产的监督管理权、投资和收益权、处置权，使产权管理机制进入企业。国有资产管理局成立后，积极维护国有资产权益，促进国有资产合理流动和优化配置，开展国有资产评估核定，进行国有资产管理体制改革的探索，初步建立了国有资产年度报告制度，开创了国家对国有资产经营管理体制改革的新局面。

国有企业在经历了放权让利、承包经营责任制、税利分流等十多年的改革后，企业和国家在国有资产经营管理关系上发生了巨大的变化，国有企业的自主权不断得到扩大，企业的活力也明显增强。但是，在使国有企业真正成为自主经营、自负盈亏、自我发展、自我约束的商品生产者和经营者方面还存在着各种深层次的问题，企业的活力和效益问题也没有从根本上得到解决，在推行股份制等改革试点的过程中也暴露出种种不规范的现象。随着社会主义市场经济理论的提出，我们应按照市场经济发展的要求来重新构建国有企业资产的经营管理体制。所有这一切，都不能不涉及国有企业资产与国家产权关系，产权问题作为各种问题集中的焦点，顺理成章地成为新一轮改革的重点内容。

1992年以来，在邓小平南方谈话和中共十四大精神的指引下，我国确立了社会主义市场经济体制改革的目标，国有企业资产经营管理改革也开始步入了新的阶段。1992年7月，为了进一步贯彻落实《公司法》，国务院颁布了《全民所有制工业企业转换经营机制条例》（以下简称《条例》）。《条例》明确指出了国有企业转换经营机制的目标，赋予了国有企业14项生产经营自主权，并强调企业必须自负盈亏，并对企业、企业经营者、职工的盈亏责任、亏损处理、企业自我分配约束和监督机制等都做出了明确规定，提出政府必须转变职能，政企分开，消除政府对企业的直接干预。《条例》要求调整企业的产品结构和组织结构，通过企业的转产、停产整顿、合并、分立、解散、破产等方式，实现国有企业资产的高效率运营和重组。

1993年11月，中共十四届三中全会通过了《中共中央关于建立社会主义市场经济体制若干问题的决定》（以下简称《决定》），这一重要决定成为我国社会主义经济改革历史上的又一个纲领性文件。《决定》指出，建立适应社会主义市场经济要求的、产权清晰、权责明确、政企分开、管理科学的现代企业制度,是我国国有企业改革的方向。这一改革的核心是要建立新的国有企业产权制度,使企业拥有全部法人财产权,真正成为自主经营、自负盈亏、自我发展、自我约束的法人实体,在市场上独立地从事商品生产和经营活动,实现市场在资源配置中的基础作用。同时加强对企业中国有资产的管理,实行国家统一所有、政府分级监督、企业自主经营的体制,实现政府社会经济管理职能与国有资产所有者职能的分开,转变政府职能,改革政府机构,建立健全宏观经济调控体系,实现政府对国有企业资产运营的间接管理。

为了加快建立现代企业制度,为国有企业实行公司制的改革创造良好的条件和提供法律依据,全国人大常委会于1993年12月29日通过《中华人民共和国公司法》(以下简称《公司法》)。根据《公司法》确立的法律准则,1994年国家体改委提出了建立现代企业制度的一系列要求,并在全国范围内进行了建立现代企业制度的试点。国有企业开始进行以现代企业制度为目标的改革。

1995年,按照中共十四届三中全会确定的建立现代企业制度的目标,政府开始进行百户现代企业制度试点。

1995年9月,中共十四届五中全会明确指出:"要着眼于搞好整个国有经济,通过存量资产的流动和重组,对国有企业实行战略性改组。这种改组要以市场和产业政策为导向,搞好大的,放活小的,把优化国有资产分布结构、企业结构同优化投资结构有机结合起来,择优扶强,优胜劣汰。"后来公布的《关于国有企业改革和发展若干重大问题的决定》中把其概括为"从战略上调整国有经济布局和改组国有企业"。

1996年以后,我国加大了对120家大型企业集团进行试点工作的力度。1997年9月,中共十五大提出,股份制是现代企业的一种资本组织形式,资本主义可以用,社会主义也可以用。中共十五大在推进国有产权改革方面有了新突破,强调要着眼于搞好整个国有经济,抓好大的,放活小的,以资本为纽带,通过市场形成具有较强竞争力的跨地区、跨行业、跨所有制和跨国经营的大企业集团;通过采取改组、联合、兼并、租赁、承包经营和股份合作制、出售等形式,加快搞活国有小型企业。1998年4月,国务院决定在国有资产管理中建立稽查特派员制度,并计划向一些国有重点大型企业派遣稽查特派员,实施财务和经营的监督工作。2000年,稽查特派员正式更名为国有企业监事会。2001年6月13日,国务院正式发布《减持国有股筹资社会保障资金管理暂行办法》,国有股减持正式运行,同年证监会执行《减持国有股筹集社会保障资金管理暂行办法》第五条关于"国家拥有股份的股份有限公司向公共投资者首次发行和增发股票时,均应按融资额的10%出售国有股"的规定,并公开征集国有股减持的建议与方案,收到了大量国有股减持的意见与方案。

2002年,国务院决定,除企业海外发行上市外,对国内上市公司停止执行《减持国有股筹集社会保障资金管理暂行办法》中关于利用证券市场减持国有股的决定,并不再出台具体实施办法。在国有股的减持过程中,必然使国有企业出现产权主体的多元化。

2003年5月27日,国务院公布了《企业国有资产监督管理暂行条例》。这是推进我国国有资产管理体制改革的一项重大举措,标志着国有资产监督管理法律制度得到进一步完善,依法监督管理国有资产迈出了重大步伐,对于建立适应社会主义市场经济需要的国有资产监督管理体制,进一步搞好国有企业,推动国有经济布局和结构的战略性调整,发展和壮大国有经济,实现国有资产保值增值,具有重要意义。2004年5月18日,国务院国资委制定并公布了国务院国资委第6号令《国有企业法律顾问管理办法》,并于2004年6月1日起施行。2005年公布实施了《中央企业重大法律纠纷案件管理暂行办法》,进一步健全、完善了企业和国有企业的法律制度。2006年,我国的企业及国有企业法律制度进一步完善,不仅实施了《破产法》,其他诸如《企业国有资产监督管理暂行条例》等也相继出台,使我国的企业法律趋于完善。这样我国的国有企业改革顺利进入法治时代。

四、民间投资问题

民间投资的定义为:非国有、合资企业和个人,根据自身需要募集各类资金建造和购置固定资产的活动。民间投资的统计范围为:非国有经济投资中扣除外资和港澳台投资的部分,它包括联营、股份制、集体和个体、私营和其他经济类型的投资。1978年,中共十一届三中全会确定了实事求是、解放思想的路线,为我国改革开放和个体经济、私营经济的诞生和发展奠定了思想基础。邓小平在中共十一届三中全会的报告中指出:"在经济政策上,我认为要允许一部分地区,一部分工人、农民由于辛勤努力成绩大而收入先多一些,生活先好起来。一部分人生活先好起来,就必然产生极大的示范力量。""这是一个大政策,一个能够影响和带动整个国民经济的政策,建议同志们认真加以考虑和研究。"从此,我国进入了改革开放的新时期,个体、私营经济作为国家政策允许的正式经济成分得以复苏。到 1979 年底,全国个体工商户达到 31 万户,比 1978 年底中共十一届三中全会召开时的 14 万户增加了 120%。但是,此时私人企业的统计数字为零。国家也没有制定出鼓励私人企业发展的政策框架。人们对个体、私营经济普遍持怀疑、防范或者否定的态度。这使个体工商户的雇用劳动仍然被认为是一种剥削,不受到政府明文的保护,在我国大多数地区甚至还经常遭受社会舆论的责难。

在中共十一届三中全会精神的指导下,1981 年,中共中央、国务院提出了在公有制为主体的前提下,实行多种经济形式和多种经营方式的战略决策。中共中央、国务院在《关于广开就业门路,搞活经济,解决城乡就业问题的若干决定》(以下简称《决定》)(1981 年 10 月 17 日)中指出:"在社会主义公有制占优势的前提下,实行多种经济形式和多种经营方式长期并存,是我党的一项战略决策,绝不是一时的权宜之计。"并规定:"对个体工商户,应当允许经营者请 2 个以内的帮手,有特殊技艺的可以带 5 个以内的学徒。"这个规定实际上就是允许个体工商户雇用 7 个以内的员工,这就是后来规定雇用 8 人以上的为私营企业的由来。《决定》对发展个体经济提供了具体的政策依据,至 1981 年底,全国个体工商户发展到 185 万户,从业人员 227 万人,比 1980 年的从业人员翻了一番多。

1979~1984 年,随着农村家庭联产承包责任制的实行,农业生产摆脱了长期停滞的困境,农村经济开始向商品化、社会化发展,农民得到了显著的实惠:一部分农民开始有了一些资本积累,为乡镇个体、私营企业诞生打下了物质基础。同时,我国农民获得了更多的支配自己劳动力的自由和时间,可以为城乡民间投资提供充足的廉价的劳动力。随后,承包责任制逐渐推广到城镇企业,国家也逐步改变了单一的指令计划分配资源的格局,放宽了对一些生产资料的控制。这时,在经济特区和温州等少数地区民营经济发展的示范作用下,各地非公有制经济都有不同程度的发展。那些在各种承包责任制中有了一定资金积累的人,在追求自己和家庭美好未来的生活目标驱使下,不断扩大自己的投资规模,扩张经营范围或开始尝试创办私人企业。这样一来,雇用超过 7 人的个体工商户越来越多,超出了"帮手"、"学徒"的范畴。对于这种现象或者说对于私营企业(雇用 8 人以上)的现象出现,有人担心,有人反对,有人赞成。中央当时的政策是不提倡、不反对。1983 年 1 月 8 日,中共中央在《关于当前农村政策的若干问题》中指出:"农村个体工商户和种植业的能手请帮手、带学徒,可参照《国务院关于城镇非农业个体经济若干政策性规定》执行。对于超过上述规定雇请较多帮工的,不应提倡,不要公开宣传,也不要急于取缔，而应该因势利导，使之向不同形式的合作经济发展。"1984年10月，邓小平在中顾委的一次会议讲话中对雇工问题进行了回顾，他说："前些时候那个雇工问题，相当震动呀，大家担心得不得了。我的意见就是放两年再看。那个能影响我们大局吗？如果你一动，群众就说政策变了，人心就不安了。"这反映了中国改革开放的总设计师邓小平高瞻远瞩的谋略，也描述了社会各阶层当时对民间投资行为的态度。随后，各地乡镇企业也有了不同程度的发展。据统计，1987年与1978年相比，在全国工业总产值中，个体经济、私营经济、"三资"经济等非公有制经济的比重由几乎为零上升到5.6%，集体经济由22.4%上升到34.6%。但是，这一时期的民间资本投资基本上是人们谋求生存和追求美好未来的一种自发经济行为，是在一片怀疑声中一波三折地发展起来的新生事物。

（一）1987~1991年的民间投资

中国共产党第十三次全国代表大会的召开，对民间投资的发展具有里程碑的意义。1987年10月，中国共产党十三大报告中第一次明确提出了社会主义发展的阶段论，明确了党对私营经济所采取的政策。该报告指出："社会主义初级阶段的所有制结构应以公有制为主体。全民所有制以外的其他经济成分，不是发展得太多了，而是还很不够。对于城乡合作经济、个体经济和私营经济，都要继续鼓励它们发展。在不同的经济领域、不同的地区，各种所有制经济所占的比重应当允许有所不同。"而且报告认为："私营经济一定程度的发展，有利于促进生产，活跃市场，扩大就业，更好地满足人们多方面的生活需求，是公有制经济必要的和有益的补充。"这既是民营经济的诞生、发展及其在经济中的作用逐渐得到了社会的认可，也是全党认识的一次质的飞跃。到1988年4月，中共第七届全国人民代表大会第一次会议通过了我国《宪法》的修正案，用法律的形式界定了私营经济在国民经济中的地位和作用。《宪法》第11条增加规定："国家允许私营经济在法律规定的范围内存在和发展。私营经济是社会主义公有制的补充。国家保护私营经济的合法权利和利益，对私营经济实行引导、监督和管理。"1988年6月，国务院颁布《中华人民共和国私人企业暂行条例》，把私营企业界定为资产属于私人所有、雇工8人以上、营利性经济组织。从此，在政策和法规方面明确了私营经济的性质和地位，为我国私营企业的发展打开了空间。据统计，1988年底，全国私营企业有90581家，注册资本84亿元人民币，解决就业164万人。到1990年，仅乡镇企业从业人数就有约9300万人，占农村劳动力的22%，乡镇工业产值已占全国工业产值的 1/3。

然而，对于私营企业的出现和发展，社会上担心、怀疑的人更多了：私营企业是"姓社"还是"姓资"？私人企业对雇工是不是存在剥削？对其发展如何引导，是限制、改造还是让其进一步发展？因此，现实中职能部门对私营企业投资行为的管理方式方法往往也把握不准，甚至对其投资行为进行阻碍和压制。投资者为了克服相关的制约因素，有些把自己的企业"挂靠"于政府组织或其职能部门，形成所谓的"红帽子"企业，把其投资利润的一部分分给"挂靠"单位以求得保护和发展；有的直接把投资收益的一部分用于行贿政府官员，让其放弃管制或为自己的违法经营"开绿灯"。这样，既形成了一些腐败现象，也增加了人民对私人企业投资行为的误解。但是，作为民间投资主体代言人的全国工商联，根据邓小平理论和中共十三大的精神，一致呼吁和支持民间投资的发展，把一些阻碍非公有制经济发展的现象反映给党中央。1991 年 7 月，中共中央在批转中央统战部《关于工商联若干问题的请示》中指出："对现在的私营企业主，不应和过去的工商业者简单的类比和等同，更不要像 20 世纪 50 年代那样对他进行社会主义改造"，进一步说明私营经济是公有制经济的必要的和有益的补充，应当采取不同的政策，鼓励和引导私营企业的发展，这些政策和文件对我国民间投资的发展具有深远的意义。

（二）1992~1997 年的民间投资

鼓励和引导民营经济的发展是邓小平理论的重要组成部分。其中最具代表性的内容之一是 1992 年春天邓小平视察南方的谈话，对私营企业的政策做了通俗且精辟的阐述，他告诫全党：要"抓住时机发展自己，关键是发展经济"；胆子要更大一点儿，步子要迈得更大一些；能发展的不要阻挡。邓小平的谈话的确为民间投资的发展带来了春天，除了个体工商户蓬勃发展以外，我国私营企业户数在 1993 年、1994 年以 70%~80%的速度迅速增长，私营企业注册资金则以 100%以上的速度增加，其中 1993 年比 1992 年增长 208.14%；同时，我国集体企业特别是乡镇企业的数量及其注册资金额都得到了迅速的扩大，从而使我国民间投资得以迅猛发展。

中共十四届三中全会以后，党的第三代领导集体继承和发展了邓小平同志关于民营经济的理论。1995 年，《中共中央、国务院关于加强科学技术进步的决定》指出，民营科技企业是我国高新技术产业的一支有生力量，要继续引导和鼓励其健康发展。1996 年，《国务院关于"九五"期间深化科学技术改革的决定》进一步明确了鼓励民间资本投资高科技产业的政策。此后民营科技企业在家用电器、光电信息、应用软件开发、汽车零部件、中药现代化等产业中所占的比例逐渐提高。1997年2月23日，全国人大通过了《合伙企业法》。这些方针、政策和法规为民间资本的规范化经营指明了投资壮大的方向，对促进民间投资的持续发展产生了深远的影响。

（三）1997年以来的民间投资

尽管我国的私营经济在1987~1997年这10年间有了长足的进步，在国民经济中的地位也越来越重要，但是，私营经济毕竟仍然是公有制经济的"补充"，人们在发展私营经济的过程中，还是缩头藏尾，不敢进行大胆的投资。1997年，中共十五大进一步明确了私营经济在国民经济中的重要地位，并提出了发展我国私营经济的基本方针，中共十五大报告指出："非公有制经济是我国社会主义市场经济的重要组成部分。对个体、私营等非公有制经济要继续鼓励、引导，使之健康发展。"从此，在认识上，非公有制经济由"补充"地位上升为国民经济发展不可缺少的"重要组成部分"，为我国民间资本增加积累、扩大民间资本投资进一步奠定了思想基础。

与此同时，国际经济形势也促进了人们对民间投资功能的发现和再认识。20世纪90年代以来，世界经济一体化的发展趋势越来越明显。1997年东南亚金融危机波及的范围之广出乎人们的意料，对我国经济产生了相当的影响。由于此次金融危机，造成东南亚国家货币购买力急剧下降，经济出现停滞和下滑，使得我国产品市场的国际需求相对减少，从而影响了我国的出口和经济的发展。并且，随着改革的深入和产业结构的升级，国有资本逐渐从竞争领域退出，国有企业大量职工下岗，集体企业也有不少倒闭、改制或转产，造成新的失业和就业不充分，严重地影响了城镇居民的收入水平，制约了社会消费需求量的提高。因此，为了刺激内需、增加就业、促进经济的发展，我国学术界和管理层开始进一步重视民间投资。1998年4月，在国务院有关部门召开的"国有企业下岗职工再就业工作座谈会"上，与会专家学者提出发展中小企业的应对措施并达成共识。并且，中共十五大已经进一步明确了对国有企业"抓大放小"的方针，因此，此时提出的发展中小企业实质上应是提倡发展民营中小企业。扩大民间投资、促进民间中小企业的诞生和发展，是提供新的就业岗位、增加就业、提高居民收入、增加对生产资料和生活资料需求的必要手段。因而，1998年以来，许多省、市、自治区政府都发布了相关鼓励与促进民间投资发展的决定、办法或措施等文件，提出了拓宽投资范围、降低投资门槛、优惠投资政策、保护投资者权益的一系列政策措施。这一时期，政府采取了积极的财政政策，力图以国债投资的形式拉动内需，并带动其他投资的发展。积极的财政政策确实对经济的稳定发展起到了一定的作用，但是，由于国债投资的过程还摆脱不了国有资本的传统的运行模式，如资金计划分配的不合理、不透明，仍在竞争领域投资等，使得国债投资的效应不明显；并且在某种程度上延缓了国有企业的改革，对民间投资也有一定的影响，因此社会各界包括政府决策部门逐渐认识到国债投资逐渐淡出的必要性。同时，我国加入世界贸易组织以后，需要在国际贸易中履行有关政府补贴的协定，即政府不能对有关企业进行相关投资或补贴。在国内外经济环境改变的情况下，要促进我国经济持续稳定发展，就必须进一步扩大民间投资。因此，国家计委于2001年12月，从进一步转变思想观念、促进民间投资的发展，逐步放宽投资领域，积极拓宽融资渠道，实行公平合理的税费政策，建立社会化服务体系和改进政府管理工作等六个方面专门发文，阐述了促进和引导民间投资发展的政策和意见。

这一时期，我国的民营经济得到长足的发展。全国第二次基本单位普查结果显示：2001年末，我国共有私人企业（不包含个体工商户）132.3万家，占全国企业法人单位302.6万家的43.7%，国有企业、集体企业单位数分别占全国企业的12.2%和28.3%；国有、集体、私人企业法人单位分别占从业人员的30.6%、22.8%和20%。私人企业平均拥有从业人员24人，与1996年第一次基本单位普查相比，私人企业单位数年均增长24.5%，从业人员年均增长31.6%，资本金年均增长35.8%，年营业收入比1996年增长了6.8倍。2002年底，我国内资民营经济在国内生产总值中所占比重约为48.5%。

同时，国家颁布了一系列鼓励和扶持民间投资的政策法规。如1999年3月15日，九届全国人大第二次会议通过并颁布了《中华人民共和国宪法修正案》，其中，《宪法》第11条修改为："在法律规定范围内的个体经济、私营经济等非公有制经济，是社会主义市场经济的重要组成部分。""国家保护个体经济、私营经济的合法权益和利益。国家对个体经济、私营经济实行引导、监督和管理。"1999年8月30日，全国人大通过了《个人独资企业法》，对个人投资办企业给予法律保护和支持；2002年6月29日，全国人大通过了《中小企业促进法》。这些法律和《公司法》共同构建了民间投资企业的法律框架，为民间投资及其民营企业的发展提供了根本的法律保障。外经贸部也多次放宽对民间投资企业进出口经营资格与对外投资的限制，这些企业可以享有与国有企业同等的待遇，从而促进了民间资本向新的经济领域进行投资。并且，许多省、市、自治区政府也发布了促进民间投资发展的相关细则。

2002年，中共十六大对于非公有制经济理论和政策又有了新的发展，号召全党"必须毫不动摇地鼓励、支持和引导非公有制经济的发展"。要"坚持公有制为主体，促进非公有制经济的发展，统一于社会主义现代化建设进程中，不能把两者对立起来"。"放宽国内民间资本的市场准入领域，在投融资、税收、土地使用和对外贸易等方面采取措施，实现公平竞争。"并认为股份制是公有制经济的主要实现形式，提出"要尊重和保护一切有益于人民和社会的劳动"。"放手让一切劳动、技术、知识、管理和资本的活力竞相迸发，让一切社会财富的源泉充分涌流"。对所有形态的民间资本给予热情的号召和动员，鼓励它们积极投资于使国民财富增加的经济活动中。我国非公有制经济单位蓬勃发展，就业人数逐年增加，促进了我国经济社会的全面发展。

2004年7月16日，《国务院关于投资体制改革的决定》进一步确立了市场经济中企业的投资主体地位。该决定提出，将"彻底改革现行不分投资主体、不分资金来源、不分项目性质，一律按投资规模大小分别由各级政府及相关职能部门审批的企业投资管理办法"。今后，"对于企业不使用政府投资建设的项目，一律不再实行审批制，区别不同情况实行核准制和备案制。其中，政府仅对重大项目和限制类项目从维护社会公众利益角度进行核准，其他项目无论规模大小，均改为备案制"。以"谁投资、谁决策、谁受益、谁承担风险"为原则，落实了企业的投资自主权。在我国民营经济占国民经济总量比例不断上升的时代，不分所有制形式，确立企业的投资主体地位、落实企业的投资自主权，实质上是进一步确立了民间投资主体在国民经济发展中的主体地位、清除了束缚民间投资的种种桎梏，必将推动我国民间投资的蓬勃发展。

2005年2月24日公布的《国务院关于鼓励、支持和引导个体私营等非公有制经济发展的若干意见》，规定非公有制资本可以进入垄断行业，创造了所有资本一律平等的投资政策环境。国家与地方促进民间投资的系列配套政策必将进一步调动民间投资主体的投资热情，促进我国国民经济的持续发展。据统计，1999~2002年个体与集体投资增长速度分别为7.53%、11.44%、12.59%、18%，明显快于同期国有经济的投资增长速度，并超过了全社会的投资增长速度。按照这样的发展速度和发展态势来估算，民间投资在全社会投资中的比例还将扩大，民营经济在国民经济中的地位也将越来越重要。

第二节 政府投资改革

一、政府投资的范围及资金来源方式[①]

(一) 目的和范围

作为国家政权机构,政府的投资动机具有非营利性特征,是为了追求社会效益的最大化,而并非追求投资的经济效益最大化。发挥"社会先行资本"的作用,克服市场缺陷,弥补非政府部门的投资空白,创造良好的投资环境,致力于国民经济的持续增长、充分就业、物价稳定和社会经济的协调发展,实现公平与效率的最佳结合,是政府投资的主要目的。

具体而言,政府投资大多集中于那些具有不可分性和规模效益性的项目上,主要包括以下几个方面:①公共物品的生产和提供。如对国防和国家安全的投资,还有对公共基础设施、基础教育、公共卫生、防疫计划和医疗服务、生态环境保护、污染防治和控制的投资等。②具有较大的外部性、可以降低整个社会成本但私人不愿意进行的投资,如研究和发展投资等。这类投资比较难以给出明确的范围,需要根据具体项目的情况而确定。③对于经济发展有很大的带动和促进作用但私人没有能力或不愿投资的项目,如对一些新兴产业、主导产业和"瓶颈"产业的投资等。

(二) 政府投资资金的来源与运用方式

政府投资资金主要来源于政府财政预算收入,而财政预算主要来源于税收,它具有无偿性和相对固定性的特点。运用资本市场,通过发行国债、地方政府债以及城市基础设施建设债券等方式筹措资金,是政府投资主体资金的重要补充,它在不改变资金所有权的前提下,通过国家或地方政府信用形式实现社会资金使用权的暂时过渡,来弥补政府投资主体资金的不足,同时体现政府投资主体的投资导向作用。在国际资本市场上发行政府主权债务融资,也是政府投资资金的有益补充。

---

① 韩志峰. 中国政府投资调控研究. 中国社会科学院研究生院博士学位论文,2001.

政府投资资金的运用方式主要有四类：一是无偿投入，部分或全部负担某些项目的投资，这主要是政府对社会公共事业、生态环境保护、国防建设等方面的投入。无偿投入不直接体现投入产出的效益关系，但是对整个社会经济发展会产生重要的社会效益。二是财政投资贷款，即财政资金金融化，通过政府银行（政策性银行）以贷款的形式支持符合政府产业政策优先发展行业的发展，这种方式比无偿投入形式可以产生更好的资金使用效果。三是参股控股，由政府授权的投资主体依据产业政策和投资政策的要求，将政府投资资金以资本金的形式投入到项目中去，并代表政府直接参与或主持投资项目的决策、建设实施和建成后的经营管理。四是财政资金对某些需要照顾的项目或私人投资者予以贴息补助、提供担保等，这可以用少量的财政资金调动起更多的社会资金，引导社会投资流向。

二、中央和地方政府投资领域和投资重点

中央政府与地方政府之间公共投资的划分，主要依据投资的受益范围。根据这一标准，中央政府主要安排跨地区、跨流域以及对经济和社会发展全局有重大影响的项目。所以，凡是具有调控性、具有全国性意义的职责都应该由中央政府承担，而主要由地方受益的项目则应该由地方政府承担。由此可见，地方政府公共投资的范围主要是用于区域内市场不能有效配置资源的经济和社会领域，即地区受益性强的公益性项目和基础性项目。

但是，在公共投资的实践中，中央政府与地方政府之间的关系并不是相互孤立的，相反，二者之间存在着密切的分工合作关系。中央政府承担着全国性和跨区域性公共投资布局规划与决策的责任，同时还要为地方发展提供良好的宏观经济条件和外部环境，调控和规范地方政府的公共投资行为，引导公共投资中同级或不同层级地方政府之间的分工合作。而地方政府作为地方公共投资决策者，不仅要对地方公共投资区位选择与地域空间布局进行规划与决策，还要使自身的公共投资行为与中央政府及其他地方政府的公共投资行为相协调，同时规范和调节下级地方政府的公共投资活动。总之，中央政府与地方政府二者相互影响、相互制约，共同推动整个经济体系的公共投资活动的优化和公共品供给效率的提高。

三、政府投资改革的实践过程

政府投资改革的实践也可以追溯到1978年中共十一届三中全会的召开,自那时起我国的政府投资改革大致经过了以下几个阶段:

(一)探索阶段(1979~1983年)

改革首先是以提高政府投资建设的效益为目标开始的。1979年8月,为了提高基本建设项目的投资效益,国务院批准了《关于基本建设拨款改贷款的报告》,开始在基本建设领域进行"拨改贷"的试点,打破了长期以来基本建设由政府财政无偿拨款的计划经济模式,开创了利用银行信贷进行企业项目建设的先河,迈出了资金来源多渠道的第一步。在这一年,在基本建设中还试行了合同制、设计单位实行企业化管理、改进国营企业折旧费使用办法、开征企业固定资产税等工作。其后,在1980年的全国基本建设工作会议上提出了扩大施工企业经营管理自主权,实行利润留成制度;1981年在国营施工企业试行经济责任制;1982年试行工程招投标制度;1983年,国家计委颁布了《建设项目进行可行性研究的试行管理办法》,规定国家基本建设工程项目要进行可行性论证,同年开始对基本建设项目试行"包干经济责任制",实施建设前期工作"项目经理制";等等,都是为提高政府投资建设的效益而采取的措施。

在宏观调控方面,为了更加有效地管理国家的投资建设,1982年,将国家建委的投资管理职能并入国家计委,其他职能并入城乡建设环境保护部。1983年,国务院决定把"技术改造作为扩大再生产主要手段",并把基本建设和技术改造分别由国家计委和国家经委管理;在地方财政不断扩大、基本建设项目数量不断增多之后,为了有效发挥地方政府投资建设的积极性,对投资建设实行两级(中央和省级)管理,大中型项目由国家部门审批,小型(1000万元以下)项目下放给地方政府审批,1亿元以上的项目由国家计委核报国务院审批。

在开辟资金来源方面,随着1980年开始的特区建设,开始让外资直接进入中国的项目建设;1981年,国家开始发行国债,部分用于基本建设;1982年,国家计委等部门颁发了《关于试行国内合资建设暂行办法》;1983年开始征收国家能源重点建设基金和建筑税,用于国家能源等重点建设。

(二) 扩大改革阶段 (1984~1988年)

随着国家把经济体制改革的重点转向城市，投资体制改革出现了一个高潮，除了前一阶段进行试点的改革措施在这一时期都被广泛推广外，又出台了许多改革措施。

1984年，国务院在9月颁布了《关于改革建筑业和基本建设管理体制的若干问题的暂行规定》，10月批转了国家计委《关于改进计划体制的若干暂行规定》，这两个文件对政府投资的多方面进行了改革。包括预算内基本建设投资全部由拨款改为贷款（在1985年，考虑到公益性项目没有偿还能力，又把教育等方面的投资建设改为政府拨款），并对不同行业采取差别利率；简化基本建设审批程序，由原来的审批项目建议书、可行性研究报告、设计任务书、初步设计和开工报告五道程序改为只批项目建议书和设计任务书（20世纪90年代初期改为项目建议书、可行性研究报告和开工报告）；进一步扩大地方的投资项目审批权限，由1000万元提高到3000万元，投资2亿元以上的项目由国家计委核报国务院审批；在施工建设领域全面推行"工程招标承包制"，建立工程承包公司，专门组织工业交通等生产性建设；建立城市综合开发公司，对城市土地、房屋进行综合开发；勘察设计全面推行技术经济承包责任制；建筑安装企业普遍推行百元产值工资含量包干；推行住宅商品化；等等。

1984年，将中国人民银行确定为中央银行，其一般业务交新成立的中国工商银行办理，主要承担各类存款和企业流动资金的贷款业务；将中国人民建设银行从财政部划出，主要承担基本建设贷款任务，兼有政策性银行的职能。在上海、北京等地开始股份制试点，为企业建设开辟了直接融资的渠道。

1985年，国务院决定成立中国国际工程咨询公司，并由其承担大中型项目可行性研究报告和大型工程设计的评估。国家计委、城乡建设和环境保护部联合颁发了《工程设计招标投标暂行办法》，招投标制度首先在政府投资建设领域全面推开。

1986年，开始进行"企业债"试点，为企业直接融资开辟了新渠道；国家计委批准一汽、二汽等大型企业集团建设项目在国家计划中单列户头。

1987年，国务院明确规定，限额以下的技术改造项目，在计划规模内，由企业自主确定；把基础设施和基础产业的地方项目审批权限扩大到5000万元；国务院颁布《企业债券管理暂行条例》并开始实施。同年，全国第一家住宅储蓄银行在烟台成立，全国第一家股份制企业集团——中国嘉陵工业股份有限公司（集团）成立。

1988年，国务院原则同意有关部门制订的《关于投资管理体制的近期改革方案》，该方案在加大地方的重点建设责任、扩大企业投资决策权、建立基本建设基金、成立国家和地方投资公司、改进投资计划管理、强化投资主体自我约束机制、充分发挥市场和竞争机制七个方面提出了改革的思路，是改革开放之后第一个较为系统的改革方案。其中，国家基本建设基金在当年开始启动，建立投资公司的方案在当年实施，成立了国家农业、林业、能源、交通、原材料、机电轻纺六大投资公司，作为国家经营性项目投资主体，管理政府经营性项目投资，各地也纷纷成立隶属于地方政府的投资公司。但由于从1988年第四季度开始治理整顿，其他的改革措施没有实施。1988年，国家建设部颁布《关于开展建设监理工作的通知》，我国政府投资项目建设监理试点工作由此起步。

1989年和1990年，在经济处于整顿的形势下，没有出台新的投资体制改革措施。

（三）深化改革阶段（1991~2003年）

1991年，随着经济形势的好转，投资体制的改革也开始启动。当年的一个重要措施是取消建筑税，开征"固定资产投资方向调节税"，指导思想是通过对不同产业投资项目的不同税率，达到调控投资结构的目的。

1992年，在国家经济体制改革进入新阶段的形势下，国家计委开始研究制订能够适应经济和社会发展的系统的投资体制改革方案。当年，国家计委颁布了《关于建设项目实行业主责任制的暂行规定》，并确定在64个国有大中型项目开始试点。

1993年，中共十四届三中全会通过了《关于建立社会主义市场经济体制若干问题的决定》，确立了我国经济体制向社会主义市场经济体制转变，同时提出经济增长方式要从粗放型向集约型转变；在投资领域要实现市场对资源配置的基础性作用。为了改进投资管理体制，提出把投资项目分为公益性、基础性和竞争性三类：公益性项目由政府投资建设；基础性项目以政府投资为主，并广泛吸引企业和外资参与投资；竞争性项目由企业投资建设。

1994年，国务院批准发布了《九十年代国家产业政策纲要》，这是指导企业投资方向的重要政策文件，也是我国第一部完整的产业政策文件。同年，国家计委颁布了《工程咨询业管理暂行办法》，对工程咨询业的发展和管理进行了规范。根据国务院的决定，撤销6个国家投资公司，组建国家开发银行、中国农业发展银行和中国进出口银行，作为国家政策性金融机构，建设银行不再承担政策性金融机构的职能，实现了政策性投资贷款和商业性投资贷款分离；成立政策性银行的目的是运用政策性投融资引导社会投资方向，较好地满足社会重要基础设施和基础产业建设对资金的需求，扶持具有国际竞争力的支柱产业形成和发展，6个国家投资公司的自有资产合并组成国家开发投资公司。

1995年，国家审计署发布《关于内部审计工作的规定》，要求国家大型建设项目的建设单位要设立独立的内部审计机构。国务院批转国家计委、财政部、国家经贸委《关于将部分企业"拨改贷"资金本息余额转为国家资本金的意见》，结束了国家采用贷款建设企业的办法。国家计划委员会、国家经济贸易委员会、对外贸易经济合作部联合发布并施行《外商投资产业指导目录》。

1996年，国务院颁布了《关于固定资产投资项目试行资本金制度的通知》，对各种经营性投资项目的资金进行规范。国家计委发布了《关于实行建设项目法人责任制的暂行规定》，对投资项目由项目法人全过程管理作了明确规定，取代了1992年发布的《关于建设项目实行业主责任制的暂行规定》。

1997年，国家计委颁布了《关于基本建设大中型项目开工条件的规定》和《国家基本建设大中型项目实行招标投标的暂行规定》，前者对项目法人、资本金、设计、监理、开工准备工作等条件作了严格规定；后者则要求国有大中型项目要实现全过程招标，确立了项目法人在招标过程中的主导地位，并要求政府部门对招标过程进行检查和监督。国家计委与中国建设银行等四大专业银行联合发布《关于完善和规范商业银行基本建设贷款管理的若干规定》，允许建设项目业主和贷款的商业银行有互相自由选择的权利。

1998年，国家计委将经过多次修改完成的《深化投资体制改革方案》上报国务院，并在国务院会议上征求各部门的意见。为了扩大内需，国务院决定增发1000亿元建设国债用于基础设施等方面的建设；国家计委发布了《国家重点鼓励发展的产业、产品和技术目录》，指导企业投资。国家确定在国家计委设立"国家重大项目稽查特派员办公室"，对国债项目和国家大型项目进行稽查。

1999年，财政部发布《关于加强基础设施建设资金管理和监督的通知》，强调要加强资金源头管理，确保建设资金及时、足额到位，凡使用国债资金或其他财政性资金建设的项目都要认真搞好工程概算审查。国家计委发布《重大项目违规问题举报办法》，要求各有关单位和广大群众发现重大项目在建设过程中有违反国家法规的问题时，向国家计委举报。

2000年，《中华人民共和国招标投标法》从1月1日起施行，为贯彻该法，国家计委发布《工程建设项目招标范围和规模标准规定》和《招标公告发布暂行办法》。同年，国家计委还公布了《国家重大建设项目稽查办法》。

2001年，国家计委宣布，对于不需要国家投资的城市基础设施等五大类投资项目，投资总额在国务院审批限额（2亿元）以下的基本建设项目，不必报国家计委审批，按"谁投资，谁决策"的原则，地方政府出资的由地方计划部门审批，企业出资的由企业自主决策。在当年底的全国计划工作会议上，国家计委将又一稿《深化投资体制改革方案》交各部门和各地区征求意见。为了充分调动和发挥民间投资者的积极性，国家计委发布《促进和引导民间投资者若干意见》，提出鼓励民间投资参与基础设施和公用事业建设，要改进政府对民间投资的管理，创造公平竞争的条件，依法保护民间投资者的合法权益，等等。同年，国家审计署发布《审计机关国家建设项目审计准则》，规定了审计机关对国家建设项目审计的内容及相关问题。

2002年，国家计委颁布《国家重大建设项目招标投标监督暂行办法》，对重大建设项目的招投标监督作了具体规定；国务院转发建设部、国家计委和监察部联合制定的《关于健全和规范有形建筑市场若干意见》，针对建筑领域的不良倾向和存在的问题提出了规范措施。

2003年，中共十六届三中全会审议通过的《中共中央关于完善社会主义市场经济体制若干问题的决定》指出深化投资体制改革的方向是：进一步确立企业的投资主体地位，实行"谁投资、谁决策、谁受益、谁承担风险"。国家只审批关系经济安全、影响环境资源、涉及整体布局的重大项目和政府投资项目及限制类项目，其他项目由审批制改为备案制，由投资主体自行决策，依法办理用地、资源、环保、安全等许可手续。对必须审批的项目，要合理划分中央和地方权限，扩大大型企业集团投资决策权，完善咨询论证制度，减少环节，提高效率。健全政府投资决策和项目法人约束机制。国家主要通过规划和政策指导，信息发布以及规范市场准入，引导社会投资方向，抑制无序竞争和盲目重复建设。同年12月31日，国务院原则通过由新组建的国家发展和改革委员会经过多次征求各方面的意见数易其稿完成的《深化投资体制改革方案》。

（四）完善阶段（2004年以来）

2004年7月，经国务院批准的投资体制改革方案以《国务院关于投资体制改革的决定》（以下简称《决定》）名义颁布，我国投资体制进入新阶段。自此之后，我国的投资方面的法律法规建设基本以此为基础展开。

具体到政府投资的改革，《决定》的第三部分以"完善政府投资体制，规范政府投资行为"为题目，提出了以下几个方面的内容：

（1）合理界定政府投资范围。政府投资主要用于关系国家安全和市场不能有效配置资源的经济和社会领域，包括加强公益性和公共基础设施建设，保护和改善生态环境，促进欠发达地区的经济和社会发展，推进科技进步和高新技术产业化。能够由社会投资建设的项目，尽可能利用社会资金建设。合理划分中央政府与地方政府的投资事权。中央政府投资除本级政权等建设外，主要安排跨地区、跨流域以及对经济和社会发展全局有重大影响的项目。

（2）健全政府投资项目决策机制。进一步完善和坚持科学的决策规则和程序，提高政府投资项目决策的科学化、民主化水平；政府投资项目一般都要经过符合资质要求的咨询中介机构的评估论证，咨询评估要引入竞争机制，并制定合理的竞争规则；特别重大的项目还应实行专家评议制度；逐步实行政府投资项目公示制度，广泛听取各方面的意见和建议。

（3）规范政府投资资金管理。编制政府投资的中长期规划和年度计划，统筹安排、合理使用各类政府投资资金，包括预算内投资、各类专项建设基金、统借国外贷款等。政府投资资金按项目安排，根据资金来源、项目性质和调控需要，可分别采取直接投资、资本金注入、投资补助、转贷和贷款贴息等方式。以资本金注入方式投入的，要确定出资人代表。要针对不同的资金类型和资金运用方式，确定相应的管理办法，逐步实现政府投资的决策程序和资金管理的科学化、制度化与规范化。

（4）简化和规范政府投资项目审批程序，合理划分审批权限。按照项目性质、资金来源和事权划分，合理确定中央政府与地方政府之间、国务院投资主管部门与有关部门之间的项目审批权限。对于政府投资项目，采用直接投资和资本金注入方式的，从投资决策角度只审批项目建议书和可行性研究报告，除特殊情况外不再审批开工报告，同时应严格政府投资项目的初步设计、概算审批工作；采用投资补助、转贷和贷款贴息方式的，只审批资金申请报告。具体的权限划分和审批程序由国务院投资主管部门会同有关方面研究制定，报国务院批准后颁布实施。

（5）加强政府投资项目管理，改进建设实施方式。规范政府投资项目的建设标准，并根据情况变化及时修订完善。按项目建设进度下达投资资金计划。加强政府投资项目的中介服务管理，对咨询评估、招标代理等中介机构实行资质管理，提高中介服务质量。对非经营性政府投资项目加快推行"代建制"，即通过招标等方式，选择专业化的项目管理单位负责建设实施，严格控制项目投资、质量和工期，竣工验收后移交给使用单位。增强投资风险意识，建立和完善政府投资项目的风险管理机制。

（6）引入市场机制，充分发挥政府投资的效益。各级政府要创造条件，利用特许经营、投资补助等多种方式，吸引社会资本参与有合理回报和一定投资回收能力的公益事业和公共基础设施项目建设。对于具有垄断性的项目，试行特许经营，通过业主招标制度，开展公平竞争，保护公众利益。已经建成的政府投资项目，具备条件的经过批准可以依法转让产权或经营权，以回收的资金滚动投资于社会公益等各类基础设施建设。

2005年以后，针对《决定》的相关规定陆续出台，进一步完善了我国的政府投资体制改革。

四、投资的宏观调控政策

投资的宏观调控政策是国家整个宏观调控政策的一部分，作为拉动经济增长的"三驾马车"之一的投资方面的宏观调控政策，其作用非常突出。然而作为一项经济政策，不能将其与整个宏观经济政策相割裂。鉴于此种原因，下面介绍投资的宏观经济政策的实践过程，也会从整个经济政策方面入手介绍。

1979年初，各方面的改革如火如荼地展开，中央决定从1979年起用三年时间对国民经济进行大调整，并确立了"调整、改革、整顿、提高"的八字方针。这次调整的根本任务就是改变过去高积累、低消费和重生产、轻生活的基本倾向，适当降低积累比重，适当放慢重工业的发展速度，提高轻工业的比重和优先发展农业、能源、交通、原材料工业。

1980年12月，针对调整中出现的新情况、新问题，为了扭转国民经济的被动局面，决定从1981年起对国民经济实行进一步调整，并提出了三个具体的近期目标：①尽快消灭赤字，实现财政收支平衡。②消除财政性货币发行，实现信贷收支平衡。③基本稳定物价。

概括起来，这次调整的任务就是控制总量，调整结构。控制总量指标包括：经济增长率、通货膨胀率、政府财政赤字、银行信贷总规模、投资率与积累率。优化结构:一是调整工农业的比例关系,适当提高农业的比重;二是在工业内部调整轻重工业比例关系,提高轻工业和消费品工业的比重。

具体到投资调控,首先要控制投资规模,其次要调整投资结构,具体说就是要优先发展轻工业,加强能源及交通运输的重点建设,推进现有企业的技术改造。

从1984年开始,我国开始全面展开城市经济体制改革,旧的管理模式被逐步放弃,而新的管理模式却未能同步建立起来,导致经济运行出现了较大的波动。前几年的投资膨胀转化为投资、消费双膨胀,拉动物价连续较大幅度上升,同时贸易逆差加大,外汇储备急剧下降,财政赤字剧增。固定资产投资的增长速度从1983年的16.2%猛增到1984年的28.2%,1985年又增加到38.8%;社会消费品零售总额1984年的增长速度为19.5%,1985年又增加到27.5%;1984年的货币M_0供应量达262亿元,比1983年增长49.5%,一年的增加额相当于前34年投放额的一半;1985年,全国零售物价指数上升8.8%,比1984年增长6个百分点,形成了20世纪60年代以来的第二个高通胀时期;而GDP的增长速度从1983年的10.9%猛增到1984年的15.2%后,1985年又下降为13.5%。

针对上述情况,中央政府在1985年开始了第二次宏观调控,严格控制固定资产投资规模,采取紧缩货币供应和信贷规模的货币政策,同时还严格管理消费基金、压缩社会集团购买力、对物价进行有针对性的改革和调整。这次对投资的宏观调控根本没有到位,如1985年前11个月基本建设正式施工项目达到71611个,比1984年同期增加13521个,其中新开工项目3.6万个。这些调控措施,特别是紧缩的货币和信贷政策还是发挥了一定作用,1986年的固定资产投资增长速度下降到22.7%,零售价格指数从1985年的8.8%下降到6%,通货膨胀得到了缓和,GDP增速下降到8.8%。但是,由于我国经济实际上是靠增长速度支撑的经济,增长速度的下降必然引发许多矛盾,要求放松银根和管制的呼声十分强烈,于是在1986年只好放弃了紧缩的货币政策,使这次调控浅尝辄止,只是暂时缓和了经济中的矛盾,没有根本解决问题,宏观经济又迅速走热。

1987年和1988年,经济再次过热。固定资产投资继续高速增长,增速分别为21.5%和25.4%。1987年和1988年上半年再次实行了扩张性的货币政策,1988上半年出现了货币净投放,这是新中国成立以来的第二次。零售价格指数从1986年的6%上升到1987年的7.3%和1988年的18.5%,是1952年以来的最高价格指数,1988年的生产资料价格指数也突破了两位数，增幅高达22.5%，通货膨胀问题更加严重。1988年，有的人还提出了"通货膨胀无害论"，主张以适度通货膨胀来刺激和推动经济更快发展，又提出要进行价格改革"闯关"，这诱发了居民的物价上涨预期，引发了4次全国性的大规模提款抢购风潮。

1988年9月，中央政府采取了治理整顿、深化改革的方针，实行紧缩的财政政策和货币政策，大力压缩固定资产投资规模。这次压缩固定资产投资规模，主要是采取计划和行政命令手段，并且严厉程度也是改革开放以来没有过的。重点是清理、压缩在建的固定资产投资项目，集中投资项目审批权限，控制新开工项目，对年度固定资产投资规模及在建总投资规模实行指令性控制。国务院成立了清理整顿项目办公室，设在国家计委，专门负责对项目的清理和压缩，结果全国共停缓建项目1.8万个，可压缩投资675亿元。从紧的货币政策主要表现为实行贷款额度管理；把法定存款准备金率从12%提高到13%，并规定备付金率不得低于5%~7%；提高了存贷款利率，对3年期以上的定期储蓄实行保值补贴，以改变由通货膨胀造成的实际利率为负的状况。从紧的财政政策主要是严格控制财政开支和压缩集团消费，此次调控力度大、要求严，很快取得了效果。1989年，全社会固定资产投资完成4410亿元，比1988年压缩344亿元，下降了7.2%，这是改革开放以来除1981年以外仅有的一次投资负增长。货币供应量得到控制，消费增长速度大大下降，工业生产也出现下降趋势，1989年5月，工业生产月环比速度出现负增长，通货膨胀率得到了抑制。到1989年10月，经济过热终于冷却下来。

但是，由于采取了严厉的全面紧缩政策，包括紧缩投资、紧缩货币、紧缩财政、紧缩进口和控制消费，刹车过猛，使得经济发展遇到了许多困难，工业生产下降，企业资金短缺，"三角债"情况严重，库存严重积压，市场销售疲软，经济效益下滑。因此从1989年10月开始放松紧缩力度，增加货币供应和信贷投入，多次降低各种存贷款利率，以增加社会需求，刺激经济增长。从1990年末开始，把治理整顿的重点放在解决结构矛盾和效益低下等深层次问题上。投资政策方面，在总量适度控制的前提下实行有区别的适度从紧和倾斜政策。对那些生产长线产品和不利于调整结构的投资项目，继续坚持从紧控制决不松动；对有利于结构调整的投资活动，如重点建设、技术改造、出口创汇、搞活流通等方面的投资需要，适当增加投量。颁布了"产业政策大纲"，指导投资结构调整，要求银行按照产业政策和结构调整的要求发放贷款；出台了投资方向调节税，以促进产业政策的贯彻实施。这次调整取得了较为明显的成效。全社会固定资产投资增长速度从 1989 年的-7.2%和 1990 年的 2.4%迅速回升到 1991 年的 23.9%，GDP 增速也从 1990 年的 3.8%达到了 9.2%，而零售价格指数只有 2.9%。投资结构有所改善，基础产业部门投资比重上升，突出了能源、交通、通信和原材料工业的投资建设；压缩了一批高能耗、低水平、重复生产的加工工业的投资建设；更新改造投资增加，用于提高产品质量、增加品种、节能降耗和"三废"治理的投资提高，而用于增加产量的投资比重下降。

1993 年 6 月，中央决定整顿金融秩序，加强宏观调控。由于这次投资经济过热和结构失调在很大程度上是由于货币供给高速增长和金融秩序混乱造成的，因此这次宏观调控大量采用了货币金融手段，辅之以财政政策，同时采取了必要的计划和行政手段。这就是所谓的"适度从紧"的财政政策和货币政策，中国经济成功实现了"软着陆"。

然而，在中国经济实现"软着陆"的同时，通货紧缩也渐露端倪，这样，自 1996 年开始，央行连续数次降息，同时多次相应降低存款准备金与贴现率，并于 1998 年增发 1000 亿元的特别国债，1999~2003 年继续实行积极的财政政策和货币政策。积极的经济政策对刺激内需，促进经济增长起到了一定的积极作用。

从我国建立社会主义市场经济体制以来的两次宏观调控重要实践看，1993~1997 年，为抑制通货膨胀，实施了适度从紧的财政政策；1998~2003 年，为刺激有效需求和治理通货紧缩趋势，实施了扩张性的积极财政政策，这两次财政政策的适时适度调整均取得了预期效果。2004 年以来，根据经济形势的新变化和宏观调控的新需要，为了防止经济过热，党中央、国务院又适时决定实行稳健的财政政策。在经济总量基本平衡时期，由于物价相对稳定，经济运行总体平稳，应当实行中性财政政策，凸显稳健特征，注重解决结构优化问题，减弱政府直接干预，充分发挥市场机制的调节作用。稳健财政政策的主要内容，可以概括为"控制赤字、调整结构、推进改革、增收节支"。随着财政政策由"积极"向"稳健"的转变，财政在经济社会协调发展中的职能作用将发挥得更为积极。

第三节　投资立法实践

一、投资立法的系统化

投资作为资金运动过程的首要环节，往往界定了资金使用的有效程度及国民经济发展水平。因此，强调以法律手段保证投资运动的正常进行，历来为世界各国高度重视。目前发达国家大都有较完备的投资法体系，调整因投资活动而产生的各类经济关系，从而保证了投资运动的相对稳定和合理发展。与之比较，我国却由于投资失控的反复出现和投资效益低下等一系列问题，严重阻碍了经济的稳步发展。究其原因，根本的一条就是我国长期不重视运用法律手段，投资领域的立法，仅限于一些规定或者暂行办法而没有形成系统化的投资法律法规体系。随着改革开放的不断深化，我国投资方面的立法更显得相形见绌。如果不进行改善对经济的发展将极为不利。结果之一就是没有形成一个良好的投资环境。投资环境一般包括下面几个要素：①政策要素，其中包括使用外资的基本对策、捐税政策、金融政策、经济政策、外汇政策及土地政策等。②立法要素，包括立法和政策的适时配合，使投资者的权利受法律的保障，同时保证投资的方向、规模的正确适当和效果的显著，并可借法律的适时修订，获得投资的便利。③行政要素，包括行政效率，如措施及时、行政手续明确和简化、投资机会的发掘和介绍以及良好的社会秩序。投资环境的好坏，对资金的集中、投放和收效以及吸引投资、保证投资活动正常进行有着决定性的影响。然而，用上述三要素衡量我国现有的投资环境，显然尚有很大缺陷。在①、③两点上，应该说我国正在实施的改革方针是能够使之达到这些要求的，而且已达到或正在达到其中大部分要求。但在极为关键的立法环节上却是欠缺的。法律要素是起决定性作用的因素。因为一种适宜的投资环境，不仅表现在现实的投资政策、方针的支持，更需要包括一定的法律条件在较长时间内相对稳定。没有严密和适时的投资立法，要开创良好的投资环境是不可能的。日本企业界人士也曾多次指出，中国的经济法规不完善，法律规定不清楚，是当前妨碍投资进程的主要障碍。因此，要具有良好的投资环境，完善投资立法是当前刻不容缓的任务。综观我国的投资立法实践，我们不难发现，立法方面还需要继续完善和改革。

二、投资的法律法规

从中共十一届三中全会开始至十四大召开之时，我国的投资立法应属于立法的初探阶段。各项法规的制定都力求贯彻体制改革的基本精神和要求，但基本上没有突破原有的计划经济体制的束缚。主要法规有：《关于做好基本建设前期工作的通知》(1979)、《关于扩大国营施工企业经营管理自主权有关问题的若干规定》(1979)、《关于扩大国营施工企业经营管理自主权有关问题的暂行规定》(1980)、《关于基建项目、技改项目要严格执行"三同时"的通知》(1980)、《关于制止盲目建设、重复建设的几项规定》(1981)、《关于简化基本建设项目审批手续的通知》(1984)、《关于改革改建筑业和基本建设管理体制若干暂行规定》(1984)、《关于改进计划体制的若干暂行规定》(1984)、《关于改进基建物资计划管理的若干规定的通知》(1986)、《关于放宽固定资产投资审批权限和简化审批手续的通知》(1987)、《关于进一步加强自筹基本建设资金管理的规定》(1987)、《关于建设用地计划管理暂行办法》(1987)、《关于控制建设工程造价的若干规定》(1988)、《关于投资管理体制的近期改革方案》(1988)、《中华人民共和国审计条例》(1989)、《中华人民共和国土地管理法》(1989)、《境外投资外汇管理办法》(1989)、《关于当前产业政策要点的决定》(1989)、《关于资源综合利用项目与新建和扩建工程实行"三同时"的若干规定》(1989)、《关于清理固定资产投资项目严格实行指标控制和考核的通知》(1989)、《关于建设工程质量监督管理规定》(1990)、《关于加强商品住宅建设管理的通知》(1990)、《中华人民共和国固定资产投资方向调节税暂行通知》(1990)、《中华人民共和国外商投资企业所得税法》(1991)、《国有资产评估管理办法》(1991)、《全民所有制企业转换经营机制条例》(1992)、《建筑工程施工合同管理办法》(1993) 等。

从中共十四大明确建立社会主义市场经济体制的改革目标之后，投资立法工作发生了质的飞跃，这主要表现在，在各项法规中，尽最大可能舍弃传统的计划经济体制下的做法，引进市场运作要求，在金融投资、外商投资、资本市场、中介服务体系等方面的法规逐渐增多，并注意与国际惯例接轨。它们对促进社会主义市场经济的发展，对投资市场、要素市场等市场体系的日臻成熟，发挥了越来越大的作用。重要的法律法规有：《土地利用总体规划编制审批暂行办法》(1993)、《城镇燃气设计规范》(1993)、

《中国投资银行境内外币金融债券销售兑付网点验收标准（试行）》（1993）、《关于从事证券业务的资产评估机构资格确认的规定》（1993）、《关于从事证券业务的审计事务所资格确认有关问题的通知》（1993）、《股票发行与交易管理暂行条例》（1993）、《关于坚决制止乱集资和加强债券发行管理的通知》（1993）、《村庄和集镇规划建设管理条例》（1993）《证券交易所管理暂行办法》（1993）、《电力工程建设监理暂行规定》（1993）、《企业债券管理条例》（1993）、《关于加强对新开工建设项目资金来源审计的通知》（1993）、《关于用国有资产实物投入境外开办企业的有关规定》（1993）、《关于资产评估报告书的规范意见》（1993）、《铁路建设基金管理办法》（1993）《关于继续加强固定资产投资宏观调控的通知》（1994）、《中华人民共和国交通部外商投资道路运输业立项审批管理暂行规定》（1994）、《火力发电厂基本建设工程启动及竣工验收规程》（1994）、《工程咨询管理暂行办法》（1994）、《外商投资财产鉴定管理办法》（1994）、《关于外商投资民用航空业有关政策的通知》（1994）、《中华人民共和国城市房地产管理法》（1994）、《关于向金融机构投资入股的暂行规定》（1994）、《关于固定资产投资方向调节税若干问题规定的通知》（1994）、《关于加强企业职工社会保险基金投资管理的暂行规定》（1994）、《关于设立外商投资股份有限公司若干问题的暂行规定》（1995）、《建立住房公积金制度的暂行规定》（1995）、《关于外商投资举办投资性公司的暂行规定》（1995）、《证券交易所管理办法》（1996）、《外商投资企业结算办法》（1996）、《关于印发民航基础设施建设基金管理办法的通知》（1996）、《关于修订固定资产投资新开工和竣工项目统计报告制度的通知》（1997）、《关于加强涉及外商投资企业行政事业性收费监督管理的通知》（1997）、《关于立即停止地方自行审批外商投资商业企业的紧急通知》（1997）、《国家开发银行贷款项目管理规定》（1997）、《设立外商投资资产评估机构若干暂行规定》（1997）、《冻结非农业建设项目占用耕地规定》（1997）、《指导外商投资方向暂行规定》（1997）、《建设项目用地预审管理办法》（2001）等。

  2004年，国务院发布的《关于投资体制改革的决定》提到了关于健全法律方面的内容："完善法律法规，依法监督管理。建立健全与投资有关的法律法规，依法保护投资者的合法权益，维护投资主体公平、有序竞争，投资要素合理流动、市场发挥配置资源的基础性作用的市场环境，规范各类投资主体的投资行为和政府的投资管理活动。认真贯彻实施有关法律法规，严格财经纪律，堵塞管理漏洞，降低建设成本，提高投资效益。加强执法检查，培育和维护规范的建设市场秩序。"虽然寥寥数语，但是作为具有深远影响力的法规体现了我国政府健全和完善投资立法的决心。

其后，我国又陆续发布了以下法规：2004年9月15日，为了规范政府对企业投资项目的核准活动，国务院发布了《企业投资项目核准暂行办法》；同日，为规范对外商投资项目的核准管理，又发布了《外商投资项目核准暂行管理办法》；同年10月，国土资源部修订了《建设项目用地预审管理办法》；2005年发布并实施了《工程咨询单位资格认定办法》等。2005年以来又出台了一些行业准入政策，如《钨行业准入条件》、《锡行业准入条件》、《锑行业准入条件》、《铜冶炼行业准入条件》、《玻璃纤维行业准入条件》、《铁合金行业准入条件》、《电解金属锰企业行业准入条件》等。但总的说来，至今我国在投资立法方面还没有形成比较系统和完整的体系。

值得一提的是，我国加强了环境方面的立法力度，2004年12月发布了《国家环保总局、国家发展和改革委员会关于加强建设项目环境影响评价分级审批的通知》，其内容如下：

（1）建设对环境有影响的项目，不论投资主体、资金来源、项目性质和投资规模，应当依照《环境影响评价法》和《建设项目环境保护管理条例》的规定，进行环境影响评价，向有审批权的环境保护行政主管部门报批环境影响评价文件。

（2）实行审批制的建设项目，建设单位应当在报送可行性研究报告前完成环境影响评价文件报批手续；实行核准制的建设项目，建设单位应当在提交项目申请报告前完成环境影响评价文件报批手续；实行备案制的建设项目，建设单位应当在办理备案手续后和项目开工前完成环境影响评价文件报批手续。

（3）由国务院投资主管部门核准或审批的建设项目，或由国务院投资主管部门核报国务院核准或审批的建设项目，其环境影响评价文件原则上由国家环境保护总局审批。对环境可能造成重大影响，并列入本通知附录的建设项目，其环境影响评价文件由国家环境保护总局审批。对环境可能造成轻度影响，且未列入本通知附录的建设项目，其环境影响评价文件由省级环境保护行政主管部门审批。

（4）本通知附录以外的其他建设项目的环境影响评价文件的审批权限，由省级环境保护行政主管部门按照建设项目的环境影响程度，结合地方情况提出，报省级人民政府批准。其中，化工、染料、农药、印染、酿造、制浆造纸、电石、铁合金、焦炭、电镀、垃圾焚烧等污染较重或涉及环境敏感区的项目的环境影响评价文件，应由地市级以上环境保护行政主管部门审批。

（5）对国家明令淘汰和禁止发展的能耗物耗高、环境污染严重、不符合产业政策和市场准入条件的建设项目的环境影响评价文件，各级环境保护行政主管部门一律不得受理和审批。

（6）上级环境保护行政主管部门对下级环境保护行政主管部门超越法定职权、违反法定程序做出的环境影响评价审批决定，有权予以撤销。

2006年3月，我国又发布了《关于落实科学发展观加强环境保护的决定》（以下简称《决定》），《决定》指出，我国推行有利于环境保护的经济政策，对不符合国家产业政策和环保标准的企业，不得审批用地，并停止信贷，不予办理工商登记或者依法取缔。《决定》强调，建立健全有利于环境保护的价格、税收、信贷、贸易、土地和政府采购等政策体系。政府定价要充分考虑资源的稀缺性和环境成本，对市场调节的价格也要进行有利于环保的指导和监管。对可再生能源发电厂和垃圾焚烧发电厂实行有利于发展的电价政策，对可再生能源发电项目的上网电量实行全额收购政策。对通过境内非营利社会团体、国家机关向环保事业的捐赠依法给予税收优惠。要完善生态补偿政策，尽快建立生态补偿机制。中央和地方财政转移支付应考虑生态补偿因素，国家和地方可分别开展生态补偿试点。

第四节　配套体制改革

改革开放以来，投资体制改革一直是经济体制改革的重点之一。作为一项综合性体制，投资体制改革与其他体制如计划体制改革、财政体制改革、金融体制改革以及价格体制改革都密切相关。

一、金融体制改革实践

（一）改革开放至"入世"前我国金融体制的改革实践

1. 改革开放初期的金融体制改革

在经济体制改革之初，党中央和国家领导人十分关心金融改革。1979年10月，邓小平在省委第一书记座谈会上，提出银行应该抓经济，现在只是算账、当会计，没有真正起到银行的作用。银行要成为发展经济、革新技术的杠杆，要把银行真正办成银行。邓小平的讲话，中肯地批评了计划经济时期银行作用的畸形状况，为金融改革指出了明确方向。1979～1984年我国金融领域展开了一系列改革。虽然这种改革只是初步的，但已经显示出新型的金融体制和金融运行机制已在我国大地上逐步产生和发展起来。按照经济体制改革的总体要求，到1984年形成了一个以中央银行为领导、国家银行为主体、多种金融机构并存的金融体系。

随着社会主义商品经济的发展和经济计划体制改革的进行，过去那种政企不分、由中国人民银行一家包揽金融管理和经营信贷的组织形式，已经不能适应形势发展的要求，中国人民银行如何发挥中央银行作用从一开始就提上了改革日程。1979年2月，国务院批转了中国人民银行行长会议纪要，强调要把银行工作迅速转移到社会主义现代化建设的轨道上来，必须对银行的作用有足够的认识；并指出中国人民银行是全国资金的枢纽和连接国民经济的纽带，许多事情通过银行来办，可以比用行政方法做得更灵活，更有效，更有利于按经济办法管理经济。1981年1月，姚依林副总理提出："中国人民银行总行要发挥中央银行的作用。"同月，国务院发出《关于切实加强信贷管理，严格控制货币发行的决定》，强调"中国人民银行要认真执行中央银行的职责"。1982年7月，国务院授权中国人民银行行使中央银行的职能，加强金融管理，同时要求专业银行更好地发挥作用。同年9月，国务院正式作出《中国人民银行专门行使中央银行职能的决定》，中国人民银行专门行使中央银行职能，不再办理工商信贷和储蓄业务。1984年1月，中国人民银行理事会召开第一次会议，强调要以积极的态度对待金融体制改革，中国人民银行要根据国家的方针、政策，把资金管住，并且明确中国人民银行与专业银行在业务上是领导与被领导的关系。

伴随着金融体制改革的开始，改变了旧有的"大一统"格局，陆续恢复和分设了一些专业银行。1978年12月，中共十一届三中全会审议并原则通过的《中共中央关于加快农业发展若干问题决定（草案）》，明确提出要恢复中国农业银行，大力发展农村信贷事业，这个加快发展农业的重大决策，开拓了设立国家专业银行的先例。1979年以后，为了适应经济发展和经济体制改革的需要，我国先后恢复和建立了一些专业银行、综合性银行和非银行金融机构，在金融机构的改革方面迈出较大的步子。首先改革了中国银行、中国人民建设银行的体制，成立了国家外汇管理局，新设了中国投资银行、中国工商银行、中国国际信托投资公司，重建了中国人民保险公司，改革了农村信用社。这样，改变了金融体系的单一化，逐步建立分工协作的金融经济运行体系；根据各产业发展的需要对专业银行进行对口分工,改变了金融业的垄断格局;专业银行从事信贷、结算、现金出纳管理、储蓄、信托、投资等多种金融业务,有利于专业银行的综合化发展。但金融体系和机构改革也存在着一些问题:①专业银行成立后,形成各自独立的金融机构,资金多头管理,出现信贷失控,货币发行难以集中的局面,从而影响经济发展和改革的推进。②银行机构仍不健全,专业银行都是国家银行,不符合坚持以公有制为主体、发展多种经济形式的要求,也缺乏辅助性的非银行金融机构,不利于搞活经济与金融。

改革开放后,国家对宏观经济的管理逐步从直接管理转向间接管理,开始重视价值规律对经济的调节作用。在金融领域,党和国家开始重视银行信贷,利用金融手段来支持经济发展,调控经济运行,这样,银行信贷资金管理体制成为金融体制改革的重要内容。针对当时存在的信贷资金供应上的"供给制"、信贷管理上的单纯依靠行政办法、信贷计划体制和全国银行吃"大锅饭"的状况,1979年2月,开始对国家综合信贷计划管理体制进行改革。同年下半年,中国人民银行总行又提出了"统一计划,分级管理,存贷挂钩,差额包干"的办法,基本内容是总行对基层银行由存贷款总额指标管理改为存贷款差额指标管理,不再约束基层银行的信贷总额,只控制存贷款差额,各级银行在完成存差计划或不突破贷差计划的前提下,多存可以多贷,银行的自主权得到了扩大。这一办法最初在上海、江苏、陕西等6省、市进行试点。1981年,总行决定在全国统一推行。这是改革开放后信贷资金管理体制改革的新尝试,其积极作用表现在:①差额包干分散了一部分资金计划管理权限,增加了各级银行组织存款的积极性和一定的自主经营权,有利于调动基层银行的积极性。②差额包干制度引起了地方党政领导对资金筹措和运用信贷资金的重视,金融工作得到了地方各级党政领导的支持,也有利于促进地方经济的发展。③提高了各级银行经营管理水平,由于差额包干办法要求各级银行在包干差额内其资金自求平衡,从而增强了各级银行资金管理的责任。总之,差额包干的调控办法,体现了宏观上要求集中统一、微观上要搞活的精神。当然,差额包干的办法缺乏其他调控工具的制约,计划包干的差额事实上是包而不死,并且各级银行缺乏自我约束机制,极易导致信贷失控。因此,这种差额包干调控办法只能带有过渡性质,对金融宏观调控是十分不利的。

长期以来,我国的外汇由中国银行一家统一经营。这种经营体制不利于开展国际金融交往、引进外资和提高经济效益,影响对外开放政策的有效实施。1979年底,我国成立中国国际信托投资公司,作为吸收外资的专业机构;成立经济特区的专业银行、外资银行和中外合资银行等金融机构办理外汇业务，其他专业银行也可适当经营部分外汇业务。同时，为适应对外开放和外贸体制改革的要求，我国在加强和改善外汇宏观控制和搞活外汇管理方面也设立了机构，制定了法规。1979年2月，批准设立国家外汇管理总局，明确其职责是管理全国外汇。改革以前，我国没有一个公开的全国性外汇管理办法。1979年7月制定了《中外合资经营企业法》，1980年底又公布了《外汇管理暂行条例》。这些法规使我国外汇管理初步有法可依。此外，为搞活外贸、增加外汇收入，实行贸易和非贸易外汇留成管理。实行外汇留成制度后，调动了各方面创汇的积极性，促进了工农业生产和对外贸易的发展。

1984年10月，中共十二届三中全会通过了《关于经济体制改革的决定》，明确指出我国要实行公有制基础上的有计划的商品经济。从1984年开始，我国经济体制改革全面展开，金融体制改革的重点是强化人民银行的中央银行职能，逐步建立健全金融机构体系，并实施"实贷实存"的信贷管理办法。到1992年，我国已初步形成了以中央银行为领导，国家专业银行为主体，其他各种商业银行和非银行金融机构并存的多层次、多形式、多功能，具有中国特色的社会主义金融体系。

强化人民银行的中央银行职能是我国金融体制改革的首要任务。中共十二届三中全会针对"当前我国金融体制存在的主要问题是金融宏观控制不够有力，缺乏严格系统的管理方法和灵活有效的控制方法"，强调"要采取措施强化人民银行的中央银行职能，加强对专业银行的业务领导，协调、指导、监督、检查专业银行和其他金融机构的业务活动"。1986年底，邓小平要求"金融改革的步子要迈大一些"，重申"要把银行真正办成银行"。他说："我们过去的银行是货币发行公司，是金库，不是真正的银行。对金融问题，我们知识不足，可以聘请外国专家做顾问嘛。"1987年，我国金融体制改革主要集中在以下四个方面：①建立宏观调控强有力的、灵活自如的、分层次的金融控制和调节体系，促进社会资金的有效筹集和运用，保持货币的基本稳定，以推进经济的协调发展和经济结构的合理化。②建立以银行信用为主体，多种渠道、多种方式、多种信用工具聚集和融通的信用体系，充分调动各方面筹集资金的积极性，推动资金的横向流动，逐步形成以中心城市为依托、不同层次的金融中心和适合我国国情的资金市场。③建立以中央银行为领导、国家银行为主体、多种金融机构并存和分工协作的社会主义金融体系，强化中央银行职能，逐步实现专业银行和其他金融机构的企业化。④建立金融机构的现代化管理体系，培养一批高级金融管理人才，采用现代化管理手段，做到管理科学、信息灵敏、客户方便、效益良好，为经济发展提供优良的金融服务。

中国人民银行行使中央银行的职能后，势必要组建一些新金融机构来适应我国经济的改革与发展。

1986年7月，重新组建全国性综合银行——交通银行，它是我国第一家股份制商业银行，也是按照市场化改革导向迈出步伐最早的银行机构，在银行业的制度创新方面开了先河。随后陆续组建了一些综合性银行和商业银行，如中信实业银行、深圳发展银行、福建兴业银行、烟台住房储蓄银行、蚌埠住房储蓄银行等。非银行金融机构也有了新的发展，加强了人民保险公司的建设，新成立了一些信托投资公司、财务公司、租赁公司，发展推广了城市信用社，进一步改革了农村信用社管理体制，试办了证券公司。这一时期，外资金融机构开始入驻我国，1979年2月，日本输出入银行作为第一家外国银行被批准在中国设立常驻代表机构，从此揭开了改革开放后中国引进外资银行的序幕。全面改革开放后，侨资、外资银行营业机构开始从经济特区进入我国。1984年，中国人民银行放宽了上海所有4家侨资公司、外资银行的业务经营范围。1985年4月，国务院颁发了《经济特区外资银行、中外合资银行管理条例》，为侨资、外资银行在我国开业提供了法律依据。

中国人民银行专门行使中央银行职能后，针对信贷资金"差额包干"管理办法存在的弊端，出台了"实贷实存"的管理办法。1985年4月，国务院要求把贷款规模和货币发行控制在国家计划以内，并从当年开始，对信贷资金实行"实贷实存"的管理体制，即统一计划、划分资金、实存实贷、相互融通，解决信贷资金使用"吃大锅饭"的问题。其主要内容是：中央银行和专业银行的信贷资金全部纳入国家综合信贷计划，由中央银行进行综合平衡；中央银行和专业银行账户分设，资金分开；专业银行对自有资金可以自主经营，多存可以多贷；建立存款准备金制度，中央银行可根据银根松紧的需要，调高或调低存款准备金率；允许专业银行之间以及和其他金融机构之间相互拆借资金，实现资金的横向流动。

"实贷实存"的管理体制适应计划商品经济发展的需要，是一种直接调控与间接调控相结合、以计划管理为主的体制。同时，"实存实贷"的管理办法也适应当时以中央银行为核心、专业银行和多种金融机构并存的金融体系初步形成的客观需要，基本上改变了我国长期以来信贷资金统收统支"吃大锅饭"的局面，在加强宏观控制、搞活资金流通方面取得了较好的效果。

2. 20世纪90年代的金融体制改革

进入20世纪90年代，我国明确提出建立社会主义市场经济体制的改革目标,"摸着石头过河"的改革终于看到了光明的彼岸。金融体制改革在继农村土地制度改革、价格改革、国有企业改革之后成为经济改革的重点。这一时期又可按1997年前后分为两个阶段。

进一步转换人民银行的职能,建立强有力的中央银行宏观调控体系是建设社会主义市场经济体制的迫切需要。1984年,中国人民银行开始履行中央银行职能以后,我国的金融体制虽然进行了重大的改革,但从根本上说,是在计划经济的思想和体制下进行的,很多方面难以适应市场经济的发展。比如,银行信贷资金规模由中国人民银行层层分配,许多中国人民银行分支机构忙于分资金、分规模,而不重视执行货币政策,有时甚至影响了货币政策的执行;中国人民银行仍然直接管理部分开发性贷款业务,政企不分在一定程度上仍然存在;对金融业的管理忙于审批机构,疏于金融监管。

因此,1993~1997年我国金融体制改革主要在转换中央银行职能、加强金融法制建设、完善金融体系和实行分业监管四个方面取得了进展。

在中央银行的职能定位上,1994年1月,中国人民银行总行正式印发了《中国人民银行分支行转换职能的意见》,强调了进一步转换中国人民银行职能的必要性和迫切性,具体规定了中国人民银行及分支机构的职能,主要是贯彻、执行国家货币政策,维护金融秩序稳定,依照法规对各类金融机构进行领导、管理、协调、监督、稽核,为各类金融机构稳健经营和金融市场有序运作提供完善的服务。随后,中国人民银行采取了一些较大的改革措施:一是把对各国家专业银行和其他商业银行的资金融通权基本上收到中国人民银行总行,由总行集中办理再贷款业务,省级中国人民银行分行只留下一小部分短期资金融通权;二是中国人民银行分支机构停止办理开发性贷款等政策性信贷业务,原来办理的,经清理后移交给有关政策性银行;三是各级中国人民银行实行独立的财务预算管理制度,停止执行原来的分支机构利润留成制度。值得指出的是1997年底召开了我国最高级别的金融会议——中央金融工作会议。会议决定在三年内彻底改革我国的金融体系,对中国人民银行的机构设置进行重大改革,一级分行由按行政区域设置转变为按经济区域设置,进一步理顺中央银行与政府各部门的关系,使中国人民银行在货币政策的制定和贯彻执行上拥有更大的自主权,中国人民银行的间接调控能力和金融监管能力得到进一步加强,以便有效地防范和化解金融风险,保障经济秩序和金融秩序的稳定,促进经济改革和经济建设的顺利发展。

在金融管理法制化建设方面进程加快。1995年3月,八届全国人大第三次会议审议通过了《中国人民银行法》。这是中国的中央银行法，是新中国成立以来的第一部金融大法。它的颁布和实施，是中国金融体制改革的重要成果，是中国金融法制建设的里程碑，标志着我国金融事业步入了法制化、规范化的轨道。随后，又颁布了《商业银行法》、《保险法》、《票据法》，我国金融体制及其运行逐步走上有法可循、依法办事的轨道。

在金融组织体系方面单独设立政策性银行，金融机构进一步完善。主要表现在：①设立政策性银行。国家专业银行分设后，身兼政策性信贷业务和商业性信贷业务双重任务，难以办成真正的商业银行；并且由于政策性信贷和商业性信贷的混淆，国家专业银行部分信贷财政化的倾向越来越突出，增加了中央银行宏观调控的困难。因此，1993年11月中共十四届三中全会提出"建立政策性银行，实行政策性业务与商业性业务分离"的改革措施。随后，组建了国家开发银行、中国进出口银行、中国农业发展银行三家政策性银行，实现政策性信贷和商业性信贷分离，解决国有专业银行一身兼二任的问题，割断政策性贷款与基础货币的直接联系，确保中国人民银行调控基础货币的主动权。②建立股份制商业银行。1992年8月，全国性的商业银行中国光大银行正式开业。此后，华夏银行、上海浦东发展银行、海南发展银行、中国民生银行相继成立。到1996年末，我国共有包括交通银行在内的12家股份制商业银行。③国家专业银行向国有独资商业银行转化。邓小平南方谈话发表后，我国第一次提出建立以国有商业银行为主体的金融组织体系的改革目标，把国家商业银行办成真正的国有商业银行。1995年，在《商业银行法》中明确四大国有商业银行在银行业务上的平等地位。此后，四大国有商业银行按现代商业银行经营机制运行，转变为自主经营、自担风险、自负盈亏、自我约束的国有独资商业银行。④城市合作银行从试点到推广。1993年12月，国务院提出要积极稳妥地发展合作银行体系，并发出《关于组建城市合作银行的通知》。到1996年末，在批准组建的95个城市中，有18个城市的合作银行组建完成并开张营业，有15个城市进入筹建阶段，有54个城市进入组建阶段。⑤农村金融体制改革取得新进展。1996年，由于各类金融机构相互间的关系没有理顺，没有建立起合理的管理体制和良好的运行机制，农村金融体制还不适应农村经济发展的需要。农村信用社管理体制改革仍然是农村金融体制改革的重点，恢复农村信用社的合作社性质，把农村信用社逐步改为由农民入股、由社员民主管理、主要为入股社员服务的合作性金融组织。为了加强组织领导，在国务院、省、地、县四级设立了农村金融体制改革协调机构。同时，对农村合作基金会进行清理整顿。此后，农村信用社规范了股权设置,加强了民主管理和财务管理,明确了服务对象和经营目的,真正成为合作金融组织。但是回顾新中国成立以来农村信用社建立和发展的曲折过程,存在的一个十分关键的问题是农村信用社能否真正成为合作金融组织,怎样才能建设成为合作金融组织,需要在今后总结经验,进行制度创新。⑥引进和发展外资、侨资金融机构。1992年以后我国对外开放加快,外资金融机构在中国设立常驻代表机构的数量有所增加,外资银行在中国设立营业性机构的速度明显加快。截至1996年末,有32个国家和地区的金融机构在中国25个城市设立了528个代表处。

随着金融机构的不断增加,金融市场的逐步发展和金融竞争的加剧,金融管理更加复杂,难度加大。从1993年起,我国开始探索银行、保险、证券、信托"分业经营、分业管理"的新路子。1994年,按照分业经营、分业管理的原则,国有商业银行与所属的保险机构、证券公司、信托投资机构脱钩,并重点清查、整顿和规范了证券公司、信托投资公司、保险公司。在对信贷资金管理上,实行了"比例管理"的办法。这样,我国逐步形成了以中国人民银行(中央银行)为领导,政策性金融与商业性金融相分离,以国有独资商业银行为主体,多种金融机构并存、分工协作的金融组织体系。

改革进行到1998年的时候,我国经济和金融都出现了一些新的变化和新的问题。商品市场从卖方市场走向买方市场,物价从持续上涨转变为负增长,出口对经济增长的贡献出现下滑,通货紧缩,人民币汇率贬值,银行"惜贷"严重,金融不稳定性增加。为此,党中央非常关注金融风险对我国政治、经济和社会稳定的影响,十分重视金融改革和发展对于继续推进改革开放和现代化建设的重要作用。1998年春,九届全国人大第一次会议提出要彻底改革金融体系,提高金融业的经营管理水平,基本实现金融秩序明显好转,消除金融隐患,增强防范和抵御金融风险的能力。1998年是我国金融体制改革的突破年,在我国经济和金融史上是一个值得回顾和总结的年份。

1997年底,党中央决定成立中共中央金融工作委员会和金融机构系统党委,对金融系统党的组织实行垂直领导,对干部实行垂直管理。中央金融工委作为党中央的派出机关,对金融工作起领导、保证、管理、监督、协调的作用。这是我国金融改革迈出的重大而关键性的一步,标志着我们党开始真正抓住了现代经济的"神经"。成立中央金融工委和金融机构系统党委,有利于加强党对金融工作的集中统一领导。各大金融机构党的组织实行垂直领导,对深化金融改革,建立现代金融体系,维护金融秩序，有效防范和化解金融风险，加强各级金融领导班子建设和干部职工队伍建设等具有极为重要的战略意义。

适应金融市场快速的发展，金融组织体系日臻完善、严密。①改革中国人民银行管理体制。中国人民银行管理体制改革是1998年开始的新一轮金融体制改革的重要内容。为加强对金融业特别是对银行业的有效监管，中国人民银行的机构设置由过去的以金融管理过程或办事程序为依据转变为以金融监管对象为依据，改革后中国人民银行总行的职责主要是保证科学制定和实施货币政策，有效实行金融监管。中国人民银行撤销了省级分行，按经济区设置九大分行。②完善商业银行管理体制和运行机制。建立现代金融制度，其核心是要把银行办成真正的商业银行。经过改革，我国银行业已经形成国有独资商业银行、区域性商业银行和地方性商业银行分工并存的局面，其中国有独资商业银行一直是我国银行业的主体。但国有独资商业银行还不是真正的商业银行，还没有建立起自主经营、自负盈亏、自我发展和自我约束的运行机制。并且，我国商业银行在规模结构上大、中、小银行没有形成合理比例，地域分布不能适应经济与社会发展的需要。因此，新一轮国有独资商业银行机构改革主要是完善国有独资银行管理体制和经营机制，强化统一法人制度，实行一级法人管理，加强内控制度建设，建立由总行垂直领导和相对独立的内部稽核、监管体制。在网点布局上，国有独资商业银行按照"经济、合理、精简、高效"的原则，因地制宜地进行分支机构调整，改变了现行按行政区划设立分支机构的状况。这项改革大大降低了银行经营费用，提高了运行效率，加快了向商业化、市场化的转化，也有效地防范和化解了国有独资商业银行的金融风险。③清理、整顿非银行金融机构。证券公司、信托投资公司、保险公司、财务公司等多种非银行金融机构在经济体制改革大潮中的兴起与发展，为市场经济的发展提供了多层次、多渠道、多方位的金融服务。但是，非银行金融机构在发展过程中也存在一些问题和隐患，如发展方向不明、严重超范围经营、潜在金融风险增大，这些问题都不可小视。为此，1998年，非银行金融机构按照分业经营、分业管理的要求，银行、证券、信托、保险在人、财、物等方面彻底脱钩，独立经营。特别是信托公司按照"调整整顿、撤并精简、规范制度、引导发展"的原则进行整顿和撤并，只允许一些经营状况较好的向投资银行方向转化。保险公司不得以社会保险的名义，直接或变相办理商业保险业务，也不得以商业保险方式办理社会保险。

1998年，我国金融监管体制也进行了重大改革，把金融管理的重点放到了金融监管体制的建立与运行上。根据"分业监管"的要求，成立了证券监督管理委员会来承担原国务院证券委员会的工作,并对地方证管部门实行垂直领导。1998年11月,成立了保险监督管理委员会,后来又成立了银行监督管理委员会,使保险监管、银行监管从人民银行金融监管体系中独立出来;同时,把对证券机构的审批监管权也从人民银行划转给证券监督管理委员会。从此,形成了以人民银行、银行监督管理委员会、证券监督管理委员会、保险监督管理委员会构成的金融监管体系,它们各司其职、分工合作,有利于提高金融监管效率和监管水平。在具体的监管办法上,开始和国际接轨,采用"风险控制"办法。[①]

1999年7月1日,实行了1998年发布的《中华人民共和国证券法》,进一步健全了金融的法律体系。2001年,国务院颁布修改后的《中华人民共和国外资金融机构管理条例》,并中止了1994年的《中华人民共和国外资金融机构管理条例》;同年,颁布并实施了《中华人民共和国信托法》。

(二) 加入世界贸易组织后我国金融体制改革实践

2001年12月11日,中国加入世界贸易组织,这样我国金融业也揭开了向世界全面开放的阶段。关贸总协定的第八轮谈判——"乌拉圭"回合达成了《建立世界贸易组织的马拉喀什协议》。这个协议的四个附件之一就是与金融业对外开放有直接影响的《服务贸易总协定》(General Agreement on Trade in Services, GATS)。有关金融服务业的规定主要体现在这个协定的两个附件中,即金融服务附件和金融服务第二附件。

1. 金融服务附件的主要条款

金融服务附件共有五个条款:第一条是规范金融服务的范围和定义。金融服务是由一参加方服务提供者提供的任何金融性服务。金融服务提供者是指一参加方希望提供或正在提供金融服务的任何自然人和法人。但参加方政府、中央银行或货币发行机构,或由政府拥有的、控制的主要执行政府职能或为政府的意图而活动的机构则被排除在外。第二条是关于成员国国内法规的规定。成员国可以根据谨慎性原则制定相应的措施,但若有与《服务与贸易总协定》不符的,不能借此逃避应履行的义务或承诺。第三条是关于承认的条款。"谨慎的措施"应得到各成员方的承认,各成员可就此承认来做出安排或达成相关的协议,并允许其他成员加入,也应当给予足够的谈判时间。第四条是有关金融服务争端的解决。第五条主要是定义此附件中所提及的概念以及专业术语。

---

① 文炳勋. 新中国金融体制的历史演进. 中共党史研究, 2006 (4).

金融服务附件将金融服务分为两大类：一是保险及与保险有关的服务。包括：人寿保险与非人寿保险等直接保险（包括合作保险）、再保险、保险中介（如经纪和代理业务）、辅助性保险服务（如咨询、保险统计、风险评估和索赔解决等服务）。二是银行与其他金融服务。银行服务包括所有银行的传统业务。如接受存款、所有类型的贷款、所有的支付和货币交互服务（如应付项目、信用卡业务、旅行支票和银行汇票等）、清算服务、担保与承诺等。其他金融服务包括各类证券交易与发行、货币经纪、金融资产管理、金融租赁、金融信息的提供与交换、顾问中介和其他辅助性金融服务。

2. 金融服务第二附件的主要内容

金融服务第二附件主要是有关金融服务最惠国待遇条款的豁免以及各成员国对其他成员体承诺中有关金融服务部分的改进、修改、撤销等规定。

3.《服务与贸易总协定》中与金融服务有关的规定

乌拉圭回合对金融服务与贸易参加方应承担的义务也做了相应规定，主要内容有以下几个方面：

（1）最惠国待遇原则。每一签约方给予任何其他参加方的服务或服务提供者的待遇，应立即无条件地以不低于这样的待遇给予其他任何签约方的服务提供者。如果一签约方有与上述不一致的措施，必须提供理由，并符合免除义务的条件。在最惠国待遇问题上，目前各方达成一致的共识有：对于国际司法协定或行政援助协定项下所采取的措施可以不适用最惠国待遇规定；对于由于地理位置上相邻的国家之间为了便于边境地区的交换限于当地生产和消费的服务所提供的优惠规定可以背离最惠国待遇规定。

（2）透明度原则。根据服务贸易总协定的要求，任何一个谈判签约方，都必须把影响服务贸易措施的有关法律、法则、行政命令以及所有其他的规定、规则及习惯做法，无论是中央政府做出的，还是地方政府做出的，抑或是由非政府的有权制定规章的机构做出的，都应最迟在它们生效之前予以公布。如果是有所改变，但严重影响有关服务贸易的特定义务时，应立即或至少每年向服务贸易理事会提出报告。同时也必须对所有签约方公布其因参加所有有关影响服务贸易的其他国际协定与上述有关的法律、规则等的任何修改。但是，对于那些一旦公布就会妨碍国家法律实施或对公众利益不利，或损害具体企业正常合法利益（包括国营或私营）的机密资料则不作要求，如国家为保证金融体系的完整和稳定的措施，以及有关消费者个人的事务、财务方面的资料或公共机构掌握的任何秘密或财产方面的资料可以不做公开，这样的措施也不应加以阻止。

（3）发展中国家更多参与原则。此条款规定，发达国家应采取具体措施，旨在加强发展中国家国内服务业，为发展中国家的服务出口提供市场准入的条件。同时允许发展中国家根据国内政策目标和服务业发展水平，逐步实现服务贸易自由化；允许发展中国家开放较少的国内市场，逐步扩大市场的开放程度，允许发展中国家对于外国的服务或服务提供者进入本国市场制定一些限制。另外，此条款还规定，为了帮助发展中国家的服务出口，各国应建立联系点，向发展中国家提供与市场准入有关的信息，对最不发达国家予以特殊的优惠，准许这些国家不做出开放市场方面的具体承诺，直到其国内服务业具有竞争力。

（4）市场准入原则。

①垄断权利。每个参加方应在其承担义务的计划表里注明有关金融服务中现存的垄断经营权利，并尽力减少它们的范围或消除这些权利。

②公共机构金融服务的购买。每一参加方应确保在其境内建立机构的外国金融服务提供商在购买或获取本国公共机构的金融服务方面，享有最惠国待遇和国民待遇。

③过境贸易。每一参加方应允许非居民的金融服务提供者作为主要负责人，或通过中介的主要负责人，或作为中介人，按所给予的国民待遇条款和条件提供以下服务：有关风险性的保险，海洋运输、商用民航、太空发射和运载（包括人造卫星），其中有关被运输货物的保险，车辆运输的货物和由此引起的责任险和国际间运输货物保险（再保险、再再保险和咨询、统计、风险评估、索赔等辅助性的金融服务）。提供和传递有关金融信息服务：金融数据处理的顾问及其他辅助性服务。同时，每一参加方也应允许其居民购买其他参加方领土内的风险性保险（主要指运输保险）、再保险及辅助性的保险服务、金融及其他一切金融性服务（不包括保险）。

④商业介入权（开业权）。每一参加方应给予其他参加方金融服务供应者在其境内设立机构并扩展商业性介入的权利，包括购买现有的企业。不过对这样的设立机构和商业介入扩展的批准，可以制订一些条件和程序。"商业性介入"主要是指在一参加方境内提供金融服务的企业，包括全部的或部分拥有的附属机构、合资企业、独资企业、特许经营机构、分支机构、代理机构或其他组织。

⑤新金融服务。指一种具有金融性质的服务，包括现有的和新的服务产品或产品的运送方式，是除了在另一参加方境内提供外，在一具体的参

加方境内任何金融服务供应者所不提供的金融服务。对于其他参加方的金融服务供应者，一参加方应允许在其境内提供任何形式的新金融服务。

⑥金融信息传递与处理。任何参加方对金融信息的传递和处理，包括通过电子手段或按照与国际协定一致的数据输入，不得采取措施阻止。对于保护个人数据秘密及个人账目记录秘密的权利不做限制。

⑦金融服务人员的暂时进入。对于一参加方在另一参加方境内准备设立或正在设立的金融服务提供机构的高级管理人员、经营专家、与金融服务有关的计算机专家、电信和财务方面的专家、保险和法律专家等，应被允许暂时进入其领土。

⑧非歧视性措施。对于外国金融服务商在一参加方境内已获得的市场机会和作为该参加方境内的一个阶层已分享的利益不应加以人为的削减。外国商人或企业在境内扩展业务时，政府应在政策限制方面给予各国商人或企业以同等待遇。

（5）国民待遇原则。按照乌拉圭回合最终协议，各成员方承诺义务协议的附件规定，每一参加方应允许在其境内已设立机构的其他参与方的金融服务供应商，进入该国的由公共机构经营的支付和清算系统或部门，利用正常的商业途径参与官方的资金供给与再筹集。

外国金融服务商在要求取得金融组织的成员资格，进入任何有权自己订立法规的机构、证券或期权交易市场、清算机构或其他组织或协会时，其享受的待遇应该和本国金融服务者相同。而且，当一国给予其本国金融服务机构直接或间接金融服务特权或利益时，则其境内的外商也应该同样享受。

（6）逐步自由化原则。为了减少或消除服务贸易的各项措施在有效进入市场方面的不利影响，为保障所有缔约方的利益，谋求达到权利和义务的全面平衡，GATS还规定，在其生效之日起五年内，所有缔约方应就旨在使服务贸易自由化逐步达到较高水平的问题进行多轮谈判，并定期进行。

GATS也规定，对于发展中国家在逐步扩大市场准入方面，可根据实际情况给予适当的灵活性，即便当其有可能向外国服务提供者给予市场准入时，也应以达到"发展中国家更多的参与"的目标作为相应的条件，即服务贸易自由化程度取决于各缔约国的政策目标和服务部门的发展水平，至于发展中国家放开多少部门、放开至什么程度等，应视具体情况灵活掌握。

在上述各原则中，最惠国待遇原则、透明度原则、发展中国家更多参与原则为一般性原则，各缔约方在所有服务贸易领域都必须遵守；市场准入原则、国民待遇原则和逐步自由化原则则属于特定义务，需要各缔约方通过谈判达成具体承诺并加以执行。

4.《金融服务贸易协议》的主要内容

《金融服务贸易协议》签订于1997年12月13日，1999年3月1日生效，已有104个成员国参加缔约。该协议由三个文件构成：第五议定书；通过第五议定书的决定；关于金融服务承诺的决定。该协议的主要内容包括：允许外国在国内建立金融服务公司，并按竞争原则运行；外国公司享有与国内公司同等的进入国内市场的权利；取消跨边界服务的限制；允许外国资本在投资项目中的比例超过50%。

为了履行我国对世界贸易组织的承诺，5年的"过渡期"内，我国政府做了很多努力和尝试。2003年，国务院决定向中国银行和中国建设银行注资450亿美元，以充实其资本金，帮助其进行股份制改造；随后中国银行业监督管理委员会成立；接着，《中华人民共和国银行业监督管理法》颁布，2004年2月1日实施；中国银行监督委员会颁布《境外金融机构入股中资金融机构管理办法》；2004年末，国务院颁布《中华人民共和国证券投资基金法》，决定于次年6月1日实施。

2004年，国务院颁布《关于推进资本市场开放和稳定发展的若干意见》，全面规划了资本市场的发展前景；同年，中国银行、中国建设银行完成股份制改造。

这一期间，我国银行业以及外资银行发展极为迅速。截至2005年10月末，全国共有各类银行业金融机构3万多家。主要包括：3家政策性银行，4家国有商业银行，13家股份制商业银行（含渤海银行），115家城市商业银行，626家城市信用社，30438家农村信用社，57家农村合作（商业）银行，238家外资银行营业性机构，4家金融资产管理公司，59家信托投资公司，74家企业集团财务公司，12家金融租赁公司，5家汽车金融公司，以及遍布城乡的邮政储蓄机构。截至2005年10月末，银行业金融机构境内本外币资产总额达到36.2万亿元，比2004年同期增长19.2%，银行业资产占我国全部金融机构资产的90%以上，银行业在我国金融业中处于主体地位。截至2005年10月末，已有40个国家和地区的173家银行在华23个城市开设了238家代表处，比"入世"前增加了24家；有20个国家和地区的71家银行在华23个城市设立了238家营业性机构，比"入世"前增加了43家，其中，外资银行分行共181家，法人机构14家。外资银行经营人民币业务的地域范围在2004年18个城市的基础上，2005年12月5日开始将进一步按时开放汕头、宁波，并提前开放哈尔滨、长春、兰州、银川和南宁5个城市,开放人民币业务的城市增加到25个,外资银行展业的地域分布将更加合理。同时在华外资银行业务范围方面,银监会除按承诺开放有关业务外,还主动开放了QFII托管业务、保险代理业务、保险外汇资金境外运用托管业务以及保险公司股票资产托管业务。截至2005年10月末,已有138家外资银行机构获准经营人民币业务,其中73家分行可经营中资企业人民币业务;15家外资银行机构获准开办网上银行业务,41家外资银行机构获准从事衍生产品交易业务,5家外资银行分行获准开办QFII托管业务。外资银行在规定的12项基本业务范围内,经营的业务品种达到100多个。

在华外资银行发展速度和影响日益扩大。截至2005年10月末,在华外资银行资产总额为845亿美元,占我国银行业金融机构资产总额的2%左右,其中外汇贷款额占我国外汇贷款总额的20%。外资银行所占市场份额尽管不高,但业务发展非常迅速,近年来其资产、存款和贷款的增长速度均在30%以上。外资银行在一些经济发达地区和一些重要业务领域占据了重要地位,市场影响日益扩大。如在上海,外资银行总资产占比已达12.4%,外汇贷款占比已达54.8%,在开放人民币业务的短短几年里,外资银行人民币资产总额已突破1000亿元。外资银行在银团贷款、贸易融资、零售业务、资金管理和衍生产品等业务方面服务的优势进一步显现。外资银行已成为我国银行业体系中的一支不可或缺的重要力量。

2005年,在党中央、国务院领导下,在加入世界贸易组织过渡期即将结束的形势下,银监会树立全球战略意识,积极推动互利与共赢的开放战略,采取一系列旨在提高银行业对外开放水平的新措施。一是鼓励外资金融机构参与我国西部大开发和振兴东北老工业基地建设,支持外资银行在中西部和东北地区设立机构、开展业务,鼓励和支持外资金融机构参与这些地区的中小金融机构重组改造,促进区域金融协调发展。二是对外资银行在中西部和东北地区设立机构与开办业务的申请实行优惠政策,在审批过程中设立绿色通道,在同等条件下优先审批外资银行到这些地区设立机构和开办业务的申请。三是对中西部和东北地区的外资银行经营人民币业务实行优惠的准入政策。继2004年提前对外资银行开放西安、沈阳2个城市的人民币业务后,2005年又提前开放了中西部和东北地区5个城市,审慎降低上述开放城市外资银行人民币业务准入条件。四是又一次大幅降低了外资银行经营人民币业务营运资金的要求,并将按照《中华人民共和国外资金融机构管理条例》规定,适时调整外资金融机构从中国境内吸收外汇存款的比例。这些开放措施,必将为外资金融机构在华发展创造更加良好的制度环境。此外,银监会积极鼓励企业集团财务公司、信托投资公司、金融租赁公司等非银行金融业务扩大对外开放,支持由商业银行发起设立证券投资基金;已先后批准了上汽通用等7家外商独资或合资的汽车金融公司开业或筹建(5家开业、2家筹建);及时引入货币经纪制度,批准了中外合资上海国利货币经纪有限公司筹建,这是我国首家货币经纪公司。

2006年12月11日,我国结束了5年的"过渡期"开始全面履行对世界贸易组织的承诺。这意味着中国经济金融将全面融入世界经济金融体系,中资银行将与外资银行展开全面的合作与竞争。

二、价格体制改革实践

随着中共十一届三中全会的召开,价格体制也顺应时势进行了改革实践。1979年,中央政府把调整价格体系提上议事日程。为了调整价格体系,于是不得不改革定价体制。定价权的收与放,实际上是市场机制作用的收与放。1980~1991年,是政府定价权逐步放开的阶段。这时期,在价格体系调整上,先是调放结合、以调为主,进而发展为调放结合、以放为主。具体价格形式有政府定价、政府指导价和经营者定价三大类。具体到改革的具体方面主要有三个:一是消费资料价格改革。1982年9月,国务院批准放开了160种小商品价格。1983年9月,又放开了350种小商品价格。1984年10月6日,国家物价局又发出通知,规定除了各级政府必要管理的小商品外,其余全部放开,实行市场调节。二是生产资料价格改革。1983年,首先允许石油产品计划外部分按国际市场价格在国内销售。1984年,部分统配煤矿实行了超产加价。1984年5月20日,国务院规定,工业生产资料属于企业的和完成国家计划后的超产部分,一般在不高于或者低于国家定价20%的幅度内,企业有权自定价格,或者由供需双方在规定的幅度内协商定价。三是生产要素价格改革。生产要素主要指劳动力、资本,还有土地。20世纪80年代初,我国城乡劳动力开始了自主择业,出现了劳动力市场的萌芽,在劳动力市场上,劳动力的价格(工资)由供给和需求双方决定,在传统计划经济之外游离出了一片"飞地"。1987年9月,深圳市将5321.8平方米的住宅用地的使用权,以每平方米200元的价格,出让给一家中国的公司,使用期限50年,首次显现了我国城市土地的价格。1988年8月30日,国务院第20次常务会议责成中国人民银行开办保值储蓄,使三年以上存款的利息率与价格指数挂钩。

经过放权,经营者定价已占很大比重。1992年,开始明确实行市场经济体制，定价权继续放开，至 1999 年，消费品零售价格（含服务价格）放开已达 95%以上，农产品收购价除了北方的小麦、南方的水稻等有最低保护价以及国家定购价格外，以前一直管得很紧的粮、棉、油价格已经全部放开。

政府对市场价格的管理也正逐步从依人治价改革为依法治价。1988 年实行的《中华人民共和国价格管理条例》是具有准法律性质的文件，但它是计划经济与市场经济相结合的产物。1998 年 5 月施行的《中华人民共和国价格法》则是市场经济条件下的一部价格根本大法。它主要规定了经营者价格行为、政府定价行为、价格总水平调控，以及价格监督检查和法律责任的法律规范。除了这部根本法以外，各级政府还陆续出台了《制止低价倾销工业品》、《制止价格暴利行为》、《制止价格欺诈行为》、《实行明码标价》等一系列具体法规及实施办法，这些都为维护市场正当的价格行为、反对无序的价格竞争提供了管理的依据。[①] 自此以后，我国的价格由市场决定，国家直接管制的部分已经可以忽略不计。截至 2001 年，《中央定价目录》规定的由政府直接定价的商品和服务只有 13 种。而后随着我国加入世界贸易组织的步伐加快，我国的市场价格也与世界接轨，形成了中国市场价格与世界市场价格互动的局面。一般说来，中国出口的价格较国际价格低，而进口的价格较国际价格高，这也是近年来中国与世界其他国家，尤其是与西方发达国家的贸易摩擦不断涌现的原因之一。当然随着改革的进一步深化，这些矛盾也会进一步得到解决，我们拭目以待。

三、财政体制改革实践

1980 年之前，我国实行的是中央集权的计划经济体制，对财政职能的定位是"发展经济，保障供给"。中共十一届三中全会的召开改变了这一局面。根据中共十一届三中全会以后的有关决定精神，国务院于 1980 年 2 月颁发了《关于实行"划分收入，分级包干"的财政管理体制的暂行规定》，决定从 1980 年起实行财政管理体制改革，揭开了开放过程中财政包干制的序幕。

1985 年，鉴于 1980 年起实行并在执行中有所改进的"划分收支，分级包干"财政体制原定的五年已经到期，特别是实行两步利改税后企业上

[①] 余兴发.新中国价格体制改革的回顾与展望.财经研究，1999（11）.

缴国家的利润改为以所得税、调节税的形式上缴，国家与企业之间的财政分配形式已经发生了很大变化，各级财政收入分割也有了新的基础。根据中共十二届三中全会《关于经济体制改革的决定》的精神，国务院决定从1985年起对各省、自治区、直辖市实行"划分税种、核定收支、分级包干"的财政体制。

1987年，关于让"包"字进城，推广企业承包制可以"立竿见影"地扭转效益下滑局面甚至可以依靠承包建成有中国特色社会主义的意见在决策中占了上风。从1987年起，全国绝大部分国营企业先后实行了承包经营责任制，使第二步"利改税"在很大程度上名存实亡：报表上的国营企业所得税数字是按承包上缴数倒算填入的。

1988年，在财政方面，第二个包干期尚未期满，原来设想的"分税制"改革亦不具备启动的条件。针对当时有上解任务地区财政收入增长缓慢甚至出现滑坡现象等问题，国务院决定改进地方财政包干办法，即从1988年起，全国39个省、直辖市、自治区和计划单列市，除广州、西安两市的预算关系分别与广东、陕西两省联系，对其余37个地区分别实行以下六种改进办法：①收入递增包干办法，实行这种包干办法的有北京等10个省、市。②总额分成，实行这种包干办法的有天津等3个省、市。③"总额分成加增长分成"办法，实行这种包干办法的有大连等3个计划单列市。④"上解额递增包干"办法，实行这种包干办法的有广东和湖南两省。⑤定额上解，实行这种包干办法的有上海等3个省、市。⑥定额补助，实行这种包干办法的有吉林等16个省、市。这种"多种形式包干"的财政管理体制原定两年为期，1990年后继续执行，当然执行过程中不断有一些调整变化。

总之，1980~1994年的财政"分灶吃饭"型包干制，始终在经历频繁的、或大或小的调整，这些反映的是改革开放渐进型演变过程中财政分配关系的适应性调整。①

从1994年起，我国进行了重塑流转税制的税制改革，并开始实行分税制财政体制，即在建立以增值税为主体、内外统一的流转税制度，规范统一内资企业所得税制的基础上，初步建立起了分税制财政管理体制的基本框架。在1998年的全国财政会议上，财政部长项怀诚正式提出了建立我国公共财政的目标。公共财政体制是从财政支出方面调整和规范了政府和市场的财政分配关系，是对分税制财政体制的补充和完善。至此我国开

---

① 贾康，阎坤. 转轨中的财政制度变革. 上海远东出版社，1999.

始了公共财政的改革。

2004年,财政部按照中共中央、国务院的加强公共财政改革的要求,积极推进财政体制改革,具体改革有以下几个方面:

(一) 农村税费改革方面进展顺利

2004年,全面取消了除烟叶以外的农业特产税,吉林、黑龙江免征农业税,13个粮食主产区降低农业税率3个百分点,其他地区降低1个百分点。同时,上海、西藏、北京等6个省市区自主决定免征或基本免征了农业税。为减轻农民负担,促进粮食生产,财政部还实施了稳定农业生产资料价格的财税优惠政策,取消3项、免征8项、降低4项涉农行政事业性收费。对价格波动和需求较大的进口二氨实行了补贴。

(二) 加大力度推进出口退税机制改革

2004年初,按照"新账不欠,老账要还,完善机制,共同负担,推动改革,促进发展"的原则,财政部会同有关部门,完善相关政策措施,妥善解决改革中出现的新问题。据统计,2004年清退数额占老账指标的99.2%,有效解决了出口欠退税这一历史遗留的老大难问题,缓解了出口企业和地方财政资金的紧张状况,增强了企业竞争力。

(三) 实施增值税转型改革试点

为了促进东北老工业基地的基础产业、高新技术产业的发展,自2004年7月1日起,对东北老工业基地的装备制造业、石油化工业、冶金工业、船舶制造业、汽车制造业、高新技术产业、军品工业和农产品加工业八大行业,允许新购机器设备所含增值税金予以抵扣;为减轻东北老工业基地企业负担,对东北老工业基地的企业实施提高固定资产折旧率和缩短无形资产摊销期限、提高计税工资税前扣除标准等优惠政策。

(四) 积极支持国有企业和金融体制改革

2004年,为支持中石油、中石化、东风汽车集团等第一批中央企业分离企业办社会职能试点工作,中央财政本级补助支出40多亿元。目前,第一批试点工作已经基本完成。截至当年11月底,中央财政拨付国有企业关闭破产补助资金197亿元,安置职工47万人。同时,中央财政采取多种措施,积极推进金融体制改革,提高金融机构自身防范风险和化解风险的能力，包括支持中国银行、中国建设银行、中国交通银行财务重组和改制上市，以及实施部分保险公司的所得税返还、对农村信用社改革试点地区的农村信用社实行税收优惠等。

（五）继续深化预算管理制度改革

为了完善定额标准体系，2004年选择了人事部等5个中央部门进行了实物费用定额试点。此外，为加快预算外资金"收支脱钩"管理改革，2004年新增了司法部、信息产业部等7个中央部门试点。2004年在教科文、经济建设、农业、社保等领域还进行了跨年度重大支出项目绩效评价试点。截至当年11月底，已有140个中央单位及所属2600多个基层预算单位实行了国库集中支付改革，涉及资金超过2500亿元。有47个中央部门纳入非税收入收缴改革范围。地方已有30个省（市）及部分县实施了国库集中支付改革。政府采购管理制度改革进展顺利。全年政府采购规模预计突破2000亿元，较2003年增长20%左右，资金节约率在10%左右。

2005年，中共十六届六中全会通过的《中共中央关于构建社会主义和谐社会若干重大问题的决定》，明确了财政促进基本公共服务均等化、支持构建社会主义和谐社会的方向和任务。调整财政支出结构，把更多财政资金投向公共服务领域，在构建社会主义和谐社会的进程中，财政支出必须坚持以人为本，推进公共服务均等化，把更多财政资金投向公共服务领域，不断加大对重点支出项目的保障力度，向农村倾斜，向社会事业发展的薄弱环节倾斜，向困难地区、困难基层、困难群众倾斜，不断改善人民群众的生产生活条件，满足人们的公共产品需求，让广大人民群众共享改革发展成果、同沐公共财政阳光，推进公共财政的改革。这次的改革进一步倾向薄弱环节的投资：

（1）大力支持教育事业发展。要保证财政性教育经费的增长幅度明显高于财政经常性收入的增长幅度，逐步提高财政性教育经费占财政支出的比重。一是重点支持农村义务教育。义务教育是农村最大的公共事业。从2004年起，国家财政对农村义务教育阶段贫困学生实行免学杂费、免书本费、补助寄宿生生活费。从2006年起，逐步将农村义务教育全面纳入公共财政保障范围。2006年，首先在西部地区全面推行农村义务教育经费保障机制改革，有近4900万名农村中小学生受益，平均每名小学生减负140元、初中生减负180元，并在全国范围内启动农村中小学校舍维修改造资金保障新机制；2007年，中部和东部地区农村义务教育阶段中小学生也将全部免除学杂费；从2008年起逐步提高公用经费保障水平，到2010年达到农村中小学公用经费基准定额，切实保证农村中小学正常运转的需要。不考虑教师工资增长因素，2006~2010年中央与地方各级财政将累计新增农村义务教育经费约2182亿元。二是逐步完善城市义务教育经费保障机制。其中，享受城市居民最低生活保障政策家庭的义务教育阶段学生，与当地农村义务教育阶段中小学生同步享受"两免一补"政策；进城务工农民子女在城市义务教育阶段学校就读的，与所在城市义务教育阶段学生享受同等政策。三是逐步完善高等教育、职业教育贫困生资助体系，加大对农民工的职业培训等。

（2）大力支持医疗卫生事业发展。一是增加财政对公共卫生体系建设投入，逐步建立公共卫生经费保障机制，提高重大疾病预防控制能力。二是重点支持建立新型农村合作医疗制度，按照国务院确定的合作医疗试点进度要求做好扩大试点工作，认真落实财政补助资金，完善筹资机制，加强基金管理，防范基金风险，争取2008年在全国基本推行。三是加大对城市社区卫生服务体系投入，完善社区卫生服务补助政策，建立稳定的社区卫生服务筹资和投入机制。中央财政从2007年起将对中西部地区发展社区卫生服务按照一定标准给予补助。争取到2010年，建立健全功能齐全、安全有效、公平低价的城乡初级卫生医疗服务体系。

（3）大力支持就业和社会保障工作。据统计，全国财政对就业和社会保障的支出从1998年的596亿元增长至2005年的3699亿元，增长了5.21倍。当前和今后一个时期，在进一步增加就业和社会保障投入的基础上，一是要多渠道筹集并管好用好社会保障资金；二是继续认真落实中央关于就业和再就业的财税优惠政策；三是支持社会保障体制改革，建立健全中国特色的社会保障体系；四是继续推进社会救助体系建设。

（4）大力支持生态环境建设。加强生态环境建设是实现人与自然和谐相处的内在要求。一是继续加大投入力度，完善投入机制。进一步加大对农村环境保护、土壤污染防治、饮用水安全等环境保护薄弱环节和涉及人民群众生命健康领域的投入；进一步加大环境执法、环境监察、环境标准制定等方面的投入；同时，通过排污权有偿取得和交易制度改革等措施，推动建立和完善环境保护长效机制和资金投入新机制。二是抓紧研究采取相关财税政策措施，大力发展循环经济和绿色经济，约束过度消耗资源和损害环境的产业和企业发展，支持有利于节约资源和生态保护的产业和企业发展，形成有利于节约资源、减少污染的生产模式和消费模式，建设资源节约型和生态保护型社会。

（5）大力支持司法能力建设。做好公安等司法机关的经费保障工作，不断提高司法机关的司法能力，对于保障在全社会实现公平和正义，创造和谐稳定的社会环境，具有重要意义。一是落实好"分级管理、分级负担"的司法机关经费保障制度。司法机关履行职能的经费由本级财政部门根据需要列入预算予以保证，并随着经济发展和财政收入的增长逐步加大投入。二是加大中央财政专项转移支付力度，完善支付方式。进一步加大对地方的中央政法补助专款投入力度，完善管理方式，建立激励机制，强化项目管理，确保专款专用。三是引导司法部门优化资源配置，提高司法机关经费保障的有效性，不断提高资金使用效益。

由此，我国逐步进入了公共财政时期。

四、计划体制改革实践

（一）1979~1993年的计划体制改革

1993年以前，我国计划体制改革的进展主要体现在大幅度缩小和改进指令性计划，使指导性计划逐步成为计划的主要形式，并在广泛的领域和较大的程度上发挥市场机制的作用。

1. 在生产方面

（1）农业生产领域：1979年以前，国家计划对25种主要农产品产量实行指令性计划管理，并对这25种产品的播种面积和总产量下达分地区的计划数字。中共十一届三中全会以后，逐步减少指令性计划，到1985年已全部取消指令性计划。1993年底，国家仅对粮食、棉花、油料、糖料、烤烟、肉类总产量、水产品、天然橡胶等9种主要农产品实行指导性计划管理。

（2）工业生产领域：国家计委管理的指令性计划产品逐年减少。

（3）运输邮电领域：从1985年起，国家对部分重点物资的铁路货运量、部直属水运货运量、沿海主要港口吞吐量实行指令性计划管理；对交通部门公路汽车货运量、港口吞吐量、水运轮驳船货运量、民航运输总周转量、邮电业务总量实行指导性计划管理。

2. 在商品流通方面

国家计委负责平衡、分配的统配物资，1979年为256种；1985年减少到20多种；1990年减少到19种；1992年虽然品种仍为19种，但统配比重下降较大；1993年进一步减少到12种。1979年，国家计划收购和调剂的商品为65种（一类商品）；1987年减少到23种；1993年进一步减少到15种，其中13种实行指导性计划。

3. 在价格管理方面

发挥市场在价格形成中的作用。1992年，国家物价局共放开了571种产品价格，下放省管22种。到1992年底，国家物价局和中央有关部门直接管理的工业生产资料价格已由1991年底的737种减少到89种，其中实行国家定价的只有33种。1993年又放开了大部分钢材价格和约2亿吨的统配煤价格。在农产品方面，到1992年底，国家物价局和国家有关部门管理的产品价格还有9种，其中实行国家定价的有5种，实行国家指导价的有4种。1993年全国已基本放开粮食购销价。截至1992年底，在社会商品零售总额中，政府定价占5.9%；在农民出售的农产品总额中，政府定价只占12.5%；在工业企业销售的生产资料总额中，政府定价也只占18.7%。

4. 在外贸方面

国家计委负责平衡协调的出口供货商品，在1980年为900多种，1985年减少到31种，1991年为29种。从1993年开始执行《出口商品管理暂行办法》，国家实行配额许可证管理办法的出口商品品种共138种，其中实行计划配额管理的38种，实行主动配额管理的54种，实行一般许可证管理的22种，实行被动配额管理的24种。实行出口许可证管理的商品占出口总额的比重，由过去的66%下降到30.5%。

5. 在社会发展方面

对于劳动工资，国家计委过去负责编制全国的劳动工资计划总数，下达全民所有制分部门、分地区的劳动工资计划，其中分别列出国家机关、事业单位和企业的工资指标，并实行定量控制。从1993年起，改革原有的劳动工资指标，增加了一些全社会口径的指标，使职工人数、工资总额和国民生产总值、经济效益指标结合起来。同时将下达计划的覆盖范围由全民所有制扩大到全部职工以及工资总额。其中，除全民所有制工资总额增长比例不得突破外，其他指标只作为宏观监测指标、指导性指标管理，不层层分解下达。"农转非"计划由省、市计划部门上报国家计委，经综合平衡后列入国家计划，并下达分地区计划，作为指令性计划管理。教育实行指令性计划和指导性计划相结合，即国家计划招生部分实行指令性计划，委托培养和自费生的招生数实行指导性计划。卫生、文化、广播影视、体育、社会保障等，将全国总数列入国民经济和社会发展计划，作为指导性计划。

在国家直接计划管理范围大幅度缩小的同时，地方直接计划管理也明显减少。

（二）1993~2005年计划体制改革的主要内容

随着经济体制改革的不断深化，尤其是1993年以来，根据中共十四大和十四届三中全会的精神，计划体制改革进入了以建立社会主义市场经济新型计划体制为主要内容的制度创新阶段。在这一时期，计划体制改革取得了如下进展。

1. 继续缩减指令性计划管理的范围

（1）在生产方面。①农业生产领域：在1985年全部取消指令性计划的基础上，国家仅对粮食、棉花、油料、糖料、烤烟、肉类总产量、水产品、造林合格面积和天然橡胶9种主要农产品生产实行指导性计划管理。②工业生产领域：国家计委管理的指令性计划产品又从1993年的36种减少到1998年的12种，占全国工业总产值的比重也只有4.1%。

（2）在商品流通方面。国家计委负责平衡、分配的统配物资在1993年进一步减少到12种的基础上进一步缩减。1998年，国家计委只对原油、成品油、煤炭、天然气和汽车5种生产资料的部分产品实行统一配置。

（3）在价格管理方面。建立主要由市场形成价格的机制。除对极少数垄断性的公用事业和关系国计民生、不适宜竞争的重要商品继续由政府定价外，绝大多数商品和服务价格都由市场形成。1996年，市场调节价在社会商品零售总额中所占的比重已达92.5%；实行政府指导价的比重为1.2%；政府定价的比重只有6.3%。在生产资料中，除石油、电力、化肥等少数重要商品继续实行政府定价外，其他商品都实行市场调节价。市场调节价在生产资料销售收入总额中占81.1%；政府指导价的比重为4.9%；政府定价的比重仅为14%。在农副产品收购总额中，市场调节价占79%；政府指导价为4.1%；政府定价占16.9%。

（4）在固定资产投资方面。企业和地方的投资决策权进一步扩大。国家负责安排的投资资金占全社会固定资产投资的比重已降低为20%左右。

（5）在外贸外汇方面。从1994年开始，完全取消了进出口总额的指令性计划，同时，进一步扩大企业外贸自主权，缩减配额、许可证管理的商品，除少数重要和特殊的商品外，放开对进出口经营范围的限制，国家主要通过综合运用汇率、关税、利率、出口信贷等经济调节杠杆以及法律手段调节对外贸易。关税总水平由1992年初的43.2%降到17%。1994年，中国成功地施行了汇率并轨，建立了全国统一的银行间外汇市场和以市场为基础的、有管理的人民币浮动汇率制。在此基础上,从 1996 年 12 月 1 日起,我国承担国际货币基金组织协定第八条的义务,比对外承诺提前三年实现了人民币经常项目下的可兑换。

2. 改进了年度宏观经济总量和重大结构的平衡和调节方法

在年度计划的制订和实施中,加强价值量的平衡测算和社会资金的协调平衡,同时继续做好其他基本生产要素和重要基础性商品的总量平衡。主要按以下几个层次进行经济总量和重大结构的平衡协调:一是社会总供给和社会总需求的平衡;二是全社会资金总量和重大结构平衡;三是居民可支配货币收入的来源和使用平衡测算;四是固定资产投资资金来源和使用方向的平衡测算;五是重要农产品、能源、基本原材料和主要农业生产资料的供需平衡测算;六是社会劳动力平衡测算;七是市场物价总水平和重大价格结构平衡测算。在改进宏观经济总量和重大结构的平衡工作过程中,计划部门加强了与有关经济调节部门的联系和配合,在进行宏观调控的过程中发挥了重要作用。

3. 改革了计划指标体系

从 1995 年起,按照计划指标的性质和功能,将计划指标大体划分为"宏观调控目标"、"预期目标"和"国家公共资金和资源配置指标"三类。作为国家宏观调控和公共资源配置的一种特殊方式,特别是在新旧体制转换过程中,极少数计划指标仍采取指令性方式。

4. 逐步建立和完善了国家订货制度

国家从 1994 年开始建立国家订货制度。1995 年继续对橡胶、小轿车、轮胎和生铁 4 种产品实行国家订货。在总结试行国家订货经验的基础上,逐步规范国家订货制度,并初步建立了包括重要农产品、农业生产资料和基础工业产品在内的统一的国家订货制度。

5. 建立和完善了国家计划报告和信息发布制度

从 1993 年开始,试编了年度计划报告,体现了计划职能的转变和增强计划工作的政策性。1995 年,国家对计划报告的性质、种类、内容、形式及编写、发布、实施等进一步规范,形成了比较完整的年度计划报告系列。此外,针对各年度经济发展的突出矛盾和重要问题,提出了一些专题计划报告。并且,从 1995 年开始,国家建立了计划报告公开发布制度。

完善宏观信息发布制度,从 1997 年起,国家计委先后发布了我国电力、煤炭、炼油、乙烯、交通运输、钢铁和有色金属工业等方面的生产建设情况、市场需求状况、发展中存在的主要问题以及国家的政策导向,以引导微观经济主体的投资行为。

6. 搞好计划实施过程中的即期调控

在加强宏观经济和市场运行跟踪监测、预测、预警的基础上，适时适度地进行即期调控。即期调控的重点是：调节社会资金的流量和流向，保证重点建设资金需要；做好敏感商品的市场供应的动态平衡，及时处理生产、建设、运输、内贸、外经贸等方面需要计划部门综合协调的问题；做好落实抗灾救灾以及应对其他意外情况的有关工作。

7. 产业政策引导经济结构调整和优化升级的重要作用

1994年以来，国家计委会同有关部门加强了总体产业政策和专项产业政策的研究。《九十年代国家产业政策纲要》和《汽车工业产业政策》，已由国务院批准颁布实施。1997年12月，国家计委颁布了《当前国家重点鼓励发展的产业、产品和技术目录》。同时颁布了新修订的《外商投资产业指导目录》和我国基础产业领域的第一项产业政策——《水利产业政策》。

自1993年中共十四届三中全会做出了《关于建立社会主义市场经济体制的决定》（以下简称《决定》）以来，我国社会主义市场经济体制改革步伐不断加快。市场经济是以市场为基础来配置社会资源，随着市场经济体制改革的进一步深入，要求对计划体制和计划工作进行相应的改革。虽然有了社会主义市场经济理论，但是人们对于这一理论还有一个不断认识和理解的过程；虽然有了建立社会主义市场经济体制决定，但对《决定》的贯彻还有一个不断实践和积累经验的过程。经过十多年的实践，随着社会主义市场经济体制的逐步建立和不断完善，我国的计划体制也在不断改革和完善。用"规划"取代"计划"，是我国计划体制改革深入发展的一个新阶段，是我国社会主义市场经济体制建设的一个新的历史坐标。

（三）2006年至今的"计划"变"规划"阶段

中共十六届五中全会审议并通过的《中共中央关于制定国民经济和社会发展第十一个五年规划的建议》，改变了实行数十年的"计划"，代之以"规划"。由"计划"到"规划"，有着深刻的不同含义。它反映了我国计划指导思想有了新的变化，反映了我国计划体制改革进入了一个新的发展阶段，也反映了我国社会主义市场经济体制建设增添了一个新的坐标。"规划"反映了市场经济的要求，更加注重发挥市场对社会资源配置的基础性作用。

2010年10月举行的中共十七届五中全会通过的《中共中央关于制定国民经济和社会发展第十二个五年规划的建议》，提出了"坚持扩大内需战略，保持经济平稳较快发展"的目标，指出"发挥投资对扩大内需的重要作用，保持投资合理增长，优化投资结构，完善投资体制机制，提高投资质量和效益，有效拉动经济增长"，是"十二五"期间做好投资工作的中心任务，明确强调了调整和优化投资结构对转变经济发展方式的重要作用。投资结构在很大程度上决定着经济发展方式的转变，后国际金融危机时代，扩大投资需求，必须要在调整和优化投资结构上下工夫，保持投资合理增长，改善投资结构，完善投资体制，提高投资质量效益，努力使经济增长建立在结构优化的基础上。对于"十二五"时期的投资工作，第一，要坚持需求导向，保持适度投资规模，有效拉动经济增长；第二，发挥政府投资的导向作用，引导投资进一步向民生和社会事业倾斜，向农业农村和中西部地区倾斜，向资源节约、生态建设和环境保护等领域倾斜；第三，要加强产业政策引导，严格执行投资项目用地、节能、环保、安全等准入标准，有效遏制盲目扩张和重复建设；第四，要明确政府投资范围，加强地方政府融资平台分类管理，防范政府投资风险，提高政府投资效益；第五，要鼓励扩大民间投资，引导民间资本进入基础产业、基础设施建设、市政公用事业、社会事业、金融服务等领域。

本章参考文献

1. 国家统计局固定资产投资统计司. 中国投资新视野. 中国统计出版社，1999.
2. 姚振炎，等. 中国投资体制改革. 中国财政经济出版社，1994.
3. 曹尔阶，李敏新，王国强. 新中国投资史纲. 中国财政经济出版社，1992.
4. 林森木. 中国固定资产投资透析. 中国发展出版社，1993.
5. 张长春. 政府投资管理体制：总体框架、近期改革重点与促进措施. 中国计划出版社，2005.
6. 田江海，张昌彩. 投资体制改革的突破. 江苏人民出版社，1998.
7. 刘慧勇. 论我国投资体制改革. 中国经济出版社，1988.
8. 耿明斋. 转轨时期的投资体制和投资运作方式. 中国经济出版社，2001.
9. 张佑才. 财税改革纵论：财税改革论文及调研报告文集. 经济科学出版社，2001.
10. 郑德荣，韩明希，郑晓亮. 中国经济体制改革纪事. 春秋出版社，1987.
11. 刘国光. 中国经济体制改革的模式研究. 广东经济出版社，1998.
12. 王梦奎. 改革攻坚 30 题：完善社会主义市场经济体制探索. 中国发展出版社，2003.
13. 王耀中. 中国投资体制转型研究：一种中西比较的新视角. 人民出版社，2002.
14. 郑韶，何晓星. 中国经济体制改革 20 年大事记：1978~1998. 上海辞书出版社，1998.

15. 刘溶沧. 投资体制改革探索. 重庆出版社，1990.
16. 朱泽. 中国经济改革 20 论. 中国财政经济出版社，2004.
17. 田江海. 转轨期的中国投资. 经济管理出版社，1998.
18. 解读"十二五". 人民日报出版社，2010.

第六章 投融资方式改革实践

投融资是整个投资活动的重要环节，投融资方式改革是投资体制改革的重要内容。改革开放以来，随着投资体制改革的推进，投融资方式也在不断探索创新中取得重要进展。本章对投融资方式的改革实践进行系统的梳理和总结。首先阐明不同视角下投融资方式的类型及其含义，概要分析改革开放以来我国不同类型投融资方式结构的整体情况；其次回顾我国投融资方式的历史沿革，概述基本建设投资"拨改贷"的实行和银行信贷的发展；再次进一步阐述债券融资方式的兴起与发展，债券市场的发展，阐述股权融资方式的兴起与股票市场的发展，论述对外开放与引进外资的类型及整体概况，总结鼓励与限制外资投资的有关政策和实践，外资企业的发展和贡献；最后针对基础设施投资的重要性和特殊性，对我国基础设施融资模式的探索、进展和创新进行一些回顾和总结。

第一节 投融资方式的类型与结构

一、投融资方式的类型及其含义

投融资是指投资主体为投资项目筹集和融通资金的过程。投融资方式也称为投融资模式，是指投资主体筹集和融通资金的渠道类型。

经济体制改革之前，我国实行高度集中的计划经济体制，投资主体只有政府一家，与其相适应的融资方式也只有财政无偿划拨一种，投资主体单一，融资方式单调。随着经济体制改革的逐步推行，新的投资主体不断涌现。除了政府（包括中央政府和地方政府）投资主体以外，企业投资主体、个人投资主体、金融机构投资主体及外国投资主体，纷纷加入投资主体阵营。各投资主体既可独立投资，也可联合投资，构成了多元化、多层次投资主体结构。与各投资主体相适应的融资方式也不再单一，有财政拨款、企业自有资金、银行信贷、股票、债券以及各种民间集资方式和利用外资方式。其中，政府投资主体可利用的融资方式有财政拨款、财政信用（通过发行各类债券实现）及举借外债、利用外资；企业投资主体可利用的融资方式有自有资金、银行信用、发行股票、发行债券及民间集资和利用外资；个人投资主体的融资方式主要有个人自有资金、民间集资和金融机构信用；金融机构投资主体的融资方式主要有自有资金、金融机构信用、发行金融债券及利用外资；外国投资主体的融资方式则更为多样化了。

投融资方式尽管多种多样，但根据其性质和内涵，可从不同角度加以归类。

从国家宏观角度，投融资方式主要包括利用内资和利用外资两种方式，前者指一切从国内渠道筹集和融通资金的模式，包括财政拨款、面向国内的财政信用、国内投资主体自有资金、国内金融机构信用、国内资本市场发行股票和债券、国内民间集资等；后者指一切从国外渠道筹集和融通资金的模式，包括引进外国直接投资、外国政府和国际金融组织借款、国际捐赠和援助、利用国外资本市场发行股票和债券等。

从企业投资主体角度，融资方式包括内源融资（也称内部融资）和外源融资（也称外部融资）两大类。根据发展经济学的理论，内源融资是指在经济主体的内部直接将储蓄转化为投资，从而形成企业扩张的资本来源；外源融资则指将不同的经济主体的储蓄通过市场机制作用集聚起来形成巨额的社会资本，产生推动社会经济增长的动力。具体而言，内部融资的投资资金来源于企业内部积累，如折旧基金、更新改造基金、新产品开发基金等。外源融资根据是否通过金融中介组织，可划分为直接融资和间接融资两种类型。凡是不通过金融中介组织，而是通过金融市场发行产权证券（股票）和融资证券（企业债券）筹集和融通资金的模式，称为直接融资；凡是通过金融中介组织筹集和融通资金的模式，即向金融机构借款，称为间接融资。在融资活动中，一个企业往往同时进行内源融资和外源融资，二者没有绝对的排斥关系。

从资产负债表角度，向金融机构借款和发行债券融资具有相同的性质，都体现为企业的负债，需要按照协议利率或固定利率到期偿还，因而与股权融资模式称谓相对应，也可以将其统称为债权融资模式。

二、我国投融资方式的结构演变

根据国家统计局的统计资料，全社会固定资产投资按其资金来源的不同，分为国家预算内资金、国内贷款、利用外资、自筹资金和其他资金。各类型资金来源的含义如下：

（1）国家预算内资金：分为财政拨款和财政安排的贷款两部分。包括中央财政的基本建设基金（分经营性基金和非经营性基金两部分）、专项支出（如煤代油专项等）、收回再贷、贴息资金，财政安排的挖潜改造和新产品试制支出、城建支出、商业部门简易建筑支出、不发达地区发展基金等资金中用于固定资产投资的资金；地方财政中由国家统筹安排的资金等。

（2）国内贷款：指报告期固定资产投资单位向银行及非银行金融机构借入的用于固定资产投资的各种国内借款，包括银行利用自有资金及吸收的存款发放的贷款、上级主管部门拨入的国内贷款、国家专项贷款（包括煤代油贷款、劳改煤矿专项贷款等）、地方财政专项资金安排的贷款、国内储备贷款、周转贷款等。

（3）利用外资：指报告期收到的用于固定资产建造和购置的国外资金（包括设备、材料、技术在内），包括对外借款（外国政府、国际金融组织贷款、出口信贷、外国银行商业贷款、对外发行债券和股票）、外商直接投资及外商其他投资；不包括我国自有外汇资金（国家外汇、地方外汇、留成外汇、调剂外汇和中国银行自有资金发行的外汇贷款等）。外资按现汇即按使用外汇时的汇率折算成人民币。

（4）自筹资金：指固定资产投资单位报告期收到的，由各地区、各部门及企业、事业单位筹集用于固定资产投资的预算外资金，包括中央各部门、各级地方和企业、事业单位的自筹资金。

（5）其他资金：指在报告期收到的除以上各种资金之外其他用于固定资产投资的资金，包括企业或金融机构通过发行各种债券筹集到的资金、群众集资、个人资金、无偿捐赠的资金及其他单位拨入的资金等。

上述划分囊括了所有类型投融资方式。表 6-1 列示了 1981~2005 年我国各类投融资方式的融资规模和结构。数据显示，随着经济体制改革的深入和对外开放的扩展，我国固定资产投融资方式的结构不断发生变化。从规模上看，1981~2005 年期间各类融资规模均有较大幅度增长，国家预算内资金、国内贷款、利用外资、自筹和其他资金年均增速分别为

表 6-1　　　1981~2005 年全社会固定资产投资的资金来源及构成

年份	规模（亿元）				构成（%）			
	国家预算内资金	国内贷款	利用外资	自筹和其他资金	国家预算内资金	国内贷款	利用外资	自筹和其他资金
1981	269.76	122	36.36	532.89	28.1	12.7	3.8	55.4
1982	279.26	176.12	60.51	714.51	22.7	14.3	4.9	58.1
1983	339.71	175.5	66.55	848.3	23.8	12.3	4.7	59.2
1984	421	258.47	70.66	1082.74	23	14.1	3.9	59
1985	407.8	510.27	91.48	1533.64	16	20.1	3.6	60.3
1986	455.62	658.46	137.31	1869.19	14.6	21.1	4.4	59.9
1987	496.64	871.98	181.97	2241.11	13.1	23	4.8	59.1
1988	431.96	977.84	275.31	2968.69	9.3	21	5.9	63.8
1989	366.05	762.98	291.08	2990.28	8.3	17.3	6.6	67.8
1990	393.03	885.45	284.61	2954.41	8.7	19.6	6.3	65.4
1991	380.43	1314.73	318.89	3580.44	6.8	23.5	5.7	64
1992	347.46	2214.03	468.66	5049.95	4.3	27.4	5.8	62.5
1993	483.67	3071.99	954.28	8562.36	3.7	23.5	7.3	65.5
1994	529.57	3997.64	1768.95	11530.96	3	22.4	9.9	64.7
1995	621.05	4198.73	2295.89	13409.19	3	20.5	11.2	65.3
1996	625.88	4573.69	2746.6	15412.4	2.7	19.6	11.8	66
1997	696.74	4782.55	2683.89	17096.49	2.8	18.9	10.6	67.7
1998	1197.39	5542.89	2617.03	19359.61	4.2	19.3	9.1	67.4
1999	1852.14	5725.93	2006.78	20169.7	6.2	19.2	6.7	67.8
2000	2109.45	6727.27	1696.3	22577.4	6.4	20.3	5.1	68.2
2001	2546.42	7239.79	1730.73	26470.04	6.7	19.1	4.6	69.6
2002	3160.96	8859.07	2084.98	30941.91	7.0	19.7	4.6	68.7
2003	2687.82	12044.36	2599.35	41284.76	4.6	20.5	4.4	70.5
2004	3254.91	13788.04	3285.68	54236.3	4.4	18.5	4.4	72.7
2005	4154.29	16319.01	3978.80	70138.74	4.4	17.3	4.2	74.1

注：自 1997 年起，除房地产投资、农村集体投资、个人投资以外，投资统计的起点由 5 万元提高到 50 万元。1996 年的相应数据做了调整。

资料来源：《中国统计年鉴》(2006)。

21.57%、41.87%、39.85%、41.70%，国内贷款增速最快，自筹和其他资金与国内贷款增速相当，增势迅猛，利用外资增速也相当高，与前两者相差不大，国家预算内资金总体上也呈较快增长态势。具体而言，不同类型融资规模在不同时期增速呈现不同起伏状态。国家预算内资金在 1981~1987 年期间几乎逐年增长，但 1988~1992 年期间却呈逐年下降态势，

1993~2005年期间除2003年以外，各年均有不同程度增长；国内贷款在1981~2005年期间，除1983年、1989年两年有小幅下降以外，各年均呈增长态势，1985年规模已超过国家预算内资金；利用外资在1996年之前几乎逐年增长，但1997~2000年期间逐年减少，2001年开始呈现逐年恢复性增长，到2004年又创造了历史新高；自筹和其他资金在1981~2005年期间，除1990年外，各年均呈较快增长态势。从结构上看，包括国家预算内资金、国内贷款、自筹和其他资金始终占据我国固定资产投资的绝大比重，是主要资金来源，利用外资逐步成为我国固定资产投资资金来源的重要渠道，最高比重为1996年的11.8%。国家预算内资金所占比重由1981年28.1%的最高值，退居到1996年2.7%的最低值，及至最近三年在4%~5%徘徊；国内贷款所占比重自1985年一举超越国家预算内资金后，一直位居次席，成为固定资产投资资金的第二大来源；自筹和其他资金所占比重一直稳居首席，且由1981年的55.4%上升到2005年的74.1%，增幅巨大，是固定资产投资资金的最主要来源。事实上，非国有部门固定资产投资几乎不可能得到国家预算内资金，来源于国内贷款的部分也仅占很小的比例，因此，自筹和其他资金所占比重的大幅上升，表明随着市场化进程的推进，我国非国有经济部门得到迅速成长，成为国民经济快速增长的重要推动力量。

第二节 "拨改贷"的推行与银行信贷的发展

一、我国投融资方式的历史沿革

改革开放前，我国实行高度集中的计划经济体制，国家作为主导的投资主体，挤占了其他经济所有制构成中的所有权主体的投资主体地位。投资决策权、实施管理权、调控监控权、效益审核权均由中央集中统一部署、审批，企业成为政府行政机构的附属物。投资计划的编制、投资资金的预决算都集中在中央统一管理，地方政府只能依据中央计划而编制相应的计划。中央财政拨款几乎成为基本建设资金的唯一来源。

新中国成立后，包括新建、扩建国营企业的基本建设投资，文教卫生等行政事业单位的房屋建筑、设备购置和安装以及市政建设中的基础设施投资，职工住宅投资以及危房改造等在内的基本建设投资成为财政预算支出的重要组成部分。1949~1952年恢复时期，基本建设的管理权限主要集中于各大行政区。1952年，中财委发布《基本建设拨款暂行办法》及《基本建设财务计划交由中央财政部审核批准并重申拨款预付原则》两个文件。从此开始，基本建设计划拨款的法规逐步建立起来。第一个五年计划时期（1953~1957年），经济建设刚刚起步，建设项目和施工重点在计划中都非常明确，重点项目概预算都经过严格审查，而且全部是国家财政预算拨款，投资规模完全按照国家计划安排。

1958年开始"大跃进"，国家下放了限额以上项目的审批权限，除全国基本建设规模、重大建设的项目和主要产品新增生产能力仍由中央管理外，其他都由地方统筹安排，造成各地大上建设项目，基本建设投资规模迅速膨胀，导致当时的建筑材料、设备和资金都无法承担，1961年后不得不采取缩短战线的紧急措施。1962年，中央同意颁发关于加强基本建设管理的三个文件：《关于编制和审批基本建设设计任务书的规定》、《关于加强基本建设设计管理的几项规定》和《关于基本建设设计文件编制和审批办法的几项规定》，要求中央各部直属的大中型项目，一律由国家计委审核，报国务院批准，地方大中型项目由国家计委批准。一切基本建设都必须按照国家规定的审批权限报请批准，按照基本建设程序办事。只有获得批准的项目才被列入中央和地方的财政预算，允许施工建设。

1966年，"文化大革命"开始以后，按照"备战、备荒、为人民"的要求，把建设的重点放在大、小三线，加之"文化大革命"开始后的社会动乱，不少建设任务不能如期完成，部分审批权限下放给地方，地方自筹投资规模迅速扩大，造成新一轮财力、物力的紧张。

1972年，国家计委、国家建委和财政部颁发《关于加强基本建设管理的几项意见》，提出：按照统一计划、分级管理的原则，国家预算内投资，由国家统一安排；省级地方自筹资金安排的基本建设，纳入省级计划。省级以下和企业一律不准搞计划外工程。用自筹资金安排的基本建设所需资金，要实行先收后用的原则。不能用流动资金和银行贷款搞基本建设，不能向企业摊派，不能向社队平调和用赊销、预付货款等办法搞基本建设。1974年，国务院发出《关于严格控制基本建设拨款和各项支出的通知》，指出：基本建设拨款是国家财政支出的主要部分，各地要在不妨碍建设、生产和正常流通的前提下，坚决控制和节减基本建设拨款。

1978年12月，中共十一届三中全会召开，中国开始进入了拨乱反正、改革开放的新时代。1979年4月，中共中央、国务院批转国家建委起草的《关于改进当前基本建设工作的若干意见》中提出,当前基本建设战线的重要任务,就是调整基本建设规模和投资方向,整顿基本建设管理和企业管理,改革基本建设管理体制和管理方法。当前迫切需要对那些不急需和不具备条件的建设项目,实行"停、缓、并、转、缩",以便腾出人力、物力、财力,加强薄弱环节和直接关系人民生活设施的建设,使国民经济发展逐步协调起来。根据中央指示精神,各地将基本建设投资重点转到加强农业、加强城市基础设施建设和改善人民生活急需的住宅及生活配套设施的建设等方面。

与基本建设投融资方式不同的是,企业流动资金供应体制大致经历了财政供应、财政银行共同负责和全额信贷等几个阶段。

1951~1958年,实行流动资金由财政拨款和银行贷款共同负责。国营工业企业的流动资金,经常占用部分(定额流动资金)由财政供应,临时占用部分由银行供应;商业企业的大部分流动资金由银行供应。1958年12月,国务院发出《关于人民公社信用部工作中的几个问题和国营企业的流动资金问题的规定》,其中规定:国营企业的流动资金,一律改由人民银行统一管理。过去国家财政拨给企业的自有流动资金,全部转作银行贷款,统一计算利息,利息支出全部计入成本。1959~1961年上半年,实行全部流动资金由银行供应的办法。1961年5月,中国人民银行总行、财政部转发国务院《批准财政部、中国人民银行总行关于改进国营企业流动资金供应办法的报告》及有关规定,其中规定:自1961年7月1日起,工交企业流动资金经核定后,总额的80%由财政部门通过企业主管部门拨给企业,作为企业的自有流动资金;其余20%由财政部门统一拨给中国人民银行,由银行向企业发放定额放款。定额放款一律按月息1.8厘计算,银行发放的超定额放款按月息6厘计算。1962年,取消定额信贷,实行核定流动资金定额的办法。1964年,财政部、中国人民银行发布的《关于加强1964年工业、交通企业流动资金管理工作的几项措施》规定,1964年全国工业、交通企业的流动资金定额,应当在1963年计划定额的基础上,根据正常生产最低需要和节约使用资金的原则,大大加以压缩。1964年,新开工企业所需的资金和老企业由于生产增长所需的资金,都由各地区、各部门用其他企业压缩下来的多余资金调剂解决,国家不再增拨流动资金。

在建设项目投融资只有财政拨款一种制度安排下,投资资金可以无偿使用,并且没有必要的风险和责任约束机制,导致各地方、各单位争投资、争项目,形成普遍的"投资饥渴症"。各地方、各单位只管投入而忽视产出，缺乏资金的时间价值观念和周转观念，致使投资效益长期低下。同时，国家总投资预算约束软化，缺乏约束投资膨胀的能力和手段，加之信贷货币供给的任何限制都可以冲破，往往导致在建总规模和年度建设规模超过国力所能承受的限度，引起投资乃至整个宏观经济的不规则周期波动。

二、基本建设投资"拨改贷"的推行

改革开放以后，我国对基本建设的投融资模式经历了从试行"拨改贷"到全面推行"拨改贷"和发展其他多种投融资模式的历程。

1979年8月，国务院批转国家计委、国家建委和财政部《关于基本建设投资试行贷款的报告》和《基本建设贷款试行条例》。其中规定：从1981年起，凡是实行独立核算、有还款能力的企业，都应该实行基建拨款改为贷款（简称"拨改贷"）的制度。基本建设投资试行银行贷款的办法，是基本建设管理体制的一项重大改革，对于加强基本建设管理，建立经济责任制，缩短基建战线，提高投资效果，都会起到积极作用。这表明我国已经认识到按照经济规律管理经济工作的必要性。报告对试点地区和贷款范围做了明确规定，将贷款的对象界定为实行独立核算，有还款能力的工业、交通运输、农垦、畜牧、水产、商业、旅游等各类企业。对于行政和非营利的事业单位，以及国家计划指定的项目，仍实行财政拨款办法。

1982年，国家计委、国家经委、财政部和中国建设银行又发出《关于进一步实行基本建设拨款改贷款的通知和暂行办法》，充实和修订了扩大贷款的工作细则，决定进一步扩大贷款范围，从1982年开始，凡是实行独立核算有还款能力的企事业单位，基本建设所需投资，除尽量利用企业自有资金外，一律改为银行贷款。

在试行基本建设投资"拨改贷"的同时，对企业流动资金的筹集方式也进行了改革。1983年，国务院发布《国务院批转中国人民银行关于国营企业流动资金改由人民银行统一管理的报告的通知》，决定从当年7月1日起，企业的流动资金由银行统一供应、统一管理，财政不再拨流动资金。

1984年10月，国务院在批转国家计委《关于改进计划体制的若干暂行规定》中明确规定：从1985年起，凡是由国家投资的建设项目都要按照资金有偿使用的原则由财政拨款改为银行贷款；根据建设项目的实施情况，对不同的建设项目实行差别利率和浮动利率等办法；根据不同情况，规定不同的还款期限，少数建设项目如果确无偿还能力的，经国家批准可以豁免。按照上述要求，国家计委、财政部和建设银行于1984年12月制定《关于国家预算内基本建设投资全部由拨款改为贷款的暂行规定》。《暂行规定》经过一段时间试行，修改为《关于调整国家预算内基本建设投资拨款改贷款范围等问题的若干规定》，经国务院批准，于1985年12月颁布。该规定提出，凡列入国家计划，由国家财政拨款（用省财政预算内资金、省财政自筹资金和用省财政其他资金安排投资）的，有还款能力的建设项目，基本上都实行银行贷款；对科学研究、学校、行政单位等没有还款能力的建设项目可以豁免本息。上述豁免本息的建设项目不再采用"拨改贷"方式进行管理。同时还规定：从1986年起，国家预算直接安排的基本建设投资，分别为国家预算内拨款投资和国家预算内的"拨改贷"投资两部分。这两部分投资的数额，根据国家计划投资结构和投资方向的要求，由国家在计划中确定。实行拨款的建设项目与实行"拨改贷"的建设项目，在资金渠道上分别管理，分别核算，不相混同，不相挪用。各地根据各自的实际情况，对不执行"拨改贷"，财政无偿拨款的项目，做出具体规定。

三、基础产业建设基金

政府设立用于投资的基金，如能源、交通、水利、农业等建设基金，是由预算外获得的专门用于这些基础产业建设的资金。这些基金也构成政府投资的一种重要来源，对于改变我国基础产业历史欠账较多、"瓶颈"束缚严重的情况，促进基础产业的发展，为国民经济提供必要的基础设施条件支撑，起到了重要作用。

（一）国家能源交通重点建设基金

国家能源交通重点建设基金是用税收强制性和无偿性的原则，从预算外资金中筹集的，用于国家能源开发和交通建设的专项基金。

中共十一届三中全会以后，能源和交通运输非常紧张，已经成为制约我国经济发展的一个重要因素。为了集中一部分资金用于能源交通方面的基本建设，国家决定增加200亿元的能源交通重点建设投资。这笔投资除了由财政、银行负责解决80亿元外，其余的120亿元，从各地区、各单位的预算外资金中，用征集"能源交通重点建设基金"的方式解决。为此，国务院于1982年12月15日颁布了《征集办法》，从1983年1月1日起执行。根据《征集办法》，对国营企业事业单位、机关团体、部队和地方政府的各项预算外资金，以及这些单位所管的城镇集体企业缴纳所得税后的利润，按照当年收入的10%，征集国家能源交通重点建设基金，同时规定地方超收部分全部留给各省、自治区、直辖市使用。1983年8月，国务院决定从这一年的下半年起，国家能源交通重点建设基金的征收比例由10%提高到15%。1984年已按15%的征收比例，给各省、自治区、直辖市和中央有关部门下达了任务。1984年1月17日，国务院发布《关于能源交通建设基金超收部分由中央同地方分成和制止地方加征这项基金的通知》，对各地的超收部分如何处理加以明确，决定1984年超收的部分，可留给地方使用，从1985年起，对各地超收部分实行中央和地方分成，地方留用70%，上缴中央30%，并决定各地方在中央下达的国家能源交通重点建设基金任务之外停止加征地方能源交通建设基金的做法。

能源交通重点建设基金征集办法随后几度调整。自1994年1月1日起停征国有企业的国家能源交通重点建设基金和国家预算调节基金。1995年，财政部、国家税务总局发布《关于1995年国家能源交通重点建设基金国家预算调节基金征管工作中若干问题的通知》，对征收管理政策做进一步调整，决定从1995年1月1日起，对非国有企业（包括集体企业、私营企业和个体工商户）免征国家能源交通重点建设基金和国家预算调节基金（简称"两金"），但对以前年度欠交的"两金"，仍应按规定及时足额补交。继续对各级行政事业单位（包括社会团体）、部队、地方财政部门的预算外资金（包括未纳入国家预算管理的各种基金和行政事业性收费）征收"两金"。

（二）水利建设基金

水利建设基金是用于水利建设的专项资金，是为了加快水利建设步伐，提高大江大河防洪抗旱能力，改变重点水利工程设施和江河防洪体系建设滞后的状况，缓解水资源供需矛盾，促进社会经济持续、快速、健康发展，根据国务院的决定而建立的。水利建设基金由中央水利建设基金和地方水利建设基金组成。中央水利建设基金主要用于关系国民经济和社会发展全局的大江大河重点工程的维护和建设。地方水利建设基金主要用于城市防洪及中小河流、湖泊的治理、维护和建设。跨流域、跨省（自治区、直辖市）的重大水利建设工程和跨国河流、国界河流我方重点防护工程的治理费用由中央和地方共同负担。水利建设基金属于政府性基金，按照《国务院关于加强预算外资金管理的决定》（国发［1996］29号）的规定，纳入财政预算管理，专项列收列支。财政部会同水利部制定的《水利建设基金筹集和使用管理暂行办法》对如何筹集和使用管理水利建设基金做出了明确规定，该办法自1997年1月1日起实行，到2010年12月31日截止。

根据《水利建设基金筹集和使用管理暂行办法》，中央水利建设基金的来源是从中央有关部门收取的政府性基金（收费、附加）中提取3%和经国务院批准的其他可用于水利建设基金的资金。应提取水利建设基金的中央政府性基金（收费、附加）项目包括：车辆购置附加费、港口建设费、铁路建设基金、市话初装费、邮电附加、中央分成的电力建设基金。地方水利建设基金的来源从地方收取的政府性基金（收费、附加）中提取3%。应提取水利建设基金的地方政府性基金（收费、附加）项目包括：养路费、公路建设基金、车辆通行费、公路运输管理费、地方交通及公安部门的驾驶员培训费、地方分成的电力建设基金、市场管理费、个体工商业管理费、征地管理费、市政设施配套费。有重点防洪任务的城市要从征收的城市维护建设税中划出不少于15%的资金，用于城市防洪建设。

（三）农业发展基金

农业发展基金是根据1988年12月11日国务院发布的《关于建立农业发展基金增加农业资金投入的通知》而建立的。该通知指出，根据我国农业和国民经济发展的需要，必须增加农业的资金投入。为了确保农业资金有一个稳定的来源，从1989年起，逐步建立农业发展基金，由各级财政纳入预算，列收列支，专款专用。

根据国务院通知规定，我国农业发展基金来源包括：①国家能源交通重点建设基金征收比例提高部分中的1个百分点。②乡镇企业税收比上年实际增加部分。③耕地占用税收入的全部。④农林特产税收入的大部分。⑤农林个体工商户及农林私营企业税收比上年增加部分。⑥从粮食经营环节中提取的农业技术改进费。⑦世界银行贷款的25%及其他国外贷款。

四、银行信贷的发展

（一）银行信贷的发展概况

基本建设投资"拨改贷"的全面推行，使得银行信贷成为投资主体除自筹和其他投资以外的最主要融资方式。

表6-1中的国内贷款指标反映了投资主体向银行及非银行金融机构借

入的用于固定资产投资的各种国内借款,其中主要是银行信贷。我们将其用来说明改革开放以来,我国固定资产投资资金来源中银行信贷的增长情况。根据表6-1的有关资料可以绘制图6-1,从而形象地反映了1981~2005年期间固定资产投资来源中国内贷款(银行信贷)的发展历程。

1981年全社会固定资产投资中,国内贷款规模仅为122亿元,所占比重为12.7%,2005年已增长到16319亿元,所占比重提高到17.3%,贷款规模年均增速达到21.63%。1985年基本建设投资"拨改贷"政策全面推行,国内贷款增长率随之达到创纪录的97.42%。1989年由于实施"治理整顿"的宏观紧缩政策,固定资产投资受到全面压缩,国内贷款出现21.97%的负增长。1992年国内贷款增速达到68.4%的历史第二高点,从而成为引发经济过热的主要因素之一。1993年开始,为应对经济过热,国家再次实行适度从紧的货币政策,受此影响,国内贷款增长率迅速下滑,1995~1997年落入10%以下区间。2003年,国内贷款增速达到35.96%的较高幅度,无疑对始于2003年上半年的宏观经济过热起到了一定的助推作用。

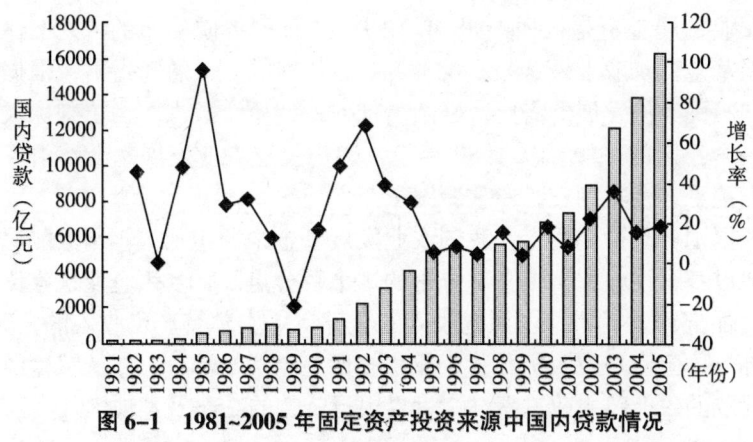

图6-1　1981~2005年固定资产投资来源中国内贷款情况

(二)银行信贷的问题

我国长期以来主要表现为银行信贷资金配给机制的储蓄投资转化机制,受到行政性制度安排的很大影响,信贷市场竞争效率的缺失使银行信贷配给资金的效率完全被动地取决于贷款对象使用资金的效率。伴随着银行体制的商业化改革,银行体系在信贷资金配给中的主动作用有所体现,但作用范围依然有限,信贷资金的规模控制一直是国家宏观调控的主要手段。虽然从1998年开始取消了信贷规模管理,但由于国有商业银行的企业化改革并不彻底,加上其他制度因素的约束,信贷资金配给的市场化原则难以形成,信贷配给规则仍然带有许多行政化色彩。

受行政化色彩浓厚的信贷资金配给规则的约束,我国的资金配给结构呈现出明显的体制特征:一方面,信贷资金配给主体的类型单一性,使资金配给市场缺乏有效的竞争机制,市场高度集中。国有商业银行始终是我国信贷资金配给的主体,占有大部分市场份额,使信贷市场的供给机制带有明显的垄断特征。近年来,虽然股份制银行和非正规金融机构得到了一定的发展,但是并没有打破信贷主体高度垄断的局面。另一方面,银行通过不同融资项目收益与风险的权衡和分析来确定是否实施信贷配给以及如何实施,信贷资金配给客体的属性不同所享受的"待遇"也迥然不同。在特定制度供给下,国有银行与政府之间的裙带关系,为国有银行的信誉保证构建了天然屏障,提高了国有银行的筹资能力,使国有银行可以在更大范围内按非市场原则配给信贷资金。贷款给国有企业不仅符合政府支持国有经济发展的愿望,而且能够促进当地经济的发展、增加就业机会和保持社会稳定。因此,支持国有企业也就意味着扶助地方政府,这样可以增加银行家在地方政治市场中的交易筹码。银行家在向被配给对象"寻租"的过程中,国有经济"租金"的非货币化特性倍受他们的青睐。在这种情况下,银行体系的信贷资金配给表现出明显的国有企业倾向和数量配给偏好。在这样的背景下实行金融改革,其结果必然是银行的信贷规模总是低于市场出清的水平。国有银行的利润动机随着金融体制改革的深入不断增强,也直接导致了曾经的"惜贷"、"慎贷"现象,储蓄向投资转化的效率受到很大制约。

在以国有企业为主体的数量配给方式下,我国信贷资金的配置效率,主要取决于国有企业的生产经营效率和银行与企业之间的利益分配博弈。从国有企业的经营现状来看,思想落后、管理粗放、经济效益低是众所周知的事实。在资金利用效率方面,国有企业与非国有企业的差距更加明显。2003年,在所有企业的总负债中,国有企业负债占56.33%,但在产值结构中,国有企业只占37.54%,在利税总额中只占46.17%。2005年虽然有所好转,但好转程度有限。在全部国有及规模以上非国有工业企业主要指标中,国有及国有控股工业企业负债占全部负债的47.1%,增加值和利润分别占全部增加值和利润的37.6%和44.0%。

国有企业对信贷资金配给效率的影响不仅表现在产出方面,而且表现在利益博弈中银行业的被动局面。由于我国国有银行实行垂直纵向管理,其实际委托人是中央政府，国有银行的资产损失最终只能由国家或政府承担。而国有企业一般实行属地管理，其名义委托人仍是国家，但由于企业的生存关系到地方经济的发展和社会稳定等，与地方利益的联系更加紧密，地方政府就成为国有企业的实际委托人。因此，银行与企业的博弈在一定程度上演化成了中央与地方政府的博弈。在这个博弈过程中，中央和地方政府的策略选择都遵循个体理性最大化原则。历史经验表明，中央政府只在强制性制度变迁的有限次博弈中占优；而地方政府在无限次常态博弈中拥有明显的优势。这也直接导致非效率贷款和"逃废欠债"成为一种普遍现象，国有企业的信贷配给资金沉淀为大量的不良贷款。

第三节　债券发行与债券市场发展

一、债券

债券是一种所有权（即债权）证书，是一种有价证券。债券作为债权凭证，是债券发行者向债券购买者融通资金的工具。债券规定有偿还年限和债息率，发行者应保证按期还本付息，可以在规定的偿还期内获得稳定的资金使用权。债券发行是将社会储蓄转化为投资的一种有效方式，是为建设项目筹集和融通资金的一条有效渠道，是工业化阶段市场化资金集聚与集中的最重要方式之一。

债券一般分为政府债券、金融债券和公司（企业）债券。其中，政府债券又可分为国家公债（简称国债，如国库券）、地方政府债券。

国债，包含内债和外债，前者是按照信用原则从国内筹集资金，后者是按照信用原则从国外筹集资金，两者都需要利用国家财政收入按期还本付息。新中国成立初期的1950年和1951年我国曾发行人民胜利折实公债，合计3.03亿元；1954~1958年期间每年都发行了数额不等的国家经济建设公债，合计35.4亿元。[①]之后，受"既无内债，又无外债"的计划经济思维定式束缚，我国多年不再发行国债。1981年，鉴于特殊的经济和

[①] 张仲敏，任淮秀. 投资经济学. 中国人民大学出版社，1992：115.

财政背景，以及对计划经济思维定式束缚的突破，我国政府决定对内恢复发行国债。1987年以后，我国又开始发行国家重点建设债券（国家为压缩预算外投资规模，保证重点建设而发行的一种债券）、基本建设债券等国债。国债的发行，不仅为国民经济发展筹集了大量建设资金，也在一定程度上满足了社会各类投资者投资国债的需要。同时，不断扩大的国债发行规模，为市场提供了更多的流动性，有利于活跃和稳定金融市场，保证财政政策和货币政策的有效实施。外债是由财政部门出面，代表国家从国外借入款项，用于国内的投资建设。举借外债包括向外国政府、外国金融机构、国际金融机构等借入款项。

企业债券融资是企业直接融资的一种，也是企业作为投资主体的一种融资模式。本义上，企业债券通常又称为公司债券，是企业依照法定程序发行，约定在一定期限内还本付息的债券。企业债券代表着发债企业和投资者之间的一种债权债务关系，债券持有人拥有对发债企业的债权，但不参与或干涉企业经营管理，只是到期收回本息。但我国的企业债是从计划经济向市场经济过渡过程中的独特金融产品，是一种受到严格行政管制的"项目债"，与基于公司信用、实施市场化发行制度的公司债券有着本质的区别（殷剑峰等，2006）。截至目前，根据发债企业的特征和资金投向特征，企业债共出现过8个品种，包括中央企业债、地方企业债、短期融资券、国家投资债券、国家投资企业债券、地方投资企业债券、住宅建设债券以及内部债券。

二、债券发行与债券市场

（一）国债

我国在恢复面向国内发行国家债券20多年来，债券发行规模不断扩大。20世纪80年代初的最初四年（1981~1984年）每年发行内债仅40多亿元，到1985年发行内债也仅为60.61亿元。2005年，我国国债发行规模已达到6922.87亿元，较1981年增长141倍，较1985年增长113倍，如表6-2所示；1981~2005年期间不包括国内其他债务的内债发行总计达到49219.85亿元，年发行规模平均增速为21.93%。国债品种有了较多的增加，目前主要包括面向机构投资者发行的可流通的记账式国债，面向个人投资者发行的不可流通的凭证式国债。从期限品种来看，既有1年期以内（含1年期）的短期债券，也有2年期以上（含2年期）的中长期债券。据中央国债登记结算有限公司资料，至2005年12月31日，在银行间市场上未清偿债券中有66只国债。[①]

为降低政府发债成本，规范国债交易，促进国债发行市场的活跃，国债交易市场也逐步建立和发展起来。1988年，国务院批准在一些试点城市开放国债流通转让市场，随后试点城市范围大幅度增加，允许交易品种也从有限的两种扩大到全部已发行的国库券。1990年，随着上海证券交易所的建立，交易所债券市场也投入运行。1993年，上海证券交易所先后正式推出国债期货交易和国债回购交易。1997年，全国银行间债券市场也得以建立。近年来，银行间债券市场迅速发展，已成为面向所有机构投资者的债券场外批发市场，成为我国债券市场的主要组成部分，为保证货币政策的有效传导、宏观经济的健康运行和金融资源的有效配置发挥了重要的作用。

举借外债是由财政部门出面，代表国家从国外借入款项，用于国内的投资建设。改革开放前，我国曾有三次借用外债的经历。第一次是新中国成立以后，20世纪50年代我国从苏联和东欧国家引进400项技术设备，借款26亿美元，兴建了156个重点项目，填补了冶金、机械、电力、化工、军工等部门的空白。第二次是1972~1977年间，借款43亿美元引进222个技术设备项目，也取得了良好的经济效果。第三次是1978年大举借债78亿美元，引进22项成套技术设备，由于脱离当时国情，且没有做好前期工作，致使项目未发挥出应有的经济效益，并给财政造成沉重负担。[②] 改革开放以来，在平等互利的基础上，适度举借外债，利用外资发展经济，成为我国的一条基本国策。借用外债工作随之稳步发展，外债余额稳步增加。表6-2显示，1985年我国国外借款仅为29.24亿元，2004年增加到145.07亿元，增长近4倍，1985~2005年期间国外借款总计达到2280.64亿元。《中国统计年鉴》（2006）未对该指标的含义给予明确解释，但将其列于国家财政债务发行项下，因而可以视为国家发行外债，即财政部在国际资金市场发行的外币债券以及国家财政"统借统还"的其他政府外债。

[①] 李扬. 中国金融发展报告（2006）. 社会科学文献出版社，2006：188.
[②] 张仲敏，任淮秀. 投资经济学. 中国人民大学出版社，1992：117.

表 6-2　　　　　　　　　1981~2005 年国债发行情况　　　　　　单位：亿元

年份	合　计	国内债务	国外借款	国内其他债务
1981	121.74	48.66	73.08	
1982	83.86	43.83	40.03	
1983	79.41	41.58	37.83	
1984	77.34	42.53	34.81	
1985	89.85	60.61	29.24	
1986	138.25	62.51	75.74	
1987	223.55	63.07	106.48	54
1988	270.78	92.17	138.61	40
1989	407.97	56.07	144.06	207.84
1990	375.45	93.46	178.21	103.78
1991	461.4	199.3	180.13	81.97
1992	669.68	395.64	208.91	65.13
1993	739.22	314.78	357.9	66.54
1994	1175.25	1028.57	146.68	
1995	1549.76	1510.86	38.9	
1996	1967.28	1847.77	119.51	
1997	2476.82	2412.03	64.79	
1998	3310.93	3228.77	82.16	
1999	3715.03	3702.13		12.9
2000	4180.1	4153.59	23.1	3.41
2001	4604	4483.53	120.47	
2002	5679	5660		19
2003	6153.53	6029.24	120.68	3.61
2004	6879.34	6726.28	145.07	7.99
2005	6922.87	6922.87		
总计	52352.41	49219.85	2466.39	666.17

注：从 1999 年开始，国内其他债务项目为债务收入大于支出部分增列的偿债基金。
资料来源：《中国财政年鉴》(2006)．中国财政杂志社，2006．

(二) 企业债

企业债的历史可以追溯到 1984 年。当时，一些地方企业出现了自发向社会或企业内部集资等类似发行企业债券方式的融资活动。到 1986 年底，共发行了 100 多亿元地方企业债券。1987 年，我国开始发行重点企业债券。所谓重点企业债券，即为保证国家计划内重点建设，由国家投资公司向其他企事业单位发行的债券。20世纪90年代初期，各地发行企业债的热情高涨。1993年，针对企业债发行过程中出现的问题，国家制定严格管制措施，出台了《企业债券管理条例》对企业债券发行加以规范。受国家政策抑制，企业债券市场随后发展较慢。到1997年，企业通过发行债券筹集的资金不足300亿元。[①]亚洲金融危机之后，为了扩大内需、拉动经济增长，一些重点建设项目纷纷上马，企业债成为这些重点项目的主要融资工具，中央企业债的发行规模随之迅速增加。2001年底，企业债券余额达到1008.63亿元，显示1997年之后企业债券发行规模有较大增长。其后4年企业债券发行每年均超过300亿元，特别是2005年更达到654亿元，增长幅度惊人。2003年发行了最长期限的企业债券——三峡债券，期限长达30年。截至2005年底，在中央国债登记结算有限公司托管的债券（包含国债、央行票据、金融债券、企业债券、短期融资券、外国债券）余额为6.6879万亿元，其中企业债券余额为1378亿元，仅占2.06%。[②]可见，总体而言我国企业债券发行规模还相当有限。1987~2005年各年企业债券发行具体情况如表6-3所示。

表6-3　　　　　　　　1987~2005年企业债发行规模

单位：亿元

年　份	1987	1988	1989	1990	1991	1992	1993	1994	1995
中央企业债券									77.50
地方企业债券	30	30	14.83	49.33	115.25	258.77	20.06	38.48	52.50
短期融资券		11.72	29.72	50.15	104.44	228.53	215.78	123.32	170.880
内部债券		33.69	30.71	26.89	30.27	111.51			
国家投资企业债券	30	90	22.53	6.15	2.29	8.01			
地方投资企业债券						4.37			
住宅建设债券						6.43			
国家投资债券					95	60			
合计	60	165.41	97.79	132.52	347.25	677.62	235.84	161.80	300.88

[①] 吴敬琏. 当代中国经济改革战略与实施. 上海远东出版社，1999：279.
[②] 李扬. 中国金融发展报告（2006）. 社会科学文献出版社，2006：189.

续表

年份	1996	1997	1999	2000	2001	2002	2003	2004	2005
中央企业债券	86.15	86.15	72.5	50	140	325	358	326.24	654
地方企业债券	43.41	99.66							
短期融资券	120.62	69.42							
合计	250.18	255.23	72.5	50	140	325	358	326.24	654

注：表中缺1998年数据，1999~2001年统计数据可能存在遗漏。而据王广谦等（2004），[①] 1998~2001年企业债券融资分别为148亿元、158亿元、83亿元、147亿元。

资料来源：根据殷剑峰等（2006）提供的相关资料整理。

我国企业债券的主要问题还表现在受发行规模控制的计划特征明显，受严格管制后的企业债发行主体主要集中在大型企业，尤其是大型国有企业。发债企业的行业分布较窄，主要集中在交通、能源、电信、电力、地方基础设施等领域。企业债发展大大滞后于经济发展和金融改革的要求。2007年，我国债券市场改革取得突破。2007年6月12日，中国证监会颁布实施《公司债券发行试点办法》，拉开了我国公司债发行的帷幕。公司债将采取市场化方式运作，虽然初期试点公司范围还仅限于在沪、深证券交易所上市的公司及发行境外上市外资股的境内股份有限公司，但将来一定会扩大发行范围和规模，对企业债市场的快速发展无疑将起到积极的推动作用。

第四节 股权融资与股票市场发展

一、股权融资

股权融资是指通过让渡公司部分所有权的方式，筹集公司股本资金，从而实现投资活动。通过股票市场发行股票是股权融资的主要方式。股票是一种所有权证书，是股份公司或股份企业（均为投资主体）为筹集资金发给认购者（投资者）的凭证。股票的持有者就是公司的股东。持有股

---

① 王广谦.中国经济增长新阶段与金融发展.中国发展出版社，2004：240.

票，就有权分享公司的收益，同时也要承担公司的责任与风险。通过发行股票筹集的资金，由股票发行者投资于股份公司的生产经营，转化为固定资产和流动资产，是不能分割的，因而股票持有者一般无权要求退股，但可通过股票交易市场买卖，转化为现金，也可向银行抵押借款或贴现。

显然，利用发行股票进行股权融资与债券融资在风险配置方式上有很大的不同。股权融资时企业的财务风险小而出资人风险大，债券融资时出资人的风险小而企业的风险大。对出资人来说，股权投资的预期收益大而债券投资的预期收益小。这个区别最清晰地显示了股权融资和股票市场发展、债券融资和债券市场发展的各自的客观必要性和存在的合理空间。因为全社会投资主体的风险承受能力是不一样的，同一个出资人也需要把自己的资产分配在不同的风险组合中。因此，在从风险最小的银行储蓄，到风险中等的债券融资方式，再到风险最大的普通股票以至创业板市场上的股票之间，形成了一条连续的投融资组合机会，使具有不同风险偏好的投资者有充足的机会找到适合自己的投资品种以及优化自己的投资组合，也使不同属性的投资主体获得筹集和融通资金的有效渠道。

新中国成立后，由于实行计划经济体制，被认为最具有典型资本主义特征的股票及相应的股票市场被迫销声匿迹多年。改革开放后，伴随着经济体制改革的推进和深化以及经济建设的发展，经过一系列开创性探索和积极酝酿（见表6-4），股票市场才逐步恢复并成长起来。当然，就目前而言，相比于发达国家的成熟股票市场，我国的股票市场仍然是处于发展初期的新兴市场。

表6-4　　20世纪80年代股票市场酝酿过程中的一些事件

1983年7月，深圳市宝安县联合投资公司在深圳首次公开发行股票。
1984年7月，新中国第一家股份公司——北京天桥百货股份公司成立。
1984年8月14日，上海飞乐音响公司成立并向社会公开发行股票募集资金50万元。
1986年9月26日，中国工商银行上海信托投资公司静安分公司经批准挂牌买卖飞乐音响和延中实业股票，这是上海第一家经营证券柜台交易的场所，也是新中国首次开办股票交易。
1987年4月，深圳第一只向社会公开发行的股票——深圳发展银行股票正式面世（1988年4月挂牌上市）。
1987年9月，深圳市12家金融机构经批准合资组建了全国第一家证券公司——深圳经济特区证券公司。
1990年12月1日，深圳证券交易所经过一年筹备开始试运作。深安达首先进入交易所，成为全国第一只集中交易的股票。

表6-4所列事件中，公司发行的股票很多不是真正意义上的股票，而是带有明显的债券性质。股票交易也处在柜台交易的不规范操作阶段。正

是在这样不规范的实验中，孕育了股票市场的未来。上述事件还表明，股票发行和上市交易是分别在上海和深圳两个地区并行不悖地进行试点的，这一历史背景和两地在中国经济中的特殊性，直接导致了上海证券交易所和深圳证券交易所分别于1990年12月19日和1991年4月11日先后成立，从而形成了中国两个并列的证券市场。上海证券交易所和深圳证券交易所的正式成立也成为股票市场正式恢复的标志性事件。由此股票发行有了正规化渠道，股票交易从分散交易进入场内集中交易，交易手段实现了电脑配对、无纸化操作，既提高了市场效率，也有效杜绝了黑市交易。

二、股票市场

经过10多年的发展，中国股票市场已初具规模，并对社会经济发展发挥了不可替代的作用，对投融资体制改革、企业制度改革、金融体系改革，乃至经济运行机制的改革，发挥了重要作用，成为社会主义市场经济不可或缺的组成部分。统计数据显示，到2005年底，我国A、B股上市公司总数已达1381家，境内上市外资股（B股）公司109家，境外上市公司（H股）122家，总发行股本7629.51亿股，股票总市值达到32430亿元，相当于当年GDP比重的17.8%。从1991年到2005年，通过发行各类股票（A、B、H、N股）及A股配股，筹集资金由5亿元增加到1885.13亿元，各年总计达到13525亿元。表6-5列示了1991~2006年期间各年股票市场筹集资金数额。2006年，又有53家公司上市，上市公司总数达到1434家，年度股票发行筹资额一举达到5594.29亿元，[①]这比以前任何年份都要高出很多。这既得益于国内股市大好行情的支持，通过在中国香港证券市场几起大额度H股发行筹集375.96亿美元更是居功至伟。

除了利用国内证券市场和中国香港证券市场发行股票融资以外，寻求在国际知名证券市场发行股票筹资，也是一种可行的融资方式。诸如美国纳斯达克（NASDQ）证券市场、纽约证券交易所（NYSE）等，由于其开放性和规范性，吸引了众多国家的股份公司前往上市融资。据不完全统计，截至2006年底，在中国香港和美国、新加坡三个主要海外上市地分别有230家、56家、115家，总计401家中国企业上市挂牌，总市值和流通市值达9548.38亿美元。相比国内深沪交易所A股和B股1434家上市公司，总市值89403.90亿元人民币（折合11449.26亿美元），流通市值

---

① 中国证券监督管理委员会网站。

表 6-5　　　　　　　　1991~2006 年股票市场筹资情况

年份	A、B股上市公司数（个）	股票筹资额（亿元）				
		总计	A股	A股配股	H、N股	B股
1991	14	5	5			
1992	53	94.09	50			44.09
1993	183	457.05	276.41	81.58	60.93	38.13
1994	291	376.94	99.78	50.16	188.73	38.27
1995	323	213.15	85.51	62.83	31.46	33.35
1996	530	494.97	294.34	69.89	83.56	47.18
1997	745	1437.54	825.92	170.86	360	80.76
1998	851	1176.49	778.02	334.97	37.95	25.55
1999	949	1265.53	893.6	320.97	47.17	3.79
2000	1088	2622.69	1527.03	519.46	562.21	13.99
2001	1160	1682.97	1182.13	430.63	70.21	
2002	1224	1018.35	779.75	56.61	181.99	
2003	1287	1432.54	819.56	74.79	534.65	3.54
2004	1377	1615.49	835.71	104.54	648.08	27.16
2005	1381	1885.13	338.13	2.62	1544.38	
2006	1434	5594.29	1572.24	891.45	3130.6	

资料来源：《中国统计年鉴》（2006）。

25003.60 亿元人民币（折合 3202.02 亿美元），海外上市公司流通市值超过了国内市场，总市值为国内市场的 83.40%。在 2005 年和 2006 年两年中，在海外主要市场上市的中国企业数量和筹资规模均超过国内市场。2005 年，海外上市融资 204.28 亿美元，是国内的 29.05 倍，2006 年海外上市融资 438.68 亿美元，是国内的 2.17 倍。香港主板和新加坡主板是中国企业海外上市的首选地，中国香港主板两年上市 76 家中国企业，筹资 602.97 亿美元，新加坡主板两年上市 44 家中国企业，筹资 15.39 亿美元。新加坡主板吸引中国企业上市筹资额在 2006 年首次超过美国 NYSE 和 NASDQ，成为中国企业第二大海外上市地。[①] 另外，中国企业在伦敦证券交易所上市的公司还有 6 家，在美国场外公告板市场（OTCBB, Over The Counter Bulletin Board）[②] 上市的公司达 30 多家。[③]

[①] 才静涵，王一萱. 中国企业海外上市市盈率比较研究. 深圳证券交易所研究报告，2007-06-26，深证综研字第 0154 号.
[②] OTCBB 是美国最有影响力的小额证券市场之一。
[③] http://www.globalipo.cn/shangshigongsiml.asp.

除了发行股票筹集资金以外，吸收创业投资或风险投资也是一种股权融资方式。创业投资是对创业企业，特别是高科技企业创业投资进行融资的一种有效模式，在美国等发达国家较为成熟，而且十分盛行。近年来，我国创业投资发展较快。如图6-2所示，2002~2006年，我国创业投资总额达到57.66亿美元，年均增长42.15%，为互联网、IT、电信、传媒娱乐产业中的户外媒体、新兴能源和医疗健康产业等行业中有较大增长潜力和良好发展前景的一些企业提供了创业初期部分资金来源。2006年度，可用于投资中国市场的创业投资资本总额为200.42亿美元，比2005年度增长16.5%。其中外资背景资本金额为159.69亿美元，占全部资本总量的79.7%；中资背景资本金额为34.69亿美元，占全部资本总量的17.3%；中外合资资本为6.04亿美元，占全部资本总量的3.0%。2006年中国市场共发生362起创业投资案例，与2005年的298起案例相比年度增长率为21.5%；创业投资总金额为21.81亿美元，与2005年的投资总金额14.30亿美元相比年度增长率为52.5%；创业投资平均单笔投资金额为603万美元，与2005年的480万美元相比年度增长率为25.6%。[①] 虽然总体而言创业投资的融资规模还较有限，但毕竟为高科技产业创业企业投资提供了一条重要的融资渠道。随着相关促进政策的建立和运作机制的完善，创业投资作为一种融资模式将会得到极大发展。

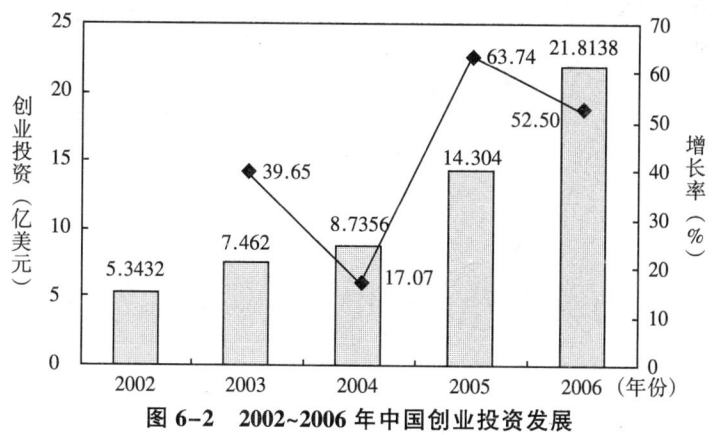

图6-2　2002~2006年中国创业投资发展

创业投资或风险投资的发展在很大程度上与完善的退出机制和多层次资本市场体系的建立密切相关。作为一种探索和过渡，深圳证券交易所于

---

① 2006年度中国市场创业投资研究报告. http：//www.chinaventure.com.cn/.

2004年5月17日获准在主板市场内设立中小企业板,既为主业突出、具有成长性和科技含量的中小企业提供了新的直接融资平台,拓宽了中小企业直接融资渠道,也为将来创业板市场的建设创造条件、积累经验,同时还为投资者在构建投资组合时提供了更为广阔的空间。中小企业板的设立对于明确上海证券交易所和深圳证券交易所在中国资本市场体系的战略定位,避免两个交易所之间的恶性竞争,推进我国多层次资本市场建设,具有重要意义。目前,中小企业不仅已在中国经济中占据大半壁江山,而且是国民经济中最有活力的一类主体,成为拉动国民经济的重要增长点。但与此形成鲜明对比的是,作为一个整体,中小企业在融资问题上却一直处于一种极为窘迫的状态,即企业发展中的绝大部分资金来源于内源融资,外源融资也主要依靠银行贷款,且十分有限,股票发行等证券融资份额微乎其微。作为一个融资平台,中小企业板在创建之后客观上为那些符合条件的中小企业增加了一种较为有效的直接融资方式。这一融资渠道虽然仅从资金规模、适用对象上看效果较为有限,但作为一种政策信号,其可以向各界展示政府扶持中小企业的政策导向,也可以在一定程度上避免其过度依赖非正规金融或银行的现象。据有关资料,目前,中小企业板市场规模还较小。近三年中小企业板IPO融资总额约为550亿元,仅相当于中国工商银行一家公司A股融资额466亿元的1.18倍。截至2007年5月11日,中小企业板总市值达4578.58亿元,流通市值达1550.96亿元,也仅相当于中国工商银行总市值的24%及流通市值的2.96倍。[①]但可以预期的是,随着运作经验的积累和丰富,机制条件的完善和成熟,特别是随着中国经济的持续、快速、健康发展,中小企业板必将对大量优质中小企业投融资的发展做出更大贡献。

第五节　外资利用与外资企业发展

中共十一届三中全会确定,实行对外开放,不断扩大对外经济技术合作和交流,将是我国一项长期的坚定不移的基本国策。利用外资是对外开放的一项重要内容,是实现对外经济技术合作和交流的最直接、最有效的

---

① 中小企业板发展迅猛,欲从银行虎口夺食. http://www.sina.com.cn, 2007-06-25.

方式。积极、慎重、有效地引进和利用外资，不仅可以弥补我国建设资金的不足，拓宽投资资金来源渠道，而且可以引进国外先进技术、设备和管理经验，加速我国企业技术改造步伐，并有利于改善出口产品结构，提高产品在国际市场上的竞争力，促进产业结构的调整和优化。

一、外资利用

改革开放以来，我国政府制定了一系列优惠政策和法规，为大力引进外资促进经济发展提供法律保障，营造良好投资环境。1979年，国务院批转下达《关于使用外国贷款引进技术和进口设备的基本建设项目，在外汇、财政、基本建设计划上的处理办法》，规定了使用贷款的原则、审批程序、计划管理、作价、还款期间的财务处理、财政银行监督等。这些规定明确了使用国外贷款必须根据国民经济发展的方针、政策与要求，有计划地进行；使用国外贷款除批准由国家统借统还外，一般均由地方和部门自借自还。1983年9月，为促进经济的发展和科学技术水平的提高，国务院发布了《中华人民共和国中外合资经营企业法实施条例》。它明确了合资建设企业的行业重点、经济效益和经营条件的具体要求，以及出资方式、计划、税务、财务会计、外汇、销售等管理原则、办法和组织机构。

1986年10月11日《国务院关于鼓励外商投资的规定》发布并开始实施，标志着我国引进外资工作进入了一个新的阶段。规定指出，国家鼓励外国的公司、企业和其他经济组织或者个人等外国投资者，在中国境内举办中外合资经营企业、中外合作经营企业和外资企业等类型外商投资企业。国家对产品出口企业（产品主要用于出口，年度外汇总收入额减除年度生产经营外汇支出额和外国投资者汇出分得利润所需外汇额以后，外汇有结余的生产型企业）和先进技术企业（外国投资者提供先进技术，从事新产品开发，实现产品升级换代，以增加出口创汇或者替代进口的生产型企业）给予特别优惠。优惠措施主要包括：产品出口企业按照国家规定减免企业所得税期满后，凡当年企业出口产品产值达到当年企业产品产值70%以上的，可以按照现行税率减半缴纳企业所得税。经济特区和经济技术开发区的以及其他已经按15%的税率缴纳企业所得税的产品出口企业，符合前述条件的，减按10%的税率缴纳企业所得税。先进技术企业按照国家规定减免企业所得税期满后，可以延长三年减半缴纳企业所得税。外国投资者将其从企业分得的利润，在中国境内再投资举办、扩建产品出口企业或者先进技术企业，经营期不少于五年的，经申请税务机关核准，全部退还其再投资部分已缴纳的企业所得税税款。产品出口企业和先进技术企业在生产和流通过程中需要借贷的短期周转资金，以及其他必需的信贷资金，经中国银行审核后，优先贷放。产品出口企业和先进技术企业的外国投资者，将其从企业分得的利润汇出境外时，免缴汇出额的所得税。

《国务院关于鼓励外商投资的规定》还规定：各级政府和有关主管部门应当保障外商投资企业的自主权，支持外商投资企业按照国际上先进的科学方法管理企业。外商投资企业有权在批准的合同范围内，自行制订生产经营计划，筹措、运用资金，采购生产资料，销售产品；自行确定工资标准、工资形式和奖励、津贴制度。外商投资企业可以根据生产经营需要，自行确定其机构设置和人员编制，聘用或者辞退高级经营管理人员，增加或者辞退职工；可以在当地招聘和招收技术人员、管理人员和工人，被录用人员所在单位应当给予支持，允许流动。

如果说早期的政策主要依靠"优惠"手段吸引外资的话，20世纪90年代中期则转向"公平"，致力于改进政府服务，营造良好的投资环境，逐步实现给予外商投资企业国民待遇。从1995年开始，我国对外资的收费和税收政策进行了调整，如废止工商统一税，征收增值税、消费税和营业税，取消外资企业进口小汽车优惠，汇率并轨，等等。为增加产业对外资的吸引力及规范政府引资和外商投资行为，1995年，国家计划委员会、国家经济贸易委员会和对外经济贸易部联合发布了《指导外商投资方向暂行规定》和《外商投资产业指导目录》。这两个文件将外商投资项目分为"鼓励"、"限制"、"禁止"和"允许"四类。1998年，国家计委又对《外商投资产业指导目录》进行了修订和完善。新的《外商投资产业指导目录》反映了中国政府通过扩大利用外资发展经济的指导思想和政策措施更加理性和明确。

基于上述政策背景和2001年11月中国成为世界贸易组织（WTO）的正式成员，中国的利用外资工作取得了巨大成就。利用外资的规模迅速增长，利用外资的方式更趋多样。下面，根据《中国统计年鉴》发布的公开数据对此加以说明。

《中国统计年鉴》将利用外资的形式划分为三大类，即对外借款、外商直接投资和外商其他投资。各类利用外资形式的含义是：对外借款是指通过对外正式签订借款协议，从境外筹措的资金，包括外国政府贷款、国际金融组织贷款、外国银行商业贷款、出口信贷以及对外发行债券等。1996年及以前该指标还包括对外发行股票。外商直接投资是指外国企业和经济组织或个人（包括华侨、港澳台胞以及我国在境外注册的企业）按我国有关政策、法规，用现汇、实物、技术等在我国境内开办外商独资企业、与我国境内的企业或经济组织共同举办中外合资经营企业、合作经营企业或合作开发资源的投资（包括外商投资收益的再投资），以及经政府有关部门批准的项目投资总额内企业从境外借入的资金。外商其他投资是指除对外借款和外商直接投资以外的各种利用外资的形式。包括企业在境内外股票市场公开发行的以外币计价的股票（目前主要是在香港证券市场发行的 H 股和在境内证券市场发行的 B 股）发行价总额，国际租赁进口设备的应付款，补偿贸易中外商提供的进口设备、技术、物料的价款，加工装配贸易中外商提供的进口设备、物料的价款。

根据《中国统计年鉴》(2006)，从 1979 年到 2005 年，中国利用外资总计为 8091.5 亿美元，其中对外借款、外商直接投资和外商其他投资分别为 1471.57 亿、6224.29 亿和 395.64 亿美元，各占比例为 18.19%、76.92%、4.89%，如表 6-6 所示。1979~1984 年 6 年期间利用外资总计仅为 181.87 亿美元，从 1985~2005 年，利用外资总计由 47.6 亿美元增加到

表 6-6　　　　　　　　1979~2005 年实际利用外资情况

年份	数值（亿美元）				构成（%）				
	利用外资总计	对外借款	外商直接投资	外商其他投资	对外借款	外商直接投资		外商其他投资	
						含对外借款	不含对外借款	含对外借款	不含对外借款
1979~1984	181.87	130.41	41.04	10.42	71.71	22.57	79.75	5.73	20.25
1985	47.6	25.06	19.56	2.98	52.65	41.09	86.78	6.26	13.22
1989	100.6	62.86	33.93	3.81	62.49	33.73	89.90	3.79	10.10
1990	102.89	65.34	34.87	2.68	63.50	33.89	92.86	2.60	7.14
1995	481.33	103.27	375.21	2.85	21.46	77.95	99.25	0.59	0.75
1996	548.05	126.69	417.26	4.1	23.12	76.14	99.03	0.75	0.97
1997	644.08	120.21	452.57	71.3	18.66	70.27	86.39	11.07	13.61
1998	585.57	110	454.63	20.94	18.79	77.64	95.60	3.58	4.40
1999	526.59	102.12	403.19	21.28	19.39	76.57	94.99	4.04	5.01
2000	593.56	100	407.15	86.41	16.85	68.59	82.49	14.56	17.51
2001	496.72		468.78	27.94		94.38		5.62	
2002	550.11		527.43	22.68		95.88		4.12	
2003	561.4		535.05	26.35		95.31		4.69	
2004	640.72		606.3	34.42		94.63		5.37	
2005	638.05		603.25	34.8		94.55		5.45	
1979~2005	8091.5	1471.57	6224.29	395.64	18.19	76.92		4.89	

资料来源：《中国统计年鉴》(2006)。

638.05亿美元,年均增长13.86%,其中,外商直接投资由19.56亿美元增加到603.25亿美元,年均增长18.7%;外商其他投资由2.98亿美元增加到34.8亿美元,年均增长13.08%。尽管外商直接投资和外商其他投资两类形式的利用外资规模均有增长,但结构变化却有显著的不同,前者由86.78%提高到94.55%,提高近8个百分点,后者由13.22%降到5.45%,降低近8个百分点。

二、外资企业发展

外商投资以企业为载体,对我国国民经济发展起到了重要的推动作用。根据《中国统计年鉴》(2006),截至2005年,我国已建立各类外商投资企业26万户,投资总额达到14639.93亿美元,注册资本为8120.33亿美元,其中外商资金为6319.3亿美元,占77.82%。外商投资企业广泛分布于农、林、牧、渔业,采矿业,制造业,电力、燃气及水的生产和供应业,建筑业,交通运输、仓储和邮政业,信息传输、计算机服务和软件业,批发和零售业,住宿和餐饮业,金融业,房地产业,租赁和商务服务业,科学研究、技术服务和地质勘察业,水利、环境和公共设施管理业,居民服务和其他服务业,教育,卫生、社会保障和社会福利业,文化、体育和娱乐业,以及其他行业。从外商注册资金分布来看,制造业占据绝大比例,为63.79%;房地产业,电力、燃气及水的生产和供应业,信息传输、计算机服务和软件业,其他行业及交通运输、仓储和邮政业依次居第二至六位,比例分别为11.43%、2.84%、2.49%、2.44%、2.35%。

由于《中国统计年鉴》(2006)在同一张表上并未列出2001年以来的对外借款数额,因而上述我国利用外资总量数据前后口径并不一致。显然,需要利用其他数据来源来弥补以上缺陷。表6-7、表6-8数据来源于《中国统计年鉴》(2006)对1998年以来我国外债余额的统计。它未对该外债余额指标给出明确定义,但从其包含的内容来看,与表6-6中的对外借款含义近似,可以将其视做对外借款。数据显示,2001~2005年5年间,我国外债余额增加1353.15亿美元,这一数值与1979~2000年22年间我国对外借款总计1471.57亿美元接近,表明2001年以来,我国对外借款形式的利用外资有了更快的增加。

另据国家发展和改革委员会统计,改革开放以来,我国借用国外贷款

表 6-7　　　　　　　　1998~2005 年我国外债余额

年份	总计 (亿美元)	按债务类型划分				按期限划分	
		外国政府贷款	国际金融组织贷款	国际商业贷款	贸易信贷	长期债务余额	短期债务余额
1998	1460.43	224.06	229.54	682.22		1287	173.4
1999	1518.3	265.6	251.39	653.8		1366.5	151.8
2000	1457.3	246.1	263.5	947.7		1326.5	130.8
2001	1701.1	237	275.7	972.3	216.1	1195.3	505.8
2002	1713.6	244.23	277.02	929.1	263.23	1155.6	558
2003	1936.34	254.2	264.67	1051.73	365.74	1165.9	770.44
2004	2285.96	322.08	251.01	1247.83	465.04	1242.87	1043.09
2005	2810.45	271.95	267.88	1362.62	908	1249.02	1561.43

资料来源：《中国统计年鉴》(2006)。

表 6-8　　　　　　　　1998~2005 年我国外债构成

年份	构成(%)	按债务类型划分				按期限划分	
		外国政府贷款	国际金融组织贷款	国际商业贷款	贸易信贷	长期债务余额	短期债务余额
1998	100	15.4	15.7	46.7		88.1	11.9
1999	100	17.5	16.5	43.1		90	10
2000	100	16.9	18.1	65		91	9
2001	100	13.9	16.2	57.2	12.7	70.3	29.7
2002	100	14.5	16.4	53.5	15.6	67.4	32.6
2003	100	13.1	13.7	54.3	18.9	60.2	39.8
2004	100	14.1	11.0	54.6	20.3	54.4	45.6
2005	100	9.7	9.5	48.5	32.3	44.4	55.6

资料来源：《中国统计年鉴》(2006)。

近 3000 亿美元。[①] 这些国外贷款主要用于能源、交通通信、原材料、农业、教育、卫生、环保等领域，对于促进国民经济和社会事业的发展、促进我国经济体制改革和对外开放，发挥了重要作用。目前，随着中国经济的持续健康快速发展，国际多边和双边低息贷款已逐步退出，国际金融组织和外国政府向中国提供优惠性贷款的规模也将逐步缩小。另外，世界银行等国际金融组织对中国的援助策略也已转为改善投资、经营环境，加快

[①] 郑娜. 25 年来中国借用国外贷款 3000 亿美元助经济发展. 人民网——《人民日报》海外版，2007-04-18.

向市场经济转型、满足贫困和弱势群体及落后地区的需要、促进环境可持续发展进程。针对这些新形势,国家将继续施行80%以上的国外优惠贷款向中西部地区和东北老工业基地的倾斜性政策。东部地区将主要侧重于新产业和新能源开发以及推动体制和机制创新,并在运作方式上进行一些新的探索。

第六节　基础设施建设融资模式的探索与进展

一、基础设施建设融资模式的形成

基础设施是国民经济发展的基础,是社会可持续发展的关键因素,同时也是提高城乡人民物质文化生活水平的基本保障。比较世界各国近现代经济的发展,那些经济发达的国家和地区基础设施都相当完备,而经济落后的地区基础设施相对薄弱,成为制约国民经济发展的主要因素。由于基础设施建设项目一般投资大、收益率较低、投资回收周期长、沉没成本高,具有消费的准公共物品性、经营的自然垄断性和投资的资金集合性等特点,这就使得各国政府在基础设施的建设中起着主导作用。随着实践的发展,西方发达国家开辟了利用民间资本来加快基础设施建设的途径,创造了多种有效的融资模式,大大提高了基础设施建设的速度和效率,促进了国民经济发展。

我国基础设施建设长期基本上实行的是政府单一管理体制,基础设施建设资金的筹措、使用和管理由政府包揽,逐步形成了以国家投资(主要是中央政府)为主、以地方政府投资为补充的体制,这也是我国基础设施投资的基本框架。融资渠道狭窄,政府财力有限,这是造成我国基础设施建设规模过小的主要原因。随着改革开放的推进,特别是20世纪90年代以来,我国基础设施建设的需求增大,而政府可提供的服务缺口太大,为了改变这种状况,政府在基础设施建设领域借鉴发达国家的成熟经验,并积极探索适合中国国情的投融资模式,推动了市场化融资的发展,也使得基础设施建设取得了突飞猛进的发展,取得了重要成就。为此,有必要对我国基础设施融资模式的探索和进展做一下回顾和总结。

我国基础设施融资模式是以市场化为取向,不断探索和推进的。基设施市场化运作的基本特点可归纳为：第一，项目的投资主体系非政府的市场主体；第二，项目的建设和经营及期限须获得政府的特许权；第三，投资成本收回及盈利依赖当地政府特许的经营权；第四，投资的风险由投资主体自行承担。基础设施市场化运作的探索和进展突出体现在 BOT 方式的引入及其变异发展。

二、基础设施建设融资模式的发展

（一）BOT 模式

BOT 是英文单词 Build、Operate、Transfer 的缩写，含义为"建设—经营—转让"。BOT 是一种国际通用的主要适用于公共基础设施建设的项目投融资模式，其操作的典型形式是：项目所在地政府授予一家或几家公司或私人企业所组成的项目公司以特许权利——就某项特定基础设施项目进行筹资建设（少量投资，大量融资），在约定的期限内经营管理，并通过项目本身的经营收入偿还债务和获取投资回报，在特许期届满后将项目设施无偿转让给所在地政府。BOT 投融资模式的核心内容在于，项目公司对特定基础设施建成后的特许专营权的获取，以及特许专营权具体内容的确定。因此，不论以何种 BOT 方式或类似于 BOT 方式运作的基础设施，其特许文件的授予或获取，都是投资主体决定投资基础设施项目建设的关键和前提。企业资本或私人资本在介入基础设施项目的运作过程中，由于基础设施种类、投融资回报方式、项目财产权利形态的不同，BOT 方式出现了不同的变异模式，如 BT（Build-Transfer，建设—转让）形式、BOOT（Build-Own-Operate-Transfer，建设—拥有—经营—转让）形式、BTO（Build-Transfer-Operate，建设—转让—经营）形式、BOO（Build-Own-Operate，建设—拥有—经营）形式、ROT（Rectify-Operate-Transfer，整顿—经营—转让）形式、POT（Purchase-Operate-Transfer，购买—经营—转让）形式，等等。

1993 年，国家计委在制定"八五"期间吸引外资计划中，首次提出引入 BOT 融资方式。次年，我国对利用外资政策进行重大调整，在基础设施方面，由限制外商直接投资转向引导，BOT 方式开始受到我国政府的高度重视。1995 年，国家计委、电力部和交通部联合下发了《关于试办外商投资特许权项目审批管理有关问题的通知》，为国内运作 BOT 项目提供了法规依据。同时，国家计委选择了广西来宾 B 电厂、成都第六水厂、长沙电厂等项目作为 BOT 试点项目，标志着中国 BOT 项目进入了规范运作的发展阶段。

在此前后，各地政府积极运作 BOT 项目，主要用于发展收费公路、发电厂、水利设施、地铁、桥梁、隧道和环线高架等基础设施，类似 BOT 方式的基础设施的建设模式不断发展。为规范其投资行为，各地制定了一系列地方法规或规章。1994 年 2 月，上海市人民政府颁布了第一个 BOT 投资模式的操作性地方规章《上海市延安东路隧道专营管理办法》，明确由上海市人民政府授权上海中信隧道发展有限公司（投资外方为香港中信泰富有限公司）经营、管理延安东路原隧道，投资兴建并经营、管理新隧道（延安东路隧道复线）的专营权，特许期限 30 年。此为上海市第一个有关专营基础设施的特许性文件。此后颁布了诸如两桥一隧、奉浦大桥、大场自来水处理厂、沪嘉高速公路、徐浦大桥、延安高架路、内环高架路和南北高架路、逸仙路高架和蕴川路大桥、沪宁高速公路（上海段）等多个专营管理办法。1994 年 5 月，海南省人大出台《海南经济特区基础设施投资综合补偿条例》，该条例针对海南省实际情况，对基础设施的规划、建设用地方式以及投资补偿做了明确规定。这是地方立法对各种大型基础设施市场化投资模式以及政府补偿方式的具有探索性的突破，为解决海南省本地投资资金匮乏而基础设施建设迫切需要的矛盾提供了重要法规保障。

（二）BT 模式

BT（Build-Transfer）模式是从 BOT 模式转化发展起来的新型投资模式，也在我国得到运用。BT 意为建设—转让（或移交），广义解释代表一个完整的投资过程，即项目的融资、建设、移交全过程。采用 BT 模式建设的项目，一般由政府或政府下属公司将项目的融资和建设特许权经招标方式转让给投资方，投资方组建 BT 项目公司，以在项目建设期行使业主职能，负责项目的投融资、建设管理，并承担建设期间的风险。项目建成竣工后，按照 BT 合同（或协议），投资方将完工的项目移交给政府（或政府下属的公司）。政府（或政府下属公司）按约定总价（或完工后评估总价）分期偿还投资方的融资和建设费用。政府及管理部门在 BT 投资全过程中行使监管、指导职能，保证 BT 投资项目的顺利融资、建成、移交。山西阳侯高速公路是我国第一条采用 BT 模式建设的公路项目，涉及总投资 54 亿元人民币。该项目的成功运作为 BT 模式在我国的推行提供了模板。①

(三) TOT 模式

TOT（Transfer-Operate-Transfer）模式也被引入我国基础设施建设。TOT 意为转让—经营—转让，由融资方把已经投产运行的基础设施项目在一定期限内移交给投资商（外资或内资）经营，以项目在该期限内的现金流量为标的，一次性地从投资商那里融得一笔资金，用于建设新的基础设施项目。约定期届满，投资商再将该项目的所有权及经营权无偿移交给融资方。TOT 方式一般不涉及"B"即项目建设过程，避免了 BOT 方式在建设过程中的各种风险和矛盾（如建设成本超支、工程停建或现金流量不足等），项目风险明显降低，投资者可以很快地从现存基础设施运营中获得利益，因此能更好地吸引国内外投资者前来投资，大大增加了引资成功率。TOT 融资方式作为一种盘活国有存量资产的有效方式，在 20 世纪 90 年代，随着国企改革的深入，在我国电厂、水厂、公路、桥梁等基础设施项目中得到了积极应用。山东省早在 1994 年就在交通运输领域通过 TOT 融资模式引进外资。比如，山东省交通投资开发公司与天津天瑞公司（外商独资公司）达成协议，将烟台至威海全封闭四车道一级汽车专用公路的经营权出让给天瑞公司，天瑞公司一次性付给山东省交通投资开发公司 12 亿元人民币，30 年后天瑞公司再将该公路无偿移交给山东省政府。山东省交通投资开发公司将得到的 12 亿元资金再投资于公路建设，从而加快了公路设施建设资金的周转。②

(四) PFI 模式

PFI 融资模式近年也成为我国一些基础设施项目的尝试性融资模式。PFI（Private-Finance-Initiate）英文原意是"私人融资活动"，我国译为"民间主动融资"，是英国 1992 年提出的一种公私相互合作提供基础设施服务的方式，即由政府部门采取措施促进私营部门有机会参与提供基础设施和公共物品的生产和公共服务；政府部门根据社会需求提出建设项目，通过招投标，由获得特许权的私营企业进行建设并运营，在特许期结束时将项目移交给政府，其间由政府购买私营部门提供的产品或服务。PFI 使政府由基础设施生产者转变为设施或服务购买者，是用民间资本进行公共

---

① 荀昭杰. 新兴起的 BT 投融资模式及实例. http：//www.chinavalue.net/showarticle.aspx.
② 冯宁宁. TOT 模式在我国铁路项目融资中的应用. 铁道经济研究，2006 (5).

项目开发与运营，由私人企业组建特殊目的公司（SPC，Special Purpose Company），按市场机制组织项目运作。在 PFI 中由私人企业承担设计建设风险、需求风险、经营风险、技术老化风险、商业风险等非系统风险，而政府部门则承担政策风险、法律风险等系统风险，这就发挥了政府部门与私人企业各自的优势，使风险减到最低。

自 1992 年英国政府提出 PFI 概念后，PFI 在英国基础设施领域的建设项目中迅速得到了广泛应用。在英国已经有资本总成本超过 100 多亿美元的约 250 个项目使用这种方式融资。在欧洲其他国家，例如芬兰的收费公路、瑞典的轻轨铁路、葡萄牙的桥梁、西班牙和以色列的高速公路等，也广泛应用了 PFI。近年，我国也有一些公益性基础设施建设项目尝试了这种融资方式，例如，北京市四环路建设项目，通过"收益权"质押方式获得国家开发银行贷款来建设；上海外环隧道建设项目，由上海市政府授权上海爱建信托投资公司建设和运营。这两个项目采用的实际上都是 PFI 融资方式。①

（五）PPP 模式

20 世纪 90 年代，PPP（Public-Private-Partnership，即公共部门与私人企业合作模式）融资模式也在西方国家特别是欧洲流行起来，在公共基础设施领域，尤其是在大型、一次性的项目，如公路、铁路、地铁等的建设中扮演着重要角色。为缓解城市公共交通面临的日益增长的巨大压力，提升城市功能，我国一些特大型城市在城市轨道交通（简称地铁）建设中，成功采用了 PPP 融资模式，推动了城市轨道交通建设。PPP 模式是一种优化的项目融资与实施模式，以各参与方的"双赢"或"多赢"作为合作的基本理念，其典型的结构为：政府部门或地方政府通过政府采购的形式与中标单位组建的特殊目的公司签订特许合同（特殊目的公司一般是由中标的建筑公司、服务经营公司或对项目进行投资的第三方组成的股份有限公司），由特殊目的公司负责筹资、建设及经营。政府通常与提供贷款的金融机构达成一个直接协议，这个协议不是对项目进行担保的协议，而是一个向借贷机构承诺将按与特殊目的公司签订的合同支付有关费用的协议，这个协议使特殊目的公司能比较顺利地获得金融机构的贷款。采用这种融资形式的实质是：政府通过给予私营公司长期的特许经营权和收益权来加快基础设施建设及有效运营。

---

① 孙丰旋，吴贤国. BOT 与 PFI 融资模式的比较研究. 价值工程，2006（11）.

随着中国现代化进程的加快，对城市轨道交通的需求日益迫切。由于轨道交通造价高昂（地下线每公里 5 亿元左右，地面线每公里 2 亿元左右），筹集建设资金成为制约轨道交通发展的首要障碍，需要积极创新融资模式，多渠道、多方式筹集资金，特别是引进外资和民营资本进入。PPP 融资模式就是一个可资采用的有效模式。2005 年 2 月，北京市政府与香港地铁公司草签北京地铁四号线项目《特许经营协议》揭开了中国内地轨道交通建设 PPP 模式的序幕。协议规定，地铁四号线的特许经营期为 30 年，项目总投资约 153 亿元人民币。其中 70%约 107 亿元由北京市政府出资，PPP 合作公司总投资约 50 亿元。PPP 合作公司大约 2/3 的资金将采用无追索权银行贷款。[①] 地铁四号线引入 PPP 模式也为其他类似工程建设提供了参考样板。

（六）上海市基础设施多元融资模式

城市基础设施是保证城市生产和生活顺利进行，提升城市功能，促进城市经济发展，提高居民生活质量的重要物质条件和关键要素。城市基础设施包括技术基础设施和福利基础设施两方面的内容。前者包括市政工程、能源、交通、通信、城市供水、污水处理等，后者涉及住宅、医疗卫生、文化教育、幼儿保健等设施。城市基础设施具有公共产品或准公共产品特征，其建设依赖大量资本投入，需要城市政府优化投资环境，创新投融资模式。上海市是较早探索城市基础设施建设投融资方式并取得重要突破的城市，以上海市为例可以集中反映地方政府在解决城市基础设施建设资金约束，加快城市公共产品供给中取得的成绩和经验。上海市 1992 年开始加大城市基础设施投融资体制改革，改变了过去政府投资的单一渠道，实现了资本化运作。通过投融资体制改革，上海建立了一套以政府为主导、多元化、高效率、良性发展的基础设施投融资体制，使上海市城市建设在 20 世纪 90 年代发生了根本性变化，为上海城市经济的发展奠定了坚实基础。不仅市政府在运作项目，区政府同样在运作项目。随着城市建设中市区两级管理体制的确立，区域性城建项目的资金筹措和还贷也向多元化方向发展。1992~1996 年，上海市用于城市基础设施的建设资金 1480 亿元，相当于整个 20 世纪 80 年代的 8 倍，1996~2000 年，上海市用于城市基础设施的建设资金达到 2300 亿元，相当于"八五"时期的 1.8 倍。在庞大的基础设施投资中，财政投入仅占 1/10，其他资金均来源于市场化的

---

① 陈柳钦. 运用 PPP 模式进行城市轨道交通建设融资. 上海铁道科技，2006（4）.

多渠道融资方式，具体包括以下几种：①

(1) 政府其他出资。包括财政贷款、土地批租收入、各类城市建设政策性收费。

(2) 国际资本市场融资。1989年，上海成功利用国际资本建设地铁一号线。之后，利用外资步伐大大加快，通过世界银行和亚洲开发银行融资，解决了杨浦大桥、污水治理工程、内外线高架等重大工程的建设资金。到1996年底，不包括在沪46家外资金融机构的贷款，上海直接利用外资进行交通、邮电等基础设施建设的资金高达100多亿美元。

(3) 发行城市建设债券。如发行浦东建设债券及市政建设债券、煤气建设债券等，为提高城市居民煤气普及率、加快高架路等重大市政项目建设发挥了重要作用。

(4) 市政设施专营权出让。上海市政府通过城市建设投资公司融资建成南浦大桥和杨浦大桥后，即对这两座大桥的经营权进行了转让，一举获得资金25亿元，并利用这笔资金建成了徐浦大桥。同时，又通过转让延安东路隧道的专营权建成了隧道南线。再如，沪嘉高速公路、沪宁高速公路上海段、延安高架桥西段，都是由政府出资建设后，转给国内外企业经营的。通过经营权的转让，存量资产变成了增量资产。到2002年，上海市已通过出让部分城市基础设施的专营权而获得了20多亿美元的资金。

(5) 组建上市股份公司，吸收社会闲散资金。1992年6月成立凌桥自来水公司，向社会发行股票，募集资金2亿元，这是我国城市给水行业中首家实行股份制的企业。稍后成立的原水股份有限公司是上海市自来水行业的第二家上市公司，它开创性地利用直接融资手段，建设投资额达30亿元的城市基础项目——黄浦江上游引水二期工程，日供原水能力达560万立方米。

(6) 吸引大企业投资基础建设。如上海实业等六大投资（金融）集团公司，先后参与基础设施建设。在延安路高架中段建设工程27亿元投资中，上海建工集团投资5亿元，开创了国有企业投资上海市政设施的先例。

(7) 融通社会基金。如借用市社会保障基金。

(8) 采用BOT（建设—经营—移交）方式融资。上海市通过BOT方式，建设了一大批重大基础设施项目，解决了大型基础设施项目资金需求大、政府投入不足的难题。

---

① 刘子斌. 城市基础设施投融资方式的探索. http：//www.glzlw.com/lunwen/jjgl/jjgl/200511/lunwen_37465.html，2005-11-20.

附录 6-1：三峡工程的投融资模式

兴建三峡工程，是中华民族几代人的夙愿。1992 年 4 月 3 日，第七届全国人民代表大会第五次会议审议并通过了《关于兴建长江三峡工程决议》。从此，三峡工程由论证阶段走向实施阶段。1994 年 12 月 14 日，三峡工程正式开工。2006 年 5 月 20 日，三峡大坝全线达到设计高程。

三峡工程全称为长江三峡水利枢纽工程，是治理和开发长江的关键性骨干工程，具有防洪、发电、航运等巨大的综合效益。工程建筑由大坝、水电站厂房和通航建筑物三大部分组成。整个工程包括一座混凝重力式大坝、泄水闸、一座堤后式水电站、一座永久性通航船闸和一架升船机。大坝坝顶总长 3035 米，坝高 185 米，水电站装机 26 台，总装机容量为 1820 千瓦，年发电量 847 亿千瓦时。三峡工程建设分三期，总工期 18 年。一期工程 5 年（1992~1997 年），主要工程除准备工程外，主要进行一期围堰填筑，导流明渠开挖。修筑混凝土纵向围堰，以及修建左岸临时船闸（120 米高），并开始修建左岸永久船闸、升爬机及左岸部分石坝段的施工。二期工程 6 年（1998~2003 年），工程主要任务是修筑二期围堰，左岸大坝的电站设施建设及机组安装，同时继续进行并完成永久特级船闸、升船机的施工。三期工程 6 年（2003~2009 年），主要进行右岸大坝和电站的施工，并继续完成全部机组安装。工程完工后，三峡水库将成为一座长达 600 公里，最宽处达 2000 米，面积达 10000 平方公里，水面平静的峡谷型水库。

据估算，三峡工程所需投资，静态投资（按 1993 年 5 月末不变价）为 900.9 亿元人民币，其中，枢纽工程 500.9 亿元，库区移民工程 400 亿元；动态投资（考虑物价上涨、利息变动等因素）为 2039 亿元。[①] 考虑到近年来我国经济发展较快、物价相对稳定、利率总体水平不高，预计三峡工程总投资可能会控制在 1800 亿元以内。[②]

在三峡工程开建前，对于我国国力是否足以支撑建设资金需求曾

[①] 新华网，http://news.xinhuanet.com/ziliao/2003-05/30/content_894678.htm.
[②] 中国长江三峡工程开发总公司，http://www.ctgpc.com.cn/sxslsn/index.phpmClassId=003003.

引起广泛的疑虑。然而,到 2006 年 5 月 20 日,三峡大坝浇完最后一仓混凝土,全线达到设计高程 185 米。这一史无前例的伟大成就打消了人们的疑虑。三峡工程建设得以顺利推进,并逐步实现设计目标,无疑与三峡工程在投融资体制上的创新分不开。

据中国长江三峡工程开发总公司总会计师杨亚的分析,三峡工程融资的基本经验是,充分利用国家的政策支持,及时吸纳体制改革与创新的成果,根据资本市场和国内外融资环境的变化,动态调整融资策略,化解风险,降低成本。三峡工程的融资实践可概括为"三个阶段、三种手段、三种效应"。①

1. 在"风险不明期",利用国家资本金和政策性银行贷款,发挥"种子效应"。在 1992~1997 年的一期工程(大江截流前)期间,工程本身尚未被大多数人认识,金融机构和投资者对未来的风险缺乏准确度量,这一阶段资金主要来源是国家注入资本金和政策性银行贷款。

为建设三峡工程,1992 年,国务院决定在全国范围内,按不同地区、不同标准,通过对用户用电适当加价的办法,征收设立三峡工程建设基金(三峡基金)。1993 年 9 月 27 日,国家成立三峡总公司,全面负责三峡工程建设的组织和实施。国务院批准把三峡工程建设基金作为国家对三峡总公司投入的资本金。三峡基金设立初期,除西藏自治区用电及贫困地区排灌用电外,全国人民每使用一度电,加征 3 厘钱进入三峡基金。以后,三峡基金征收标准又经两次上调:从 1994 年起,上调为每度用电征收 4 厘钱;从 1996 年 2 月 1 日起,直接受益和将要受益以及经济发达地区的 16 个省、市,每度用电上调到 7 厘钱,其他地区仍征收 4 厘钱。三峡基金的征收期限将一直延续到 2009 年三峡工程竣工。2003 年,财政部又批准三峡电厂所得税在工程建设期全额返还三峡总公司,作为国家注入三峡工程的资本金。同时,国务院还决定把葛洲坝发电厂划归中国三峡总公司管理,电厂上缴中央财政的利润和所得税全部作为三峡基金。三峡基金自 1992 年设立以来,在三峡工程建设中发挥着重要作用,到 2005 年底共到位 623 亿元,占三峡工程已完成投资总额的 51%,成为三峡工程最为稳定的资金来源。三峡工程整个建设期间三峡基金可征收 1100 亿元,占总投资的 50%以上。

---

① 张先国,刘诗平. 三峡工程融资模式及发电效益分析. 新华网,2006-06-15.

除了三峡基金作为资本金投入外，三峡总公司还利用政策性贷款筹集建设资金。1994~2003年，国家开发银行每年为三峡工程提供贷款30亿元，总额300亿元，贷款期限15年。三峡基金和国家开发银行贷款两部分资金解决了项目建设初期建设风险与融资需求的矛盾，并保证整体资产负债率不会太高。三峡基金和国家开发银行贷款作为三峡工程稳定可靠的资金来源，对整个工程建设起着重要的资金支撑作用。

2. 在"风险释放期"，利用资本市场，加大市场融资的份额，发挥"磁铁效应"。1997~2003年的二期工程（首批机组开始发电）建设期间，项目建设的风险大幅度降低，金融机构和投资者对项目成果与效益有了基本的把握，这一阶段三峡总公司逐步加大了市场融资的份额，并利用三峡工程磁铁般的巨大吸引力，优化融资结构。

1997年1月，国家计划委员会正式批准三峡债券发行计划。同年2月，中国长江三峡工程开发总公司在国内首次发行三峡工程债券，发债额度为10亿元人民币。1997~2005年，三峡总公司共发行了六期八个品种的企业债券，共募集资金220亿元，用于购买6台发电机组。2006年5月11日，开始发行总额30亿元的无担保三峡债券。三峡债券以其合理的定价水平、符合国际惯例的发行方式、良好的流动性和较高的信用等级，成为其他企业债券的定价基准，约90%的债券为机构投资者购买，被称为"准国债"、"龙头债"。据三峡总公司财务部门测算，利用债券融资以来，和银行长期贷款利息相比，每年降低工程投资成本约3亿多元。

三峡工程可预见的前景引起国内商业银行展开贷款竞争。1998年，三峡总公司分别与建设银行、工商银行、交通银行签订了总额为110亿元的三年期贷款协议，滚动使用，通过借新还旧、蓄短为长，增加资金调度的灵活性。此外，三峡总公司从2000年起逐步在物资设备采购和工程价款结算中采用票据结算方式，其融资成本比短期银行贷款利率低30%左右。

三峡工程左岸电站进口机电设备的招标合同曾被外国人称做"中国最聪明的合同"。三峡总公司充分利用竞争性招标的有利条件，不仅引进先进设备和技术提升我国机电制造业总体水平，而且创造性地引进了国外优惠资金。包括7个国家提供的出口信贷7.2亿美元和两个商业集团贷款4亿美元，这些信贷资金期限长、利率低、协议条款优越。

3. 在"现金收获期",利用新的股权融资通道和资本运作载体,发挥"杠杆效应"。2003年首批机组发电后至2009年的三期工程(全部机组投入运行)建设期间,工程逐步建成并发挥效益,陆续投产的机组将带来强大的现金流,建设风险进一步释放,这一阶段主要通过公司改制,建立股权融资通道,以资本运营的方式撬动资金持续稳定地流动。

三峡工程从2003年起,机组相继投产。随着首批机组投产,三峡工程总公司直接从股票市场融资的条件也逐步成熟。而此前,三峡总公司就已着手准备开辟股票市场直接融资渠道。2001年底,三峡总公司开始启动改制议程;2002年,改制重组方案获国务院正式批准。据此方案,三峡总公司于当年9月将公司的核心业务——发电业务,以葛洲坝电站资产为基础,控股设立长江电力股份公司,专门从事电力生产经营,并择机上市融资。同时,三峡总公司还获准成为国家授权投资的机构。这意味着三峡总公司不能停留在原来的项目法人的概念上。三峡总公司将逐步从以项目开发和电力生产经营为主,过渡到以资本运营为主,按照控股公司、集团公司的模式重新确定组织架构。

通过三峡总公司发起设立长江电力,开通股权融资通道,为三峡总公司建立了一个新的资本平台。2003年,长江电力在国内资本市场上市,一举募集资本金100亿元人民币,加上债务融资共187亿元收购总公司首批投产的4台机组。三峡总公司则通过出售发电机组,获得三峡三期工程与开发金沙江的资金,从而变成一个以发电企业或发电资产为产品的企业,通过"投资水电资源开发—承担开发风险—转让已投产的资产—投资新项目的开发",循环带动社会资本进入水电行业。

2006年5月15日,长江电力认股权证获中国证监会发行审核委员会发行批准,成为资本市场启动股权分置改革后首只实现上市公司融资功能的权证产品。长江电力向全体股东每10股无偿派发1.5份认股权证,发行总量12.28亿份。经历12个月存续期后,公司按5.5元/份行权发行股票,可募集资金总额约67.54亿元,全部用于收购三峡发电机组。按照设想,长江电力公司将在2015年之前陆续收购三峡工程所有26台发电机组,估计所需资金总额约为1200亿元,除来自机组运行售电收入部分外,发行股票和债券仍将是公司重要的融资

> 手段。
>
> 　　以上表明，三峡工程形成了多渠道、多方式有效融资的格局。融资方式包括：三峡工程建设基金，葛洲坝电厂发电收入，三峡电站施工期发电收入，国家政策性银行贷款，商业银行贷款，企业债券，国外出口信贷及商业贷款，股份化集资等。三峡工程融资模式体现了"三结合三为主"的原则，即"国内外融资相结合，以国内为主；长短期资金相结合，以长期为主；债权与股权相结合，以债权为主"。作为三峡工程建设和管理的主体，三峡总公司在国家政策的支持下，紧紧把握我国经济金融形势的变化发展，充分利用各种有利时机和条件，创造性地开拓了一些新的融资手段，解决了三峡工程这一特大型工程建设资金规模过大的难题，保证了工程建设的顺利进行和设计目标的如期实现。三峡工程建设的融资模式也为我国其他重大工程融资创造了有益经验。

本章参考文献

1. 秦跃群，李世祥，易明. 我国高科技企业融资模式与融资现状. 特区经济，2005（6）.
2. 沙治慧. 市场化：投资体制改革的必由之路. http：//www.studa.net/ jingji/061223/11180786.html.
3. 北京市财政志，http：//www.bjcz.gov.cn/zjcz/czz/czz.htm.
4. 王国刚. 进入21世纪的中国金融. 社会科学文献出版社，2000.
5. 殷剑峰. 中国金融产品与服务报告（2006）. 社会科学文献出版社，2006.

第七章 投资项目管理的改革

任何投资活动，都始于特定工程建设项目的规划与决策，终于该工程项目的建成投产。投资项目的决策正确与否，项目管理科学与否，对投资目标能否实现，具有重要意义。广而言之，一国投资项目管理的质量与水平，决定了一国经济持续健康发展的后劲与实力。

我国的投资项目管理，经历了从计划经济时代到市场经济的转变过程，经历了从传统的管理方式向现代项目管理方式的转变，项目决策和管理的科学化、民主化水平也在逐步提高。本章讨论我国投资项目管理的改革和发展过程。

第一节 投资项目管理的改革

一、计划经济体制下的基本建设管理

（一）基本建设投资决策与管理体制

20世纪50年代初，学习苏联的理论和经验，在苏联专家的帮助下，我国建立起高度集中的计划经济体制，以及计划经济体制下的基本建设体制。这一体制在实行过程中也曾做过一些改革，主要是管理权限的下放和调整。1978年中共十一届三中全会以后，我国开始逐步对计划体制以及相应的基本建设体制进行市场化改革。

依据50年代苏联的划分方法，凡是形成固定资产的经济活动过程，都是基本建设。但在实际工作中，把固定资产简单再生产范围以内的基本建设，划归各级经委主管，视做现行生产；而固定资产的扩大再生产，如

新建、改建、扩建，则称为基本建设，划归各级计委和建委主管。所以，基本建设既包括固定资产更新，也包括固定资产的新增和扩大。

1. 计划体制下基本建设项目决策和管理的主要特点

（1）基本建设投资决策权集中于中央。在宏观决策方面，国家计委通过基本建设五年计划和年度计划，确定基本建设的投资规模、投资方向、项目的产业和地区布局等重大决策。在项目决策方面，所有规模以上项目的计划任务书、初步设计、设备成套项目由国家计划部门和建设部门审批。限额以下的地方项目，也由中央有关部门审查批准。

（2）基本建设投资主要由中央拨款。所有基本建设投资，都要纳入基本建设年度计划，才能拨款。

（3）统一建立基本建设管理机构。1952年成立国家计划委员会，负责制订全国基本建设的长期规划和五年计划。1954年成立国家建设委员会，把限额以上项目的决策权和设计审批权集中到中央。同年又成立了建筑工程部，负责归口管理全国的建筑业。各省市设建筑工程局。此外，财政部、物资和中央、地方的主管部门都设有主管基本建设计划、财务和物资的职能机构，从上到下，形成了统一的基本建设管理机构。

在基本建设管理制度方面，确定了"先勘察，后设计；先设计，后施工"的原则；规定了"设计任务书—初步设计—技术设计—施工图"四阶段设计程序；规定了"八阶段"基本建设程序；制定了各种预算定额、概预算编制细则、预算价格以及各种工程的费用定额标准。

2. 计划体制下基本建设体制的主要框架

国家计委在基本建设管理中起着决定性作用。在宏观决策方面，计委负责制订基本建设计划，确定基本建设投资规模、投资方向、项目的产业和地区布局等重大决策。在具体项目的决策方面，国家计委负责大中型项目的确定、项目投资安排、计划任务书的审批等。

国家建委对基本建设实行全面管理。其主要职责是：执行基本建设计划，负责制定相关方针政策。具体包括：按时检查计划执行情况，协调解决相关问题；组织重点项目的落实；组织领导设计施工方面的相关工作，制定相关规章制度；组织基建科研和技术革新活动；管理城市建设和城市规划方面的工作等。

地区基本建设委员会全面负责本地区的基本建设工作，负责基本建设计划的实施，制定相关方针政策。具体工作内容与国家建委相仿。

建设单位是执行基建计划的基层单位，是一定建设项目的拥有者，以及建设工程的组织者和监督者。其职责包括：编制基本建设计划和预算，委托设计和施工，组织物资调配和设备采购、生产准备工作，组织竣工验收，交付使用。

设计单位根据建设单位委托，按照计划任务书的要求，进行工程设计，对工程设计质量全面负责。

施工单位根据建设单位委托和工程设计文件，进行土建施工和设备安装，对工程的建筑安装质量负全责。

中国建设银行成立于1954年，负责管理基本建设支出预算和财务，办理基本建设拨款、结算和放款，对企业、机关等用于基本建设的自筹资金，也负责结算业务，对建设项目全过程进行财政监督。

(二) 基本建设投资决策和管理程序

总体上说，基本建设投资决策与管理程序包括计划的编制、下达、执行、检查和总结等环节的完整过程。

1. 基本建设投资的宏观决策和管理的程序

编制基本建设计划是宏观投资建设项目管理的主要方式和内容。国家基本建设计划是国民经济计划的重要组成部分，包括确定全国基本建设投资的总规模，投资在各部门、各地区的分配，并确定重大的建设项目等。国家基本建设计划由国家计委负责编制，国家建委参与编制。各部门、各地区的计委和建委，根据国家基本建设计划的要求，编制本部门和地区的基本建设计划。

计划的编制一般采取"两下一上"的程序，即国务院先下达控制数字或建议数字，然后由各级编制计划草案上报，最后由国务院下达正式计划。

国家计委编制的全国计划包括国家基本建设计划由国务院审定，经提请全国人民代表大会审议批准后，作为正式计划，下达到各部门和各地区，并逐级下达到基层单位组织落实，由建委监督检查。

2. 基本建设投资的微观决策和管理程序

计划经济体制下的微观管理程序，分为八个循序渐进的步骤，它们是：

(1) 计划任务书。所有新建、改建和扩建项目，国家重点项目，以及挖潜、革新、改造项目，都要编制计划任务书。计划任务书由主管部门组织计划、设计等机构提前编制。

计划任务书是确定建设项目和建设方案（包括建设规模、建设根据、建设布局和建设进度等）的重要文件，是编制设计文件的依据。

按规定，大中型项目的计划任务书的主要内容有：建设目的和根据；建设规模、产品方案或生产纲领，生产方法或工艺原则；矿产资源、地质、水文和原材料、燃料、动力、供水、运输等协作配合条件；资源综合利用和"三废"治理的要求；建设地点或地区，估算占用土地数量；防空、防震等要求；建设工期；投资控制额；劳动定员控制数；要求达到什么样的经济效益和技术水平。改、扩建大中型项目的计划任务书还应包括原有固定资产利用程度和现有生产潜力发挥情况。自筹大中型项目的计划任务书中，还应注明资金、材料、设备的来源，以及同级财政、物资部门签署的意见。小型项目计划任务书的内容可以适当简化。非工业大中型项目可以参考上述事项内容对计划任务书另做规定。新建工业区、矿区、林区应有区域规划。重大水利枢纽和大型水电站应有流域规划和河段规划，铁路干线要有路网规划，跨省区长距离输油管、输气管应有管网规划。

大中型项目的计划任务书，由中央主管部或省、市、自治区审查，报国家计委批准。部直属及下放项目的计划任务书，上报前要征求所在省、市、自治区意见。小型项目的计划任务书，按隶属关系，由中央主管部或省、市、自治区审批，审批权限原则上不再下放。

计划任务书的批准，意味着项目的确定。

(2) 选择建设地址。根据地区规划和计划任务书的要求，可以选择建设地点。选址主要考虑的问题包括：资源、原料是否落实可靠；工程地质和水文地质等建厂的自然条件是否可靠；交通运输、燃料动力等建厂的外部条件是否具备，经济上是否合理等。

项目选址，按项目隶属关系，由主管部门组织勘察设计等单位和所在地有关部门共同进行，并要取得当地规划部门的同意。

建设选址的审批权限是：新建工业区和大型项目须报国家建委审批；中小型项目按隶属关系由中央主管部门或省、市、自治区审查批准；部直属或商地方安排的中小型项目的建设地点，应取得所在省、市、自治区的同意。

(3) 编审设计文件。建设项目的计划任务书和选址报告审批合格后，就可以着手编制设计文件。计划任务书是进行设计的依据，设计文件是计划任务书的进一步深化。

建设项目按规模大小和技术复杂程度，分为两个阶段或三个阶段进行。大中型项目，一般采取两段设计，即初步设计和施工图。特大型或特别复杂的项目增加技术设计阶段。小型简单的项目，也可将初步设计和施工图合并。

初步设计要确定建设项目技术的可行性和经济合理性，解决项目所有重要的技术和经济问题，对项目做出全面规划。初步设计获得批准之后，才能列入计划，才能进行征地、土建准备、设备采购等具体工作。

初步设计的审批权限是：大型项目的初步设计和总概算，由中央主管部门或省、市、自治区审查，报国务院批准。

（4）编制年度计划。设计文件批准后，可列入年度计划。只有被列入计划，设计文件确定的年度投资、设备、材料、施工进度等才有保证。

（5）设备订货与施工准备。施工准备的主要内容包括：征地、拆迁、编制施工组织设计和施工图预算、三通一平、准备建筑材料等。

（6）施工。

（7）生产准备。

（8）竣工验收，交付使用。

以上八个步骤，前三步可视为基本建设项目投资微观决策，后五步可视为投资项目的具体实施阶段。

（三）计划体制下基本建设管理的经验教训

1. 计划体制下基本建设的伟大成就

基本建设计划管理体系是仿照苏联模式建立起来的，在当时有着深厚的国际、政治、经济、文化的背景。这一体制在实践中逐渐形成和完善。总体说来，这一体制与我国当时的计划体制和经济发展水平相适应，基本建设程序也基本反映了基本建设的客观规律，具有科学的因素。基本建设的计划体制发挥了集中力量办大事的优势，在"一穷二白"的基础上，初步建立起了较为完整的国民经济体系。新中国成立初期，全国工业固定资产只有 124 亿元。"一五"期间，以苏联援建的 156 项为重点、限额以上 694 个大中型建设项目的建成投产，奠定了我国现代工业的初步基础。到 1979 年，固定资产投资总额达到 8444 亿元，建成了 35.5 万个工业企业，形成固定资产 5000 亿元。30 年间工业总产值的年均增长速度为 11.2%，工业净产值占国民收入的比重从 19.5%提高到 46.7%，各主要工业产品产量的世界排名显著上升。同时，全国生产力布局状况也有很大改善。但是，前 30 年中国建设在取得巨大成就的同时，也走过了曲折的道路，付出的代价不小，教训也非常深刻。

2. 对基本建设程序和管理规则的冲击

"八步骤"的基本建设程序，大体上是好的，但也有缺陷，主要缺点在一头一尾。在开头，在编制计划任务书之前，缺少一个项目预研究/投资建议的环节，而搞好可行性研究，做好调查和规划工作，这样才可以尽量避免盲目性，减少盲目建设、重复建设、争上项目、不顾后果等不负责任现象的发生。程序结尾也有漏洞。有些项目竣工不验收，验收不竣工；有的竣工验收之后不能投产，投产后不能正常生产，或生产多年达不到设计能力等。如果增加一个后检查/后评估环节，效果会好些。

总体说来，第一个五年计划期间，以及"文革"之前的几年，基本建设投资决策和管理做得比较好，基本建设程序坚持得比较好，经济建设进行得比较顺利，投资效果也比较好。"大跃进"期间，以及"文革"期间，在"左"的思想的指导下，项目决策急于求成，只重速度不讲质量，基本建设的正常程序和管理规则受到较大冲击。有的项目完全不按基本建设程序办事。很多项目忽视前期工作：有的没有计划任务书，有的没有选址报告，有的初步设计不经审批，有的不经过综合平衡。不少项目原材料不落实，有的投产后无销路，盲目投资，重复建设，给国民经济造成了严重的损失和浪费。不少项目受到来自"长官意志"的干预，干扰了正常程序的进行。虽然有关方面多方纠正，但是问题始终没有得到根本解决。例如，1978年列入国家计划的大中型项目中，就有20项没有编制计划任务书。据当时某省的统计，该省从1958年到1977年的20年中，报废的较大建设项目就达81个，相当于每年有4个较大的项目报废。由于项目决策的失误，有些项目建起来后不能发挥作用。据一些调查资料分析，在建成投产项目中，有30%~40%的项目不能发挥作用。又据对1978年底以前建成的17个成套引进项目的调查，1979年能力利用率在50%以下的有6个，在65%和76%的各一个。也就是说，大约有半数的项目利用率很低。

3. 计划体制下基本建设管理制度的问题与不足

基本建设计划管理的最大问题是权力过于集中于中央，忽视了地方和企业的利益和积极性。首先，中国是个大国，各地情况千差万别，有各自的特点和需要，理应发挥地方的优势，因地制宜地开展建设。特别是随着生产和建设的发展，基本建设的规模越来越大，项目越来越多，全部靠中央，也难以管好。其次，是对企业管得过死，忽视了企业的利益，不利于调动企业的积极性。企业在固定资产再生产方面的权限只限于利用大修理和部分折旧基金进行局部的更新改造。在很长一段时间内，企业基本折旧全部上缴财政，企业技术改造所需资金全部由国家财政拨款解决。甚至"四项费用"（技术措施费、新产品试制费、劳动保护措施费和零星土建工程开支）也要纳入基本建设计划，由预算拨款解决。其间，在中央和地方、中央和企业的关系方面，陆陆续续进行了多次调整，但一直未能摆脱"一放就乱，一收就死"的怪圈。另外在管理方式上，主要采用直接的行政手段管理建设项目，较少用经济手段实行间接调控。

二、投资项目决策与管理的改革

(一) 投资项目决策改革的起步

改革开放之初,国民经济处于崩溃的边缘,百废待兴。痛定思痛,人们开始反思 30 年中经济建设领域的成功经验与惨痛教训,开始了投资决策与管理的改革尝试。

这一阶段的改革主要在以下方面:

1. 严格基本建设程序,规范建设项目管理

1978 年 4 月 21 日,国家计委、国家建委、财政部发布《关于基本建设程序的若干规定》,要求所有的新建、改扩建项目都需要编制计划任务书。

同年,国家计委、国家建委、财政部规定了"十二个不搞",包括:不准搞资源不清的项目;不准搞工程地质、水文地质不清的项目;不准搞工艺不过关的项目;不准搞工艺技术十分落后、消耗过高的项目;不准搞协作配套条件不落实的项目;不准搞污染环境而无治理方案的项目;不准搞"长线"产品项目;不准搞重复建设的项目;不准搞"大而全"、"小而全"的项目;不准搞与现有生产企业争原料的项目;不准搞盲目引进项目;不准搞"楼堂馆所"。这一规定针对当时很多项目前期工作不扎实、建设条件不落实、盲目决策、重复建设的现象,做出了具体规定,在实践中也起到了一定作用。

1980 年 4 月,全国基本建设工作会议提出扩大国营施工企业的经营管理自主权,确定其合理利润,实行利润留成制度。

1984 年,国务院相继出台《国务院批转国家计委关于工程设计改革的几点意见的通知》和《关于改革建筑业和基本建设管理体制若干问题的暂行规定》,提出了包括全面推进基本建设项目投资包干责任制、改革建设资金管理办法、改革项目审批程序等 16 个方面的改革。

2. 基本建设投资"拨改贷",扩大企业自主权

1979 年 8 月,国务院批准《关于基本建设拨款改贷款的报告》,尝试用有偿使用资金的办法来管理财政投资,并开始在上海、吉林、河南 3 个省、市的 8 个建设项目中试点。1980 年试点范围进一步扩大,试办贷款的单位发展到 1500 多户,既有地方项目,又有中央项目,既有小型工程,又有大中型项目。试办贷款的行业,从轻工、纺织,发展到电力、煤炭、石油、交通、建工、机械、建材、商业、外贸、文化、医药等 20 多个。贷款金额从 7000 多万元增加到 36 亿多元。电力部直属的大中型火力发电项目，已经全部改为银行贷款。上海、湖北、福建、云南等省、市，国家预算直接安排的投资改为贷款的已有 1/3 左右。

  试点成功后，1984 年国家计委、财政部、建设银行联合发布《关于国家预算内基本建设投资全部由拨款改为贷款的暂行规定》，要求自 1985 年起，凡是由国家预算安排的基本建设投资全部由财政拨款改为银行贷款。这一规定使得基本建设投资由财政拨款改为银行贷款，变无偿使用国家资金为有偿使用。

  基本建设投资"拨改贷"，使基本建设管理工作朝着尊重客观经济规律，发挥经济组织、经济手段作用，讲求经济效果的方向前进。试办贷款的单位，一般都试图合理安排项目，保证工程质量，加快建设速度，节约建设资金。由于从过去花国家的钱变为现在花自己的钱，过去盲目决策、盲目投资的情况发生了一定变化。在一定程度上，"拨改贷"是投资主体的转移，从国家直接投资变为企业投资。这不仅是投资信贷体制改革的开始，也标志着投资项目决策改革的正式开始。

  这一阶段的改革成果，主要是推出了"拨改贷"的改革，使国有单位的投资由完全依靠财政拨款、无偿使用变为主要依靠银行贷款、有偿使用，从此企业开始关心项目的经济效果，关注投资决策的问题。随后从投资决策与管理中的计划与市场问题入手，开始改革设计、施工管理体制，简化审批程序，继而打破了政府作为单一投资主体的格局。但是，在投资决策的程序方面，仍存在很多问题。

  总体上说，这一时期还处于经济体制改革的初期，其特点是在计划经济的基础上适当引入市场因素。计划经济仍占统治地位，国营企业仍占统治地位。在发展环境方面，国民经济处于恢复和调整阶段，投资规模从较低水平在逐渐提高。因此，这一时期的投资决策和管理改革，主要是针对基本建设中存在的弊端和问题，完善和规范原有的规则和方法，试图兼顾地方的利益，适当扩大建设单位、设计施工单位的自主权，调动地方和企业的积极性等方面。

（二）投资项目决策改革的推进

  1984 年，中共十二届三中全会通过《中共中央关于经济体制改革的决定》，明确指出社会主义经济是有计划的商品经济，以城市为中心的改革全面推开。1988 年 6 月，国务院批准了国家计委《关于投资管理体制的近期改革方案》，从扩大企业投资决策权等 7 个方面提出了具体的改革设想，标志着我国的投资项目决策和管理改革进入了推进阶段。这一时期的投资项目决策和管理改革主要在以下几个方面：

1. 投资主体、决策主体、管理主体多元化、多层次化

在计划经济时期，国有企业占统治地位，主要是由中央政府进行项目投资决策和管理。随着经济改革的深化，我国的经济结构发生了重大变化，国营企业在改革、改制、改组，"三资"企业逐渐增多，民营企业不断发展，金融机构的改革不断深化。同时，我国的财税体制经过 20 世纪 80 年代初期的"分灶吃饭"的分权制度，80 年代后期的"大包干"管理改革，特别是 1994 年的分税制改革，由行政性分权跨入了经济性分权，各级地方的收入和利益得到制度保证。在这种情况下，基本建设投资已经发展为中央政府、地方政府、各级部门、企业和个人等多层次的项目决策和管理体系。不同规模、不同投资主体、不同行业的项目，分别由相应的主体决策和实施，由相应的机关进行审批和管理。

2. 投资项目决策概念逐渐清晰

一般来说，投资项目决策包含了以下三重决策：一是投资决策，即项目规划，要解决的问题是确定何时何地以什么方式建何种项目。一般来说，商业性项目的投资决策由资本所有者做出，公益性项目的投资决策由政府做出。二是资本决策，由权益资本所有者判断项目可能带来的收益（资本回报或者社会效益），决定是否出资建这个项目，进而设计具体的项目结构。三是信贷决策，由债务资金提供者判断项目的风险和清偿能力，决定是否提供以及以何种条件提供债务资金。

3. 管理方式间接化

国家在投资管理中逐步用指导性计划取代指令性计划，运用产业政策、税收、价格和利率等间接调控手段调节投资方向和各类投资主体的投资行为。表现为，越来越多地依靠发挥市场机制作用和运用经济杠杆而不是行政命令去调节资本要素的配置；在项目建设的全过程引入市场竞争机制。

（三）投资体制改革的深化

1992 年邓小平视察南方重要讲话发表和中共十四大确定深化投资体制改革，为投资项目决策和管理改革提供了新的契机。中共十四届三中全会通过的《关于建立社会主义市场经济体制若干问题的决定》（以下简称《决定》），提出："逐步建立法人投资和银行信贷的风险责任。竞争性项目投资由企业自主决策,自担风险,所需贷款由商业银行自主决定,自负盈亏。用项目登记备案制代替现行的行政审批制,把这方面的投融资活动推向市场,国家用产业政策予以引导。"《决定》确定了中国经济体制的基本制度框架,中国改革进入整体推进的新阶段。同时,中国经济快速发展,投资规模不断扩大,投资管理改革开始深化。

但是,投资决策改革过程中仍然存在着很多问题。特别是1994年财政体制改革后,国家和地方财政"分灶吃饭",地方政府在财政上的独立性和压力同时增大,各地政府都把扩大投资作为经济发展的主要方式。"长官意志"和急于求成使项目的可行性论证成为摆设,投资决策更是几乎没有科学依据。同时,由于国有企业的领导不承担投资决策失误的责任,许多企业的领导者都不计后果地把扩大企业规模作为自己职级晋升的手段,向政府要投资,向银行要贷款。这样的体制使得投资决策的后果无人负责,甚至不计后果,最终导致很多项目难以维持,银行贷款无法偿还,工程的建成之日就是停产之时,社会资源浪费惊人。根据当时的文件规定,项目审批应该遵照严格的审批程序。大中型企业限额以上项目应由国家计委来审批。具体限额是,能源、交通、原材料等行业投资5000万元以上、其他行业的项目限额3000万元以上的项目由国家计委审批;投资在2亿元以上的项目须上报国务院审批。但在实际操作中,上述限制并没有被严格执行。由于一旦能够获得国家的批准,就可以获得银行贷款支持并在环保方面得以通过,因此,企业把注意力都放在了如何"跑项目"之上,而忽略了投资决策。事实上,如果地方政府的财政收入足以支持项目建设开工,则不会主动去国家计委要求项目被审批。

从20世纪80年代末到2004年的十几年,虽然在投资领域进行了一系列改革,基本形成了投资主体多元化、资金来源多渠道、投资方式多样化、项目建设市场化的新格局。但是,还有一些深层次的矛盾和问题还没有得到根本解决,其中主要有:

1. 国有资产投资决策责任没有完全落实

长期以来,国有企业投资决策者的利益与投资项目的成败没有必然联系,没有形成"谁投资,谁决策,谁承担风险"的责任制度。

2. 投资决策科学化、民主化的改革有待加强

审计是督促国有资产决策和建设管理人员合理使用建设资金、及时发现资金使用问题的有效手段。我国当时并未建立完善的外部监督制度。

因此,进一步深化投资决策改革,建立科学化、民主化、法治化的投资决策机制,是建立和完善社会主义市场经济体制的客观要求。

2004年7月25日，国务院颁布《关于投资体制改革的决定》（以下简称《决定》），这是我国投资项目决策改革的一个新的里程碑。《决定》的指导思想是：按照完善社会主义市场经济体制的要求，在国家宏观调控下充分发挥市场配置资源的基础性作用，确立企业在投资活动中的主体地位，规范政府投资行为，保护投资者的合法权益，营造有利于各类投资主体公平、有序竞争的市场环境，促进生产要素的合理流动和有效配置，优化投资结构，提高投资效益，推动经济协调发展和社会全面进步。

《决定》中有关投资项目决策改革的内容主要有：

（1）确立企业投资自主权，改企业投资项目的审批制为核准制和备案制。这是我国投资项目决策改革的一项重大制度创新。《决定》要求，今后政府投资项目仍然实行审批制，对不使用政府投资资金的企业投资项目，一律不再实行审批制，政府只对其中的重大项目和限制类项目进行核准，对其他项目实行备案制。为保证这一制度的顺利实施，作为《决定》的附件，公布了《政府核准的投资项目目录（2004年本）》。

与审批制相比，核准备案制在适用范围、审核内容和审核程序方面均有很大区别。从适用范围来看，审批制只适用于政府投资项目和使用政府性资金的企业投资项目；核准备案制适用于企业不使用政府性资金投资建设的重大项目、限制类项目。从审核内容来看，审批制身兼双职，需要从社会管理者的角度和投资所有者的角度审核企业的投资项目决策；核准备案制则保证了政府只从社会和公共管理者的角度审核项目，主要考虑的内容是经济安全、资源开发利用、生态环境保护、优化区域布局和产业结构、保障公共利益、反垄断等内容，而不需要操心关于项目前景、经济效益、资金来源、技术方案等微观层面的内容，从而真正实现了放权给企业。从审核程序来看，审批制需要经过"项目建议书"、"可行性研究报告"和"开工报告"三个环节，而核准备案制只有"项目申请报告"一个环节。

（2）合理界定了政府投资的职能。政府投资主要用于关系国家安全和市场不能有效配置资源的经济社会领域，用于加强公益性和公共基础设施建设、保护和改善生态环境、促进欠发达地区的经济社会发展、推进科技进步和高技术产业化。采取直接投资、资本金注入、投资补助、转贷和贷款贴息等方式，合理使用各类政府投资资金。对非经营性政府投资项目，加快推行代建制。

（3）完善投资宏观调控体系，改进调控方式。综合运用经济的、法律的和必要的行政手段，对全社会投资进行以间接调控方式为主的有效调控。在我国基本建立起中国特色的社会主义市场经济体制后，特别是加入世界贸易组织后，市场化的程度在逐渐加深，国际化的趋势日益加剧。政府在进行宏观调控时，也越来越采用经济手段调节。一方面是政府职责的内涵越来越清晰和依法行政的不断完善，另一方面是市场中的各种信号基本具备了传达经济手段政策的功能。因此，在企业成为投资决策主体的大背景下，政府的投资管理模式也必然发生转变。

（4）完善对政府投资的监督管理，建立政府投资责任追究制度，健全政府投资制衡机制，建立政府投资项目后评估制度和社会监督机制；加强和改进对社会投资的监督管理，建立健全协同配合的企业投资监管体系，依法加强对企业投资活动的监督，建立企业投资诚信制度；加强对投资中介服务机构的监管，对咨询评估、招标代理等中介机构实行资质管理。

《决定》的颁布，是我国投资项目决策和管理走向市场化和法治化的重大步骤。但是，在具体实施过程中还需要细化和深化，特别是政府放权的彻底性以及银行等金融机构独立审贷的程度，都考验着投资体制市场化和法制化改革的实际成效。因此，也有专家学者表示了对《决定》中一些改革内容实施怀有疑虑。如：核准制有可能成为变相的审批制；《目录》中所列条目太过宽泛；国有资本最大的问题在于投资效益而不在"审批"（郭励宏，2004）；相关责任追究制度不完善（罗云毅，2004）；等等。这些都将成为下一步改革所需要解决的问题。

三、投资项目决策的科学化、民主化与法治化

科学化与民主化是保证决策质量的必要途径。决策科学化是指广泛应用当代科学知识，遵循事物发展的客观规律，更科学、客观和准确地预测项目或其他计划实施的代价和收效，为决策提供依据，避免无知与蛮干。决策民主化的目的不仅仅是集思广益，避免疏漏，更重要的是在决策中协调不同利益群体，保证决策的公正性，防止决策出现利益关系扭曲。科学决策只有建立在民主决策的基础上才能保证决策的正确性和可行性。科学化与民主化，一个是实质性工作，一个是程序性工作，民主化是对科学化的监督与保障手段，没有实现民主化的投资决策程序，投资效率无法得到保障，但是决策程序过分烦琐对于投资决策的效率也会产生负面影响。

决策法治化，是指政府的各项决策必须以宪法、法律和法规为依据。在重大项目决策上，就是要建立一套民主的、科学的决策制度、规范和程序，使决策有法可依，有章可循。

"决策科学化、民主化、法治化"是一个多层次的目标体系，它要求决策过程必须建立在制度的基础之上，经过科学的程序，广泛发扬民主，大量收集信息，充分研究论证，采用集体决策的方式，利用现代化的技术手段，把静态的典型研究与动态的系统分析结合起来，把定性分析与定量分析结合起来，以期最大限度地提高决策质量。

（一）我国投资项目决策科学化、民主化的发展历程

回顾我国投资项目决策的历史，经历了曲折，付出了代价。早在新中国成立之初的"一五"时期，国家重点工程的建设就坚持了投资前的技术经济论证工作，保证了投资效益。1958年开始的"大跃进"中则抛弃科学，蛮干成风，损失巨大。随后的反思促进了20世纪60年代初经济效果大讨论和科学决策研究的热潮，催生了以研究建设项目投资决策分析方法为重点的具有中国特色的技术经济学。然而随后而至的"十年动乱"又把这种探讨和学科建设打入资产阶级学术范畴，政治上搞臭，组织上解散，国民经济处于崩溃边缘。两次逆转与其说是决策科学的不成熟，不如说是在错误的政治气候下决策机制的大倒退。

改革开放以来，投资项目决策的科学化、民主化出现了喜人的变化。

——科学决策的理论和方法研究空前发展。80年代投资项目决策科学化掀起高潮，现代决策科学和项目可行性研究与评价理论被大量引进、学习和迅速应用。

——初步形成了科学决策的体系和制度。在吸收和借鉴联合国工业发展组织、世界银行和发达国家在发展中国家援建项目可行性研究、项目评价和投资管理经验基础上，结合中国国情，形成了自己的制度和规范。如1983年国家计委颁布了《关于建设项目可行性研究的实行办法》，1987年颁布了《建设项目经济评价办法》第一版。可行性研究和项目评价已进入项目投资建设的法定程序。

——改革开放以来大规模的经济建设锻炼了队伍，锻炼了人才。高等院校工程、经济和管理专业纷纷开设技术经济学课程，建立了硕士和博士研究生培养系列。从事可行性研究和决策咨询的社会服务机构发展迅速。我国已经有能力组织诸如"南水北调"、"三峡工程"等超大型项目的跨部门、跨地域、跨学科的大规模的可行性研究和项目论证和评价工作。

——重大项目开展专家咨询。中央和地方各相关部门，大都建立了咨询专家人才库。在重大项目立项、论证的过程中，重视发挥专家咨询作用，为其进行调查研究、搜集资料提供必要的支持。在决策过程中注意吸

收专家的意见。

例如,长江三峡工程,从1955年长江水利委员会进行初步勘察设计开始,到1992年全国人大通过最后决议,经过了近40年研究论证历程。改革开放以后重新论证时,成立了由412位专家组成的专家队伍,分成14个专业组,进行了详细研究论证。1988年底提交了14份专题论证报告,对所有不同意见进行了客观记录,对未签字专家的意见均收录作为报告附件。1992年4月3日,七届全国人大第五次会议以1767票赞成、177票反对、664票弃权、25人未按表决器通过了《关于兴建长江三峡工程的决议》,并向全世界公布了投票结果。这是我国重大项目决策科学化、民主化、法治化的一个典型案例。

——2004年国务院正式发布实施的《关于投资体制改革的决定》及配套文件,标志着我国投资决策科学化、民主化进入法治化的新阶段。我国正在逐步建立比较健全的决策咨询制度、决策听证制度、决策后评估制度和决策责任制度。

(二) 深化投资项目决策科学化、民主化和法治化的途径

为了进一步加强投资决策的科学化、民主化和法治化建设,以下几个方面应予以重视:

(1) 继续深化行政审批制度改革,简化审批程序,使交易成本下降。允许更多的投资主体进入,必将在客观上推进政府投资决策的科学化进程。

(2) 提高专家参与程度,充分听取不同领域专家的意见和建议,深入调查和充分论证之后再进行决策,避免决策的盲目性。

(3) 在项目决策之前,应该通过各种形式吸收群众参加决策,充分听取群众的各种意见。有些特大项目,还应扩大论证范围,组织更多的人参加讨论。吸收群众参加建设项目决策,可以避免和减少决策上可能产生的失误。

(4) 进一步加强外部监督,逐渐增加决策的透明度,才能减少决策失误,降低失误的成本和风险。

(5) 加强决策的严肃性,"谁决策,谁负责";此外,对于依照程序决策失败的情况,应建立规范化的解决方式。

(6) 健全投资决策方面的立法。配合《决定》的实施,应该组织力量加强《投资法》的研究,最终建立具有中国特色的投资决策与监管的制度体系。

第二节 可行性研究的引入与发展

一、计划经济体制下的技术经济分析

在"一五"计划期间,我国从苏联引进了"方案研究"、"建设意见书"及"技术经济分析"等项目研究的理论和方法。所使用的项目评价的技术经济指标主要有:偿还年限(投资回收期,与国家规定的标准的偿还年限进行比较)、投资效果系数(偿还期的倒数,与国家规定的标准的投资效果系数进行比较)、追加投资效果系数和追加投资回收期、年折算费用、固定资产交付使用率、单位生产能力(或效益)投资、缩短建设工期经济效果等。主要计算方法有偿还年限法、折算费用法等。这些指标和方法都可用来直接描述项目方案的经济性。此外,还使用了一些表示整个工程设计经济性的总指标。当时技术经济分析不考虑货币的时间价值,基本属于静态分析。

计划经济体制下的技术经济分析是基本建设投资项目投资决策中的重要组成部分,虽然尚不完善、不规范,也没有单独提出来,但在第一个五年计划期间,还是发挥了相当的作用,评估好的项目,取得了比较好的技术经济效果。1958年"大跃进"中,"左"的指导思想盛行,政治干扰经济,严谨的项目评估方法和程序被抛到一边,违背客观规律、瞎干蛮干、不讲求经济效果,给经济建设造成了重大损失。"文革"中,在"唯意志论"的影响下,出现了"三边"(边勘察、边设计、边施工)、"四当年"(当年设计、当年施工、当年建成、当年投产)之类的严重违反基建程序的错误做法,致使许多项目投资效果很差,建成后不能正常生产,造成很大损失浪费。正反两方面的经验证明,建设一个工程项目,涉及很多复杂问题,必须事先进行周密的研究,慎重行事,否则,操之过急,盲目建设,就很难避免浪费和失败。为了克服浪费现象,讲求经济效果,开展可行性研究势在必行。

二、可行性研究理论方法的引入

1979 年，联合国工业发展组织可行性研究处处长 W.勃伦斯应邀来华举办了第一期可行性研究培训班（以后又举办过几期类似的培训班），参加学习的学员来自各专业设计院、大专院校以及有关管理部门。由此，逐渐形成了一个全国范围内学习和研究可行性研究理论和方法的热潮。各大媒体和专业期刊也进行了广泛的报道和讨论。随着对可行性研究的深入了解，越来越多的专家、学者和相关官员认识到可行性研究的科学性和重要性，结合我国基本建设和项目投资的实际，建议把可行性研究列入基本建设程序，将可行性研究和计划任务书结合起来。也有建议在进行可行性研究之前，进行项目预研究，提出投资项目建议，作为整个基建程序的序幕。其后，政府有关部门组织国内外专家、学者，探讨把可行性研究纳入我国投资项目决策程序的必要性和可行性。

1981 年，国家科委下达了"工业建设项目可行性研究经济评价方法"的课题任务。1982 年，国务院技术经济研究中心成立了可行性研究专题组，并于当年 12 月在北京组织召开了"建设和改造项目经济评价讨论会"，参加会议的有设计、规划、咨询、研究、管理机构及高等院校从事可行性研究理论和经济评价实际工作的各方面专业人员。

同时，全国各地积极开展关于可行性研究的理论研究与学术讨论。如 1982 年，中国基本建设经济研究会与安徽省基本建设经济研究会在合肥联合召开"建设项目可行性研究"座谈会，着重讨论了可行性研究与基建程序的关系，以及项目评价的原则与方法等问题。

三、可行性研究纳入基本建设和投资程序

1983 年 2 月，国家计委下达关于颁发《建设项目进行可行性研究的试行管理办法》（以下简称《管理办法》）的通知，这是第一份将可行性研究纳入基本建设项目决策程序的正式文件，可行性研究由此正式纳入基本建设和投资程序。该办法就可行性研究编制程序、编制内容、预审和复审等方面提出了明确的要求。

《管理办法》要求，建设项目的决策和实施必须严格遵守国家规定的基本建设程序。可行性研究是建设前期工作的重要内容，是基本建设程序中的组成部分，其任务是根据国民经济长期规划和地区规划、行业规划的

要求，对建设项目在技术、工程和经济上是否合理和可行，进行全面分析、论证，进行多方案比较，提出评价，为编制和审批设计任务书提供可靠的依据。为此要求，利用外资的项目、技术引进和设备进口项目、大型工业交通项目（包括重大技术改造项目），都应进行可行性研究。其他建设项目有条件时，也应进行可行性研究，具体编制范围由各部门、各地区自行确定。没有进行可行性研究的项目，有关决策部门不审批设计任务书，不列入投资计划。

《管理办法》要求，负责进行可行性研究的单位，要经过资格审定，要对工作成果的可靠性、准确性承担责任。要为可行性研究单位客观地、公正地进行工作创造条件，任何单位和个人不得加以干涉。

为了使建设项目有选择的余地，各部和各省、市、自治区可以有选择地储备一些主要建设项目的可行性研究报告，一旦建设条件具备，就编制和审批设计任务书，列入中长期计划。

1985年，国务院技术经济研究中心组织专家编写出版了《工业建设项目企业经济效益的评价方法》一书。1984年，国务院技术经济研究中心组织大专院校和实际工作部门的专家组成课题组，研究制定了《建设项目国民经济评价方法与参数》。

1986年，国家计委组织了"建设项目经济评价方法与国家参数"专题研究专家组，在《工业建设项目企业经济效益的评价方法》和《建设项目国民经济评价方法与参数》的基础上，总结我国可行性研究工作的经验和教训，借鉴国外经济评价的理论和方法，结合我国项目投资实践，制定了四个规定性文件，包括：《关于建设项目经济评价工作的暂行规定》、《建设项目经济评价方法》、《建设项目经济评价参数》和《中外合资项目经济评价方法》，并于1987年10月正式出版了《建设项目经济评价方法与参数》（第一版）一书。该书对经济评价的程序、方法和指标等做出了明确规定和具体说明，并首次颁布了各类经济评价所用的各项参数。

此后，国家各部委先后发文，对各自管辖范围内的建设项目可行性研究分别进行了详细的规定。例如，商业部1986年9月6日发布的《直属直供基本建设项目可行性研究试行办法》及随后补发的《关于可行性研究试行办法的补充通知》；国家计委1991年8月17日印发的《关于编制、审批境外投资项目的项目建议书和可行性研究报告的规定》等。

1984年8月，国家计委发布了《关于简化基本建设项目审批手续的通知》（以下简称《通知》）。该《通知》规定，需要国家审批的基本建设大中型项目审批程序，原为五道手续，即：项目建议书、可行性研究报告、设计任务书、初步设计和开工报告。根据简政放权的要求，现简化为项目建议书、设计任务书两道手续。《通知》还规定了项目建议书和设计任务书（利用外资、引进技术项目，按国际通常做法采用可行性研究报告形式）的具体内容和要求。基本建设大中型项目的初步设计，下放给各部门、各省、自治区、直辖市审批。初步设计是项目决策后，根据设计任务书要求所做的具体实施方案，应能满足项目投资包干、招标承包、材料、设备订货、土地征用和施工准备等要求。初步设计的内容和具体要求，由各部门、各地区结合部门和地区特点，加以拟定，报国家计委备案。凡列入年度建设计划的项目，应该有批准的初步设计。

1991年12月，《国家计委关于报批项目设计任务书统称为报批可行性研究报告的通知》中提出，由于国内投资项目的设计任务书和利用外资项目的可行性研究报告二者内容和作用大致相同，为了规范建设程序，将二者统称可行性研究报告，取消原设计任务书的名称。这一通知，标志着我国可行性研究进入规范化轨道。

至此，可行性研究已经在我国建设和项目投资实践中逐步推广和普及。

四、建立咨询评估机构，开展第三方可行性研究

1984年，国务院相继出台《国务院批转国家计委关于工程设计改革的几点意见的通知》和《关于改革建筑业和基本建设管理体制若干问题的暂行规定》，规定工程咨询公司和工程承包公司，可从事建设前期工作的经济技术咨询、可行性研究、项目评价以及利用外资的有关工程咨询业务等工作，有条件的也可以承担设计和工程承包任务。外国咨询机构承担国内工程建设项目的咨询业务，一般应同我国有关咨询机构共同合作。工程承包公司接受建设项目主管部门（或建设单位）的委托，或投标中标，对项目建设的可行性研究、勘察设计、设备选购、材料订货、工程施工、生产准备直到竣工投产实行全过程的总承包，或部分承包。另外，在关于改革建设资金的管理办法中提出，除了国家投资的建设项目资金"拨改贷"之外，建设银行还要积极参与建设项目的可行性研究工作，对建设项目的经济效益和投资回收年限、偿还能力进行评估，提出意见，供建设项目主管部门编报设计任务书（或可行性研究报告）时决策。同时还要求改革现行的项目审批程序，简化审批手续，下放审批权限减少环节，提高效率。今后需要国家审批的项目，国家计委只审批项目建议书和设计任务书，利用外资、引进技术项目用可行性研究报告代替。

1982年，中国国际工程咨询公司成立，对国家计委管辖的限额以上大中型建设项目进行项目评价。中国建设银行、中国工商银行、中国银行和中国农业银行相继成立了专门的咨询机构。如中国建设银行成立了中国投资咨询公司，对贷款项目进行评估。各级政府投资决策部门也相继成立了专门的投资（工程）咨询机构。

20世纪90年代后期，随着经济体制改革和投资体制改革的进一步深化，国家计委成立了中国工程咨询协会，并实行投资项目咨询资质制度，以2号令和3号令发布了《工程咨询业管理暂行办法》和《工程咨询单位资格认定暂行办法》。中国工程咨询协会根据国家计委发布的第3号令制定了《工程咨询单位资格认定实施细则》，并颁发了《工程咨询单位持证执业管理暂行办法》，通过了《中国工程咨询业职业道德行为准则》，规定没有资质的机构不能从事投资项目可行性研究和评估工作，从而为投资咨询行业的规范和竞争奠定了基础。

五、完善可行性研究的方法，规范投资项目管理

（一）可行性研究方法和参数的完善

可行性研究引入之后，经过数年消化、吸收与实际应用，有了很多成功的经验，也发现了一些问题。同时，我国改革开放不断深入，经济持续快速发展，也对可行性研究提出了新的挑战。为适应情况的变化，可行性研究也要在实践中与时俱进，不断发展和完善。

1993年，为适应经济发展和变化的需要，国家计委和建设部组织专家对《建设项目经济评价方法与参数》（第一版）进行了补充和修订，出版了《建设项目经济评价方法与参数》（第二版），对建设项目经济评价的方法做了改进，对部分参数也进行了适当调整。

在引进世界银行、亚洲银行相关资料的基础上，国内出版了一系列针对不同行业可行性研究的指导性著作。如2002年4月出版的《投资项目可行性研究指南》，是我国第一本在国家层次上指导全国投资项目可行性研究工作的规范性文件。该书由国家计委委托中国国际工程咨询公司组织编写，主要服务对象是投资建设领域从事可行性研究工作的专业人员。

中共十四大以后，我国进入建设社会主义市场经济新阶段，各方面改革逐步深入。为适应情况的变化，2004年7月，国务院发布的《关于投资体制改革的决定》，是全面规划我国投资体制改革的重要文件，标志着中

国的投资体制改革进入了一个新的阶段，也对我国可行性研究和实际工作的深化产生了重要影响。

为了与完善投资体制改革的大方向相适应，国家计委和建设部组织各有关方面的专家，开展对《建设项目评价方法与参数》的修订，并于2006年正式发布《建设项目评价方法与参数》的第三版，同时配套出版了相关案例。这一新版的出现，意味着我国的可行性研究工作正式与国际比例接轨、与改革的要求相适应。在总结以往经验、借鉴国际先进技术的基础上，为了适应投资体制改革的要求，进一步促进产业结构调整，优化项目资本结构，提高投资效益，规避投资风险，满足多元投资主体进行科学决策的需要。《建设项目评价方法与参数》（第三版）主要有以下大的变动：

首先，与国际通行的投资项目评估方法接轨，与国内现行的财务会计制度衔接，但是经过对财务分析和经济分析侧重点和分析顺序的调整，充分体现出技术经济分析本身的特点，与我国的财务会计制度区别明显。

其次，与国际接轨。采用了国际通用的名称，如将国民经济评价改为经济评价等；建立了国际通用的新的参数体系，借鉴了国外成熟的技术经济分析与评价方法。

再次，增加了新的内容。如项目融资方案研究，费用效果分析，地区经济和宏观经济影响分析，项目方案的风险比较等。

最后，强调对环境影响的经济分析和后评价。

新一版《建设项目评价方法与参数》及配套案例出版后，通过采用新的分析体系、参数和方法，可行性研究逐渐趋于成熟和深化。在大型建设项目中，环境影响分析、后评价的作用愈来愈重要。

（二）规范建设项目管理

20世纪90年代以来，为了防止盲目重复建设、保证工程质量和提高投资效益，我国在积极推进投融资决策体制改革的同时，也加强了建设项目的审批管理。从实际情况看，大部分地区、部门和企业，能够严格执行基本建设程序，认真做好项目前期工作，并按照规定的审批权限审批建设项目，对保证工程质量和投资效益起到了积极的作用。但是，也存在着违反基本建设程序、越权审批项目、擅自对外签约的现象，有些企业甚至自行开工建设未通过可行性研究批准的项目，事后又要求国家确认，要求帮助解决项目建设中和建成后遇到的困难和问题。这些都是导致重复建设、资金浪费的原因。因此，1999年7月国家计委发布《关于重申严格执行基本建设程序和审批规定的通知》，特别强调要严格执行基本建设程序，除国家特别批准外，各地方、部门和企业不得简化项目建设程序；严禁越权审批建设项目；严禁在可行性研究报告获批准之前擅自对外签约（包括贷款协议、购买合同等）；不审批违反基建程序的建设项目，对违反基建程序者予以处罚且后果自负。

六、可行性研究的推广和普及

随着理论研究逐步深入，相关政策法规建设逐步完善，可行性研究也迅速进入我国基本建设和投资项目建设的实践。

1982年3月26日，中国煤炭开发总公司和美国西方石油公司岛溪煤炭公司签订协议书，决定合作编制开发山西平朔矿区安太堡露天煤矿的可行性研究报告。这是我国改革开放后首次公开进行这方面的工作。当时的国务院副总理康世恩出席了签字仪式，体现了我国政府对可行性研究工作的重视。

在国家领导的高度重视下，可行性研究逐渐被引入全国各地的建设项目中。1986年5月19日，《人民日报》报道了浚鹤地方铁路建设前举行的可行性研究论证会，介绍了鹤壁市政府与中国技术经济研究会合作对地方铁路建设进行可行性研究的成功经验，认为可行性研究在保证项目有效建设、促进地方经济腾飞方面，起到了不可或缺的重要作用。

从改革开放至今，可行性研究工作已被引入到基本建设的各个领域，成为项目投资决策中不可或缺的首要步骤，可行性研究已经逐渐深入人心。实践表明，可行性论证比较充分的建设项目，大都取得了成功，经济效果也比较好。

进入20世纪90年代以来，我国在认真考察和系统论证的基础上，建成包括三峡工程、南水北调、西气东输、青藏铁路等在内的一批超大型和大型建设项目，取得了巨大成就。在这些项目批准建设之前，都经过了长期认真的可行性研究。以青藏铁路为例，从1997年起，铁道部第一勘测设计院就开始组织进行青藏铁路预可行性研究现场调研，在对青藏铁路沿线地区的地形、地貌、地质、植被情况进行了专访和调查并收集了基础资料的基础上，对青藏、滇藏两个进藏方案进行了比选，于1998年完成了预可行性研究。此后，经过长期的可行性研究论证，这条连接京沪及中原地区和西藏的铁路终于开始施工，并于2006年8月正式运营。在青藏铁路可行性研究的过程中，我国的可行性研究工作不但从理论方法上得到了发展和丰富，在实际工作中也得到了锻炼。青藏铁路的可行性研究中不但充分进行了国民经济评价,对环境和生态影响的评估也被提到了重要地位。此外,三峡工程、南水北调等的可行性研究中,也都将环境评价放到了首要的位置,实行一票否决制,如果环境影响评价通不过,那么不论经济、社会影响如何,项目都不能通过。我国老一辈的技术经济学者、专家与工程人员都曾参与了这一时期国家超大型建设项目的可行性研究工作,并对可行性研究在我国的发展做出了重大贡献。

七、当前可行性研究中存在的问题

1. 提高可行性研究的科学性

经过20多年的努力和实践,可行性研究的理论方法已为多数理论和实际工作者掌握,大多数工科专业也开设了技术经济学课程。很多可行性研究取得了较好的效果,项目进展也比较顺利。但也有一些项目的可行性研究做得比较粗糙,数据不准,内容不全,深度不够,方法不当,可行性研究不能反映实际情况,导致投资项目进展不顺利,甚至失败。不少项目只是单方案论证,没有多方案比较,失去了方案择优的机会。提高专业咨询机构和建设单位相关人员的业务素质,提高可行性研究的科学性,仍然是一项艰巨的任务。

值得注意的是,十几年来,我国企业的经济结构发生了重大变化。大量国有企业改制,民营经济发展迅速。据全国工商联数字,截至2007年6月底,我国私营企业已超过550万家,占全国法人企业总数的80%以上,加上2621万个体工商户,已经成为企业群体的主要构成部分。这些企业,大都规模较小,历史不长,管理素质不高,变化较大。在进行投资活动时,前期工作比较粗糙,很少进行周密的市场调查和可行性分析,造成投资频频失败,不断转行的情况很多。如何有效提高中小企业的管理素质和投资效益,是我国可行性研究工作面临的重要课题。

2. 防止"可行性研究"变成"可批性研究"

可行性研究的本意,是对涉及项目的各种因素进行全面分析比较,对预定方案提出可行或者不可行的意见,或提出改进的意见,使方案的实施取得尽可能好的效果。可是在我国可行性研究实践中,罕见得出不可行的结论,也少见提出中肯的大幅度改进的意见。不少可行性研究的目的在于履行审批手续,为达到通过审批的目的,有的不惜弄虚作假,捏造数据,高估效益、低估成本;有的对咨询评估单位施加压力,或与咨询机构串通一气,编假造假;还有的在审批组成员组成上做手脚,以达到项目通过的目的。其后果，是造成了不少"半拉子工程"、"钓鱼工程"，也有的项目建成达不到预期的目标，给国有资产或其他投资方造成损失。

造成这种情况的原因，既有投资建设单位、咨询机构能力素质的问题，也有体制、机制和管理方面的问题。解决这个老大难痼疾，还需要全面分析，深化改革，综合治理。

3. 加强项目的技术、经济、环境和社会影响的综合评价

项目评价的发展历史，是从企业微观技术、财务评价起步的。第二次世界大战之后，西方国家广泛采纳了凯恩斯理论和福利经济学思想，加强了国家的经济功能，大量增加公共开支，进行公共设施建设，并实行福利政策，评价的重点也从微观财务评价转向宏观的经济和社会评价。20 世纪 70 年代以后，全球环境与生态问题凸显，环境影响评价（EIA）引入项目评价体系。80 年代后期到 90 年代中期，可持续发展观以及以人为本发展观的确立，促成了在项目评价中，除了要保证经济、环境可行性外，也要保证社会的可行性。近年来，世界银行、亚洲开发银行等国际金融机构的一些投资项目中引入了社会影响分析。就此，项目评价已从单一的财务分析和经济分析，发展到技术、财务、经济、环境和社会等方面的综合评价。

目前，我国经济正处于高速发展时期，投资强度很大，各种投资项目成千上万，各类大型公共工程纷纷上马，经济发展与资源、环境的矛盾也日益突出，涉及的社会利益关系日益复杂。为贯彻科学发展观、建设和谐社会，在项目评价中，不仅要进行技术评价、财务评价和一般经济评价，还应进行区域经济评价、环境技术经济评价和社会经济评价。评价的标准也相应地扩展为符合技术可行，经济合理，环境友好，资源节约，社会和谐。

4. 大型公共工程和社会活动的评价亟待加强

这些年来，随着政府财力的增强，公共项目投资在数量和规模上都大大扩展了。一些公共工程，评价程序封闭，评价走过场，审批不规范，浪费很大，问题不少，评价和决策的科学性和民主化都应加强。特别值得注意的是一些软项目，如各种博览会、展览会、大型招商会、庆祝会、综合或单项的运动会等，这些项目很多规模不小，但决策程序极不规范，投入不小，浪费很大，效果欠佳。一般说来，凡动用公共资金达到一定规模的项目，都应进行事前和事后的认真评价。

5. 重视项目后评价工作

项目投资是一个连续的动态过程，由前期研究、决策、建设、运行、投资回收等环节组成。项目的成功，投资目标的实现，不仅要有高质量的前期研究，也有赖于其他各阶段的顺利运行，有赖于根据项目的进行和情况的变化，对整个进程不断地进行评价，并及时采取改进措施。项目的事中和事后评价，不仅可以检验可行性研究和决策的质量，明确前期研究和投资决策的责任，更是项目运行顺利进行的重要保障。

近年来，项目的后评价已经受到各方面的重视。2005年5月，国务院国资委印发《中央企业固定资产投资项目后评价工作指南》的通知，指出项目后评价工作的目的，是为了更好地履行出资人职责，指导中央企业提高投资决策水平、管理水平和投资效益，推动投资项目后评价制度和责任追究制度的建立，要求各中央企业认真贯彻执行。

总体说来，项目后评价仍然是投资项目管理中的一个薄弱环节。不少建设单位对项目后评价态度消极。例如，据交通部公路规划处的统计资料，截至2006年7月在全国23个省、市、自治区中，只有3个做过较多的项目后评价，有5个省（自治区）没有做过。另外，评价方法和评价制度也有待完善。完善项目后评价，仍然是今后项目管理工作中应该加强的环节。

第三节 项目管理的科学化

改革开放之前，我国工程设计业和建筑施工业虽然得到快速发展，具备了承担各类工程的设计、施工能力，但在计划经济体制下，与国际工程建设市场联系较少，对国外相关领域的发展了解不多，基本处于封闭状态。改革开放以后，随着大量国外成套设备的引进，国外资金和国外承包商的涌入，带来了国际通行的项目管理和工程承包方式，工程咨询、工程承包、项目管理等理论、方法和技术也逐步引入，我国建设管理体制进入了推行项目管理的新阶段。同时，伴随着世界信息化浪潮，我国投资建设领域的信息化也取得了长足的进展。

一、项目管理发展概述

项目管理的历史源远流长，其发展大致经历了以下几个阶段：

(一) 古代项目管理

中国长城、埃及金字塔、古罗马供水渠等不朽工程都是古代项目管理的伟大实践。我国汴梁古城的复建也可称为成功项目管理的典型例子。

(二) 近代项目管理

20世纪40年代美国第一颗原子弹研制任务"曼哈顿计划",是近代项目管理的典型应用,着重强调项目的计划和协调。50年代后期美国出现关键路线法(CPM)和计划评审技术(PERT)。60年代,这些方法被应用于由42万人参加、耗资400亿美元的"阿波罗"载人登月计划,取得巨大成功。此时,项目管理发展了科学的系统方法。CPM和PERT被称作项目管理的主要方法。但在这一时期,项目管理还主要应用于建筑、国防、航天等少数领域。项目管理的任务主要是项目的执行。

(三) 现代项目管理

20世纪70~80年代,项目管理的理论方法迅速传播到世界各国。当时,华罗庚教授根据其核心思想,把CPM称为统筹法。项目管理也从最初的军事项目和宇航项目扩展到各类民用项目。其特点是面向市场、迎接竞争。项目管理除了计划和协调外,对采购、合同、进度、费用、质量、风险等给予了更多重视,形成了现代项目管理的框架。

(四) 项目管理的新进展

20世纪90年代以后,世界经济全球化、市场化、信息化的进程加剧。为了在迅速变化、激烈竞争的市场中迎接挑战,促使项目管理的理论和实践产生了新的进展。项目管理更加注重人的因素、注重顾客、注重柔性管理。其应用领域也进一步扩展,特别是在新兴产业中得到了迅速的发展,如电信、软件、信息、金融、医药等领域。现代项目管理的任务已不仅仅是执行任务,而且还要开发项目、经营项目,以及为经营项目完成后形成的设施、产品和其他成果准备必要的条件。

一般认为,项目管理的主要内容包括项目的集成管理、范围管理、时间管理、成本管理、人力资源管理、风险管理、质量管理、采购管理、沟通管理等。一个项目管理周期由项目启动、项目计划、项目执行、项目控制和项目收尾五个阶段组成。

二、我国项目管理的发展历程

古代中国经济发达，技术先进，也创造出一大批令今人叹为观止的伟大工程。万里长城、京杭大运河、都江堰、郑国渠、灵渠、钱塘江海塘、坎儿井等就是其中的典型代表。这些工程不仅显示出先进技术水平，也显示出高超的项目管理水平。

改革开放以前，我国工程建设管理体制基本沿用苏联的计划经济模式，条块分割，政企不分，国家批项目，部门下计划，主管部门搭班子管理，勘察、设计、施工单位执行计划。政府主管部门对基本建设实施宏观管理，而且介入建设施工企业的微观管理。在这种管理模式之下，第一个五年计划时期组织实施了以156个项目为中心的重点项目建设，奠定了新中国现代工业的基础。

（一）早期的项目管理——华罗庚教授的统筹法

中国引入当代西方项目管理理论方法可以追溯到20世纪60年代。1964年，华罗庚教授将项目管理的理论方法总结为"统筹法"，并于次年出版了《统筹方法平话及其补充》一书，提出了一套较系统的、适合我国国情的项目管理方法。其后，华罗庚教授带领中国科技大学部分老师和学生到西南三线建设工地推广应用统筹法，在铁路、桥梁、隧道等工程项目管理上取得了成功。其后的10多年中，在毛泽东主席、周恩来总理的鼓励支持下，华罗庚带领"推广优选法、统筹法小分队"，到全国23个省、市、自治区推广应用，创造了数以千计的成果，取得了巨大的经济效益。1980年以后，华罗庚教授和他的助手们还将统筹法应用于国家特大型项目，如"两淮煤矿开发"、"准噶尔露天煤矿煤、电、运同步建设"等项目，将以统筹法为基础的项目管理水平提高到一个新的高度。

（二）项目管理的引入——鲁布革工程经验

改革开放初期，为加强基本建设管理、提高投资项目管理水平，有关部门先后颁布了《关于加强基本建设管理的几项规定》、《关于基本建设程序的若干规定》、《关于加强自筹基本建设管理的规定》、《关于基本建设投资和各项费用划分的规定》、《关于基本建设大中型项目划分标准的规定》和《加强基本建设概、预、决算管理工作的几项规定》等法规。其后，投资体制改革加快，一方面通过扩大企业自主权、推行经济承包制等改革措施，使企业逐步成为自主经营的法人实体；另一方面不断推进税收改革、财政改革、价格改革、外汇外贸改革、金融改革、基本建设体制改革和对外开放，投资领域的宏观改革逐步展开。

20世纪80年代初，中央各部委先后组团出国考察国际的项目管理和项目管理模式，收集、整理了大量资料。但是我国真正接触了解项目管理方法是从学习"鲁布革经验"开始的。

鲁布革水电站引水系统工程是我国第一个利用世界银行贷款，并按世界银行规定进行国际竞争性招标和项目管理的工程。该工程1982年国际招标，1984年11月正式开工，1988年7月竣工，在4年多的时间里，创造了著名的"鲁布革工程项目管理经验"。与我国传统的工程建设理论和实践相比，鲁布革工程的项目管理经验的突出特点是：

（1）在工程建设领域引入竞争机制，实行严格的招标投标。
（2）工程建设实行全过程总承包方式和项目管理。
（3）施工现场的管理机构和作业队伍精干灵活，战斗力强。
（4）科学组织施工，讲求综合经济效益。

"鲁布革经验"受到中央领导同志的重视，号召建筑业企业进行学习。国家计委等五单位于1987年7月发布《关于批准第一批推广鲁布革工程管理经验试点企业有关问题的通知》，之后于1988年8月确定了15个试点企业共66个项目，1990年10月调整为50个企业。在试点过程中，建设部先后5次召开座谈会并进行了检查、推动。1991年9月，建设部提出了《关于加强分类指导、专题突破、分步实施全面深化施工管理体制综合改革试点工作的指导意见》，把试点工作转变为全行业推进的综合改革。

在这期间，有关部门着力推动项目管理的科学化和现代化。在项目建设中，针对重点工程注重项目管理工作，要求建立严格的责任制，1982年开始实行"五定"，即定建设规模、定投资总额、定建设工期、定投资效果、定外部协作条件。之后，积极推动落实项目法人责任制、实施工程招投标和工程监理制，项目管理的科学性进一步加强。随后，在项目前期工作中，明确提出增加可行性研究阶段，并于1984年先后印发了《关于改革建筑业和基本建设管理体制若干问题的暂行规定》、《工程承包公司暂行办法》等文件。与此同时，学习鲁布革工程经验，国内公开进行国际招标，引入项目管理和工程总承包。随后，项目管理和工程总承包试点全面展开，并在1985年开始建立严格的项目评估制度。

1986~1992年，在"鲁布革经验"推广试点过程中，有关部门要求试点项目采用项目管理，推行业主负责制、招标承包制和工程监理制。一批工程项目先后采用了 EC（设计施工承包）、DB（设计施工总承包）、EPC（设计采购施工总承包）等方式，尤其是世界银行和国际金融组织的贷款和援助项目及国外投资项目。1993~1997 年，"鲁布革经验"在全国全面推广。

（三）项目管理的推广与完善

1998~2001 年，我国建设领域进入项目管理方法和技能的完善规范阶段，其中的标志性事件，是《建设工程项目管理规范》的出台。经过十余年实践，我国已有 200 余家设计院、施工企业具备了 EC、DB、EPC 能力。1999 年，国务院和建设部先后转印发了《关于工程勘察设计单位体制改革的若干意见》和《大型设计单位创建国际型工程公司的指导意见》等文件，全面推广项目管理和工程总承包，其主要的管理方式有：①业主组建 PMT（项目管理团队）进行项目宏观管理。②业主邀请 PMC（项目管理承包商）进行项目管理。③承包商聘请专业项目管理机构以赢得投际、进行项目管理和实现项目利益最大化。④对于几百万元人民币的小型项目，由于项目管理知识所限，资金不充裕，业主可以自己担当项目管理者角色。

2002 年，随着经济全球化和我国加入世贸组织，应用项目管理方法和技能进入一个创新发展阶段。当前，在项目管理过程中实行科学化管理方兴未艾，我国《建设工程项目管理规范》（GB/T50326-2001）的颁布，进一步规范了全国建设工程施工项目管理的基本做法，促进了项目管理科学化、规范化和法治化，为加快项目管理与国际惯例接轨提供了规范依据。

（四）项目经理职业化的发展

我国项目经理职业化的发展最早起源于工程建设领域，目前已经培养了近 80 万名项目经理，获得建设部资质的就有 50 万人之多，其中一、二级项目经理有 15 万余人。20 世纪 80 年代以来，有关部委先后组团出国考察，收集、整理出版了大量资料，一些部门、院校、协会和单位研究与总结项目管理和项目管理模式，出版了大量教材、书籍，培训了一批项目管理人员。其中，中国勘察设计协会于 1991 年成立了相应机构。1997 年，受建设部委托，原化工部领导的石油、化工勘察设计协会及中国工程咨询协会和中国勘察设计协会项目管理专业委员会，从 1997 年开始组织 10 名具有丰富工程经验、熟悉国际工程总承包程序和方法的专家进行了长期研究，先后编写 10 册近 200 万字的项目经理培训教材，举办了 62 期项目经理学习班，培训了近 6000 名项目管理人员，为推行项目管理奠定了理论基础和人才条件。20 世纪 90 年代中后期，不少院校和培训中心、管理咨询公司也加入进来，开设 PMP 课程，举办 PMP（项目管理专业人员资格认证）、CPMA（助理项目经理）等培训，培养了一批国际型的项目管理高级人才。

三、目前存在的主要问题和发展展望

从 20 世纪 80 年代的"鲁布革经验"到今天，中国投资项目管理从传统管理走向现代项目管理。传统意义中的工程项目管理的管理对象是工程项目本身，是通过可行性研究报告、项目计划书、设计图纸、设计规范、实物模型等定义和说明的。与传统的施工项目管理相比，现代项目管理的管理幅度更宽，对管理要素的控制更严，管理的内容更广，管理的跨度也更大。工程项目管理的内容贯穿了投资项目的全过程，从项目构思、可行性研究、营销策划、规划设计、报批报建、招投标等前期工作开始介入，直至工程施工完成、竣工交接、办理竣工结算以及资产交接等管理工作。由于投资项目是一种投资额大、投资周期长的活动，在项目管理过程中，除了设计阶段结构、材料设备选型外，招投标和合同管理也很关键，同时还需要重视规范技术管理、索赔与反索赔以及风险控制等方面的管理。可见，投资项目管理的跨度大，涉及的单位、专业多，需要项目管理者领导、组织、协调和控制。项目管理方式 PMC、EPC、EP 和 EC 等大多数项目管理方法共存并显示出强有力的生命力。项目管理主体一般有建设单位自行组织项目管理机构管理、委托咨询公司协助业主进行项目管理、设计—采购—建造的交钥匙工程（EPC）、由专业项目管理机构进行项目管理以及 BOT 模式等。

多年来，有关部门不断加大项目建设的规范化管理力度，项目管理水平有所提高。2006 年，全国工程勘察设计单位营业收入中，工程总承包和项目管理收入占到 52.0%，中国石化工程建设公司等 31 家设计企业完成工程总承包合同额均在 10 亿元以上；全国建筑业企业完成建筑业总产值 40975 亿元，比上年增长 17.9%，中铁建、中铁工、中建总公司 3 家企业进入了世界 500 强；全国工程监理企业的营业收入为 376.54 亿元，其中项目管理与咨询服务收入达 33.98 亿元，有 11 家监理企业项目管理营业收入超过 5000 万元。但是，由于机制和体制上的一些制约，影响经济发展的因素还很多，项目管理不科学，监管不到位，实施不规范等问题十分突出，出现了一些低水平、重复建设、资源浪费、破坏生态问题；出现了监管缺位、错位、越位，滋生了一些腐败问题；出现了"三边"工程、"三拍"工程问题，项目实施效果不好，质量不高。与发达国家相比，我国的项目管理尚处在较低水平，主要存在的问题如下：

——工程项目管理的法规和配套政策需要进一步建立和完善。现行《建筑法》、《招标投标法》和《建设工程质量管理条例》等法律法规都只是对勘察、设计、施工、监理、招标、代理等有具体法律规定，而对工程项目管理和工程总承包，法律法规中还没有相应的规定。已出台的《工程建设项目施工招标投标办法》（发改委等7部委，2003）、《建设工程项目管理试行办法》（建设部，2004）等文件仅为规范性文件，法律层次比较低，亟须在法律法规中有所定位。另外，在工程项目管理的招投标、合同文件、收费标准等方面的政策也需要逐步完善。

——社会对项目管理的认可程度较低，市场发育不完善。大多数外资项目业主比较认同工程项目管理方式，但是一些政府投资或国有投资为主的项目业主还没有充分认识到工程项目管理在工程建设中所发挥的积极作用和显著效益。少数业主认为实施工程项目管理以后，自己的权力受到了削弱，不愿采用工程项目管理服务方式。

——相关企业的组织机构和项目管理体系尚不完善，还不适应工程项目管理的要求。我国大多数开展工程项目管理的企业还没有建立与工程项目管理相对应的组织机构和工程项目管理体系，在服务功能、组织结构等方面不能满足工程项目管理的要求。工程项目管理的组织结构及岗位职责、程序文件、作业指导文件和工作手册等方面都不够健全，工程项目管理方法和手段比较落后，管理水平较低，工程项目管理效率不高、成效不显著，还不能满足工程项目管理规范化、科学化、标准化的运作要求。

——企业缺乏高素质的工程项目管理人才。人才缺乏一直是影响我国开展工程项目管理的主要问题之一，也是我国工程项目管理企业与国际工程公司、咨询公司之间存在较大差距的重要因素。企业普遍缺少高素质的、具有组织大型工程项目管理经验，能够按照国际通行项目管理模式、程序、方法、标准进行管理，熟悉项目管理软件，能进行全过程控制管理的复合型高级项目管理人才。

努力提高我国项目管理水平，对促进经济增长，提高经济增长质量具有重要意义。近年来，我国实施积极的财政政策，扩大国内需求，拉动经济增长，每年的社会投资都达数万亿元。申奥成功、加入世界贸易组织以及西部大开发战略的实施，又将带来新的一轮投资项目的热潮。而实施项目管理已经成为国际惯例，如联合国工业发展组织、世界银行、亚洲开发银行等国际组织和金融投资机构的项目，都要求应用项目管理。越来越多的国内工商企业走出国门投资海外，越来越多的建筑施工企业走入国际建筑市场，都需要按照国际惯例开展项目管理。因此，项目管理在我国的推广应用，相关企业项目管理水平的提高，都有广阔的空间。

四、项目管理的信息化

伴随着全球信息化浪潮，近20余年来项目管理信息化也取得迅速发展，给项目管理注入了新的活力。项目管理越来越依赖于信息技术，信息化水平的高低成为工程承包公司在国内外工程市场上竞争的重要领域。西方发达国家项目管理公司大都运用了计算机网络技术，大量使用项目管理软件进行项目管理，实现了项目管理的网络化、虚拟化。

随着经济的飞速发展，我国建筑业发展十分迅速，项目管理水平也不断提高，但与发达国家相比还存在较大的差距。近年来我国建筑企业不断走出国门，国外施工企业也进入中国建筑市场，促进了建筑市场的国际化。我国的建筑施工企业与国外承包商的差距，主要表现在信息化施工及管理，项目现场施工技术，快速、有效、高质量的施工管理方法，以及信息决策手段等方面。迎接项目管理信息化浪潮，是我国建筑承包企业面临的重大挑战。

（一）项目管理信息化发展概况

计算机在项目管理中的使用，起步于20世纪50年代，是随着计算机技术的发展而出现的。1956年和1957年美国杜邦公司和兰德公司分别开发成功了CPM（关键路径法），美国海军开发成功了PERT（计划评审技术），并开始在计算机上实现这些技术。由于当时计算机的处理能力有限，价格昂贵，项目管理理论水平也较低，项目管理软件的应用大都以进度计划的安排和管理为主，应用对象主要是在少数国家的军事、公共事业和某些大企业的工程管理上。

80年代，随着PC的出现和普及，计算机项目管理软件加速发展，基于PC的项目管理软件得到了迅速普及。1982年出现了第一个基于DOS的项目管理软件。80年代中后期，项目管理软件实现了从仅能对单一项目进行管理向可以对多个项目进行同时管理的飞跃，实现了从DOS下的字符式软件到完全的图形方式软件的飞跃。

80年代后期到90年代中期，随着计算机软、硬件技术的不断发展和各类具有特定功能的项目管理软件的日渐成熟，出现了很多优秀的多种功能集成的项目管理软件，将进度管理、资源管理、费用管理和风险管理等功能集成起来。此外还有很多价格低廉、易用性强的项目管理软件。

　　90年代中期以后，互联网开始在全世界普及，基于互联网的项目管理软件和项目管理模式也开始出现，并迅速得到众多项目参与方的认可和推广。针对一些大型工程项目周期长、投资大、技术复杂、项目参与方在地域上分布分散等特点，一些有远见的开发商已经开始在互联网上为项目的各个参与方提供"网络上的协同工作环境"。目前，项目管理软件正在朝着网络化、智能化、个性化和集成化的方向发展。此外，各软件开发商都倾向于向用户提供一体化的解决方案。

（二）我国项目管理信息化现状

　　我国项目管理信息化是伴随着我国计算机技术和网络技术的整体发展逐步发展的，是我国信息化应用较早的领域。早在80年代初期，国内就出现了一些项目管理软件。一些开发商也有意使用计算机进行项目管理，定制开发项目管理软件，也引进了一些国外项目管理软件。我国最早引进P3的项目是山西潞安煤矿。但是这一时期中方项目管理人员对国外项目管理理论、管理模式和管理方法所知不多，还处于学习摸索阶段。

　　90年代以后，随着与国际接轨的需要，国内很多单位逐渐接受国外项目管理的思路，开始广泛引进国际先进的项目管理软件，逐步积累起使用经验和数据。目前，国内使用项目管理软件进行项目管理的项目和企业已有上千家。目前我国企业项目管理信息化应用，主要集中在以下方面：

　　——使用项目管理软件进行进度管理。很多企业在项目投标以及工程开工之前都能使用这些软件来编制计划。但是一些企业还处于被动使用状态，是因为项目招标书中要求使用项目管理软件进行项目管理而被迫使用相应软件。

　　——使用项目管理软件进行资源管理和成本管理。分析资源的强度和资源的使用安排是否满足要求。很多企业和项目通过使用项目管理软件，收到了成效，通过项目管理软件的资源分析和成本管理的功能，合理配置资源，使得进度计划更为合理。

　　——使用项目管理软件进行施工管理。根据施工组织措施编制进度和资源计划，根据计划来安排生产，通过计划对进度进行控制，并及时将实际进程向上反馈，实施动态跟踪和调整。目前国内已有部分项目正在按照该模式进行动态控制。

——通过项目管理软件的接口功能与企业管理信息系统连接，实现项目管理数据与企业管理信息系统（MIS）集成，通过数据共享，减少重复输入。

——通过 Internet 和 Intranet 对远程项目进行控制。分散在全球各地的分公司或项目工地上的工程数据通过 Internet 和 Intranet 传递到本部，在总部进行汇总和统一安排，并将指令通过邮件下发给分公司或工地。对于企业和战线偏长的项目正在推广此项应用。

（三）我国项目管理信息化存在的主要问题

尽管工程项目管理软件在我国的应用已经取得了很大的进步，但从目前的应用效果上来看，还有很多不尽如人意的地方。工程管理软件应用推广中存在的问题表现在以下两个方面。

（1）对项目管理信息化认识不足，投入不够。随着市场压力的逐渐增大，大多数建筑开发企业逐步认识到信息化的重要性，认识到项目管理信息化可能带来的效益，但在实际操作上，不同企业的差别很大。大部分企业对此持积极态度，但也有些企业对信息化认识不足，投入不够，在项目管理信息应用方面缺乏主动性。此外，对于大多数中小企业来说，资金和人才不足也是妨碍项目管理软件应用的一大障碍。相信随着企业竞争环境的不断变化，以及国民经济整体信息化环境的不断改善，这种状况会逐渐改善。

（2）项目管理信息化发展不平衡。目前，很多企业都拥有了各种各样的项目管理软件，但由于在认识水平、重视程度、技术能力、管理基础、经济效益等方面存在差异，这些软件在各个企业和各个项目上的应用水平和深度有很大的不同。水平高的企业或项目拥有一整套完整的项目管理软件应用规范和与之相配套的规章制度，使项目管理信息化应用成效显著。但也有不少企业和项目的项目管理信息化处于较低水平。除了上面提到的种种因素以外，重要的一点，是要将先进的管理理念和方法同企业的实际需要良好结合，将企业和项目的管理与计算机软件的应用相互融合，根据信息化的要求，实现企业和项目业务流程重组和组织结构优化，这是当前大部分企业和工程项目的参与方应该着手解决的问题。

第四节 建设项目的社会服务体系

一、工程咨询机构的设立

投资咨询业是智力型服务行业，它运用多学科知识和经验、现代科学技术和管理办法，遵循独立、科学、公正的原则，为政府部门和投资者对经济建设和工程项目的投资决策与实施提供咨询服务，以提高宏观和微观的经济效益。工程咨询是投资和工程建设管理中的重要环节。国家计委1994年4月发布的《工程咨询业管理暂行办法》规定，工程咨询的业务范围包括下述四个方面：一是为国家、行业、地区、城镇、工业区等的经济发展提供规划和政策咨询或专题咨询；二是为国内外各类工程项目提供全过程或分阶段的咨询；三是为现有企业的技术改造和管理提供咨询；四是为国内外客户提供投资选择、市场调查、概预算审查和资产评估等咨询服务。工程咨询单位资格等级分甲级、乙级、丙级。工程咨询单位的资格等级是根据其业务水平、技术力量、技术水平、管理水平、技术装备水平、注册资金、年营业额等多方面综合认定的。同时，工程咨询单位资格中，还有31个专业和8项服务范围的划定。

（一）早期的咨询机构

国内工程咨询业起步于20世纪80年代。1981年中国国际经济咨询公司成立，公司业务包括投资咨询、管理咨询、战略咨询、工程咨询、公关咨询、商务咨询、工程监理、项目管理等领域。二十几年来，公司已累计完成各类咨询项目4800余个，项目涉及基础设施、航空航天、机电、邮电通信、石化、医药、轻纺、金融、服务等众多行业。目前，公司拥有200余名专业咨询专家，是国家发改委投资咨询指定评估机构，北京市发改委指定咨询顾问机构。

1982年中国国际工程咨询公司成立，按照"先评估，后决策"的原则，国家委托中国国际工程咨询公司对重大项目进行评估。从此，咨询评估纳入政府投资决策的程序，并成为我国基本建设中不可缺少的环节。经过不断的努力，中国国际工程咨询公司已发展成为国内规模最大的高层次、权威性综合工程咨询机构，业务范围涵盖宏观专题研究、行业与区域规划咨询、企业战略咨询、项目前期咨询评估、工程设计、造价咨询、招标代理、项目监理、项目后评价、概算审核等领域，并于2000年12月通过了ISO9001质量体系认证。多年来，中国国际工程咨询公司累计完成各类咨询业务9000多项，涉及项目投资总额10万多亿元，完成了一系列行业和地区发展规划咨询任务，开展了许多宏观专题研究，承担了西气东输、西电东送、青藏铁路、京沪高速铁路、上海国际航运中心、南水北调、首钢搬迁、北京奥运场馆、国家储备粮库等一大批世人瞩目、影响广泛、意义深远的重大项目的咨询服务。

(二) 目前咨询机构发展状况

根据中国工程咨询协会的资料，截至2007年6月底，全国取得资质的工程咨询机构超过4000家，从业专业技术人员达50万人。工程咨询业已经成为社会经济的一个重要组成部分，在国家经济建设中发挥着越来越重要的作用。多数咨询公司拥有一批较高的技术理论知识和丰富实践经验的各方面技术经济专家，可提供规划和可行性研究；承担工程设计、设备采购、施工监理各项工作；制定招标文件、审查承包商的施工组织设计等全程服务，咨询业务逐步向国际化、规范化方向发展，国际业务也不断增长。

我国的工程咨询企业在以下几个方面存在比较优势：首先，熟悉我国的基本国情，熟悉我国经济和技术发展水平，熟悉我国资源状况，熟悉国内消费市场；比国外咨询企业更了解我国的投资环境、行业管理体制和相关法律法规；与建设单位和施工单位保持有一定的联系。其次，劳务成本低。咨询企业的成本主要表现为人力成本，我国人力资本价格比较低廉，仅相当于美国劳动力价格的1/30，日本的1/20，韩国的1/10。最后，工程勘察设计能力较强。我国工程咨询公司有一些是从工程勘察设计单位转轨而来，又分布在各行业、各地区之内，工程勘察设计实力较强，有能力在某一领域以勘察设计的技术能力抢占制高点。

当然，我国工程咨询业还有很多不足：第一，缺乏独立性和公正性。许多工程咨询公司依然与政府部门有着千丝万缕的联系，有的甚至在实质上仍隶属于政府部门或事业单位，因此咨询项目的评估结果很难保证其客观性和独立性。第二，经营管理水平落后。我国大部分工程咨询单位长期以来隶属于政府部门或事业单位，缺乏自主经营、自负盈亏、自我约束和自我发展的动力，市场观念淡薄。第三，资金相对不足。资金不足是制约我国工程咨询单位做大做强以及发展对外工程咨询的一个重要因素，我国大多数工程咨询单位底子薄，资金运作困难，缺乏抵御风险的能力。第四，复合型人才缺乏。我国工程咨询行业专业人才数量不足，缺乏具有合理知识结构的复合型人才。第五，咨询服务范围狭窄。我国目前现有的各类工程咨询公司的服务范围只包括项目建设某个阶段，甚至只是某个阶段的一部分，而项目法人往往需要在项目建设的不同阶段挑选不同的咨询公司，这就使整个项目的咨询服务缺乏整体性，同时也不利于各类咨询公司自身的发展。第六，咨询质量参差不齐。工程咨询质量的好坏不但会影响到企业的生存、社会对咨询行业的信任和认可，还会影响到国家经济建设。

（三）从业资格认证的兴起

随着建设市场化程度的不断增大，无论是业主还是承包商都需要根据工程本身的情况和市场多变的因素加强对项目的控制。例如，20世纪90年代中期，我国逐步形成了工程造价咨询市场。为了规范这一市场，1996年建设部制定了《工程造价咨询单位资质管理办法（试行）》。按照该办法规定的资质标准，建设部于1997年、1998年分别审查批准了甲级工程造价咨询单位530家，各省及有关专业部门审查批准了乙、丙级工程造价咨询单位5000余家。实施工程造价咨询单位的资质管理是政府培育和发展工程造价咨询业的主要措施。为了维护工程造价咨询市场的秩序，规范工程造价咨询单位的行为，建立公平、公正和平等竞争的市场环境，建设部于2000年初发布了《工程造价咨询单位管理办法》的部令，管理办法将工程造价咨询单位的资质分为甲、乙两级，并对资质标准重新做了规定。

工程造价咨询业可持续发展的关键是不断提高工程造价咨询从业人员的素质。国内自建立造价工程师执业资格制度以来，造价工程师在工程造价咨询市场中发挥的作用越来越大。但就国内的市场容量而言，在工程造价咨询业中，具有较高层次的造价工程师所占比例不高，资信好、技术水平高、影响大的大型造价咨询单位较少。今后一个时期，应通过短期培训和继续教育等途径，着力提高现有注册造价工程师执业水平和能力，使一批造价工程师的水平达到国际上相同专业人员的水平。从长远来看，为保证造价工程师的水平，发展学历教育是一条根本途径。有关方面正在就此进行研究和论证工作，也同国内的部分高等院校进行了初步的接触。从各国的经验看，高等学校与行业协会共同培养高素质的造价工程师人才是较为通行有效的做法。

二、代建制的引入与发展

(一) 代建制的提出与实施

长期以来，我国政府项目投资存在的决策失误、投资效益不高、投资浪费等问题，一直是政府寻求解决的课题。2004年国务院发布的《关于投资体制改革的决定》，明确提出对非经营性政府投资项目加快推行代建制，即通过招标等方式，选择专业化的项目管理单位负责建设实施，严格控制项目投资、质量和工期，竣工验收后移交给使用单位。非经营性（公益性）政府投资工程，是指政府投资的公益性项目及无经济回报的项目，如园林绿化、城市道路桥涵（指不收费的）、学校、医院、图书馆、科技馆、博物馆等公益性项目以及党政机关办公设施、司法机构设施等无经济回报的项目。

自国务院在《关于投资体制改革的决定》中提出对非经营性政府投资项目加快推进代建制以来，全国大多数省市已经开展了代建制试点工作，一些省市及相关主管部门还陆续出台了有关政府投资公益性项目实行代建制的管理办法及相关规定。北京市作为试行代建制的先行地区，制定的《北京市政府投资建设项目管理办法》规定，试行代建制的项目包括机关、医院、大中院校的楼堂馆所以及公路等各类政府投资项目。面对2008年要投入使用的庞大的奥运工程建设，北京市首次在中国科学技术馆新馆、奥运网球中心、曲棍球场、沙滩排球场、射箭馆、工人体育场和工人体育馆改造以及羽毛球馆等奥运项目上通过公开招标，全面推行项目代建制。《广州市政府投资建设项目代建制管理试行办法》规定：从2005年7月1日开始，财政资金投资占50%以上，投资额5000万元以上的市政项目，均纳入代建制范围。这些项目包括：环境保护、市政道路等公用事业项目，民政及社会福利等社会事业项目，看守所、劳教所、戒毒所等政法设施以及各个政府部门的办公用房。同时还规定，市政项目的代建单位，必须根据《招标投标法》和《政府采购法》的规定，一般通过招标确定，代建单位与项目业主应无隶属关系和其他利益关系。河南省建设厅出台了《关于推行政府投资工程建设项目代建制的指导意见》，以进一步保证工程质量，控制工程造价，提高政府投资的效益。

(二) 实施代建制的意义

政府投资多是从长远的、宏观的方面进行回收，集中表现为财政收入的不断增长。我国政府投资工程管理方式最大的问题是投、建、管、用交叉，混为一体，缺乏相互之间的制约机制。很多投资项目往往经过层层转包，浪费严重，并且容易滋生腐败。按照"建管分离"和专业化管理的原则实行代建制，通过招投标，确立责任主体，严格质量把关，可以降低工程和管理成本，提高投资效益，并能减少腐败发生的可能性。

通过公开招标、邀请招标或直接指定等方式选择项目管理公司，作为项目建设期间的法人，全权负责项目建设全过程的组织管理。工程项目管理的实质，是把过去由建设单位（使用单位）的职责在建设期间划分出来，以专业化的项目管理公司代替建设单位行使建设期项目法人的职责。它将传统管理体制中的"建、用合一"改为"建、用分开"，并割断建设单位与使用单位之间的利益关系，使用单位不直接参与建设，实现了项目管理队伍的专业化，从而有效提高项目管理水平，有效控制质量、工期和造价，保证财政资金的使用效率；解决了过去建设项目责任主体不明、责任不清的问题。

总之，作为逐渐被世界发达国家广泛应用的一种工程建设项目实施管理方式，代建制具有明显的优势。政府对代建制项目主要把握产业政策和宏观决策，项目具体实施依靠市场机制管理，从而有助于规范政府投资项目管理行为。实施代建制后，代建人在资金拨付、工程决算、审计等方面受到建设方的严格监督，代建人与建设方相互监督制约，提高了投资效益。建设方与承包商、供应商的直接接触被压缩到了最低点，能有效遏制投资项目中的腐败现象。

(三) 代建制的操作模式

代建制是项目法人负责制、项目管理制及招投标等制度化后的衍生物。它把计划安排与市场合约、政府投资与企业行为有机地融合到了一起。代建制的基本架构如下：

（1）以招投标制、项目管理制为手段，引入市场竞争机制，确定专业代建单位，通过高度专业化的管理力求扼制资源浪费、投资效率不高的顽疾。

（2）以明晰产权关系为核心，在出资人、代建人、使用单位之间建立起市场合约关系，使合约主体间的权利、责任、义务形成刚性约束，进而使政府投资概（预）算真正成为具有法律约束力的刚性指标。

（3）以制度为保障，代建单位在代建期间按照合同约定代行项目建设的投资主体职责，使其为出资人补位，从而抑制所有者代表缺位而引发的公共品"寻租"等诸多弊病。

由此不难看出，要使代建制真正行之有效的关键点在于：第一，作为代建人，除具备相应的专业资质外，其必须是符合现代企业制度的独立法人身份。第二，应以正式形式（法规或合同）授权代建人在代建期间代行项目建设的投资主体职责。第三，代建人必须通过公开、公正、公平的方式产生，且招标人一定要由出资人代表（如各级政府发改委）担任。此外，在代建合约中出资人应是合约主体之一，否则使用单位与代建单位之间极有可能又会形成传统的甲方、乙方关系。

（四）规范代建制的发展方向

（1）政府应尽快以立法的形式确立代建制的法律地位。政府投资项目的资金拨付是由财政部门分管，而项目建设则由建设部门主管，此外，一项大的工程还涉及规划、环保、文物、园林、人防、消防、自来水、电力、燃气、交通、税务、海关等诸多政府部门的监管。因此仅由一个部门来推动是远远不够的。如果政府各个监管部门在代建制的权力再分配中得不到一种合理均衡的话，则代建制的推行将无疑会面临举步维艰的局面。

（2）制定相应政策，鼓励政府投资项目的使用单位积极选择代建制。代建项目的使用人在传统的投资体制下其身份是以项目业主出现的。鉴于其在建设合约中处于强势地位，因而自然享有一定的权力及利益。但在代建制度安排下，使用人的权力仅仅限于项目功能的提出权、项目建设过程的监督权以及项目完工后的验收权。这种权力、利益格局的较大调整，极易诱发使用人的抵触情绪。因此，适当兼顾使用人的利益对推动代建制度也是十分必要的。

（3）营造有序的竞争环境，推动代建行业健康发展。作为我国投资体制改革的一项行之有效的重要举措，代建制理所当然地受到了各个方面的青睐与追捧。在全国各地代建制试点工作正在如火如荼地开展之际，我们也应清醒地看到，一些与代建制性质与内涵甚至完全相悖的做法也在鱼目混珠地大行其道。

（4）在国家相关配套政策和配套制度的共同作用下，切实防范代建制的风险，使其控制投资、保证质量和工期与防止腐败的作用真正发挥出来。

（5）建立有效的业主和代建单位的沟通机制和渠道，确保使用者的具体使用要求能够在代建单位进行方案设计时就一并纳入考虑。由于实际使用情况千差万别，在进行统一的规划和设计的基础上，应加强考虑最后用户的具体情况和特殊性，提高设计和建设的针对性，以提高使用中的适用性和效率，达到最大限度地节约社会资金的目的，也避免了正式使用后的修改与完善的支出费用。

总之，代建制作为一项新的制度安排，其对改善政府投资的效率具有重要的意义，但在实践中尚有许多问题亟待研究与探讨。要想有效地降低推行该项制度的交易成本，办法之一就是要使之形成合约博弈的局面。这就有赖于制度安排者既要勇于制度创新，又要做到统筹兼顾。尤其是应当加快投资方面的立法，尽快出台招投标法实施细则，以便对投资领域的招投标行为和招投标市场进行全面规范；应加快出台《政府投资管理条例》、《经营性国有资产投资管理办法》以及《投资中介服务机构管理条例》等法规。

三、项目监管制度的发展与机构完善

（一）工程监理制的实施

为确保工程建设项目的建设质量，提高工程建设水平，实现工程项目管理的科学化、专业化，并充分发挥投资效益，我国自1988年起开始实行工程建设监理制度。这一年，建设部颁布了《关于开展建设监理试点工作的若干意见》，决定在北京、天津、上海、沈阳、哈尔滨、宁波等地进行试点。1989年，建设部颁布《建设监理试行规定》，这是我国工程监理的第一个法规文件。1992年，建设部发布《监理工程师资格考试和注册试行办法》。1995年12月，建设部和国家计委发布了《工程建设监理规定》，对工程建设监理的职责、范围、内容、监理程序、监理单位和监理人员的资质，以及政府对监理市场及监理人员的监管，做出了全面具体的规定。2000年，建设部和国家工商管理总局共同制定了建设工程委托监理合同范本，包括三部分内容：建设工程委托监理合同、标准条件和专用条件。

多年的实践证明，工程建设监理制度的建立对控制投资、保证工期、确保工程质量都发挥了积极的作用，已经成为推动投资项目业发展不可缺少的因素。工程建设监理是在项目组织系统范围内的平等主体之间的横向监督管理,工程建设监理的实施者是社会化、专业化的监理单位,属于社会的、民间的监督管理行为,具有明显的委托性,工作范围由监理合同决定,其范围可以贯穿于工程建设的全过程、全方位,远远大于政府工程质量监督的范围。工程建设监理不仅以法律、法规和技术规范、标准为依据,还以工程建设合同为依据。

目前,工程建设监理制度在不断发展、完善的过程中。《工程建设监理规定》等相关法规、合同范本对工程建设监理法律地位的界定尚不够统一和完善,使得社会上对工程建设监理的法律地位存在着一些模糊的认识。监理单位的主要作用在于协调业主和各个项目参与者的关系,保证项目的质量、进度,维护各方利益。监理的成功与否,对项目的成功与否有很大的影响。监理工程师的角色是业主履行合同的代表,他在合同实施过程中处于中心位置,承包人所有的工程活动必须通过监理工程师认可。

(二)重大建设项目稽查监督的发展

改革开放以来,我国投资体制改革进行了一系列探索,政府投资项目的管理是一个重要方面。在政府建设项目管理上,长期注重项目审批和投资分配,而对项目实施的管理相对薄弱,以致许多项目建设在工程质量、资金使用、概算控制和实行四制(项目法人责任制、项目资本金制、工程监理制和合同制)等方面均出现不少问题。在这种情况下,加强政府投资项目监管以及审计就十分必要了。因此,对建设项目的主要环节和主要方面进行监督检查,及时发现和制止建设中的各种违法行为,是建设项目监管体系中的关键环节,是强化政府投资项目建设外部约束的有效形式。

在投资体制改革过程中,我国相继建立了审计制度和工程监理制度,对加强项目建设的监督起了重要作用,但是从整体上看,还没有形成一个完整的监督体系。从业务性质看,审计主要侧重于财务收支方面的监管,工程监理也只是对业主负责,监督对象是施工单位。而对于项目建设其他环节,如对项目审批程序、前期工作、概算控制、招投标、法人责任制、工程监理制、合同制的执行和运作的监督,则基本上处于空白状态。为此,必须建立起对项目运作程序和建设实施过程的稽查监督制度,使之与审计、工程监理相互补充,有机结合起来,形成一个完整的监督体系。

1998年,国务院决定在国家发改委内设置重大项目稽查特派员,开展项目稽查工作。1999年4月,国家计委发布《重大建设项目违规问题举报办法（试行）》。2000年8月，国家计委发布《国家重大建设项目稽查办法》，对稽查制度的建立、稽查员的职责、稽查方式、各种违规问题的处理等事项做出了明确规定，把稽查工作纳入法制化轨道，实行规范化运作。同时，要求在稽查工作中强化监督，重在督促整改。根据这些法规的要求，国家发改委派出多批稽查员，对国家重大项目实施稽查。全国各省区市也分别颁布了相关规定，设立了稽查机构。重大项目的稽查工作陆续在各地全面展开。

几年来，各级发改委和各省区市稽查办以国债投资项目和各级政府投资项目为重点，稽查了数千个项目，发现了违规招标、挪用挤占建设资金、弄虚作假、工程质量严重缺陷等问题，进行了严肃查处。各级稽查办还注重跟踪稽查后的项目整改情况，查帮促相结合，不仅解决了项目建设中存在的突出问题，而且促进了项目管理水平的提高，取得了良好效果。

实践表明，项目稽查是投资监管的重要举措，对促进项目建设管理水平的提高、改进政府投资管理、提高投资效益具有重要作用。随着经济的发展和经济体制特别是投资体制改革的不断深入，稽查工作将会越来越重要。

本章参考文献

1. 李振中. 计划经济学. 中国人民大学出版社，1983.
2. 联合国工业发展组织. 工业可行性研究手册，1978.
3. 张达. 基本建设经济. 中国建筑工业出版社，1982.
4. 国务院技术经济研究中心. 可行性研究及经济评价. 山西人民出版社，1984.
5. 国家计划委员会基本建设综合局. 基本建设管理体制改革文件汇编. 红旗出版社，1985.
6. 周祥源. 基本建设技术经济学. 中国人民大学出版社，1986.
7. 刘国恒. 建设项目可行性研究与项目评估文献集. 学术书刊出版社，1989.
8. 张汉亚. 促进投融资体制改革的近期措施. 中国投资，2004（1）.
9. 巴曙松. 投融资体制，经济体制改革深化的核心环节. 中国投资，2004（1）.
10. 沙治慧. 市场化：投资体制改革的必由之路. 经济体制改革，2004（3）.
11. 秦凤华. 投资体制改革决定出台的前前后后. 中国投资，2004（8）.
12. 崔蔚菁. 投资项目决策技术与决策科学化. 管理论坛，2006（1）.
13. 张金锁. 工程项目管理学. 科学出版社，2002.
14. 曾培炎. 中国投资建设50年. 中国计划出版社，1999.
15. 潘文安，徐炎章. 技术经济与项目管理. 山东人民出版社，2005.
16. 王耀中. 中国投资体制转型研究——一种中西比较的新视角. 人民出版社，2002.

17. 王卓甫. 工程项目管理模式及其创新. 中国水利电力出版社，2006.
18. 程铁信. 国际流行项目管理软件应用. 中国电力出版社，2007.
19. 包叙定. 发展与改革——工程咨询业的两大主题. http：//www.cnaec.com.cn.
20. 周望臻. 我国工程咨询业的发展对策. http：//www.cnaec.com.cn.
21. 杨思忠. 中国工程造价咨询业的发展与展望. http：//www.cnaec.com.cn.

第八章 投资体制的国际比较

经过30多年的改革,我国传统计划投资体制已经发生了根本性变化。但相比金融体制、财税体制等其他领域的改革,投资体制改革依然显得相对滞后。中共十六届三中全会更是明确提出要加快投资体制改革。如何加快和深化投资体制改革已成为理论界和实务界共同面临的新的挑战。在投资体制方面,世界各国尤其是成熟市场经济国家普遍形成了一套具有自身特点的体系,在某些方面也存在一些具备普适性的规律,这些都值得我们在深化投资体制中加以借鉴。本章将从投资主体、投融资渠道、投资的宏观调控及政府投资管理等方面对有关国家的投资体制进行比较。在此基础上对中外投资体制特点、差异及规律进行总结分析,以期为我国投资体制的现状提供一个横向的参照,为促进我国投资体制改革的进一步深化提供有益的参考。

第一节 投资主体的国际比较

在进行投资主体的国际比较之前,有必要将本节涉及的投资主体相关概念予以区别和界定。首先,投资本身的内涵和外延非常广泛,本书谈到的投资仅仅是其中的一部分。本书中的投资(活动),从宏观上讲,主要是指固定资产投资等形成实物资本的行为和过程;从微观上讲,指的是具有价值创造特征的直接投资行为。至于证券投资、理财等意义上的投资,其本质只是微观主体的一种财务安排。这种财务安排在宏观上可以看做是储蓄转换为投资的各种具体途径和机制,不妨称之为间接投资行为,不属于本书的讨论范围。投资主体是指在上述投资活动中具备独立决策权、享有投资收益、承担投资风险的主体,包括各类法人或自然人,可称为决策主体。它至少应该具备三个基本特征:其一,它是投资方向、投资方式、投资规模以及资金筹措方式的决策者;其二,它必须为其投资行为承担风险和责任;其三,对其投资行为所形成的收益享有支配权。① 但在投资体系当中,除了上述决策主体外,还包括投资的宏观调控主体,主要是政府;在投资过程中提供融资服务的主体,主要是银行及其他金融机构;在投资过程中提供信息咨询服务的主体,主要是各类中介机构。这些主体,共同构成一个经济体中的投资主体体系。

本章将以包括美、日、欧在内的发达经济体、韩国等新兴市场经济体以及其他经济体作为考察对象,分析各国投资决策主体及其他投资相关主体的构成格局。

一、决策主体的国际比较

(一) 各主体投资比重的国际比较

根据前面的相关概念界定可知,决策主体其实就是通常所说的狭义的"投资主体",是参与投资活动的最主要主体。从各国的投资实践而言,投资的决策主体无非就是企业和政府。但就两类投资决策主体在整个投资中所占的比重(或结构)来讲,各国之间有所不同。一般而言,在市场化程度越高的国家中,企业作为投资决策主体所占的比重应越大,在整个投融资体系中占据基础性地位。而政府作为投资决策主体,其份额相对较小。

有关企业和政府投资份额的直接数据很难获得,但是通过国民收入核算及财政支出的相关数据,我们可以大体倒推出政府投资占投资的比重。具体推算如下:①收集"固定资产投资占 GDP 比重"、"财政支出占 GDP 比重"、"政府消费占 GDP 比重"三个数据。②将"财政支出占 GDP 比重"减去"政府消费占 GDP 比重",大体可以得出"政府投资占 GDP 比重"。② ③将前面计算所得"政府投资占 GDP 比重"除以"固定资产投资占 GDP 比重",便能大体推算出政府投资在总投资中的比重。③ 利用世界

---

① 林森木.中国固定资产投资透析.中国发展出版社,1993:298.作者同时还提出理论界的另一种看法,"投资主体是投资体制各个分工系统的集合,可分为投资决策主体,包括政府和企业;投资调控主体,包括计划、财政和中央银行;投资经营主体,包括投资公司、各商业银行和信托投资公司;投资使用主体,包括各建设单位和企业。"

② 这里假定政府支出大体分为政府消费和政府投资两部分,政府消费以外部分均为政府投资性支出。

③ 需要强调的是,在国民收入核算中支出法下的"资本形成占 GDP 比重"与利用固定资产投资直接计算的"固定资产投资占 GDP 比重"两者之间存在一定的偏差,但总体来说出入不会很大。

银行及《中国统计年鉴》相关数据，我们将有关国家近年来政府投资占总投资比重进行推算整理，见表8-1。

表8-1　　　　　相关国家政府投资占总投资比重估算一览

单位：%

国别\年份	1995	1996	1997	1998	1999	2000	2001	2002	2003	2004
美国							26.95	28.88	30.39	
澳大利亚					25.73	26.81	36.06	33.49	30.00	
加拿大	16.01	11.12	6.82	6.56	6.52	2.59				
俄罗斯								24.30	26.37	25.96
乌克兰						30.50	29.40	36.73	52.61	48.71	77.95
白俄罗斯	33.10	30.49	25.68	22.61	31.87	23.08	22.38	16.45	25.68	29.28
波兰								84.32	87.51	109.10
德国	85.51	60.95	60.24	59.86	59.68	58.54	63.87	72.92	75.73	73.06
挪威						65.60	65.81	84.20	89.58	80.01
瑞典				68.76	62.48	51.71	57.06	54.83	56.40	
冰岛				35.03	38.18	31.35	36.73	46.17		
巴西				26.28	33.53					
阿根廷								62.22	55.48	37.41
韩国	8.22	7.40	7.92	16.59	14.68	16.83	19.27			
新加坡	11.67	20.83	12.75	19.57	16.98	16.64	26.38	20.04	34.04	26.60
马来西亚	11.12	17.77	13.37	25.13	33.29	21.23	29.00	39.18	28.68	
泰国									20.52	22.32
印度	13.62	17.01	15.53	11.10	9.43	13.84	14.85	19.46	19.57	18.59
中国							3.28	6.72	7.54	8.12

注：①中国数据根据《中国统计年鉴》中"财政支出"、支出法GDP核算下的"固定资本形成"、"政府消费"三组数据推算而得。②其他各国数据根据国研数据库"世行数据"推算而得。③表中空白部分因无法获取相关数据而空缺。

从表8-1中推算的各国政府投资占总投资比重来看，各国在投资的决策主体结构上似乎并没有呈现出前面所述"市场化程度越高，企业在投资决策主体中所处地位越发重要"的局面。具体来说，从表8-1可以归纳出以下几个特点：①北欧及中欧（含德国）各国，其政府投资占投资中比重普遍较高，所占比重基本都在50%以上，相比私人投资具有明显优势。②美国、澳大利亚、加拿大等典型市场国家以及巴西、阿根廷等拉美国家，其政府投资比重也维持在较高水平。③俄罗斯、白俄罗斯、乌克兰等转型经济体，其政府投资比重与典型市场国家维持在大致相当的水准。

④韩国、新加坡、泰国、马来西亚等亚洲新兴市场国家以及印度，政府投资占总投资的比重明显偏低。⑤中国作为一个政府主导型的经济体，政府投资比重反而是表中所列国家中最低的。⑥近年来，各国政府投资比重大致呈不断上升的趋势。

政府投资比重较大且呈上升趋势，主要有以下两个方面的原因：①从资金角度来看，近年来各国财政占GDP比重都呈现上升趋势。政府可以用于投资的资金相应地也越来越大。②从经济社会发展的角度来看，随着经济社会的不断发展，市场失灵的领域和范围在不断扩大，因此需要政府进行干预和主导的事务也日益增多，政府的边界也因此而不断拓展。与之相应，政府投资的领域和比重也不断增加。

中国及东亚经济体素有政府干预和主导经济发展的传统，但从表8-1中推算的政府投资比重来看，实际数据似乎无法支撑上述事实，这可能需要从以下几个方面来进行解释：①发达国家政府投资比例高于新兴市场国家从某种程度上也可以看做是上述政府投资比重呈上升趋势的横向体现。因为发达国家的市场体系更为成熟和完善，其出现失灵和缺陷的领域也已逐步为政府和公共财政所覆盖，因此，发达市场经济体的公共投资范围相对来说会更大，其政府投资比重更大也在情理之中。②政府主导与政府的直接参与并不能完全画等号，强势的政府可以引导企业的投资行为，但在统计上并不表现为政府投资。③各国在政府投资方面的统计口径也存在差异。④发达经济体与新兴市场经济体本身处于不同的发展阶段，发达经济体的投资占GDP比重相比新兴市场经济体要低（见表8-2），这样就越发提高了发达经济体政府投资占总投资的比重。①

另外，中国数据表现出的与常识及直觉相违背的情况，其主要原因大致有以下几点：①统计口径方面的问题。我国财政收支分类改革尚未完成，财政支出中的分类并非按照"政府投资"和"政府消费"进行划分，在进行转换过程中很可能出现将"投资性支出"划为"消费性支出"的情况。通常在财政支出项目中，"基本建设支出"、"企业挖潜改造资金"、"科技三项费用"、"地质勘探费"、"城市维护建设支出"可看做"投资性支出"。以2004年为例，2004年这5项支出总额为5858.8亿元，而当年"财政支出"减去"政府消费"推算出的政府投资为5287.5亿元，这意味

---

① 对于北欧等民主社会主义国家来说，其政府的边界和投资领域更大，同时高税率也抑制了民间投资，所以政府投资比重显得尤其高；对于苏联及东欧等转轨国家来说，由于其工业化基础较高，也已经过了全社会范围内进行大规模资本积累的阶段，因此，它们的投资率相对来说也较低。

表 8-2　　近年来有关国家国内投资占 GDP 比重一览

单位：%

年份 国别	1995	1996	1997	1998	1999	2000	2001	2002	2003	2004
美国	18.15	18.56	19.46	19.96	20.34	20.49	18.85	18.05	18.04	
澳大利亚	22.10	22.27	23.17	24.37	24.44	21.91	22.78	24.66	25.08	
加拿大	19.04	18.47	21.06	20.72	20.62	20.53	19.35	19.89	20.42	
日本	28.24	29.12	28.66	26.89	26.00	26.27	25.76	23.97	23.89	
俄罗斯	25.44	23.67	21.98	14.96	14.83	18.69	21.95	20.06	20.43	21.09
乌克兰	26.68	22.67	21.45	20.82	17.51	20.25	21.76	20.15	21.97	19.14
白俄罗斯	24.75	23.52	26.84	26.71	23.71	25.40	23.76	22.18	26.61	28.31
波兰	18.42	20.47	23.01	24.60	24.87	24.67	20.74	18.85	18.93	20.03
德国	22.22	21.11	21.11	21.61	21.49	21.78	19.57	17.41	17.43	17.27
挪威	22.89	21.49	23.81	27.27	23.73	20.95	19.63	19.25	17.60	19.02
瑞典	17.19	16.56	16.21	17.23	17.51	18.47	17.69	16.73	16.21	16.14
冰岛	16.84	19.54	20.33	24.70	22.26	24.27	22.07	17.66	19.96	21.58
巴西	22.29	20.92	21.50	21.12	20.16	21.54	21.20	19.76	19.76	21.31
阿根廷	17.94	18.08	19.37	19.93	18.01	16.19	14.18	11.96	15.14	19.15
韩国	37.67	38.87	35.97	25.00	29.12	31.00	29.33	29.08	29.96	30.22
新加坡	33.40	38.10	38.71	37.59	34.14	30.14	29.97	25.42	24.24	23.99
马来西亚	43.64	41.48	42.97	26.68	22.38	27.30	23.92	24.00	21.59	22.65
泰国	42.09	41.82	33.66	20.45	20.50	22.84	24.10	23.80	24.92	27.09
印度	26.53	21.77	22.57	21.38	23.66	22.67	22.41	22.65	23.03	24.05

资料来源：国研数据库"世行数据"。

着其他项支出基本都划作"消费性支出"。然而诸如国防支出、公检法司支出、政策补贴支出等，其中也会有用于固定资产投资的支出。②地方政府掌握大量的预算外资金，这些资金用于投资则不会反映在统计数据上。③政府主导投资决策与统计上的政府投资是有区别的，政府主导的投资很多情况下仅仅有少部分政府资金，其余都是银行贷款，但整个投资行为却是由政府控制。因此，由政府直接决策的投资数要远大于统计局公布的"投资资金来源"中的"国家预算内资金"数。政府参与决策的投资规模虽然没有系统的数据支持，但从前几年的情况看，由政府决策的项目投资总量一般占全社会投资总量的 25% 左右。因此，政府仍然是我国投资领域中重要的决策主体。

(二) 企业依然是各国投资决策最重要的主体

尽管从表 8-1 的数据对比中得出的结果似乎与我们观念上的判断有所差异，但无论是典型市场国家还是新兴市场国家，企业在各国投资决策中都是最为重要的主体。

美国是最为典型的市场国家，"自由竞争"的观念和制度深入到经济的方方面面。作为市场经济逐利行为的具体体现，投资活动大多是由市场主导，由企业根据资金供求状况及收益多寡而自发完成的。美国企业的产权形态主要有三种：一是个人独资企业，这类企业的数量在全美企业总数的 70% 以上；二是合伙制企业，这类企业的数量在 15% 左右；三是公司制企业，数量在 10% 左右。但就销售额而言，公司制企业占整个销售额的 90% 左右。[①] 在美国，政府作为另外一个重要的投资决策主体也主动参与具体的投资活动。然而，由于美国政府很少设立公营企业，[②] 政府投资的领域主要集中于非市场竞争性的基础设施、公用事业、科学技术、教育等公共服务领域。这是由这类领域的公共产品性质所决定的。政府投资于上述领域正是为了纠正市场失灵、弥补市场缺陷，提高全社会的资源配置效率，为整个经济体的持续稳定发展创造必要的条件。而且即便是对这些领域的参与也会引入私人企业、采取市场运作的方式。因此，政府从某种意义上说只是此类领域投资的共同决策主体（关于具体的管理和运作模式，在本章后续部分会有更为细致的介绍）。

英国是古典经济学的发源地，受亚当·斯密经济自由思想的影响，英国政府历来主张尽量避免干预经济，反映在投资领域，自然也是以私人企业自主投资决策为主。在英国的企业中，国有企业数量不到千分之一，其余均为私有制企业。企业的产权形态与美国类似，也是包括个人独资企业、合伙制企业和公司制企业三种。

德国实行的是社会市场经济制度，这使得它的经济体制与美国等典型市场经济国家有所不同。但企业依然是德国投资体系的基础和主要主体，企业的投资活动也是由市场引导的自发逐利行为。对于企业的投资行为，政府采取的原则是"既不指导，也不干预"，只是在特定的领域和政府认为必要的时候给予企业一定的帮助。政府自身作为投资决策主体，其参与

---

① 有关美国企业类型的数据资料，参考李荣融（2000）。
② 地方、州和联邦政府的公营企业在整个国民收入中所占份额在 2% 以下，见王学武（2001）。

的领域同样限于市场失灵的公共服务领域。

日本企业在其投融资体系中同样处于基础性地位。作为真正的市场主体,日本企业为在激烈的市场竞争条件下拓展生存空间,对于投资都非常重视。企业投资完全围绕市场需求进行,以追求更高的经济利益。从所有制性质来讲,日本企业都是私有制企业,因此企业在投资方面拥有完全的自主决策权,政府也充分尊重企业的投资自主权。在日本的企业中,绝大多数是职工人数在 300 人以下、资本金在 1 亿日元以下的中小企业。大企业的数量不足 1%。从企业的组织形态来讲,中小企业大多为独资企业,而大型企业集团都是股份制。这与美国的企业组织形态基本相似。日本政府作为另外一个重要的投资决策主体,其投资领域也主要集中于各项公共事业领域,以弥补市场的失灵和缺陷。当然,无论是政府投资还是企业投资都与政府的产业政策相配合,特定阶段的重点发展产业也是政府投资领域。

韩国作为新兴市场国家的代表自 20 世纪 60 年代以来在经济发展方面取得了巨大的成就。这与韩国选择"政府主导的增长政策"(Government-led Growth Policy) 的发展模式,强调政府对经济行为的参与和市场的影响有着密切关系。这意味着企业不是在一个充分竞争的市场结构中运行,而是在一个受到政府相当程度控制的市场中运行。尽管如此,在韩国的投资体系中,企业依然是投资决策最为重要的主体。只是影响企业投资行为的因素除去市场机制外还包括政府的强力干预。就企业性质而言,韩国的企业中虽然私营企业数量占有绝对优势,但是其国有企业仍占有较大比重,这一点不同于其他更为发达的市场经济体。韩国的国有企业主要集中于公路、铁路、邮电通信、供水、供电等基础设施部门,其增加值一度占此类行业增加值的 60% 左右。此外,在制造业部门也有一部分国有企业。政府对国有企业的投资拥有决策权,在企业经营中拥有管理权。当然,韩国政府自 20 世纪末就已经开始分步骤地对公共企业实行私有化改革,向私营企业及社会公众出售股份,但在电力、通信、钢铁等关键产业,政府仍有控股权。

(三) 企业投资决策过程的国际比较

企业作为各国投资决策的最重要主体,其投资活动基本都是以市场为导向,以追求利润为目标。但由于各国的经济环境及经济传统有所差异,在具体的投资决策过程中,各国企业对投资决策各环节的侧重点有所不同。

德国企业的投资项目决策通常都严格遵照既定的内部程序和标准进

行，这或许也是德意志民族"诚实严谨、服从纪律"的体现。一般来说，德国企业的投资都是由企业相关职能部门事先拟订投资计划，然后报董事会批准实施。对于重大投资项目，则必须由监事会审议通过。监事会由资方和职工代表共同组成，职工代表包括公司内部选举产生的代表和公司所属行业工会代表；资方代表由股东大会选举产生，有时也会包括工商会、银行及社会名流。监事会的构成覆盖了与企业相关的方方面面，使得企业的重大投资能够在更大范围内接受监督，有效避免可能出现的重大失误。

除了严格的内部决策程序外，德国企业在投资项目选择时通常都严格执行技术、社会、环境、财务等方面的标准。其中，财务标准是最为重要的因素。为此，在选择投资项目时，长期投资收益率是最为重要的指标。通常，企业会在剔除政府补贴、临时性优惠等因素后计算项目的可能收益，以确保公司股东能够以尽可能低的风险获取更大收益。

日本企业尤其是大的企业集团，其投资项目审批同样有着相当严格的程序。通常，大型企业集团设有开发部和投融资委员会，专门从事投资的前期工作。由公司总部组织实施的项目一般由开发部提出可行性研究报告，报告经研究部论证后再提交董事会审批；成员企业提出的项目，则由成员企业提出项目计划，经总公司审核后再提交董事会审批。在投资项目选择过程中，除了像德国企业那样实施严格的法律、环境、安全及财务标准外，日本企业还特别注重遵循国家产业政策，尽可能争取参与国家倡导的开发计划，以便充分享受国家优惠政策，同时也能提高企业的社会地位。①

相比德国、日本企业严格的投资决策程序和标准，美国企业在投资决策过程中更注重企业的发展战略。企业的投资决策围绕发展战略来实施，充分考虑四个方面的问题：①企业从事什么行业。②目前生产经营环境和状况。③企业要达到什么目标。④主要采取什么对策和措施。

（四）政府投资的国际比较

在投资决策主体中，政府始终是一个不可忽略的重要因素。关于这一点，前面第二部分已有叙述。作为投资决策主体的政府，其投资的领域主要集中在公共投资领域，这是由政府的职能边界和市场失灵所共同决定

---

① 事实上，产业政策在日本投资体制中起着相当重要的作用。无论是政府调控、企业决策还是金融机构的融资行为，以及中介机构的投资咨询服务，都受产业政策的影响。相关内容在后续部分还将涉及。

的。当然，有的国家由于历史传统等原因，还有一定比重的国有企业分布于竞争性领域。

从各国的具体实践来看，政府对公共领域投资的具体管理和运作模式大体可以分为"英美模式"和"欧洲大陆模式"。关于政府投资管理方面的内容在本章第三节将有更为细致的国际比较，这里仅简要介绍这两种模式的基本情况。

英美模式是由独立于政府部门的相关机构或公司进行投资，在项目建设中普遍采取业主责任制的方式，对建设项目的筹建、融资、建设实施直至建成后的生产经营、维修和偿还债务等全面负责，承担相应的风险并获取投资收益。英国是英美模式的典型代表。英国政府在公共工程项目建设中，为减少政府财政支出的压力，提高项目建设和运营的效率，会通过一定的优惠条件让私人企业参与到项目的具体建设和经营中，具体的方式包括 BOT（Build-Operate-Transfer）、BOOT（Build-Own-Operate-Transfer）、私人部门与国有部门合营等。

欧洲大陆模式是由国家相关的行政部门直接参与投资项目的实施，法国是欧洲大陆模式的典型代表。在法国，政府主张公共服务领域需要建立全国或区域性的网络，这种网络应该由国家而不是私人来经营，因此只能由国家垄断。事实上，法国的公共服务领域基本上是由一个或几个国有大型企业进行垄断经营。政府除了任命这些国有企业的董事长之外，还通过与企业签订计划合同的方式对企业进行管理。计划合同通常4~5年签订一次，在合同中会规定合同期内的经营目标、投资规模、数量，等等。

当然，无论是英美模式还是欧洲大陆模式，政府投资领域最终的具体实施者通常还是要落实到各类所有制属性的企业或经济实体。除了公共服务领域外，包括由政府控制的其他竞争性领域的国有企业，其名义上的投资实施主体也都是企业本身。只是由于政府在这些领域有着较为直接的控制力，所以将政府看做此类投资的最终决策主体。[①]

由于政府作为投资决策主体时必然涉及财政资金的投入问题，因此，这部分投资也被称为财政性投资。财政投融资本身就是一个较为复杂的系统，各国尤其是政府主导型的经济体，如日本、韩国等，在这方面都有一些特殊的安排，相关情况将在本章第三节中进一步分析。

[①] 其实，我国目前的投资主体结构中上述特点尤为明显。一方面，企业（包括国有企业）都是"独立经营、自负盈亏"的法人主体；另一方面，政府对企业（包括民营企业）都有着极强的控制力，政府在很多投资领域都扮演着事实上的决策主体角色。

二、融资服务主体的国际比较

现代社会中,企业进行投资活动通常需要从其他渠道融通资金,金融机构作为企业投资的主要资金渠道,在整个社会的投融资体系中起着不可或缺的作用。能够为企业投资提供融资服务的包括银行和其他金融机构。这些银行和金融机构既可能是国有的,也可能是私营的;既可能是政策性的,也可能是商业性的;既可能是地区性的,也可能是全国性的。本部分将主要介绍有关国家银行及其他金融机构的组成状况以及在企业投资中的作用。

(一) 美英的银行及金融机构

美国和英国都属于典型的市场经济国家,经济自由贯彻于两国经济发展的方方面面,同样也体现在其银行体系的构成和运作中。①

1. 美国的银行及金融体系

自由主义是美国人的普遍信仰,对任何类型的强权机构美国人都存在着厌恶情绪,基于此他们对于银行系统也就存在强烈的非国有化倾向。

美国的银行体系由美国联邦储备银行(美国中央银行)和商业银行组成。美联储由全国 4000 多家规模较大的商业银行通过会员制形式组成,其股东就是作为联邦储备体系成员的上述私人商业银行,因此从产权性质上讲,作为中央银行的美联储也属于"私营公用事业的股份机构"。美联储在 12 个联邦储备区各设有一家联邦储备银行,分别管辖全国不同地区。在 12 家储备银行中,纽约、芝加哥和旧金山是最大的 3 家,它们的资产合计约占整个联邦储备体系资产的 50% 以上,其中纽约联邦储备银行约占整个联邦储备体系资产的 30% 以上,是所有联邦储备银行中最重要的一家。美联储产权的私有性质使得其相对于政府具有较强的独立性。作为中央银行,美联储通过制定和实施货币政策间接影响和调控企业的投资行为。

美国有 1 万家以上的挂牌银行(不含分支机构),商业银行的运营资金总量约占整个金融市场的 1/3,是企业投资的主要资金来源渠道之一。美国实行的是金融分业经营,政府禁止商业银行参与股票、证券交易以及

---

① 凯恩斯的国家干预主张在 20 世纪 30 年代后同样为两国所认同并采纳,但这种干预基本上还是宏观层面的间接调控,在微观层面,独立运作经营的各类经济主体,其各项经济活动依然是在法律允许的框架和范围内自由进行的。

直接投资和跨地区经营，但在商业银行既定的信贷业务范围内鼓励竞争，因此商业银行在开展融资业务时具有很大的自主权。商业银行可以根据中央银行贴现率，自主确定各类贷款利率，但企业破产或投资失败产生的坏账损失也需由商业银行自行承担。因此，商业银行在发放贷款时有一套严格的审批程序。

除了银行体系外，发达的资本市场是美国企业投融资的另外一条主要渠道。保险基金、养老基金等来源稳定、数额巨大的社会资金以及居民个人的闲散资金，通过进入股票、债券二级市场的方式，也能有效地转化为企业长期投资的资金来源。

2. 英国的银行体系

英国的银行体系由中央银行——英格兰银行和大小 500 多家银行组成。除英格兰银行外，其余均为私人银行，包括英国本土的股份制银行和在英国注册承办业务的国外银行。

除了像其他中央银行一样根据宏观经济形势制定实施相应货币政策外，英格兰银行的一项重要职能就是对各银行（包括商业银行、投资银行）及其他金融机构进行协调和监管。一方面，英格兰银行在英国的银行体系中承担了准备金中心和结算中心的职能。英国商业银行的大部分准备金都必须存在英格兰银行的活期台账上，存款银行之间的货币结算也须由伦敦票据交易所以非现金方式进行结算，并最终通过英格兰银行实现。另一方面，英格兰银行有权要求任何一家银行提供有关情况，检查英国各银行和金融中介机构存在的问题，并提出相关整改建议。

除中央银行外，英国的银行体系从业务类型上可以划分为投资银行和商业银行。投资银行不办理储蓄信贷业务，主要帮助企业通过股票、债券等方式在境内外进行直接融资，其业务范围与美国资本市场上的各类金融机构类似；商业银行则从事传统的储蓄、信贷业务。与美国不同的是，英国投资银行和商业银行的经营范围存在相互渗透、交叉的情况。

对于商业银行的放贷行为，英国政府除通过利率进行间接调控外，基本上也是采取放任自由的态度。但商业银行自身对于发放贷款有一套较为严格的程序，包括编制可行性研究报告、委托有资质的中介机构进行评估、对企业进行实地考察和访谈等。在确定贷款金额时，商业银行依据的主要是企业的净资产而不是项目总投资，以严格控制贷款风险。

（二）德、法两国的银行及金融体系

美、英两国的银行及整个金融体系基本由私营机构组成，这与两国奉行的自由主义有着密切联系。与之形成鲜明对照的是，同为发达资本主义国家的德国和法国，其银行及金融体系的所有制结构则具有多元化特征。

1. 德国的银行体系①

德国银行体系由中央银行（德意志联邦银行）、综合性银行和专业银行三部分组成。德意志联邦银行作为中央银行，其性质属于国有机构，资本归联邦政府所有。与其他各国央行一样，德意志联邦银行具有制定和实施货币政策的权力，而且与联邦银行监管委员会、联邦证券交易委员会一道构成德国银行监管当局。

综合性银行是指可以提供包括商业银行业务、证券投资业务在内的全套金融服务的全能银行。事实上，"全能银行"和"混业经营"是德国银行体系最为显著的特征。综合性银行又可以划分为商业银行、储蓄银行和合作银行三大类。

德国的商业银行是典型的全能银行，是集银行、证券、保险等多种金融中介业务于一体的金融混合体，进行的是混业经营。德国的商业银行包括大银行、地区性银行和其他商业银行、外国银行分行以及私人银行等。在德国，最有代表性的大银行是德意志银行、德国工商银行、德累斯顿银行和科麦茨银行四大商业银行。这四大商业银行都是股份制全能银行，通过发行股票筹集资金而使自有资本符合资本充足率的要求。大银行的特点是设施完备、业务量大，有遍布全国的分支机构。地区性银行和其他商业银行各自的规模、形式和业务不尽相同。有一些较大的地区性银行也在全国范围内开展业务，比如巴伐利亚统一抵押银行、BHP 银行及 BFG 银行。

综合性银行的第二大支柱是储蓄银行系统。储蓄银行系统是德国最大的银行集团，由德意志汇划中心银行、地区储蓄银行及乡镇储蓄所三级体系构成。德国几乎所有的地区储蓄银行都归当地城市所有，因此从产权性质上，储蓄银行属于公共法人银行，储蓄银行的经营地点通常有区域限制。储蓄银行资金主要来源于私人家庭的储蓄，其业务在最初也被严格局限于为中小客户服务，针对中小客户经营存贷款业务。但随着居民收入的提高和金融业的发展，储蓄银行也逐步发展成为全能银行。

德国综合性银行的第三大支柱是合作银行。合作银行模式最早源于19世纪中期的农村信用合作社银行和工商合作银行。合作银行同样由三级架

---

① 有关德国的银行体系及金融体系更为详细的情况，参考于景涛（2003）、史笑艳（2003）、王珏（2002）、孙玉辉（2001）以及李荣融（2000）等。本部分是在对上述文献进行综合整理基础上形成的。

构组成：全国性的德国合作银行、地区信贷合作银行、初级信用社。合作银行对促进中小型商务企业的发展起着至关重要的作用，其主要服务对象为手工业者、零售商、农场主等。合作银行的信贷业务只局限于为其成员提供中长期贷款，并吸收储蓄存款。目前，这一限制已经被取消，德国合作银行也已经发展为具有公共法人性质的全能银行。

除了综合性银行外，德国还有各种各样的专业银行。德国专业银行的经营范围由立法加以明确限制。比较重要的专业银行包括：①抵押银行，它的主要职能在于通过发行有固定利息的长期债券以筹集资金来进行不动产抵押放款，如巴伐利亚抵押汇兑银行。②建房储蓄银行，其主要职能是帮助居民购买住房，促进住宅私有化政策的实施，它在发放建房、购房贷款活动中起主要作用。③从事中长期出口融资的专门机构，包括出口信贷银行和复兴信贷银行。

德国银行体系的全能化特征以及产权结构多元化特征同样也是在特定的历史背景和传统下逐步形成的，归结起来大致有以下几个方面：①德国的市场经济在主要资本主义国家中起步较晚。为了尽快追赶上英美等发达国家，在其工业化的初期，德国实行了国家主导型的资本主义制度，政府通过实施赶超型的经济发展战略，对经济活动进行了广泛干预。②在工业化初期，德国本土企业实力远不敌英美企业，企业规模普遍较小，盈利能力和盈利预期较低，因此难以通过以定向私募为主的股票或债券等方式筹集到大量的资金。为了有效解决企业发展中的融资问题，政府大力推动和扶持包括私人银行、公共法人银行在内的各类银行的发展，由此奠定了其银行体系产权多元化格局。③在第二次工业革命中，工业的发展对资本的需求和吸收能力很大，迫切需要大型的银行机构能吸收小额存款，同时又能方便地调动和融通资金，将短期小额存款转变为长期信贷资本，并随时按照要求为大型工业企业及时提供创业投资资本和长期资本保证。在政府的支持和推动下，德国的银行开始既从事商业银行业务，又从事投资银行业务，具备全能银行的特征。

2. 法国的银行及金融体系[①]

法国银行及金融体系的形成以 1800 年拿破仑建立法兰西银行为标志，与美国现代银行体系的建立基本在同一时期。[②] 之后，法国相继建立了大

[①] 关于法国银行及金融体系更为详细的论述，参考白钦先、王伟（2005）、刘飞（2000）及韩文霞（1992）等。

[②] 1782 年，北美银行在费城注册成立，标志着现代银行业在美国的开始。此后，兼有私人银行和中央银行性质的美利坚银行于 1791 年成立。

量类似英国股份制公司的商业银行，如国家工商银行（建于1859年）、里昂信贷银行（建于1863年）、兴业银行（建于1864年）、巴黎贴现银行（建于1869年）等，奠定了法国银行体系的基础。但是法国的银行和金融体系的发展并未沿着私有化道路继续发展。同德国类似，法国的银行体系及金融体系呈现出多元化特征，其国有银行在银行体系中占据重要地位，突出表现为其拥有一套完备的政策性金融体系。这一点与美英银行业私有化为主的产权结构大相径庭。

法国的银行及金融体系总体包括监督管理层和各类金融机构，除了比较常见的商业银行外，法国有一套独具特色的政策性金融体系。

金融监管层由经济财政部、中央银行（法兰西银行）、国家信贷委员会、银行管理委员会以及银行同业公会共同构成。在1993年法国中央银行独立之前，经济财政部是整个金融体系的领导部门，居于主导地位。法兰西银行确立独立地位后，可以根据对通货膨胀的估计和货币的投放，完全自主地决定利率的高低，这样整个金融体系就在经济财政部部长和法兰西银行总裁的共同领导下运作。这种财政部门主导金融体系运作的格局在西方发达国家中是不多见的。

根据法国的银行法，其金融机构注册可以分为商业银行、互助与合作银行、储蓄银行、城市信贷银行、金融公司和转移金融机构六大类。

法国的商业银行经营集约化程度很高，巴黎银行、里昂信贷银行、法国兴业银行等少数大银行几乎垄断了全部银行业务的一半。商业银行与工商企业有着非常密切的关系。除了为企业投资提供贷款外，近年来商业银行通常还会参股企业，为企业的投资决策提供咨询服务，这与德国的全能银行有相似之处。从产权结构来讲，"二战"后国有银行在法国的商业银行中曾经占有主导地位，20世纪80年代初，几大商业银行都是国有控股，直到80年代末期才开始较大规模的私有化进程。

当然，法国银行金融体系最大的特点还在于其庞大的政策性金融体系。法国政策性金融机构由国家投资，面向特殊领域和特殊部门，从产权性质上讲属于国有公共金融机构。目前，法国政策性金融机构主要包括中小企业开发银行、法国开发银行、法国地区信贷银行、法国土地信贷银行、地区开发公司、社会住房担保银行、法国证券交易公司、海外开发银行等29家金融机构。这些政策性金融机构普遍具有较长的历史。例如，法国土地信贷银行创立于1852年；国家信用银行创立于1919年；地区开发公司也是在1955年组建的；近年成立的中小企业发展银行等实际上也是在一些历史悠久的专业金融机构的基础上经过分拆、组合、兼并而成的。政策性金融机构具有较为明确的行业分工和地区分工：中小企业发展银行主要是针对全国众多的中小企业提供信贷等服务；法国开发银行主要面向非洲、亚洲等国家；社会住房担保银行主要任务是为低租金住房（HLM）开发服务；国家信用银行成立之初主要任务是支持进行战后重建工作，后与法国对外商业银行合作（现在名称为 Natexis），主要为一些大型企业服务；地区开发公司主要进行地区性的金融服务；法国土地信贷银行主要业务是在住房建设领域；地区信贷银行进行地区开发信贷业务；海外开发银行主要是针对法国海外省的开发业务。

从产权结构来看，尽管近年来银行业私有化进程有所加快，但国有银行（包括政策性金融机构）在整个金融体系中依然占据重要地位，而这种格局的形成与法国的经济结构、历史传统都有密切关系。从历史上看，20世纪30年代的大萧条将市场缺陷暴露无遗，政府对经济领域的介入有助于提高资源配置效率。国有政策性金融机构以及商业银行无疑是国家干预调控宏观经济的有力工具。"二战"后，为医治战争创伤，更加需要政府的强力介入，这又为国有金融机构的发展壮大提供了新的契机。事实上，法国在西方国家中是国家主导经济发展的典型，国有金融机构的大量存在恰恰为其干预调控宏观经济提供了必要的手段。

（三）日、韩两国的银行及金融体系

日本、韩国的银行及金融体系中政府主导的特征更为明显，国有银行及金融机构在整个融资体系中占有很大比重，有别于英美私有产权为主的金融体系。

1. 日本的银行及金融体系[①]

日本的金融体系是典型的以银行为中心的金融体系，[②] 大体由中央银行、官方政策性银行和民间商业银行共同构成。

日本中央银行（日本银行）主要负责发行货币、管理货币流通，向政府和金融机构提供信贷，从业务上对民间银行进行管理、监督和指导。在行政上，日本银行受财务省（财政部，以前称为大藏省）的监督和管理。许多金融政策都是由财务省、企划厅及中央银行一道制定，通过中央银行具体贯彻执行。

---

① 关于日本金融体系及其运行的情况，参考刘迎接（2005）、小栗诚治（2003）、任云（2006）、车维汉（2006）、戴晓芙（2004）、董正信和赵晓明（2006）、李荣融（2000）等。

② 通常可以将各国的金融体系划分为"以市场为中心的金融体系"和"以银行为中心的金融体系"。美、英两国是前者的代表性国家，而日本、德国、法国等则是后者的典型代表。

政策性银行是日本进行宏观调控的重要媒介,包括两家政策性银行和6所金融公库,即国际协力银行、政策投资银行(DBJ)、国民生活公库、中小企业公库、住宅金融公库、农林渔业公库、公营企业公库、冲绳振兴开发企业公库。这些政策性金融机构大多是战后为完成产业开发、振兴进出口、扶植中小企业、促进住宅建设等政策性任务而设立的。日本政府是这些政策性金融机构的出资人,其经营资金主要来源于政府的资本金、财政无息借款、贴息、经营利润流出、保险金以及外债等。政策性金融机构一般没有存款业务,其职能主要是通过低利率和贴息等手段推行产业政策、引导企业投资。

日本政策投资银行是引导企业投资的主要金融机构,其前身是日本开发银行,1999年与北海道东北开发金融公库合并,更名为日本政策投资银行,其在该国金融体系中占有比较重要的地位,贷款一度高达GDP的2%左右。作为综合性政策银行,日本政策投资银行的主要任务是促进产业开发、发展社会经济。日本政策投资银行行长由财务省官员兼任,其职员通常来自财务省和通产省。其经营范围主要是从事长期贷款和风险较大的贷款,贷款业务须符合通产省制定的产业政策和财务省编制的预算。在具体运作上,政策投资银行按照商业银行的贷款程序自主进行,但不以盈利为目的。在贷款数量方面,政策投资银行也只承担企业项目投资的一部分,其余所需资金由企业向民间银行借贷。

尽管政策性银行在日本金融体系和企业融资中占据不可替代的重要地位,但就资金规模来说,民间商业银行依然是企业投融资贷款的主要渠道。民间商业银行在对企业发放贷款时,完全按照市场原则独立进行,享有充分的自主权,但要受政府金融政策的规范和约束。主体银行体制是日本商业银行体系的一个重要特征。在主体银行体制下,特定企业和特定银行之间建立了长期交易关系,主体银行不仅为企业提供贷款,而且还持有企业的股份,并在企业发生危机时对企业经营进行干预。

日本银行和金融体系上述结构的形成与其战后政府主导的经济赶超有着密切关系。上述金融结构能够很好地适应政府产业政策的实施和宏观调控的需要,并为日本战后的崛起到了重要的推动作用。

2. 韩国的银行及金融体系[①]

韩国金融体系的形成以1950年6月韩国银行的成立为标志。韩国的

---

① 关于韩国金融体系更为详细的情况,参考董正信和赵晓明(2006)、卢里征(2006)、夏斌和张承惠等(2005)、孔凡保(2005)、李荣融(2000)等。

银行及金融体系构建借鉴了日本模式，因此其银行体系与日本类似，具有非常明显的政府主导特征。突出表现为政府通过政策性银行直接控制和干预银行体系及整个金融体系，而金融部门则是政府实现产业政策的一项工具。从构成来讲，韩国的银行体系主要也是由中央银行、政策性银行及民间商业银行共同构成。韩国银行在银行和金融体系中居于主导地位，但作为中央银行其独立性较差，在本质上是依附于财政部的。

在政府的主导下，韩国同日本一样也建立了发达的政策性金融体系。韩国现有5家被称为"特殊银行"的政策性金融机构，分别是产业银行、进出口银行、企业银行、农协金融公库和鱼协金融公库（农协金融公库和鱼协金融公库基本商业化，2004年新成立的住房银行尚未正式运行）。扣除2家金融公库，3家政策性银行资产占韩国银行业金融机构总资产的比重高达16.9%。为实现可持续发展，韩国政策性银行在经营机制上借鉴了商业银行模式，引进独立董事制度和独立系统风险管理体系。目前政策性银行的不良资产比率与商业银行大体相当，资本充足率为13.51%，高于商业银行10.84%的平均水平，经营相当稳健。但从资本收益率指标来看，产业银行等3家政策性银行均低于世界平均水平，这在某种程度上反映了这类机构不以盈利为主要目的的特性。在经营范围上，政策性银行会根据国家经济形势和政策要求的变化适时调整经营的重点。

在民间商业银行中，韩国与日本类似也普遍实现了主体银行制。在主体银行制度下，企业与银行形成了一种较为稳定的信用关系，银行也能够较为有效地对融资企业的生产经营活动进行监督。而政府通过对主体银行的监督和控制又间接控制了企业，于是在政府、银行和企业之间便形成了一种相对稳定的准组织关系。事实上，韩国的民间商业银行除了进行日常的信贷活动外也要承担一部分政策性金融业务，这也是韩国政策性金融的特点之一。

同日本一样，韩国现有银行及金融体系的形成也是其战后实施赶超型工业化战略的结果。对于相对落后的国家来说，要在短时间内实现经济的起飞和赶超，实施政府主导型的金融体系和政策，通常都是行之有效的。这一点从日本、韩国及德国、法国的发展经验可以看出。关于金融结构与发展战略等因素间的关系，本节第四部分和本章第四节还将有更全面的阐述。

三、投资中介机构的国际比较

在投资活动的相关主体中,投资中介机构虽然既不参与投资决策,也无法为投资提供资金支持,但投资中介机构提供的服务对于投资决策主体和融资服务主体的行为能产生举足轻重的作用,是投资活动过程中不可或缺的重要元素。本部分将对主要工业国家投资中介机构方面的情况进行比较。

(一) 美国的投资中介机构

美国的投资中介机构从其属性来讲大体可以分为两类,即营利性中介机构和非营利性中介机构。

营利性中介机构包括投资银行、投资公司、会计事务所、律师事务所、公关公司等。这类中介机构的业务范围和服务对象面向金融市场,通过提供金融产品和金融服务,加强投资决策主体和资金供给方之间的沟通。目前,营利性中介机构已成为企业从资本市场筹集投资资金的重要桥梁,也是规范金融市场的重要环节。从业务范围来讲,营利性中介机构的职能包括:①对股份公司进行上市辅导,设计发行方案、承销买卖股票等。②帮助企业组织银团贷款。③评定包括企业和银行在内的各类经济主体的信用等级,为公众提供投资决策信息支持。

非营利性中介机构主要是指各种商会、行业协会。它们是独立于政府的民间机构,采取会员制的组织形式,其经费来源主要是会员企业的会费和捐款,以服务会员企业为宗旨。各个商会和行业协会都有自身的服务范围,它们的功能归纳起来大致有以下几点:①通过定期公布数据、出版刊物等形式为企业提供商情,为政府提供相关信息。②研究与服务对象密切相关的各种政策,并采用发表公开信、拜会议员等方式,代表企业与政府、国会进行对话。③协助政府实施扶植中小企业发展计划,帮助企业组织贷款,支持企业有前景的投资项目,增加就业机会。④促进会员之间、企业与政府之间的沟通和联系。非营利性中介机构是美国市场经济发展的客观需要,其工作成效也已为美国政府和企业界所普遍认同,并成为促进企业与政府沟通的有效途径。

(二) 英国的投资中介机构

英国作为典型的市场经济国家,同美国一样也有一套完备的中介组织体系。英国投资中介服务基本是围绕金融服务业,以融资为目标展开活动的。投资中介机构主要包括商人银行（Merchant Bank,投资银行）、财务公司、咨询公司、会计师事务所、律师行等。这些中介机构直接服务于银行、企业和其他用户。

英国中介机构的运作完全以市场为导向,服务领域包括对企业的财务状况评估、项目评估、项目可行性研究、具体的项目管理以及为企业采用债券、股票等直接融资方式提供咨询。英国中介机构之间的竞争较为激烈,通常一个投资项目往往由几家不同的中介机构进行评估后,由客户从中选择最佳方案。激烈的竞争也使得各中介机构都非常注重自身的信誉。在项目咨询、企业资信、投资管理等服务过程中,各机构普遍能够坚持科学、公正的原则,认真完成客户的各项委托。对于提供的咨询服务,一旦出现差错,中介机构还需要承担一定的经济及法律责任。

除了上述直接服务于融资领域的中介机构,英国还有各类行业协会、商会等中介组织,它们在企业投资过程中也起到了提供信息、促进沟通等桥梁作用。

在英国的投资中介体系中,英格兰银行和金融服务管理局扮演着对中介组织进行监管的角色。1986年以前,英国投资中介服务一直由英格兰银行直接管理,由于投资中介活动的日趋活跃,管理难度日益加大,英格兰银行已显得力不从心。1986年英国颁布了《金融服务法》,据此设立了独立于政府部门序列之外的专门机构——金融服务管理局（FSA）,统一监管各类银行、保险、基金、证券及投资中介服务等。FSA作为政府授权部门,独立行使职权,日常工作与国家财政部、贸工部、中央银行密切协作,但无隶属关系。FSA吸纳了各类专业人才,对金融服务机构进行会员管理,对从业人员实行注册管理。各金融服务机构必须按月报送活动报表,FSA对报表进行审查,并定期派员实地抽查,以保证金融服务的质量和公正性。

(三) 德国的投资中介机构

在德国的投资中介体系中,工商会、行业协会等非营利性中介机构非常发达。这些中介机构主要服务于中小企业,对其降低经营成本、开拓业务、寻找投资项目有着不可替代的作用。

德国的工商会是代表公共权益的公共法人中介机构,它们按照行政区划及工业区域分布于德国全境。根据1956年颁布的《德国工商会法》,工商会作为独立的自我管理机构,是区域内所有企业的利益代言人。任何企业一经注册便自动成为注册所在地工商会的会员，并有缴纳会费的义务。工商会的最高权力机构为全国代表大会，最高执行机构为"德国工商会"（DIHT），各地工商会独立运作，但在业务上接受 DIHT 的指导。① 德国工商会的职能主要包括两个方面：①为企业提供咨询服务。工商会通常是所在地区经济信息咨询服务的中心，服务范围主要是为区域内企业办理各种手续、联系业务、物色人才、提供信息资料、开办各种讨论会、组织提供技术咨询和培训、调节劳资纠纷等。②代表企业同政府进行沟通，影响政府经济决策。工商会董事会每年都会召开 4~5 次会议，根据各方面意见形成相关决议，然后通过各种渠道将决议相关内容传递到政府当局，以防止政府由于政治目的而做出可能有损于工商界利益的决定。

虽然工商会对企业投资没有直接影响，但是通过咨询服务、进入企业及银行监事会等方式能够对企业和金融机构的投融资活动产生间接影响。

德国的行业协会同工商会在性质和功能上基本相同，也是企业与政府沟通的一座桥梁，并且也能间接影响企业的投资决策。它们的主要区别在于：①协会实行统一的会员制和会费制，成员可以自愿原则加入或退出协会。②协会按照行业门类和工业区进行划分，不同于工商会按照行政区划进行划分。

（四）日本的投资中介机构

日本的投资中介体系包括各类行业协会、专门的研究咨询机构以及专业调查机构。它们为企业提供了大量的信息咨询服务，是企业投资决策中不可缺少的环节，同时也充当了企业与政府之间联系的桥梁和纽带。

日本的产业（行业）协会是企业依据国家法律自发成立的民间组织，可以分为社团法人协会和非社团法人协会。前者具有社团法人资格，有明确的组织和章程，成立须经通产省批准；后者则采取理事会形式进行运作，成立无须通产省批准。理事会由协会成员企业组成，下设事务局作为协会常设机构处理日常事务，事务局由招聘的专职人员组成。协会对企业投资的影响和作用主要表现为：①代表企业与政府进行沟通。企业对投资方面的要求可以通过协会向政府提出，政府对投资的指导性意见也可以通过协会贯彻到各成员企业。②协会内部企业间进行交流、协调的平台。③收集整理企业的各种经营信息，研究技术动态、产业发展趋势，承担政府或企业指定的研究课题，为企业的投资决策和政府的政策制定提供信息

---

① 关于德国工商会组织架构更为详细的介绍，参见李荣融（2000）。

参考。

　　研究咨询机构在日本企业界和政府部门中有着重要影响。目前，日本的研究咨询机构大致有三种运作模式：一是政府支持成立的研究咨询机构，如"产业技术研究所"等；二是大企业集团内部的产业投资研究机构，比较著名的有"三菱综合研究所"；三是独立的信息研究机构，如"东京商工调查所"、"帝国资料银行"等。上述三种研究机构都集中了大量的研究人才，其提供的报告具有很强的专业水准和权威性，被广泛用于指导企业资金投向。此外，研究机构还会参与产业政策的制定。

　　调查机构是独立的民间法人组织，主要是在企业投融资活动中，根据银行、企业的委托，对相关企业的人、财、物以及其他经营方面的信息进行调查，并根据调查收集到的各种信息对企业信誉等级、投资能力等进行评价，以减少委托人的投资风险。

　　日本的这些投资中介机构虽然组织方式、业务范围都有所差别，但它们的共性也是很明显的：①这些机构的产生都是顺应日本产业结构调整和微观企业生存发展的需要而产生的，并服务于政府和企业。②这些机构在运作中保持良好的独立性，不受政府和企业的干预，因此其建议和意见也具有较高的权威性。③由于基本采用全市场化运作方式，因此，这些机构普遍具有很强的服务意识，机构之间的竞争也很激烈。

四、投资主体结构与发展模式

　　本节前面三部分从决策主体、融资服务主体及中介机构三个方面对投资相关的主体进行了国际比较。对比各国情况不难发现，投资相关主体结构与各国所处的发展阶段、奉行的发展战略和采取的发展模式有着密切关联。

（一）自由市场经济模式下的主体结构

　　自由市场经济模式下，国家或政府作为"市场的守夜人"，奉行的是有限干预经济的原则，政府职能主要定位于提供公共产品、弥补市场失灵。这种职能定位决定了作为投资决策主体，政府的涉足范围通常仅限于基础设施、公共工程等领域，而对市场主体自由竞争的领域则很少直接参与。这方面较为典型的代表就是美、英两国。从前面的比较分析中可以看出，在美、英两国的投资决策主体中，投资的决策主体主要是企业，政府对于投资的介入仅限于公共产品和公共服务领域，而且在政府投资的具体实施中，政府部门很多时候也仅仅是安排相应的支出预算，具体的实施则由政府部门的相关机构或公司按照市场的原则进行。①

自由市场模式同样也影响到融资服务主体和投资中介机构的运作模式和组成结构。在美、英等奉行自由市场原则的经济体中，融资服务主体和投资中介机构非常发达，包括商业银行、投资基金、投资银行、会计师行、律师行等。作为微观主体，上述机构都以逐利作为其生存的基础和终极目标。只求收支平衡、微利保本的政策性金融机构、行业协会等机构，其生存空间则显得非常狭窄。

(二) 国家干预模式下的主体结构

政府干预自凯恩斯革命以来已为世界各国普遍认同，但在干预的程度和方式上，各国却不尽相同。除了美英等自由市场经济体奉行政府有限干预原则外，"二战"后很多国家，包括德国、日本、韩国等较发达经济体都在一定程度上实施了以国家主导为特点的发展战略，政府在投资决策上扮演着非常重要的角色。政府投资涉足的领域也不仅局限于公共产品和公共服务。

以日本为例，作为企业以外的另一个重要的投资决策主体，日本政府的投资领域同美英等自由经济体一样也主要集中于各项公共事业领域，以弥补市场的失灵和缺陷。这事实上是各国政府的职能共性所决定的。与此同时，日本在战后实施了以赶超为目标的发展战略，为了实现战略目标，日本政府对于投资领域的涉足通常还与产业政策相配合，特定阶段的重点发展产业也是政府投资领域所在。

事实上，后发国家要加快发展实现赶超，必须进行大量的资本积累，而后发国家的禀赋优势通常在劳动力要素。在这种背景下，如果完全按照自由市场原则发展，则很难实现资本的快速积累。为此，国家主导型的发展模式通常会成为必然选择。国家主导模式意味着国家对投资的直接介入和干预。为配合政府投资目标和产业政策的顺利实施，除了安排一定的财政预算用于投资支出外，政府还会采取各种措施、成立相应的机构为投资者提供相应的融资服务。② 这样一来，在融资服务机构方面，由政府扶持的政策性金融机构就成为其重要的组成部分。日本、韩国以及法国等国

---

① 严格来说，英国还有少量的国有企业，使得政府参与投资决策的方式更为直接。

② 一般来说，资金短缺是后发国家普遍面临的困境，预算资金通常很难满足投资的资金需求，采取其他方式进行融资也就成为必然选择。

家都有着非常完善的政策性金融机构体系,它们的形成恰恰可以看做是配合国家发展战略实施和政府投资活动的必然产物。

投资中介机构同融资服务机构一样,也需要承担服务战略目标的实现、服务产业政策的实施、服务政府投资等职能。这样,在国家和政府的支持下,商会、行业协会等致力于协调政府与企业间关系、不以盈利为主要目的的各种组织便成为投资中介机构的重要组成部分。[1]

(三) 发展模式与主体结构间的作用机制

从前面的分析可以看出,投资相关主体的组成结构在很大程度上取决于一国所处的发展阶段、奉行的发展理念以及实施的发展战略。

对于市场体系较为完善的发达经济体,如美国、英国等而言,一方面,这些国家发展起步较早,成熟的市场体系本身已证实了其在资源配置方面的效率优势;另一方面,自由竞争的传统已成为这些国家奉行的发展理念。在这种背景下,政府的职责范围仅限于弥补市场失灵。

这就决定了在投资领域,政府作为决策主体,其涉足范围也被限于公共领域。投资活动的具体实施通常还可以委托给企业以市场方式进行运作。这样全社会的投资活动最终都基本由企业在市场原则下具体承担。在企业进行投资活动的过程中,融资服务机构和投资中介机构同样根据市场原则,为投资活动的顺利实施提供相应的便利和服务。

对于后发国家来说,尽管市场原则也可能被普遍认同,但是,政府的职能并不能也不会仅仅被定位于弥补市场缺陷。因为加快国家发展步伐、实现赶超无疑也是政府的职责所在。从古典及新古典的角度来看,资本积累是经济增长的发动机。因此,政府全面介入投资领域也就成为一种必然。而政府在实现战略目标、介入一般投资领域的过程中未必能够按照利益最大化的市场原则行事,[2]这就需要一些不以盈利为根本目的的融资服务机构、投资中介机构与之配合。在这种情况下形成的投资相关主体结构,与自由市场条件下形成的结构肯定有较大差别。

有关发展阶段、发展理念及发展战略与投资相关主体结构间的作用和影响机制见图8-1。

---

[1] 前面已经提到,无论是德国的工商会还是日本的行业协会,都是根据国家相关法律而成立的。

[2] 这里的利益最大化指的是短期或即期利益最大化。事实上,对于大多数国家来说,其赶超的过程通常可以看做是牺牲短期利益获取长远发展。19世纪,德国不顾比较优势,由国家主导实施战略赶超就是一个典型的例证。

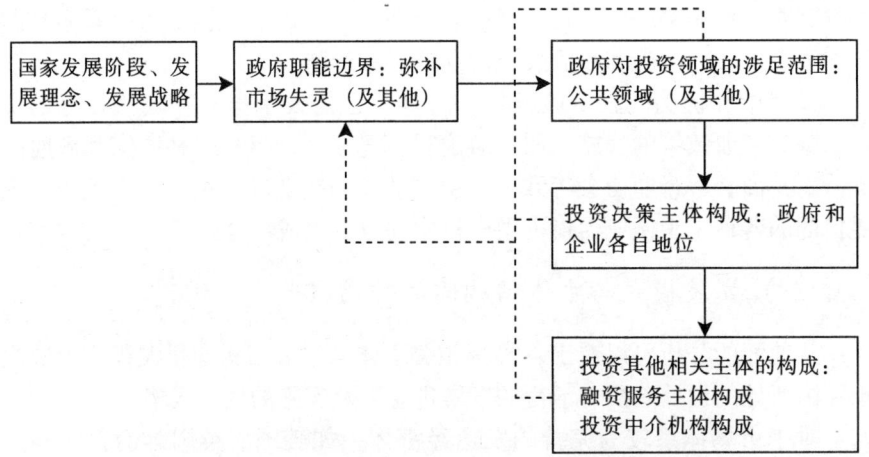

图 8-1 国家发展战略等因素与投资主体结构作用机制

第二节 筹资结构的国际比较

第一节对投资有关的几类主体，包括投资的决策主体、融资服务主体及投资中介机构进行了国际比较，并从国家发展战略及政府职能边界的角度分析了投资主体结构形成的原因。在投资活动中，如果说各相关主体是投资活动的具体实施者，那么资金则是投资活动得以实现的必要前提。各国的资金来源结构受到投资主体结构、金融体系等因素的影响而不尽相同。本节将对投资的资金来源渠道和结构，也即筹资结构进行国际比较，在此基础上尝试分析资金来源结构形成背后的原因。

通常投资的资金来源包括财政资金、银行间接融资、资本市场直接融资等三种基本渠道。本部分将对部分代表性国家上述三种资金渠道的相对规模（相对于投资总额和 GDP）进行横向比较，在此基础上做一些规律性总结。

一、各国财政资金相对规模的横向比较

各国财政投资资金相对规模大体从 GDP 核算中"政府投资占 GDP 比重"来进行反映。通过国务院发展研究中心的世行数据库，我们获取了有关国家"政府支出占 GDP 比重"、"政府消费占 GDP 比重"这两个指标，

据此推算出"政府投资占 GDP 比重"。

(一) 亚洲主要国家政府投资相对规模

根据上述程序，我们对日本、韩国以及印度尼西亚、泰国等亚洲国家，尤其是东南亚国家的政府投资相对规模情况进行了整理，有关数据资料见表 8-3。

从表 8-3 我们发现以下两点：①包括中国、日本、韩国、印度以及其他东南亚国家在内的亚洲经济体，政府投资占 GDP 比重普遍较低，基本都处在 10%，甚至 5% 以下的水平。②各国政府支出占 GDP 比重总体也不高，除马来西亚以外，基本都处于 20%，甚至 15% 以下的水平。

众所周知，亚洲经济体政府主导的特点较为明显，因此，上述数据反映的情况似乎与政府主导的发展模式不相匹配。[①] 出现上述情况的可能原因在于：①政府直接在预算中安排的投资资金确实比重较低。②亚洲国家，尤其是东亚国家，政府的资源动员能力很强，预算内安排的投资资金虽然很小，但政府可以通过政策性金融措施、国债配套资金等方式参与投资，因此两者之间并不矛盾。

(二) 发达自由市场经济体政府投资相对规模

美国、加拿大、澳大利亚都属于比较典型的自由市场经济国家。在本章第一节我们已经分析过，这类经济体其政府的职能范围基本限定于公共事务领域，因此，从理论上讲政府投资的相对比重应该较低。有关的数据整理见表 8-4。

从表 8-4 可以看出：①美国、加拿大、澳大利亚三国的相对比重都比较低，与前面的理论推断基本符合。②政府支出占 GDP 比重普遍较高（高于亚洲国家），这可能是经济发展水平达到一定阶段后，分工越来越细，需要由政府出面承担和协调的公共事务也日益增多，政府支出比重也相应提高。

(三) 北欧国家政府投资相对规模

北欧国家实行的是高福利政策，政府在公共事务领域的涉足范围较广，因此政府投资比重应该会高于一般国家。有关北欧各国近年来的政府投资规模数据整理如表 8-5 所示。

[①] 类似现象在本章第一节第一部分的分析中也出现过，可以相互参照。

表 8-3　亚洲相关国家政府投资比重情况一览表

单位：%

国别	指标	1990年	1991年	1992年	1993年	1994年	1995年	1996年	1997年	1998年	1999年	2000年	2001年	2002年	2003年	2004年
日本	①	12.9	13.0	13.4	13.8	14.2	14.6	14.8	14.8	15.3	15.9	16.4	17.1	17.1	17.7	
	②	14.5														
	③	1.6														
韩国	①	11.8	11.6	12.0	11.8	11.4	11.2	11.6	11.6	12.8	12.3	12.1	12.9	12.9	13.3	13.5
	②	14.2	14.1	14.5	14.2	14.4	14.3	14.5	14.4	17.0	16.6	17.3	18.6			
	③	2.4	2.5	2.4	2.4	3.0	3.1	2.9	2.8	4.1	4.3	5.2	5.7			
印度尼西亚	①	8.8	8.3	8.8	9.0	8.1	7.8	7.6	6.8	5.7	6.6	6.5	6.7	7.1	8.0	8.2
	②	11.8	10.2	10.8	10.7	10.0	9.7	10.4	13.8	13.4	16.3			15.4	16.0	16.8
	③	3.0	1.9	2.0	1.7	1.9	1.9	2.8	7.0	7.7	9.7			8.3	8.0	8.6
马来西亚	①	13.8	13.7	13.0	12.6	12.3	12.4	11.1	10.8	9.8	11.0	10.4	12.6	13.7	13.9	13.2
	②	23.2	23.9	23.0	20.1	18.9	17.2	18.5	16.5	16.5	18.4	16.2	19.6	23.1	20.1	
	③	9.4	10.2	10.0	7.4	6.6	4.9	7.4	5.7	6.7	7.5	5.8	6.9	9.4	6.2	
菲律宾	①	10.1	9.9	9.7	10.1	10.8	11.4	11.9	13.2	13.3	13.1	13.1	12.1	11.6	11.3	10.4
	②	16.8	16.0	16.2	15.9							17.4				
	③	6.7	6.1	6.5	5.8							4.4				
新加坡	①	10.1	9.9	9.2	9.3	8.4	8.5	9.4	9.3	10.1	10.2	11.0	12.3	12.4	11.8	10.6
	②	18.0	18.8	17.3	15.1	11.4	12.5	16.9	14.3	16.5	15.7	16.5	19.2	16.9	16.8	15.5
	③	7.8	9.0	8.1	5.9	3.0	4.0	7.5	5.0	6.3	5.5	5.5	6.9	4.6	5.1	4.9
泰国	①	9.4	9.2	9.9	10.0	9.8	9.9	10.2	10.1	11.1	11.5	11.3	11.3	11.1	10.7	11.1
	②														15.8	17.1
	③														5.1	6.0

续表

国别	指标	1990年	1991年	1992年	1993年	1994年	1995年	1996年	1997年	1998年	1999年	2000年	2001年	2002年	2003年	2004年
印度	①	11.6	11.4	11.2	11.4	10.7	10.8	10.7	11.3	12.3	13.0	12.6	12.5	11.8	11.3	11.4
	②	15.7	15.6	15.4	15.4	14.8	14.5	14.4	14.8	14.7	15.2	15.8	15.8	16.2	15.8	15.9
	③	4.1	4.2	4.2	4.1	4.1	3.6	3.7	3.5	2.4	2.2	3.1	3.3	4.4	4.5	4.5
中国	①	13.6	14.9	15.2	14.9	14.7	13.3	13.4	13.7	14.3	15.1	15.9	16.2	15.9	15.1	14.5
	②	15.9	15.0	13.6	12.6	11.5	10.8	10.7	11.3	12.5	14.5	16.1	17.3	18.3	18.1	17.8
	③	2.3	0.1	−1.7	−2.3	−3.2	−2.5	−2.7	−2.4	−1.8	−0.6	0.2	1.1	2.4	3.0	3.3

注：(1) 指标①、②、③分别代表"政府消费占GDP比重"、"政府支出占GDP比重"和"政府投资占GDP比重"。

(2) 空格为数据缺失。

(3) 中国数据根据《中国统计年鉴》(2006) 相关数据计算而得。

(4) 数据中出现的"政府投资占GDP比重"为负的情况并不能说当年政府的消费支出大于政府总支出，这主要是政府消费在国民收入核算中存在估算的成分，而政府总支出依据的是财政决算结果，两者之间在口径上存在一定偏差。但据此可以判断的是，政府总支出中用于投资的比重肯定比较小。

表 8-4　美国等发达自由市场经济体政府投资比重情况一览表

单位：%

国别	指标	1990年	1991年	1992年	1993年	1994年	1995年	1996年	1997年	1998年	1999年	2000年	2001年	2002年	2003年	2004年
美国	①	15.3	15.0	14.5	14.3	14.3	14.4	14.8	15.3	15.6		15.3	15.0	14.5	14.3	14.3
	②							19.9	20.6	21.1	20.9					
	③							5.1	5.2	5.5						
加拿大	①	21.5	20.7	19.7	19.8	19.2	18.8	19.3	19.6	19.7		21.5	20.7	19.7	19.8	19.2
	②	24.6	22.8	21.1	21.2	20.5	19.3	19.0	18.8	18.7	18.3	24.6	22.8	21.1	21.2	20.5
	③	3.0	2.1	1.4	1.4	1.3	0.5	-0.3	-0.8	-1.1	18.3	3.0	2.1	1.4	1.4	1.3
澳大利亚	①	18.5	18.2	18.1	18.3	18.1	17.9	17.9	18.1	17.9		18.5	18.2	18.1	18.3	18.1
	②					24.4	23.8	26.1	26.3	25.5	25.5					24.4
	③					6.3	5.9	8.2	8.3	7.5						6.3

注：有关说明参考表 8-3。

表 8-5 北欧国家政府投资比重情况一览表

单位：%

国别	指标	1990年	1991年	1992年	1993年	1994年	1995年	1996年	1997年	1998年	1999年	2000年	2001年	2002年	2003年	2004年
丹麦	①	25.6	25.7	25.8	26.8	25.9	25.8	25.9	25.5	26.0	25.8	25.3	25.9	26.5	26.7	26.7
	②									38.5	37.5	35.7	35.4	35.6	35.3	35.2
	③									12.5	11.7	10.5	9.5	9.0	8.6	8.5
芬兰	①	21.6	24.9	25.4	24.2	23.4	22.8	23.2	22.3	21.6	21.6	20.6	21.0	21.6	22.1	22.4
	②									38.9	38.0	35.6	34.7	36.0	36.9	36.9
	③	21.2	21.8	22.7	22.6	22.2	21.6	20.9	20.5	17.3	16.4	14.9	13.8	14.4	14.7	14.5
挪威	①									21.9	21.4	19.1	20.6	22.3	22.8	22.0
	②	20.2	20.8	21.5	22.0	21.9	22.5	22.3	22.1	22.5	23.4	32.9	33.5	38.5	38.6	37.2
	③											13.7	12.9	16.2	15.8	15.2
冰岛	①									31.2	31.9	31.5	32.0	33.9		
	②									8.7	8.5	7.6	8.1	8.2		
	③	27.4	28.1	29.2	29.4	28.3	27.2	27.8	27.2	27.4	27.4	26.6	27.0	27.9	28.3	27.7
瑞典	①									39.3	38.4	36.1	37.1	37.1	37.5	
	②															
	③									11.8	10.9	9.6	10.1	9.2	9.1	

注：有关说明参考表 8-3。

从表 8-5 可以看出，北欧各国政府投资所占的比重普遍较高，基本都占 GDP 的 10%左右，芬兰、挪威甚至在 15%左右。除此之外，北欧各国政府总支出占 GDP 比重在 35%~40%，明显高于其他国家。

（四）西欧发达国家政府投资相对规模

法国、德国、英国、意大利都是西欧传统的资本主义强国，其工业化、现代化程度在全球处于领先水平。较高的发展阶段决定了这些国家政府所承担的公共事务的职责范围更为广泛，因此，无论是政府支出的范围，还是政府作为投资决策主体参与投资的领域都相对较多。这一点从表8-6 的相关数据可以显示。

另外，从表 8-6 可以看出，法国、英国和意大利的政府投资相对规模要明显大于德国，尤其是法国和意大利，其占 GDP 的比重超过 20%。这可能与这三国拥有相当比重的国有企业有关。

（五）俄罗斯及东欧转轨国家政府投资相对规模

俄罗斯及东欧各国都经历了由计划经济向市场经济转变的过程，其政府职能也必然经历了从计划经济体制下大包大揽向市场经济体制下有限职能的转变过程，而政府作为投资资金的来源渠道，其比重也应发生相应变化。1990 年以来有关转轨国家政府投资相对比重情况见表 8-7。

从表 8-7 可以看出：①同样作为转轨国家，俄罗斯及东欧各国政府投资相对规模存在较大差别，其中俄罗斯普遍较小，政府投资占 GDP 比重基本都在 10%以下；而东欧各国则相对较高，基本都在 15%以上，其中匈牙利更是高达 30%以上。②在趋势方面，总体呈不断下降趋势。这一点从数据较为完整的保加利亚、白俄罗斯可以看出。保加利亚的政府投资占 GDP 比重由 1990 年的 35.3%下降为 2001 年的 13.9%，1998 年以后基本维持在 15%左右的水平。白俄罗斯同样存在类似情况。③转轨国家政府总支出占 GDP 比重普遍较高，远高于表 8-3 中所列亚洲各国的水平。

上述现象可能的原因大致有以下几个：①俄罗斯实施的是比较激进的休克疗法，经济体制向市场化转型较为彻底和迅速，所以政府投资相对规模较小，与表 8-4 所列几个发达市场经济体的水平相当。②东欧各国在转轨过程中，政府在投资中的主导地位是逐步降低的，因此表现出政府投资相对规模较高，比例不断下降的趋势。③俄罗斯和东欧地区原本处于较高的发展阶段，因此，政府支出的相对比重也较高。

第八章 投资体制的国际比较

表 8-6　　　　　　　　　　　西欧发达国家政府投资比重情况一览表

单位：%

国别	指标	1990年	1991年	1992年	1993年	1994年	1995年	1996年	1997年	1998年	1999年	2000年	2001年	2002年	2003年	2004年
法国	①	21.7	22.2	22.7	24.0	23.7	23.6	23.9	23.9	23.1	23.2	22.9	22.8	23.4	23.8	23.9
	②									46.5	46.8	45.6	45.7	47.2	47.7	47.1
	③									23.4	23.6	22.7	22.9	23.9	23.9	23.1
德国	①	19.6	19.1	19.6	19.6	19.5	19.6	19.8	19.4	19.1	19.2	19.0	18.9	19.2	19.2	18.7
	②						38.6	32.7	32.1	32.1	32.1	31.8	31.4	31.9	32.4	31.3
	③									12.9	12.8	12.8	12.5	12.7	13.2	12.6
英国	①	19.5	19.1	18.2	17.8	18.3	18.6	19.1	20.0	20.8	21.3	19.5	19.1	18.2	17.8	18.3
	②				37.2	36.6	36.5	37.3	38.1	39.7	39.9				37.2	36.6
	③				19.4	18.2	17.9	18.2	18.1	18.9	18.6				19.4	18.2
意大利	①	20.2	20.3	20.1	19.9	19.1	17.9	18.1	18.2	17.9	18.0	18.3	18.8	19.0	19.5	19.2
	②									41.7	41.0	39.9	40.4	39.8	40.0	
	③									23.8	23.0	21.6	21.6	20.9	20.5	

注：有关说明参考表 8-3。

表 8-7　　俄罗斯及东欧转轨国家政府投资比重情况一览表

单位：%

国别	指标	1990年	1991年	1992年	1993年	1994年	1995年	1996年	1997年	1998年	1999年	2000年	2001年	2002年	2003年	2004年
俄罗斯	①	20.8	16.5	13.9	20.0	19.1	19.1	19.5	21.1	18.7	14.6	15.1	16.4	17.7	17.6	16.5
	②													22.6	23.0	21.9
	③													4.9	5.4	5.5
白俄罗斯	①	23.8	21.2	15.7	18.5	20.5	20.6	20.6	20.3	19.9	19.5	19.5	21.6	21.0	21.4	20.2
	②			31.5	36.4	29.9	28.7	27.7	27.2	25.9	27.1	25.3	26.9	24.7	28.2	28.5
	③			15.8	17.9	9.4	8.2	7.2	6.9	6.0	7.6	5.9	5.3	3.6	6.8	8.3
乌克兰	①															
	②					21.6	21.3	21.8	27.4	24.6	19.8	20.9	19.6	18.4	19.0	18.1
	③										25.2	26.9	27.6	29.0	29.7	33.0
保加利亚	①	18.2	19.0	20.3	18.9	17.2	15.3	11.9	12.6	15.3	5.3	6.0	8.0	10.6	10.7	14.9
	②	53.5	39.4	39.5	43.7	43.7	39.4	46.5	31.0	29.7	16.5	17.9	17.4	18.0	18.9	18.9
	③	35.3	20.3	19.2	24.8	26.5	24.2	34.5	18.5	14.4	31.0	32.3	31.3	32.6	33.9	35.3
捷克	①	22.9	22.6	21.4	22.7	21.6	21.7	21.2	21.8	21.0	14.5	14.4	13.9	14.5	15.0	16.4
	②										22.3	22.1	22.2	23.0	23.6	22.7
	③											34.0	36.0	38.0	37.6	36.1
匈牙利	①	10.6	10.6	11.4	13.8	12.1	11.0	10.2	10.5	10.2	10.2	11.9	13.8	15.0	14.0	13.5
	②											9.7	10.2	10.7	10.8	10.4
	③			25.2	20.4	17.6	19.8	19.6	19.2	18.7	18.8	40.3	40.2	42.3	41.6	
波兰	①	19.3	24.1									30.6	30.0	31.6	30.9	
	②											19.0	19.0	19.1	18.6	18.2
	③												36.5	35.6	39.3	
													17.5	16.5	20.6	

注：有关说明参考表 8-3。

（六）影响政府投资相对规模的原因分析

从前面的数据对比和分析中可以看出，一国投资资金结构中，政府投资相对规模的影响因素较为复杂，归纳起来大致有以下几种：①社会体制。不同社会体制下，政府职能范围有很大差别，在投资方面的介入程度和介入方式也有所不同。例如，奉行自由市场原则的国家相比北欧福利国家在投资方面的介入要更少。这些差别最终体现为政府投资资金相对规模的不同。②发展阶段。发展阶段越高，社会分工越细，需要由政府承担的社会协调职能也更广泛，反映在投资领域，需要由政府投资的公共基础设施范围相对来说也越广，政府投资资金的相对规模也就可能更高。③发展模式。政府主导发展模式下，政府投资资金的相对规模通常会更高一些。而且，同样是政府主导模式下，政府介入投资的具体方式也不同，有的政府直接通过财政预算安排投资资金，有的政府则通过政策性的倾斜措施间接影响投资。而上述这些因素都会直接影响政府投资资金的相对规模。

二、直接融资、间接融资相对规模的横向比较

除了财政资金外，投资资金的其他来源渠道主要是银行间接融资和资本市场直接融资。本部分同第一部分一样，我们也将对不同类型国家"间接融资"和"直接融资"的相对规模进行横向比较，并尝试着从中总结一点规律。根据能够获取的数据，我们最终选择"股票交易总额占GDP的比例"和"由银行提供的国内信贷占GDP的比例"这两个指标来衡量直接融资和间接融资的相对规模。①

（一）亚洲主要国家直接融资、间接融资相对规模

根据"国研网世行数据库"，我们收集整理了亚洲主要经济体（包括东南亚各国）近年来"股票交易总额占GDP的比例"和"由银行提供的

---

① 这两个指标虽然不能完全涵盖"直接融资"和"间接融资"的范围，尤其是"股票交易总额占GDP的比例"。一方面，股票交易总额与股票直接融资规模是有较大区别的；另一方面，直接融资还包括企业债券融资。但由于数据收集方面存在的限制，我们只能是利用这两个指标作为替代变量。应该说，这两个指标大体还是能够满足我们进行趋势性判断的需要。就一国的股票交易总额而言，它与股票融资规模是成正比的，而且我们是用该指标做国际横向比较，因此，在很大程度上可以降低上述不足。因为，从某种意义上说，该替代变量与实际变量间的差别可以看做是一种系统性偏差，而系统性偏差是不影响系统内部各成员之间进行相对比较的。

国内信贷占 GDP 的比例"的相关数据（见表 8-8）。

从表 8-8 显示的数据可以发现，亚洲主要经济体直接融资和间接融资相对规模方面有以下两个特点：①除韩国、印度外，亚洲主要国家间接融资的相对规模要明显高于直接融资，这一点在 1997 年以前更为明显。这与亚洲国家以银行为主的金融体系结构有关。②从趋势来看，直接融资的相对规模基本处于逐年提高的状态，当然在亚洲金融危机前后有所下降。这与近年来全球范围的资本市场迅猛发展也有直接关系。

（二）发达自由市场经济体直接融资、间接融资相对规模

表 8-9 是发达自由市场经济体直接融资和间接融资相对规模的有关情况。从表中所列的数据可以看出，美英等典型的发达自由市场经济体，其在直接融资、间接融资的相对规模和结构方面具有以下三个特点：①近年来，直接融资和间接融资的相对规模大体相当，在美国直接融资相对规模甚至超过间接融资的相对规模。②从趋势来看，直接融资同样存在相对规模不断提高的趋势。③无论是直接融资还是间接融资，其相对规模都远高于政府投资。

（三）北欧国家直接融资、间接融资相对规模

北欧各国直接融资和间接融资相对规模的有关数据列于表 8-10。从北欧各国的情况来看，它们在直接融资、间接融资相对规模方面呈现以下几个特点：①在列示的北欧 5 国中，间接融资的相对规模总体来说要高于直接融资相对规模（芬兰、瑞典近几年情况除外）。②直接融资的相对规模同样存在不断提高的趋势。

（四）西欧发达国家直接融资、间接融资相对规模

法、德、英、意等西欧传统资本主义强国直接融资和间接融资相对规模的有关数据列于表 8-11。从表中数据可以看出：①欧洲大陆三国的融资结构中，间接融资的相对规模要明显高于直接融资，这与欧洲大陆金融体系以传统商业银行为主有着密切关系。②同其他发达经济体一样，欧洲大陆传统资本主义强国其资本市场相对都比较发达，直接融资相对规模都维持在较高水平。③20 世纪 90 年代后期，直接融资同样出现了一个迅猛发展的势头。

第八章 投资体制的国际比较

表 8-8　　亚洲主要国家直接融资、间接融资相对规模情况一览表

单位：%

国别	指标	1990年	1991年	1992年	1993年	1994年	1995年	1996年	1997年	1998年	1999年	2000年	2001年	2002年	2003年	2004年
日本	①	52.7	28.7	16.7	21.9	23.4	23.3	26.7	29.1	24.1	41.5	56.8	43.9	39.6	53.0	74.2
	②	238.0	234.3	240.0	246.3	250.6	255.2	257.6	258.5	144.2	145.9	148.0	151.8	151.7	157.7	154.9
韩国	①	28.8	27.7	35.2	58.5	67.6	35.8	31.8	33.3	42.1	185.4	208.7	146.1	144.8	112.3	94.0
	②	62.9	63.6	62.3	62.3	62.7	61.3	64.8	73.8	84.0	88.3	93.0	96.7	101.9	105.1	100.8
印度尼西亚	①	3.5	2.3	2.8	5.8	6.7	7.1	14.1	19.9	11.1	14.2	8.7	5.9	6.5	6.2	10.7
	②	45.5	45.6	46.6	48.5	51.3	52.7	55.0	59.9	60.1	62.5	61.3	53.9	51.4	48.6	48.8
马来西亚	①	24.7	21.7	36.7	229.7	169.8	86.5	172.1	153.0	41.4	61.3	64.8	23.6	29.0	48.2	50.6
	②	75.7	79.0	124.0	122.1	124.7	139.7	159.2	185.1	177.0	161.0	153.1	161.0	159.5	161.7	138.7
菲律宾	①	2.7	3.3	5.7	12.4	23.3	19.9	30.8	24.8	15.5	26.0	10.8	4.4	4.0	3.4	4.3
	②	26.9	23.9	26.6	51.7	55.7	64.3	73.9	84.5	75.6	69.2	66.9	62.6	61.4	61.6	59.8
新加坡	①	55.0	41.8	28.2	139.9	114.8	72.0	46.3	67.0	61.9	120.4	100.0	74.7	63.6	95.1	76.1
	②	75.2	75.9	73.7	71.7	72.1	76.0	79.5	85.6	101.4	98.8	90.4	102.9	83.5	87.4	80.2
泰国	①	26.8	30.6	64.7	69.5	55.5	33.9	24.4	16.0	19.3	34.0	19.0	30.9	37.8	68.1	68.0
	②	75.1	76.0	79.6	87.8	99.2	106.5	112.4	147.2	149.3	143.0	126.7	115.7	116.9	111.1	105.3
印度	①	6.9	8.7	8.5	8.0	8.5	6.2	24.9	38.6	35.8	62.4	111.5	52.3	38.7	47.4	54.8
	②	51.5	51.3	50.3	49.7	47.5	44.3	46.0	46.3	46.8	49.6	53.3	54.8	58.6	57.3	60.1
中国	①		0.2	4.0	9.9	17.4	6.8	29.9	38.8	27.9	34.8	60.2	33.9	22.9	29.1	38.7
	②	90.0	92.6	92.0	101.2	89.4	87.7	93.3	100.7	113.1	119.3	119.7	123.0	144.9	153.6	142.6

注：（1）指标①、②分别代表"股票交易总额占GDP的比例"和"由银行提供的国内信贷占GDP的比例"。
（2）所有数据均来自"国研网世行数据库"。

表 8-9　发达自由市场经济体直接融资、间接融资相对规模情况一览表

单位：%

国别	指标	1990年	1991年	1992年	1993年	1994年	1995年	1996年	1997年	1998年	1999年	2000年	2001年	2002年	2003年	2004年
美国	①	30.4	36.7	33.1	50.8	50.8	69.6	91.7	123.8	151.2	201.5	326.3	288.2	243.1	142.0	165.3
	②	124.4	127.6	130.6	135.8	136.1	144.8	150.6	159.4	173.8	186.1	188.7	193.4	192.1	207.3	215.5
加拿大	①	12.4	13.3	14.6	25.6	29.0	31.6	43.9	47.0	54.5	54.0	88.8	65.4	55.9	54.6	66.9
	②	82.3	87.6	92.2	93.1	92.8	91.1	94.8	96.2	93.3	89.6	85.9	89.8	91.0	92.3	97.0
澳大利亚	①	12.9	14.8	14.6	22.3	27.6	26.6	35.2	41.3	43.5	48.3	58.4	65.2	71.5	70.1	80.7
	②	71.5	72.1	74.1	74.7	76.8	79.4	83.5	83.0	87.8	90.8	92.3	93.9	101.0	103.5	109.0

注：有关说明参考表 8-8。

表 8-10　北欧国家直接融资、间接融资相对规模情况一览表

单位：%

国别	指标	1990年	1991年	1992年	1993年	1994年	1995年	1996年	1997年	1998年	1999年	2000年	2001年	2002年	2003年	2004年
丹麦	①	8.3	6.9	10.7	15.1	18.1	14.4	18.9	27.7	40.9	36.0	57.9	44.4	30.1	31.7	40.4
	②	63.0	66.0	58.9	53.6	54.7	54.0	55.9	56.4	61.8	57.8	146.6	154.1	158.2	162.5	167.0
芬兰	①	2.9	1.3	2.1	9.4	13.2	14.7	17.6	29.7	46.6	88.8	172.3	147.7	133.7	101.0	118.4
	②	83.0	92.9	90.2	82.0	70.9	65.9	61.9	55.2	55.7	58.7	56.6	63.5	64.4	67.9	70.7
挪威	①	12.1	9.8	8.0	7.5	7.1	16.5	22.5	29.5	28.4	34.2	36.0	30.8	25.7	31.7	54.2
	②	89.0	83.8	86.3	80.3	77.9	76.0	74.0	71.6	81.2	90.6	81.0	85.5	93.8	94.7	
冰岛	①					0.3	0.6	1.3	2.5	2.2	6.6	28.2	17.8	40.3	70.3	85.5
	②	50.7	52.2	54.7	57.4	56.6	54.1	54.7	72.7	67.4	76.8	101.6	105.3	111.6	137.5	177.8
瑞典	①	7.3	8.5	10.8	22.0	40.0	37.6	50.6	71.2	82.1	94.8	162.8	137.3	90.4	87.5	119.1
	②	141.4	137.2	133.6	132.5	125.2	115.8	114.5	115.0	117.5	112.6	50.2	110.0	110.3	110.8	113.1

注：有关说明参考表 8-8。

表 8-11　西欧发达国家直接融资、间接融资相对规模情况一览表

单位：%

国别	指标	1990年	1991年	1992年	1993年	1994年	1995年	1996年	1997年	1998年	1999年	2000年	2001年	2002年	2003年	2004年
法国	①	9.4	9.2	8.9	13.5	22.5	23.2	17.6	28.2	40.1	54.1	81.6	80.4	64.1	55.6	64.1
	②	102.4	102.9	103.1	100.4	99.7	100.8	100.8	100.8		103.9	103.4	105.6	103.1	105.3	106.4
德国	①	29.4	21.0	21.6	15.1	21.5	22.7	31.5	24.8	34.9	38.0	56.3	75.1	61.0	47.0	51.3
	②	102.2	103.2	108.1	115.5	119.6	124.2	131.8	137.1	143.0	145.0	145.4	143.9	142.0	140.6	138.0
英国	①	28.2	30.5	35.7	44.0	44.6	45.0	48.6	62.5	82.1	94.3	127.6	130.0	122.0	123.0	174.5
	②	121.0	117.7	115.5	113.8	116.4	122.5	126.1	125.3	122.6	125.3	133.8	139.8	145.2	150.1	159.1
意大利	①	3.9	2.2	2.3	6.6	11.5	7.9	8.3	17.0	39.8	45.4	72.4	50.6	45.5	45.2	47.9
	②	89.4	95.1	102.5	103.4	101.1	95.6	93.1	91.2	91.6	95.5	98.4	99.7	99.5	105.2	106.5

注：有关说明参考表 8-8。

(五) 俄罗斯东欧转轨国家直接融资、间接融资相对规模

从人均GDP来说，俄罗斯和东欧国家虽然经历了剧变后的混乱，但依然处于较高水平。但由于其当前的经济体制脱胎于传统的计划体制，因此其经济特征同西方发达国家相比具有较大差距。从表8-12可以看出，这些转轨国家在直接融资、间接融资的相对规模和结构方面存在着以下两个特点：①直接融资相对规模很小，不仅低于间接融资相对规模，而且相比政府投资资金规模也大多处于劣势。②就间接融资相对规模而言，虽然远高于直接融资规模，也高于政府资金相对规模，但明显低于其他国家水平。

上述两个特点表明，俄罗斯和东欧转轨国家的金融体系发育总体来说还处于较低水平，这可能是传统体制以及转轨时期较为混乱的经济环境共同作用的结果。

(六) 影响直接融资、间接融资相对规模的因素分析

根据前面对各国所做的横向比较，我们认为影响直接投资、间接投资相对规模的因素可能包括以下几个方面：①经济发展程度。直接融资、间接融资相对规模在一定程度上反映的是一国金融市场和金融体系的发达程度，而金融发达程度显然与经济发展水平和市场完善程度有着直接的关联。②经济体制。对比俄罗斯和东欧各国与其他欧美国家的情况可以看出，不同经济体制下直接融资、间接融资相对规模差别很大。俄罗斯和东欧各国直接融资、间接融资比重较低在很大程度上与这些国家传统计划体制及转型过程中实行的"休克式疗法"有关。③经济传统和经济结构。从法、德、意等欧洲大陆强国及东亚各国与美、英等自由市场国家的情况对比可以看出，奉行自由市场传统的国家其资本市场及直接融资相对规模要明显高于国家主导型经济体。此外，国有企业占据一定比重的国家对于间接融资的依赖程度似乎也更大。④全球经济发展潮流。从各国1990年以来在数据上显示的趋势可以看出，直接融资的相对规模随着经济发展将不断扩大。

三、资金来源结构的几点小结

本节前面两部分中，我们收集整理了相应的替代指标，对各国投资资金来源中的财政预算资金、直接融资和间接融资三类来源的相对规模进行

第八章 投资体制的国际比较

表 8-12 俄罗斯和东欧转轨国家直接融资、间接融资相对规模情况一览表

单位：%

国别	指标	1990年	1991年	1992年	1993年	1994年	1995年	1996年	1997年	1998年	1999年	2000年	2001年	2002年	2003年	2004年
俄罗斯	①					0.1	0.1	0.8	4.0	3.9	1.4	7.8	7.5	10.5	18.8	22.5
	②				25.9	31.7	25.5	27.8	29.5	44.9	33.3	24.7	25.6	26.8	27.7	25.9
白俄罗斯	①															
	②					39.8	15.0	15.1	17.0	35.2	19.9	19.2	16.8	17.1	20.9	21.2
乌克兰	①									0.2	0.4	0.9	0.6	0.3	0.2	0.3
	②			83.2	30.6	24.2	15.5	14.8	17.1	24.6	25.2	23.8	23.5	27.5	32.4	30.8
保加利亚	①						0.0	0.0	0.0	0.1	0.4	0.5	0.5	1.1	1.0	2.1
	②		118.5	120.7	133.1	103.4	68.8	108.7	20.8	15.6	15.3	17.8	20.2	23.7	29.7	36.2
捷克	①					3.2	6.6	13.8	12.6	7.9	7.0	11.8	5.5	8.2	9.7	16.5
	②				74.3	75.9	71.5	68.2	68.0	60.1	55.7	50.3	46.4	43.1	49.0	45.8
匈牙利	①		0.3	0.1	0.3	0.7	0.8	3.6	16.3	34.1	30.0	26.0	9.3	9.1	10.0	12.9
	②	105.5	101.4	96.2	97.0	93.1	82.5	72.5	65.6	63.2	53.2	55.0	50.3	53.8	58.0	59.0
波兰	①		0.0	0.2	2.5	5.2	2.0	3.6	5.2	5.3	6.8	8.8	4.0	3.1	4.0	6.8
	②	19.5	34.8	38.2	40.6	36.7	29.9	31.0	31.9	33.0	35.5	33.6	35.8	35.7	36.9	34.6

注：有关说明参考表 8-8。

了横向比较。通过对比我们发现，影响投资资金来源结构的因素很多，各国三种资金来源的相对规模和结构表现也不尽相同。在各类影响因素中，我们认为比较重要的大致包括经济发展水平、经济社会体制、经济发展模式、金融体系及奉行的发展理念和传统等。另外，在资金来源结构方面，我们大体可以归纳出以下几点规律。

（一）政府预算资金相对规模总体有限

无论是奉行自由市场原则的经济体还是国家主导型的经济体，政府预算资金所占的比重都比较低。这主要是因为市场原则已经成为各国发展的基本准则，即便是国家主导型的经济体，其具体的运作过程依然以市场方式为主，政府对投资的介入通常都局限于特定的范围之内。

（二）直接融资相对规模不断提高是大势所趋

从各国的数据可以看出，直接融资的相对规模呈不断上升趋势，而且相对规模的大小与经济发达程度也有一定的正相关性。这背后的原因可能在于：①随着经济社会的不断发展，社会分工越来越细化，金融体系也会随着分工的细化而一改以商业银行为主导的传统模式。资本市场不仅为企业投资提供了一个较低成本的筹资方式，更为民间闲散资金寻求高额回报提供了有效渠道。②随着生产率水平的不断提高，宏观的边际消费倾向会不断下降，需要转化为投资部分的比重将不断上升，这在客观上为资本市场的发展提供了内在动力。

（三）间接融资的相对规模比较稳定

从相对规模来看，间接融资依然是各国投资资金来源中最为重要的渠道。除了美英等少数国家外，各国间接融资相对规模都明显高于直接融资，而且水平一直比较稳定。这其中一个重要的原因可能在于各国的金融体系中，传统商业银行依然占据着主导地位；而且商业银行经过几百年的发展早已进入稳定期，因此它在融资中的地位和相对规模表现得相对稳定。

（四）资金来源结构与政府职能范围密切相关

对比三种资金来源渠道的相对规模不难发现，三者直接的相对比例在各国之间存在较大差别。资金来源相对结构的形成在很大程度上与一国政府职能范围相关。

一是预算资金的相对规模和比重与政府职能范围直接相关。关于这一点在本节第一部分已经有详细说明。

二是金融体系结构与政府干预程度也密切关联。政府对商业银行等间接融资机构的影响力和控制力一般要强于对资本市场，[①] 而且有些国家在间接融资体系中还包括部分政策性银行，这些则受政府直接控制。当政府在经济方面的职能范围更为宽泛、更为直接时，从政府角度来讲，以间接融资为主的金融体系结构更有利于职能的履行。从东南亚各国及西欧的法国、德国等政府主导和干预传统较强的经济体，以及政府职能更为广泛的北欧诸国来看，间接融资的相对规模通常远高于直接融资相对规模。而对比奉行自由市场原则的美、英、加、澳等国，这些经济体中间接融资规模就没有绝对优势。[②]

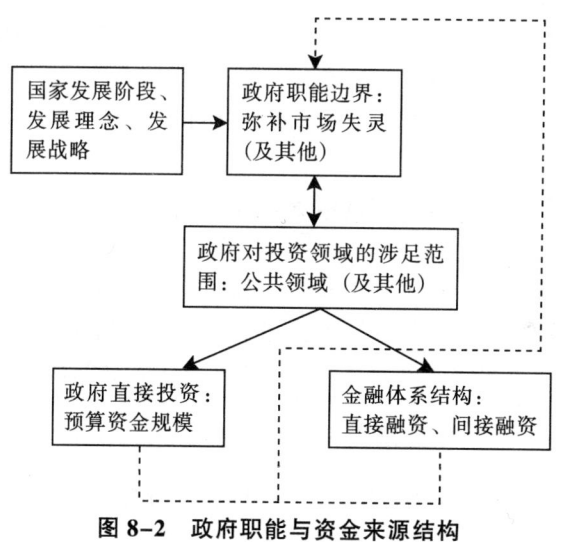

图 8-2　政府职能与资金来源结构

---

① 从控制对象来说，控制商业银行只需面对有限的机构，而控制资本市场则需要面对众多的投资者。有限的对象便于使用窗口指导等直接高效的手段进行控制。从这个意义上讲，以间接融资为主的金融体系更便于政府进行干预和调控。

② 这一判断是在各国数据基础上大体概括而得的，并不能做到绝对准确。事实上，在前面列出的各国数据中亦有例外。例如，韩国实施的是典型的国家主导型发展战略，但近年来直接融资相对规模甚至要大于间接融资规模；瑞典、芬兰也存在同样情况。

第三节 投资宏观调控和管理的国际比较

在第一节分析投资相关主体的时候,我们已经明确指出,政府在投资领域具有双重身份,一是投资决策主体,即具体投资活动的参与者;二是投资的调控主体。受各国政府职能边界的限制,通常政府作为投资决策主体,其作用范围比较有限。因此,在投资体系中,投资宏观调控是政府的主要职责所在。事实上,从国民收入的构成来看,宏观投资在各国都占据着很大比重,因此,投资调控和管理同样也是各国宏观调控最为重要的组成部分。本节拟从政府职能角度出发,对投资调控目标、政府干预程度、调控方式选择、调控手段措施以及政府投资管理等方面进行比较研究,以期从中探寻一些具有指导性和借鉴意义的规律。

一、干预程度和调控目标的比较

投资调控作为宏观调控的重要组成部分,其调控目标首先必须与宏观调控的总体目标相符合。与此同时,投资本身兼具需求和供给两方面的特性,这使得投资调控往往也会成为政府贯彻其产业政策的重要手段。①

(一) 美国的干预程度与调控目标

美国是典型的市场经济国家,其奉行的自由竞争和政府有限干预的原则同样贯穿于其投资调控和管理中。政府在经济领域的主要职能是维护宏观经济的平稳运行,反映在宏观调控目标方面就是实现物价稳定、充分就业、经济增长和国际收支平衡。投资调控作为宏观调控的组成部分,其目标当然要服从上述四项宏观调控的总体目标。

在四部门生产法划分中,国民收入的组成部分可以分为消费、投资、政府支出和净出口。这四项需求中,投资需求是最不稳定的因素,直接影响到宏观供需平衡。因此,为了实现维护宏观经济平稳运行的总体目标,

---

① 投资活动在即期形成投资需求,成为 GDP 的重要组成部分。而且投资活动一旦顺利完成,便形成了生产能力,成为影响供给能力的重要因素。由于投资活动能够形成未来的供给能力,因此产业政策的实施也可以借助于投资调控来完成。

投资调控的首要目标就是通过投资规模的调节促进供需总体平衡。

除去维护宏观经济平衡以外，美国的投资调控目标也包含产业协调发展的内容。当然，调控的范围仅限于一些无法通过市场自发调节实现协调发展的基础性产业，如农业等。因此，这类产业方面的调控也可以看做是政府实行有限干预、弥补市场缺陷、维护宏观经济协调发展的具体体现。

（二）德国的干预程度与调控目标

德国是社会市场经济的代表，市场原则依然是其经济运行的根本准则。政府对于市场实行适度干预的原则，在投资领域，政府干预的主要目的是为私人投资活动创造良好的竞争环境，实现由市场竞争引导企业投资行为、提高资源配置效率的目的。

德国政府适度干预的原则决定了政府对于投资调控的目标除了实现宏观调控的一般目标外，主要是创造和维护公平竞争环境，保护企业尤其是中小企业的投资行为。通常，联邦政府对于产业发展基本不会给出任何倾向性的意见，但对于基础性的科学研究、风险较大的战略性项目，从全局出发也会给予相应的资助。州政府的工作重点则是通过一定措施扶持中小企业发展、促进技术进步，但以不破坏自由竞争为前提。

（三）日本的干预程度与调控目标

日本虽然是发达的资本主义国家，但在其经济发展和运行的过程中，政府始终处于主导地位。这使得日本的投资调控具有很深的政府干预痕迹。就投资调控目标而言，贯彻实施政府产业政策是投资调控的重要目标。

事实上，作为政府主导型发展的成功典范，日本政府在战后经济起飞的不同阶段实施了不同的产业政策。而这些产业政策的实施在很大程度上是依靠投资调控来实现的。因为，投资活动具备需求和供给双重特性，从供给角度来看，投资的产业结构事实上决定了国民经济的产业结构，因此，日本的投资宏观调控目标一直以来都与其产业政策目标相联系，投资调控也成为实现产业政策的有效工具。

（四）韩国的干预程度与调控目标

韩国虽然实行的也是资本主义经济体制，但其在经济起飞过程中具有明显的"政府主导"特征，这一点可能与东亚文化中将国家作为主宰力量的传统观念有关。就投资领域而言，韩国政府长期对企业的投资行为进行着强力的干预。对于投资的调控不仅是韩国政府宏观调控的重要组成部分,更是韩国工业化过程中产业政策贯彻实施的途径和手段。这一点与日本非常相似,而且韩国的干预程度似乎比日本更强。

(五) 法国的干预程度与调控目标

作为西方发达国家,法国实行的并非纯粹意义上的市场经济体制,而是国家指导性计划调节的经济体系。政府的宏观调控目标、政策、思路通常是借助指导性的国民经济计划来体现。当然,这种指导性的计划是在不限制市场机制作用的前提下实现对市场的补充。这种经济体制使得法国政府对投资的干预程度和调控目标呈现以下几个特点:①政府将国有企业和私人企业的投资活动都纳入到调控范围,政府对投资活动的干预程度明显高于其他市场经济国家。②通过指导性计划引导企业投资纳入到国家政策轨道,推行国家特定阶段的产业政策。③政府通过对投资总量和结构的调控,维护正常的市场秩序、防止垄断和破坏性竞争。

二、调控方式和政策手段的比较

投资的调控方式总体可以分为直接调控和间接调控两种,调控的政策手段则包括财政、税收、货币等。各国在投资调控实践中所采取的具体方式和手段不尽相同,这与各国对于投资的干预程度和调控目标有着密切关联。

(一) 美国的调控方式和手段

美国奉行的自由市场和政府有限干预原则决定了其在宏观调控,包括投资调控方面,主要以间接调控的方式为主。事实上,即便是政府参与决策的公共领域的投资活动,在具体实施的过程中通常也是由政府通过一定的方式委托企业,以市场竞争的方式完成的。政府远离投资行为的具体实施,这在客观上决定了政府对于投资的调控应该也只能采取间接调控的方式。

美国政府对于投资调控的主要手段是财政政策和货币政策。在财政政策方面,政府通常会采取以下方式进行投资调控:①税收调整。投资减免税和扣除折旧是调控投资的常用财政手段。投资减免税主要是允许企业将设备投资以一定比例扣减应税所得额;折旧扣除是指在税收处理中提高用于抵扣应税所得的设备折旧比例。两种调整都能够起到降低企业投资成本、刺激投资的作用。②调整政府预算开支。通过调整政府开支中用于基础产业的支出份额，可以起到调节经济周期、扶持基础产业发展的效果。货币政策方面的调控手段主要是为人们普遍熟知的"调整银行准备金率"、"调整基准利率"及"公开市场操作"三大工具。

(二) 德国的调控方式和手段

德国政府对投资的干预和投资调控的目标决定了其在调控实践中必然也是以间接调控为主，在调控手段方面同样也是主要依靠财政政策和货币政策两类政策工具。这些同美国相比是大同小异。

当然，在德国的投资调控中也存在直接调控的方式，具体来说就是通过财政补贴的形式给予特定行业的投资优惠。根据德国《稳定与增长法》的规定，财政补贴可以分为直接补贴和间接补贴两类。间接补贴主要是指联邦政府实施的各项促进计划中的税收优惠、特别折扣，这与美国税收调整的做法基本类似，因此这类补贴事实上还是一种间接调控的手段。直接补贴又进一步细分为维持性补贴、适应性补贴和生产性补贴三种。维持性补贴是出于政治和分配政策的需要，提供给农业、采掘业等关系国计民生行业的一种补贴；适应性补贴主要是针对造船业和德国东部中小企业发放的，旨在帮助它们适应经济环境变化、优化生产结构和规模的一种补贴；生产性补贴则是政府针对具有发展前景、具备高精尖特点、代表未来发展方向的企业和项目发放的补贴。

德国政府对于直接性补贴的发放非常谨慎，从上述发放范围可以看出，发放的目的也是为企业营造一个更好的竞争环境。

(三) 日本、韩国的调控方式和手段

日本政府对投资活动调控采取的是直接调控和间接调控相结合的方式。这是由其较强的干预程度和以贯彻产业政策为目的的调控目标所共同决定的。

在间接调控方面，日本政府采取的具体调控手段与其他市场经济国家大体相同。包括以优惠税率为主的财政政策及常用的货币政策工具。同时，还通过"窗口指导"的方式，引导银行等金融机构实施"选择性贷款"，以达到实施产业政策的调控目标。

在直接调控方面，日本政府的调控手段主要是通过建立以政策性金融机构为主体的财政投融资体系来具体实施的。通过政策性金融机构向符合产业政策的投资优先安排资金、给予低息贷款。

韩国的投资调控方式和手段与日本基本相似，采取的也是直接调控和间接调控相结合的方式。在直接调控方面，韩国除了像日本一样建立起一套以政策性金融机构为主体的财政投融资体系外，还成立了专门的投资基金，以便对重点发展产业给予直接的资金支持。

（四）法国的调控方式和手段

法国实行的以国家计划为指导的市场经济模式，决定了其投资调控必然采取直接调控和间接调控相结合的方式。

在具体实践中，法国政府一方面可以通过国家预算，将一部分财政资金直接用于国有企业的投资或者融资给地方企业，达到直接控制投资的目的；另一方面，政府还可以通过税收、价格、信贷、利率等财政货币政策工具，影响私人企业的投资行为，进而达到间接调控投资的效果。

当然，法国政府对投资的直接调控同日、韩两国有着较大差别。法国政府是通过国有企业和国有资本直接参与投资而实现直接调控的，也即政府是利用了其所有者的特殊身份来实现直接调控的；而日、韩两国政府则是以社会管理者的身份实施对投资行为的直接调控。

三、政府投资管理的比较

前面已经提到，各国政府都在一定范围内承担着投资决策主体的角色，兼具调控和投资决策双重职能。本节前面两部分就各国在投资方面的宏观调控进行了横向比较。事实上，各国政府作为投资决策主体对其投资项目都有一套管理体制，本部分将就此进行横向比较。

（一）美国的政府投资管理

美国政府一向主张有限干预，在经济方面的职能主要限定于公共事务，政府投资的目的主要在于改善经济社会发展的外部环境，使微观主体能够更有效地发挥作用，以推动经济繁荣。因此，政府预算的投资范围主要集中在公路、交通通信、城市建设、基础研究、公共安全等方面的基础设施建设。

列入政府预算内的投资活动和投资项目要受到相关法律的限制。这些法律既有联邦政府制定的，也包括州议会和政府制定的。除此之外，投资活动还需要按照政府或议会制定的相关程序接受各种审批。在项目建设过程中发生的各种支出都必须按规定的办法执行，并接受议会的监督和审计部门的审计。

在资金方面,各级政府用于公共设施建设的预算资金通常难以满足投资项目的需求。在预算不足的情况下,各级政府通常会寻求其他资金来源,具体包括:①在正常税收之外,按照"谁受益,谁出资"的原则,对特定的人群征收专项建设费。②发行专项建设债券。这主要是针对机场、收费公路、桥梁、隧道等建成后可收费项目发行的。③通过一定的优惠条件,鼓励吸引私人资本进行投资。

(二) 英国的政府投资管理

英国作为自由市场经济的另一个代表性国家,其政府投资的范围同美国一样也基本局限于公共事务领域。政府预算当然是此类投资的重要资金来源,但仅仅依靠预算资金无法满足投资建设的需要,为此英国政府也像美国一样采取一些措施吸引私人资本的参与,以减轻财政公共支出负担,同时也提高项目建设的效益。

英国吸引私人资本参与政府投资的主要方式可以分为以下三种:一是BOO(Building-Owning-Operating)方式,即由私人企业负责项目的建设,项目建成后产权归属私人企业所有,并由其负责运营;二是BOT(Building-Operating-Transferring)方式,即由私人企业负责项目的建设,项目建成后由私人企业负责运营管理,并享有项目经营所得的收益,以补偿其在项目建设中的投入,运营一定时间后,私人企业最终还需将项目重新移交给政府;三是BOOT(Building-Owning-Operating-Transferring)方式,即私人企业负责建设,并拥有一定期限的经营权和产权,但最终仍需将项目全盘移交给政府。

英国政府采取的上述三种方式事实上是利用利益杠杆,吸引民间资本参与政府投资项目,解决了政府预算资金不足的问题。在具体的方式选择、经营期限长短确定方面,需要根据项目所处行业、建设难度及重要性等因素,由政府和私人企业协商确定。

(三) 日本的政府投资管理

与美国相比,日本政府的投资范围更为广泛,除了公共事务领域外,日本的政府投资领域还包括资金投入量大、建设周期长的基础工业和高科技含量的风险产业。这主要是因为日本政府还承担着实施产业政策、主导经济发展的职能。

事实上,战后日本一直是政府投资比重最高的国家之一。日本政府投资最大的特点在于，在投资资金方面，除了财政预算、发行债券等渠道外，日本还专门构建了一套"财政投融资"制度。其核心就是以国家信用为担保，采用金融手段筹集资金提供给政府的投融资机构，用于政府投资的相关领域，以促进经济及产业结构的调整。

财政投融资资金主要来源包括：邮政储蓄、国民年金和厚生年金、邮政简易保险金、政府系统开办的银行和企业利润等。这部分资金的使用有一套非常规范的程序。资金筹集后由政府统一管理，与财政预算相配合，从全国经济发展的角度规划安排。在资金使用计划的制订过程中，通常要经过充分论证，最后还需提交国会审查批准。

（四）韩国的政府投资管理

韩国的政府投资管理与日本基本相同，其政府投资同样承担着实施国家产业政策的职能。在政府投资管理中，"国民投资基金"的设置颇具特色，并为产业政策的有效实施提供了有力保障。

在20世纪70年代，韩国急需大力发展重化学工业，以提升产业结构，改变以轻工业和劳动密集型为特征的产业特征，为此需要大量的资金投入。而当时，韩国国内金融体系尚不发达，国民储蓄也无法满足国家建设所需的大量资金，在这种背景下"国民投资基金"应运而生。

韩国"国民投资基金"的资金主要来源于各种机构形成的闲置资金，包括金融部门的储蓄性预备金、保险公司的保险金、邮政储蓄、各种公共基金以及政府各部门的资金。筹措时主要采用向上述机构出售国民投资债券的方式，但政府发行国民投资债券须经国会批准许可。

在管理上，财政部长每年制订基金的年度筹措和运用计划，基金债券的发行、偿还及日常运营管理则由韩国银行总裁处理。基金主要是为重要产业建设所需的设备购置及日常周转提供融资。融资条件相对优惠，通常期限较长（8~10年），且可以享有较低的利率。

（五）法国的政府投资管理

法国的政府投资很大部分是通过国有企业来实现的，因此，法国的政府投资管理在很大程度上就是法国政府对国有企业的管理。

法国政府将国有企业按照其所处的行业分为"竞争性企业"和"自然垄断性企业"两类，并分别采取不同的管理模式。对于竞争性企业，国家除占有股份、任命董事长、参与分红以外，不介入企业的运营管理，这类国有企业与私人企业一样在市场中自由竞争。

对于电力、铁路、邮政、电信等自然垄断性企业，法国政府除任命董事长以外，还通过与企业签订计划合同的方式对企业进行管理。这种计划合同通常4~5年签订一次，合同中规定企业在特定期限内需要达到的经营目标、投资规模、产品数量及价格等。在投资方面，国有企业的投资项目需经四方面的审批，具体包括社会经济发展基金会（秘书处设在经济财政部，负责日常工作）、计划署、行业主管部门和企业董事会。国有企业投资资金主要来源于：①财政预算内资金；②通过借贷和债券等形式筹措的社会资金；③企业盈利节余。

四、影响投资调控和管理的因素

本节前面三部分将具有典型代表性国家在投资宏观调控、投资管理方面的一些做法进行了横向比较。通过对比我们可以看出，各国政府在投资调控、投资管理方面采取的具体措施同样与各国经济传统、发展阶段、经济结构、政府职能等因素密切相关。例如，自由市场经济体政府干预程度有限，调控方式也比较间接、温和，在政府投资项目管理方面引进了市场规则；而国家主导型经济体，政府干预的力度较大，调控方式以直接调控与间接调控相结合为主，政府在投资管理方面更强调计划的作用。

根据前面的对比，我们认为投资调控和管理的影响因素具体来说包括以下几个方面：

（一）政府职能范围

政府职能可以算是一国投资调控和管理方式最直接的决定因素。一方面，政府对投资的调控属于宏观调控的重要组成部分，但调控的目标、干预的方式、具体的政策工具和手段则由政府职能所决定；另一方面，在投资管理上，政府的介入程度取决于政府投资范围，而政府投资范围从根本上说也是由政府职能所决定的，政府投资的范围越广，投资管理涉及的事务就越多，可能采取的管理手段也会更丰富。

（二）经济发展阶段和发展模式

经济发展阶段和发展模式对投资调控和管理的影响主要在于，不同的发展阶段和发展模式下，政府在经济方面的职能范围会有所不同。通常欠发达国家在经济起飞的初期会采取赶超发展战略，而在这种战略下政府对于经济领域尤其是投资领域的介入很深。政府实施的投资调控和管理都是围绕实现既定发展战略目标而进行的,而且在具体的方式、手段方面可能会不拘一格。相比之下,在经济发展程度较高的自由市场经济体中,政府的角色定位为"市场的守夜人",这样一来,政府职能也就非常有限,政府对投资领域的介入也就比较间接。

(三)经济传统和经济结构

除了经济发展阶段和发展模式以外,政府职能在很大程度上也会受一国经济传统和现实经济结构的影响。这种影响传导到投资领域,就表现为各国调控目标、调控手段及管理方式的差异。例如,作为世界第二大经济体,日本的发展阶段和发达程度在全球无疑处于前列,但国家干预的传统使得日本与美、英等国的投资调控和管理存在很大差别。另外一个典型就是法国。在西欧传统资本主义强国中,法国的投资调控和管理完全是另类。这主要是因为在法国经济结构中国有企业占据很重要的比重,而且在法国的经济传统中,自然垄断性行业应由国有企业经营。

关于投资调控和管理的影响因素和作用机制,我们可以用图 8-3 来简单示意。

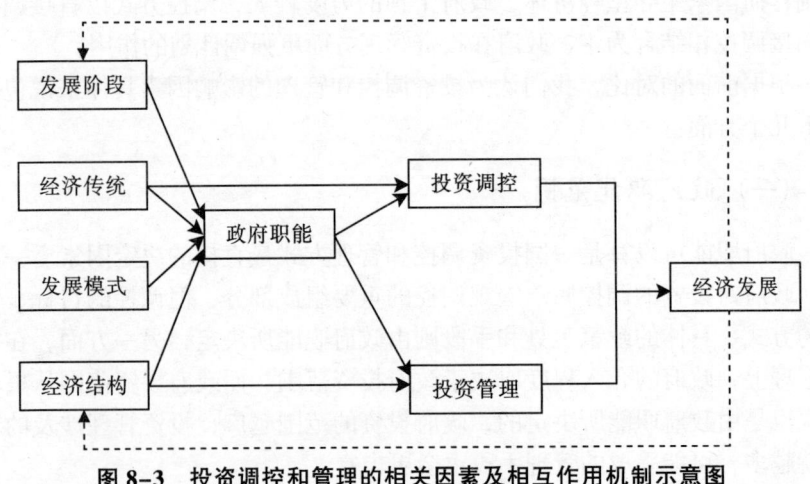

图 8-3　投资调控和管理的相关因素及相互作用机制示意图

第四节 外国投资体制的经验

前面三节,我们从投资相关主体结构、资金来源结构、投资的宏观调控和投资管理等不同方面,以不同的典型国家为对象,对各国的投资体制进行了横向比较,并分析相关因素之间可能存在的关联。本节拟在前面三节分析的基础上,总结影响投资体制形成的一些因素和规律,以期对我国的投资体制改革提供一点有益的借鉴。

一、投资体制的影响因素

(一) 政府职能与投资体制形成

从前面三节的分析可以看出,无论是投资主体结构、投资的资金来源结构还是投资的宏观调控及投资管理,都与一国政府职能有着密切的联系。从某种程度上讲,政府的职能范围决定了投资体制的方方面面。

首先,政府职能范围的大小直接影响到投资决策主体的结构。投资决策主体结构是由私人投资和政府投资的相对比重决定的。政府职能范围较广的经济体,通过政府投资来完成和实现的职能通常也更多,最终反映为政府投资比重的提高。

其次,政府职能影响政府投资范围的同时也影响了财政预算中用于投资方面的支出规模。而投资资金结构恰恰是由财政预算资金、直接融资资金、间接融资资金等构成的。此外,政府为实现特定职能还可以通过影响政策性金融机构进而影响间接融资的相对规模。如各国的政策性银行,其融资性质属于间接融资,但其融资行为在很大程度上服从政府安排、服务于政府特定职能的实现。

最后,投资调控和投资管理更是与政府职能范围密切相关。有关分析见第三节相关内容,此处不再重述。

(二) 影响投资体制的其他因素

在前面几节的分析中,我们已经发现影响一国投资体制的因素很多,除了政府职能外,还包括经济发展阶段、采取发展模式、奉行的发展原则、历史传统以及现行的经济结构，等等。上述因素中，有的也是政府职能范围的决定因素，并通过对政府职能范围的影响来进一步影响投资体制的形成。

当然，有些因素本身对投资体制也会产生直接影响，如现行经济结构。一方面，现行经济结构直接影响政府投资调控和投资管理的方式与具体手段。当经济结构中国有企业比重较大时，投资调控会偏重于计划等直接调控的方式和手段，在投资管理方面更多地体现为政府对投资活动的直接控制；而当经济结构中私人企业占绝对主导时，投资调控则主要依靠各种间接调控方式和手段，在政府投资项目的管理上也通常会引入市场机制和私人企业。另一方面，在特定的经济发展阶段，一国的经济结构往往也会对政府职能范围产生影响。例如，当产业结构表现出明显失衡时，政府便可能将实施产业政策、优化产业结构纳入其职能范围，并因此对整个投资体制产生影响。

（三）投资体制相关因素间作用机制分析

有关投资体制及其相关影响因素之间的关系及作用机制，我们可以将前面图 8-3 扩展来进行示意，见图 8-4。

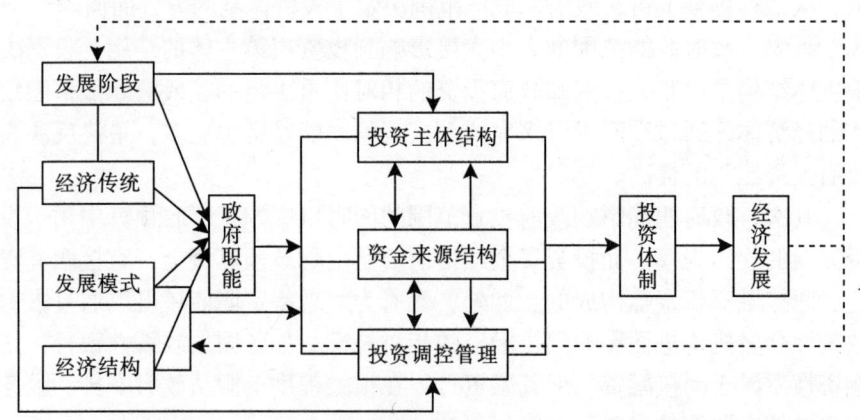

图 8-4　投资体制及其影响因素之间作用机制示意图

图 8-4 表明，经济体所处的特定发展阶段、秉承的经济传统、采取的发展模式、现行的经济结构以及政府职能范围都是投资体制形成的影响因素，但其作用机制又有所区别，具体来说可以归纳为以下几点：①政府职能范围的大小影响着投资体制的每个方面。②发展阶段、经济传统、发展模式和经济结构对政府职能范围的确定有着直接影响，并进而间接影响投

资体制的形成。③发展阶段、经济传统、发展模式和经济结构之间也存在着一定的因果关系，主要是发展阶段和经济传统对于发展模式的选择与现行经济结构的形成有着很大的影响。④经济传统、发展模式及经济结构对于投资体制的不同方面也有着直接影响。⑤投资体制中，投资主体结构、资金来源结构和投资的调控管理之间也存在着相互影响和作用。例如，投资决策主体的结构能够影响预算资金在资金结构中的比重，而直接融资、间接融资的发达程度也会对投资中介机构、融资机构的组成结构产生影响。

投资体制的形成和确立对于经济增长和发展有着举足轻重的作用，而随着经济的不断发展，经济体所处的发展阶段、现行的经济结构都会发生变化，未来选择的发展模式也会有所调整。这样，上述因素在长期动态变化中就形成了一个相互作用的循环链条。

二、投资体制的演变及未来趋势

根据前面对投资体制各方面的横向比较及投资体制影响因素的分析，对投资体制的演变及未来的发展趋势，我们大致可以总结出以下几点。

第一，政府作为投资决策主体参与投资的领域将越来越集中于公共事务领域（包括基础设施、公共服务等）。这一趋势是由政府职能范围的发展趋势所决定的。随着各国经济发展水平的不断提高，市场机制将得到不断完善，市场在资源配置中的效率优势也将不断显现；政府的职能将逐步退出竞争性领域，并致力于市场缺失和失灵的公共事务领域。

第二，即使在由政府主导的公共投资领域，市场机制也将被逐步引入到投资项目的具体运作中。这主要可以归结为两方面原因：一方面，政府对其投资项目通常会面临资金不足的问题，引入市场机制意味着私人企业和民间资本的介入，可以有效缓解资金不足的矛盾；另一方面，引入市场机制有利于提高投资项目资金使用效率。

第三，政府在投资的宏观调控方面将主要采用间接调控的方式。间接调控重在运用经济杠杆调节市场主体的行为，是符合市场规则的调控方式，也体现了市场经济条件下政府有限干预的原则。

第四，在投资的融资结构中，以资本市场为依托的直接融资的相对规模将不断提高，以商业银行体系为依托的间接融资的相对规模将出现下降。这主要是因为，直接融资与间接融资的变化取决于金融体系的变化，而未来资本市场的日益繁荣和传统商业银行的日渐式微基本是大势所趋。

第五，财政预算资金相对规模则可能呈倒"U"形变化。这是因为，财政预算资金相对规模主要取决于政府职能及其投资范围。而在经济发展水平不断提高和市场机制不断完善的过程中，政府职能范围可能出现缩小和扩大两种趋势。一方面，随着政府对竞争性领域的退出，政府职能范围将不断缩减；另一方面，经济发展带来的分工的不断细化将产生许多新的公共事务，从而拓宽了政府职能及政府投资的范围。

第六，投资中介机构在投资体制中的地位和作用将越来越大。随着经济规模不断扩大，整个经济系统变得越来越复杂，投资项目涉及的事务也越来越多，客观上需要由一些专门的机构独立出来承担一些投资服务的功能。与此同时，市场的不断完善，也为这些机构的发展提供了良好的外部环境。因此，无论是非营利性的商会、行业协会，还是以盈利为目的的投资银行、会计师事务所、律师事务所等，在未来都会面临更广阔的发展空间和发展机遇。事实上，这也是经济发展过程中分工越来越细化的必然结果。

本章参考文献

1. 侯荣华，汲凤翔. 中国固定资产投资效益研究：理论、实证、案例. 中国金融出版社，2002.
2. 戴玉林. 投资结构论. 中国金融出版社，1995.
3. 卢中原. 2005年加快财税体制与投资体制改革. 国务院发展研究中心信息网国研视点，2005-01-06.
4. 田椿生，黑爱堂. 美国和日本投资体制的比较研究. 国务院发展研究中心信息网国研报告，1992-03-02.
5. 文明. 投资经济导论. 经济科学出版社，1999.
6. 张汉亚. 投资体制改革对经济周期波动的影响：经济周期波动问题研究专题报告. 国务院发展研究中心信息网国研报告，1994-12-07.
7. 张承惠. 新一轮通货膨胀的投资体制背景. 国务院发展研究中心信息网国研报告，1996-03-08.
8. 王学武. 美国的投资体制研究. 国务院发展研究中心信息网国研报告，2001-09-20.
9. 李荣融. 外国投融资体制研究. 中国计划出版社，2000.
10. 于景涛. 德国全能银行体系与混业经营的启示. 山东经济战略研究，2003（6）.
11. 孙玉辉. 德国的金融体系及相关问题研究. 投资研究，2001（5）.
12. 王珏. 德国银行体系概览. 西安金融，2002（12）.
13. 史笑艳. 德国的银行体系和资本市场. 金融论坛，2003（1）.
14. 白钦先，王伟. 独具特色的法国政策性金融体制评析. 浙江金融，2005（12）.
15. 刘飞. 法国金融及政策性金融综述. 全球科技经济瞭望，2000（9）.
16. 韩文霞. 法国的金融体系. 国际金融探索，1992（4）.

17. 刘迎接. 日本主银行制衰落原因及其启示. 世界经济研究，2005（6）.

18. 小粟诚治. 日本金融体系的现状分析. 财经问题研究，2003（11）.

19. 任云. 日本金融体系及企业治理机制的转型. 日本学论坛，2006（1）.

20. 车维汉. 日本主银行体制研究述评. 东北亚论坛，2006（3）.

21. 戴晓芙. 日本主银行制的兴衰. 日本研究，2004（1）.

22. 卢里征. 韩国金融制度变迁对我国金融制度改革的启示. 福建金融，2006（2）.

23. 孔凡保. 国家、金融体系与经济发展——韩国工业化模式的思考. 生产力研究，2005（5）.

24. 夏斌，张承惠. 韩国政策性金融体系运作的特点及对我国的启示. 国务院发展研究中心调查研究报告，2005年第54号.

25. 董正信，赵晓明. 中日韩政策性金融体系对比及启示. 日本问题研究，2006（1）.

第九章 投资体制改革的评价与思考

改革开放以来,中国的投资体制改革取得了巨大成就,许多成功的经验需要充分肯定,一些教训也值得总结。

第一节 投资体制改革的经验

在中国国情下,投资对国民经济的运行具有举足轻重的甚至是决定性的作用,中国投资体制改革是按照渐进方式进行的。事实上,从1978年起直到2004年才正式出台关于投资体制改革的纲领性文件——《国务院关于投资体制改革的决定》,这是稳妥的、积极的。

一、在投资主体与投融资渠道方面

(一)明确并坚持了以促进企业为投资主体的改革方向

在1988年7月16日国务院发布的《关于印发投资管理体制近期改革方案的通知》中,即明确强调了要扩大企业的投资决策权,使企业成为一般性投资建设主体。同时具体提出:企业进行必要的扩大再生产,在服从国家中长期计划、行业规划和国家有关法规的前提下,有权自主地筹措资金(包括折旧基金、企业留利和经批准筹措的资金)和物资(包括投产后所需原材料、燃料、动力等);有权自主地支配应得的投资收益。在1992年7月23日出台的《全民所有制工业企业转换经营机制条例》中具体明确了企业享有投资决策权,并对企业的投资范围、决策权限的界定、政策优惠和责任约束等方面进行了具体规定。而在2004年的《国务院关于投资体制改革的决定》中又进一步规定,对于企业不使用政府投资建设的项目，一律不再实行审批制，区别不同情况实行核准制和备案制；扩大了大型企业集团的投资决策权，指出基本建立现代企业制度的特大型企业集团，投资建设《目录》内的项目，可以按项目单独申报核准，也可编制中长期发展建设规划，规划经国务院或国务院投资主管部门批准后，规划中属于《目录》内的项目不再另行申报核准，只须办理备案手续。以上，从投资改革历程的角度看，以企业为投资主体的改革方向不断得到深化。

（二）形成了多元化投资渠道，缓解了经济活动资金缺口压力，促进了经济增长

随着经济体制改革的逐步推行，新的投资主体不断涌现，形成了多元化、多层次投资主体结构。与各投资主体相适应的融资方式也不再单一，形成了包括财政拨款、企业自有资金、银行信贷、股票、债券以及各种民间集资方式和利用外资方式等多种融资渠道。其中，政府投资主体可利用的融资方式有财政拨款、财政信用（通过发行各类债券实现）及举借外债、利用外资；企业投资主体可利用的融资方式有自有资金、银行信用、发行股票、发行债券及民间集资和利用外资；个人投资主体的融资方式主要有个人自有资金、民间集资和金融机构信用；金融机构投资主体的融资方式主要有自有资金、金融机构信用、发行金融债券及利用外资；外国投资主体的融资方式则更为多样化。多样化的融资方式扩大了经济活动所需资金来源，缓解了资金缺口矛盾，促进了经济增长。

（三）汲取市场经济模式的投资机制，积极推进投融资模式的市场化创新

按照市场经济模式成立投资公司，用经济办法对投资进行管理。中央一级成立能源、交通、原材料、机电轻纺、农业、林业6个国家专业投资公司，负责管理和经营本行业中央投资的经营性项目（包括基本建设项目和技术改造项目）的固定资产投资。能源、交通、原材料、机电轻纺4个投资公司由国家计委归口领导，行业归口主管部门参与指导；农业、林业投资公司由国家计委与部门归口领导，以国家计委为主。经过多年的投融资体制改革和探索，已形成"政府引导、社会参与、市场运作"的社会投资增长机制。

同时，直接融资模式走上历史舞台，这对于有效筹集民间资金，弱化银行部门信用风险，起到了积极作用。改革开放后，伴随着经济体制改革的推进和深化以及经济建设的发展，经过一系列开创性探索和积极酝酿，

作为直接融资主要渠道之一的股票市场逐步恢复并成长起来。经过 10 多年的发展，中国股票市场已较具规模，并对社会经济发展发挥了不可替代的作用，对投融资体制改革、企业制度改革、金融体系改革，乃至经济运行机制的改革，发挥了重要作用，成为社会主义市场经济不可或缺的组成部分。

此外，基础设施建设领域逐步放开政策掣肘，积极探索以市场化为取向的多样化融资模式，推动了基础设施建设的长足发展。我国基础设施建设长期以来基本上实行的是政府单一管理体制，融资渠道狭窄，政府财力有限，这是造成基础设施建设规模过小的主要原因。随着改革开放的推进，特别是 20 世纪 90 年代以来，我国基础设施建设的需求增大，而政府可提供的服务缺口太大，为了改变这种状况，政府在基础设施建设领域借鉴发达国家的成熟经验，并积极探索适合中国国情的投融资模式，推动了市场化融资的发展，也使得基础设施建设取得了突飞猛进的发展。

（四）引进外资，进一步拓宽融资渠道

1986 年 10 月 11 日，国务院发布《关于鼓励外商投资的规定》，鼓励外国投资者在中国境内举办中外合资经营企业、中外合作经营企业和外资企业。该规定包括改善投资环境、保障企业自主权、按国家产业政策给予税收优惠等，以利于更好地吸引外商投资，引进先进技术，提高产品质量，扩大出口创汇，发展国民经济等方面的内容。

事实上，在整个改革的过程中，政府一直在制定有效政策，积极引进外资，吸收外部资源，解决内部资源不足特别是资金不足的矛盾。同时，适时调整不合时宜的政策，提高利用外资的水平。改革开放以来，我国政府制定了一系列优惠政策和法规，为大力引进外资促进经济发展提供法律保障，营造良好投资环境。一系列优惠政策措施加上自身有利条件，我国在吸收利用外资方面取得了重要成就。有效利用外资不仅解决了内源资金不足的问题，更重要的是促进了我国的就业，发展壮大了外向型经济，带来了先进的技术和管理经验，并通过技术外溢、知识扩散为内资企业发展提供了有利条件。如果说早期的政策主要依靠"优惠"手段吸引外资的话，20 世纪 90 年代中期则转向"公平"，致力于改进政府服务，营造良好的投资环境，逐步实现给予外商投资企业国民待遇。

在拓宽融资渠道的同时，注重提高了建设资金使用效率，优化了资金资源配置。改革开放以后，我国对基本建设的投融资模式改革经历了从试行"拨改贷"到全面推行"拨改贷"和发展其他多种投融资模式的历程。

基本建设投资试行银行贷款的办法，是基本建设管理体制的一项重大改革，对于加强基本建设管理、建立经济责任制、缩短基建战线、硬化投资预算约束、遏制"投资饥渴症"、提高投资效果，起到了积极作用。

二、在项目管理方面

我国投资项目管理体制，是在计划经济体制下建立的，也是伴随计划经济向市场经济转轨的过程而不断改革的。因此，投资项目管理的改革，一方面，在宏观层面体现了和整个国家的经济体制变革密切相关的特点；另一方面，在微观方面体现了和企业、政府等投资主体市场化进程以及产权制度变革的密切联系。这是投资项目管理方式改革复杂性的体现，也是投资项目在经济现实中的综合性和重要性的一种体现。

（一）注重提高审批效率，简政放权，改进投资计划管理

对于提高投资项目的审批效率，早在改革开放初期的投资体制改革中就已得到一定的体现。对此首先是从基本建设管理领域开始的。在1984年5月15日第六届全国人民代表大会的政府工作报告中就已提出，在基本建设的管理上，必须简化审批程序，下放审批权限，减少环节，提高效率；规定今后除限额以上，需要国家计委综合平衡的项目报国家审批以外，其余的实行分级管理、分级平衡；需要国家审批的，国家计委拟将过去的五道手续简化为两道手续，即只审批项目建议书和设计任务书。为此，1984年8月18日国家计委发布了《关于简化基本建设项目审批手续的通知》。2001年11月7日，国家计委宣布取消第一批五大类投资项目审批。取消审批事项的原则是，对于不需要中央政府投资、国家产业政策鼓励发展、总投资限额以下的项目，属于地方政府出资的由地方计划部门审批，属于企业出资的由企业自主决策。2004年，在《国务院关于投资体制改革的决定》中具体提出了改革项目审批制度，落实企业投资自主权。

对投资活动实行多种计划管理形式，减少国家计委对投资活动的直接管理。国家专业投资公司建立以后，国家计委不再直接管理项目投资。经营性投资由国家计委"切块"给各专业投资公司，由投资公司按计划承包新增生产能力，自主经营。同时，充分发挥市场和竞争机制的作用，全面实行招标、投标制，要求新建项目不涉及特定地区或不受资源限制的，都要通过招标选定建设地点；建设项目的设计、工程承包、设备供应和施工，都要通过招标、投标择优选定，不得按行政办法分配任务。

(二) 采取渐进式的改革路径，逐步放松投资项目管理审批权限

我国投资项目管理体制改革，是伴随我国经济体制改革的历史进程而逐渐展开的。从传统计划经济时代的政府全面掌控模式，结合经济体制改革的市场化趋势，逐步地放松了对投资项目的政府审批。首先，这种方式的变革，最大的优点是减少了剧烈动荡带来的阵痛，减少了变革的代价，实际上也反映了适应社会不同利益体的承受能力的客观现实。其次，由于投资项目管理对国民经济有重大影响，对建设项目管理方式的逐步放权还实际上减少了投资对国民经济发展的不良冲击。我国经济发展的实际状况表明，投资一直是推动经济增长的主要动力，经济过热的主要根源也主要在于投资规模膨胀。因此，投资项目管理体制的变革，就不得不顾忌社会经济现实中业已存在的相关经济联系，采用逐步放松政府管制的步骤，减少对经济发展的影响。再次，逐步放松投资项目管理权限，也适应了投资主体市场化的发育程度，适应了掌握现代项目管理知识和方法的学习过程，从而体现出在变革中逐渐学习的自然规律。我国投资项目资金来源在长时期中一直是国家资金，投资主体也一直是政府行为或是体现政府意志的国有资本，这是计划经济体制下的必然结果。因此，投资项目管理体制的变革，就必然要考虑不同利益主体的市场化发育过程和程度，渐次展开。最后，不同的经济管理体制都是一定历史条件和社会经济发展水平的产物，投资项目管理体制也不例外。世界上没有一种完全好或完全坏的投资项目管理体制，只有这一体制适合与否的问题。因此，渐进式变革过程也是对既有的投资项目管理体制进行扬弃的过程，有利于保留一些适应我国经济社会发展现状要求的一些做法，体现一种制度变革中的历史继承性和路径依赖。

(三) 引进先进管理方法，加强项目科学评价体系建设

在传统的计划经济体制下，投资项目管理主要是学习了苏联的基本建设项目管理体系，并采用传统的管理理念和方法。在投资项目管理体制的改革过程中，注重引进国际上的先进管理方法，加强科学评价体系建设，是投资项目管理体制改革的基本经验之一。第一，在改革过程中注重投资项目的成本核算，强调经济效益尤其是企业作为投资主体的经济效益，这是加强科学管理的基础，也是项目投资活动的基本目标。第二，通过利用国外资金的投资项目，学习和借鉴国外通行的可行性研究体系，完善投资

项目评价方法，并研究制定了适应中国国情的可行性研究程序、规定以及相关标准，组织实施推广，提高了全社会的投资项目管理水平和规范程度。第三，通过涉外投资项目的工程项目建设，借鉴了国际上通用的项目管理理念和方法，主要表现为系统地总结推广"鲁布革工程"经验，并通过相关政府部门以文件和标准的方式，在建设工程实践中全面推广，对提升投资项目的工程建设质量起到了很大的推动作用，也对培养相关的投资项目管理人才起到了奠基作用。第四，结合投资项目建设的实际情况，在投资项目管理中重视计算机的应用，提高了投资决策和管理的效率以及投资项目管理的科学化水平，为投资项目管理体系的全面推广提供了信息共享的现代化手段。

（四）以企业为项目投资决策和管理主体，减少行政干预

在传统的投资项目管理体制下，政府不仅是唯一的资金提供方，也是唯一的投资项目管理主体。在投资项目管理改革过程中，随着投资资金来源的多元化，以及社会主义市场经济体制的建立和完善，投资主体逐步多元化，这也是投资项目管理体制市场化改革的内在要求。第一，企业作为项目投资的主体，体现了投资收益和投资风险对等的原则，加强了对投资主体的利益约束，减少了由于决策主体缺位带来的效率低下问题。第二，投资项目管理以企业为主体，从根本上解决了投资项目管理中政企不分的问题，也有利于避免大量的"跑部钱进"现象以及大量的"钓鱼工程"。第三，企业作为投资项目管理的主体，有利于提高投资项目决策的科学性。可行性研究报告是投资决策和建设的基础性条件，对项目成败起着重要作用。可在现实中，投资主体的职责不明确，也造成了"可批性报告"研究的存在。在很多环节上，往往和市场的真实状况脱节。第四，企业作为投资项目管理主体，有利于解决项目投资金额失控，"三超"（概算超估算、估算超预算、决算超预算）现象造成的投资成本上升。在具体实施建设项目的过程中，避免任意提高建设标准，扩大建设规模，增加建设项目。第五，企业作为投资项目主体，避免了管理不到位、浪费严重等弊端，有利于规范项目施工招投标工作，有利于避免工程项目经过层层转包后工程质量低下的现象，可使得项目建设按照项目管理客观流程的要求，规范地进行施工管理。

三、在宏观管理方面

在投资体制改革的过程中，政府有效地进行了宏观调控。

（一）准确判断形势，明确调控目标

1979~1983年，投资方面的调控主要采取了计划和行政手段，但在投资规模的调控和结构上存在着很多问题，尤其是在结构方面，一些该上的项目上不去，而那些对国家的发展没有好处的项目也停不下来。尤其是地方和企业在此期间又盲目上了一批重复建设项目。这说明，即使改革刚刚开始，由于企业和地方政府开始有了自己的利益，其在投资目标上已难以与全局要求保持一致，传统的投资调控手段的作用已经开始下降。在调整的同时积极推进投资体制改革，是这次调控中值得赞赏和称道的地方。尽管从目前来看，当时一些具体的改革措施是否正确还有待商榷，如现在看"拨改贷"的实践就整体来说是否妥当，但在当时这些改革措施影响却很深远，是改革道路上的必要的探索，对我国改革的推进具有重要意义。

1985~1992年，我国经济已经开始由传统的过度集中的计划经济体制向有计划商品经济体制转变，国家宏观调控手段也发生了明显变化，一方面继续保持了计划调节手段，另一方面更大量地采用了各种经济手段来调节经济运行。在这一阶段的投资调控中，就采取了行政的、经济的和法律的手段结合运用的办法，效果比较明显。而且许多行政手段的运用，也是采取计划调节与经济杠杆相结合的办法，一般是以行政办法贯彻、以经济办法整治，因此力度就比较大。纯粹的行政手段运用或强制的行政措施处置并不明显。除了固定资产投资项目采取了行政色彩浓厚的"层层项目清理"外，一般都采用了经济政策指导和运用财政、税收、利率、汇率、价格等经济杠杆手段调节，尤其注意了发挥金融手段的作用。例如，1988年9月、1989年2月，中央银行连续两次大幅度提高银行利率，平均利率提高2~3个百分点，居民储蓄利率还实行了保值贴补制度，很快稳定了金融大局。又如，用"产业政策大纲"指导投资方向，银行信贷政策也改变了过去"平均供应"的倾向，实行了按产业政策、结构调整的要求发放贷款。再如，1989年12月，我国果断地调整了汇率，调低了高估的人民币汇价，从而有力地促进了出口贸易。

值得肯定的是，以往的调控或者调整，往往是等经济已经扩张到了实在难以为继的时候才被迫进行，而这一阶段的调控则有所不同。当时对于

是否已经出现了经济过热是有不同看法的，但党中央审时度势，清楚地看到了投资和经济过热的严重性和危险性，果断加强了宏观调控，为这次"软着陆"的成功创造了条件。这一阶段宏观调控的目标也很明确，即以治理通货膨胀为首要任务，把经济增长率逐步降低到适度范围。由于货币发行量和信贷规模过大以及金融秩序混乱是造成投资和经济过热的主要原因，因此这一阶段调控的措施也很明确，就是以控制货币发行量和信贷规模为主，实行了适度从紧的财政货币政策，同时大力整顿金融秩序。所谓适度从紧，一是在总量上从紧控制，逐步到位；二是在结构上松紧不一，区别对待，这就保证了在有效控制投资规模的同时保持投资的适度增长和投资结构的调整。

（二）灵活运用多种调控手段

针对投资体制改革过程出现的问题，政府的宏观调控，既使用了市场经济中普遍采用的一些调控措施，如控制货币供应量和调整利率等；又采取了一些传统的计划和行政手段，如加强对银行信贷计划规模的控制，把房地产开发投资纳入计划管理，要求各地清理项目和重新审查开发区等。1992年，中共中央明确提出要建立社会主义市场经济体制，经济的市场化程度大大提高，这是与前几次调控最大的区别之处，在调控手段的选择上也较多使用了经济手段。即使是传统的计划和行政手段，也有了区别：一是比较温和，不像以往那么严厉；二是不断根据实际情况改进。比如，尽管当时为了控制信贷规模仍然强调了信贷计划控制，但到1998年就放弃了信贷规模控制，开始实行资产负债比例管理。这一阶段的调控，还能根据经济实际情况不断进行微调，这对实现"软着陆"是极为重要的。如到1996年，实际利率恢复为正数，同时企业资金比较紧张、经济效益下滑，下岗职工人数增多。针对这种情况，1996年5月1日宣布降低利率，同时停办保值储蓄，这实际上是放松"银根"的一种微调。这种微调不仅没有造成经济过热的反弹，反而支持了企业的生产和建设，保证了经济的快速增长。

（三）规模控制与结构调整相结合，宏观调控与改革相结合

1992~1993年的投资形势，既有投资总规模膨胀，又有投资结构不合理。不控制投资规模，经济过热和通货膨胀问题就得不到有效解决，因此严格控制投资规模是这一阶段调控的首要任务。但不调整投资结构，即使暂时控制住了投资规模，也会给经济的长远发展造成隐患。因此在这一阶

段的调控中，既严格控制投资总量，又大力调整投资结构，发展基础设施和基础产业，缓解国民经济发展的"瓶颈"制约，增强经济发展的后劲。电力、铁路、通信等行业在这几年中得到了迅速发展。这既缓解了总量控制造成的诸多矛盾，而且还使总量控制的结果得以巩固。

1993年，改革的步伐大大加快。按照以往的经验，在改革较快的时期往往经济发展较快，进行宏观调控的难度要大一些；而在宏观调控力度大的时候，经济发展和改革的步伐又要慢一些。如何处理好改革、发展和稳定这三者之间的关系，是需要认真研究的。1993~1997年，这一问题处理得比较成功。既成功实现了"软着陆"，又出台了金融、财税、外贸等多项重大改革措施，包括分税制、政策性金融和商业金融分离、进一步放开主要工业品的价格、汇率并轨、建立现代企业制度、抓大放小等。在投资体制改革方面，出台了项目法人责任制、投资项目资本金制度、适当放宽国有企业的投资权限、提高地方对外商直接投资的审批权限等改革措施。这些改革措施，大大强化了市场机制的作用，使市场在约束投资扩张方面发挥了作用，同时又为用经济手段调控投资提供了市场基础，使这些手段可以更好地发挥作用。改革和调控的紧密结合，是这一阶段调控的一大特点，也是成功之处。

第二节 投资体制改革的教训

一、需要处理好政企分开、中央与地方事权划分

在投资体制改革的过程中，一直没有很好地解决好政企分开的问题，使有关投资改革导致出现混乱问题。以"拨改贷"为例，在1979年即率先进行了基本建设投资的"拨改贷"试点工作。在经济体制改革尚没有全面展开的背景情况下，"拨改贷"作为改革的尝试无疑是具有积极作用的。但由于总体经济体制仍是传统的计划经济体制，使得"拨改贷"工作出现不少问题。"拨改贷"虽在形式上改变了企业的资金来源方式，但事实上并不具有硬约束。这时的投资主体本质上仍是政府。在"国家定项目、国家给资金"、"投资项目层层审批、集体决策"的体制下，企业是否能够还贷并不具有"硬约束"性。事实上，在实施"拨改贷"后导致一些国有企

业出现盲目投资和高负债率的现象，进而引发银行坏账不断增加，而后实施资产重组、"利改税"、"债转股"等一系列政策。

政企分开的问题没有解决好，中央与地方事权划分的问题也没有很好地解决。由于事权划分不清导致投资主体缺位与越位，进而造成投资主体混乱的局面。在中国，虽然中央与地方各级政府间的责权利分层界定的原则框架在改革开放后已基本确定，但中央与地方政府间在一些具体的投资领域的责权利范围还没有得到明确具体的划分和界定，以致个别部门对下级政府的资源、资金和项目的分配以及政策倾斜的决策比较随意。同时也存在暗箱操作的问题，出现"跑省、跑部"等"公关活动"，以期从上级争得更多一些的资源、资金、项目和决策权力。事权划分上的混乱，造成投资主体不明确，随意性和讨价还价机会增加，致使有些该由中央政府和省级政府承担的建设项目，中央政府和省级政府没有完全承担起来，而有些本该由地方政府自己解决的项目却得到了上级政府的资金支持。这同时也为腐败和"寻租"行为的滋生提供了土壤。

二、投资体制改革需要与其他改革相配套

这表现在以下几个方面：

第一，从投资体制改革的进程与总体经济体制改革的进程角度来看，存在着投资体制改革与其他方面的经济体制改革彼此不相配套的问题。如投资体制改革明显滞后于其他如财政、金融、外贸等方面的体制改革。正是由于总体经济体制改革与投资体制改革的进程不一、不相配套，从而使投资体制的改革进行得非常艰难。由于改革不配套，使得在投资决策、项目管理、资金筹集与使用等诸多方面存在大量的漏洞，导致多头决策、管理混乱、资金使用效率低下，甚至滋生腐败。追求部门利益、"条块"分割、投资决策靠"首长意志"，如铁路、公路、水运、航空和管道等投资建设项目互不协调，无法形成综合交通运输体系。

第二，产权改革滞后导致投资主体到位滞后。规划和讨论多年的投资体制改革方案，已于2004年7月26日正式公布实施，为引导社会投资的持续健康发展奠定了制度基础。投资体制改革，有利于进一步落实企业投资主体的地位，减少行政干预，加强对企业投资行为的引导，减少企业投资决策的盲目性以及低水平重复建设的程度，从而全面提高投资效益。但是，投资项目管理的变革以工程建设领域为主，缺少产权改革的同步实施。首先，在整个投资项目管理体制改革的过程中，明显感到产权制度的

硬约束始终不能切实到位，特别是涉及国有投资主体的情况下，在产权制度变革不完全时，相关的配套改革不能跟进。即使投资项目的审批改变为核准和备案，也不能彻底约束相关利益方。其次，企业作为投资决策的主体，没有完整的约束机制保障决策实施。其中主要表现就是缺乏相应的后评价机制，以及相应的投资决策责任追究制度。要落实好企业投资决策的自主权，真正将"谁投资，谁决策，谁受益，谁承担风险"落到实处，不仅需要在法人治理结构上健全机构，落实决策责任和义务，强化自主决策意识，不断提高投资决策的水平，还应该严格按照企业自身发展战略的内在要求，决策投资的领域和规模等事宜，并严格投资决策的追究制度，以硬化对企业固定资产投资决策的约束。

第三，与投资项目管理改革相配套的相关改革不够完善。投资项目管理的改革是一项复杂的社会系统工程，需要相应的子系统的配套改革予以支持，这也是投资活动综合性的自然要求。目前配套改革不完善的主要表现有：首先，社会主义市场经济体制还在不断完善过程之中，相关的改革措施还在逐渐深化，如财税制度、就业制度、要素市场建设、知识产权制度以及行政体制改革等还处于攻坚阶段。其次，目前金融体制改革的结果难以完全实现独立审贷。作为投资项目管理的重要内容之一，就是要硬化项目投资的资金约束。商业银行的股份制改造的结果，仅仅完成了建立起规范的法人治理结构和企业化运作的架构，但改变国有商业银行的非企业化作为，使银行独立审贷作为投资项目管理体制改革的内容和配套机制，还难以落到实处。最后，投资核准和社会以及环保事业的监管存在脱节。在目前的投资项目管理过程中，环保评价和社会评价对投资项目的否决作用还很有限，很多投资项目管理的边界还主要在企业内部，对外部性问题缺乏有力的成本制约。

三、决策机制还需加强，法律体系还需健全

从宏观看，我国投资决策机制在很长时间内仍是传统的计划经济决策模式，政府投资缺乏约束机制，缺乏科学决策机制。在很长的时间里，国有企业许多的投资项目仍是国家计划与政府行为的结果，其中相当一部分属于重复引进和重复建设，没有产生应有的效益，反而导致资金使用的巨大浪费。在投资决策上主要是通过行政审批与控制投资规模的方法，而缺少企业自主投资决策的制度。甚至有些改革在一定程度上是进一步强化了计划性与政府管理的职能。同时，在管理手段上主要是通过行政命令方式

来进行的，而缺乏相应的经济手段方式。在一些重大投资项目决策中，领导意志起主要决定的作用，缺乏决策的科学性。

从微观看，投资项目管理的科学决策机制有待于进一步加强，科学的决策基础还不完善，尤其是中介咨询机构的服务水平有待进一步提高。投资项目管理所需要的信息渠道建设，以及投资服务中介机构建设，是完善投资体制改革所必需的环境条件。各种市场信息，可以引导投资主体理性分析投资成本和收益，理性权衡投资风险和发展机会，有利于减少低水平重复建设的程度，降低投资成本，减少投资浪费，增加提高投资效益的可能性。目前我国的要素市场价格市场化程度不高，造成资金价格、土地价格、水资源和矿产资源的价格水平并不能反映企业真实的投资成本，也是造成企业投资非理性化的因素之一。

从法制角度看，在成熟的市场经济环境下，投资管理的法制监管和调控特征很鲜明。政府调节社会投资的运作和不同投资主体的手段，也主要是法制手段。但是，我国的投资项目管理法制化基础还较弱，相关法律建设滞后，尤其是《投资法》还没有出台。对投资活动的法律规范，还散见于《公司法》、《证券法》、《税法》、《合同法》以及《刑法》等相关条款，体系性较差。因此，中央政府应该进一步加强和改善投资宏观调控，注重政策组合的力度和效果，强化宏观调控的合力。第一，政府投资的投资项目管理还需要进一步深化。政府投资需要从投资模式、资金来源与运用、决策程序、投资项目管理以及项目后评价等方面，逐步进行规范化的操作。第二，政府在调控社会投资时，还存在按照投资规模审批的弊端。第三，在投资项目的核准过程中，社会评价和环保评价对项目审批的约束软化，不能完全实现政府有关职能机构各就各位，切实履行相应的社会效益的评审和核准。第四，中央政府与地方政府的投资事权需要科学合理地划分，在建设实施方式中引入市场机制还有待进一步深化。

第三节 投资体制改革前景分析

一、经济全球化下的投资改革实践

世界经济发展趋势是一个国家发展本国经济的外部大环境，因而，对未来中国投资实践和投资体制改革具有重要影响的因素之一就是经济全球化。进入21世纪，在和平与发展两大主题下，世界经济发展出现了许多新特征，其突出的表现是：经济资源的无国界流动形成了经济全球化趋势，以信息技术为先导的新科技革命迅猛发展进而出现了经济信息化趋势，经济不平衡发展所产生的南北分化下的多极世界经济格局，等等。全球经济在诸多因素相互并存、相互交织的作用下，共同构成了21世纪世界经济发展的宏伟图景。

人类进入20世纪80年代以来，世界经济发展逐渐呈现出一种引人注目的大趋势：经济资源开始跨越国界在全球范围内全面、自由地流动配置，各国经济日益开放，并相互依存、相互制约，产生联动效应，此即所谓的"经济全球化"。在这种背景下，经济资源跨越国界在世界范围内自由地、大规模地、全面地流动，为适应经济发展的新形势，许多国家对本国的投资政策、法规都做了修改，其中绝大部分都是开放经济，实现贸易自由化的条款。随着经济的不断开放，资金、设备、技术、管理、人员等生产要素也都出现大规模的跨国界流动，而且这种流动的规模之大、速度之快、影响之深刻，前所未有。同时，世界各国的经济相互依存、相互结合、相互开放，朝着一体化方向发展，各国经济实现了促进、转换和互补。此外，世界各国经济的发展受全球经济的制约和影响愈来愈大。一方面，一个国家国民经济的发展深受外部环境的影响；另一方面，一国经济的发展又对相关国家乃至全球经济的发展产生影响。

伴随经济全球化的加深，西方发达的资本主义国家在生产力、生产关系、上层建筑等方面也都发生了重大变化，这对中国经济也将产生重要影响。"十一五"期间，中国将进一步提高对外开放水平，进一步促进出口贸易，提高利用外资的水平。具体而言，中国将鼓励外商，特别是跨国公司投资高新技术产业、重大基础设施建设，允许其在中国建立研究开发机构，参与国有企业的改组改造。同时，中国的服务领域将逐步对外开放，并将利用外国资源，建立海外石油、天然气供应基地，实行石油进口多元化，建立国家石油战略储备，维护国家能源安全。中国对外承包工程与劳务合作等其他外经贸业务，也要比"十五"期间有更大的发展。

现在，中国已作为一个经济大国融入了全球经济化的大潮，中国将以一种全新姿态参与全球经济竞争。由于加入WTO，在未来，中国的某些传统工业会受到程度不同的冲击，某些产品将因为竞争失利而让出部分市场份额；劳动力在部门间的转移会出现重大调整，就业压力也将加大。在更深层次上，中国的经济主权将受到限制，未来中国经济的发展方向受世界经济波动的影响会增强，政府的部分决策将受到国际组织规则的约束，也就是说，政府将不能独自按照中国的经济发展现状和需求制定宏观经济政策，从而对国民经济宏观调控的难度将加大。中国需要按照全球经济发展方向调整产业结构、优化资源配置、提高综合国力；需要引进国外资金和先进技术，与世界经济互接互补。

应该看到，中国资源丰富，但人均占有量少；经济总量大，但人均水平低。因此，作为发展中国家，中国经济发展水平还不高。现阶段，中国有很多问题亟待解决；在未来，中国将面临更复杂的经济形势，要面对许多新情况、新问题，中国的发展离不开对外贸易和外资，但是中国又不可能完全依靠对外贸易和吸引外国直接投资来达到经济富强的目的，其发展只能通过本土资源和本国企业来实现。中国只能采取自主发展的模式，不可能选择依附发展的模式。这是未来中国投资实践和投资体制改革的基本大环境。

二、投资体制改革的市场化趋势将逐步深入

投资行为从根本上说应该体现投资主体利益最大化的要求，投资效率无疑是投资活动的终极追求。而经济学的原理告诉我们，市场中"看不见的手"通常是最具效率的手段。事实上，从西方发达国家及新兴市场国家的投资实践来看，按照市场规则运作是投资活动开展的基本准则。

投资活动市场运作的前提是企业作为市场主体应该真正成为投资决策的主体。这一点对于我国来说尤其重要。综观各国投资实践，即便是政府投资范围的项目，最终的具体运作和决策也是由项目承担企业做出的。而我国在改革开放进行30年后，政府干预企业决策、主导企业决策的局面并未根本扭转，在某些地区和领域甚至没有发生实质性变化。真正确立企业的投资主体地位是实现市场化运作的前提和保证。当然，确立企业投资决策主体地位的同时也应加强企业内部的公司治理结构建设，形成一套投资决策的基本制度。事实上，在现代化大生产条件下，无论是大型国企还是民企都存在委托—代理问题，加上现代投资项目的复杂性，像小企业主那样简单决策已经无法适应时代的要求。而要做到科学决策，一套完善的投资决策内控制度是必不可少的。如日本、德国等国的经验也表明，一套完整的投资决策程序和控制标准是投资项目成功的关键因素。

经过30年的改革，我国投资项目管理市场化趋势已经不可逆转，并且伴随社会主义市场经济体制的完善而进一步完善，投资项目管理市场化

的取向也将进一步深入。这种趋势一方面将表现为投资项目管理过程中投资决策的法制化约束将增强，法制化的调控手段将成为约束不同利益体的主要手段。另一方面，随着政府行政体制改革的深化，投资审批和政府监管将逐步规范，干预微观投资决策主体的行为将越来越少，政府将更多地履行社会事业建设以及投资环境建设。

在日益增强的市场化趋势下，中国将建立更加完善的多层次融资体系、多层次的资本市场体系，完善为各类企业服务的股权市场，丰富资本市场产品，规范和发展产权市场，推进风险投资；中国也将大力发展企业债市场，增加融资渠道，鼓励各种形式的金融创新，健全信用风险控制体系，逐步消除信贷投放对象的所有制歧视，提高金融服务水平；中国还将大力发展各类中小金融机构，为中小企业融资提供有效服务，增加基础设施等公共产品和服务供给，以适应城市现代化和新农村建设的要求。

三、国际化趋势将日益明显，投资中介服务更趋发达

中国经济已成为世界经济的重要组成部分，而且和国际经济的互动关系也将越来越紧密。因此，投资项目管理的国际化趋势也将日益明显。首先，在项目管理方法和评估体系上将越来越多地借鉴国际上的先进方法，包括会计制度等基础性的制度安排。其次，投资项目管理的国际化管理实践将越来越多，这主要与中国企业的国际化经营以及资金的全球逐利活动紧密相连。最后，投资项目评估中会越来越多地考虑国际影响因素，比如不同币种的汇兑损益以及风险评估等。

在日益显著的国际化趋势下，投资项目评价将越来越注重环境效益和社会效益。投资项目的社会评价是投资人履行社会责任的重要表现之一，也应成为微观投资主体的自觉追求。在投资项目的成本核算过程中，体现"绿色投资"的环保评价将促使投资主体更加重视社会成本，重视资源和能源的节约使用，提高使用效率和重复利用水平。同时，不同投资主体和政府的决策和责任边界将越来越清晰，行政干预将越来越少，企业作为利益主体和投资主体将履行投资人的决策责任。政府投资也将越来越专业化运作，代建制将进一步完善，项目稽核和监管将更加完善，投资效益将不断提高。

在投资管理日趋国际化的情况下，高效的投资体制仅靠投资企业自身的完善是远远不够的，良好的外部投资环境也是投资体制顺畅运行的必要条件。而外部环境中，发达的金融市场和健全的投资中介服务体系无疑是

非常重要的内容。

投资行为的完成几乎毫无例外需要一个发达的融资系统的支持。事实上，在现代社会，企业的投资行为通常都难以仅靠自有资金来完成，融资体系的发达完善既是投资项目得以顺利进行的保证，也关系到整个经济体的投资效率。从发达国家和新兴市场国家的经验来看，无论是以证券融资为主体的英美模式，还是以商业银行为主体的欧洲大陆模式，都有着一套非常健全、完善的融资体系。当然，金融体系的高度发达也与市场化程度有着密切关系，既是市场发达的具体体现，更是推动市场进一步完善的重要因素。因此，我们在完善和发展金融市场体系的过程中还需要根据我国现实的国情、所处的经济发展阶段，在培育增强金融企业实力的基础上促进金融市场的发展和完善。

除了发达的融资体系外，各类投资中介机构的发展壮大也是投资效率提高的重要保障。在现代社会中，一项投资决策的制定既要考虑产业、市场、销售、采购、融资等经济因素，更要考虑政治、文化、风俗等非经济因素。在投资决策的前期需要有效地收集、整合方方面面的信息；项目启动后则需要涉及资产评估、资金筹集、行政许可等事务；在项目运行过程中则需要有涉及质量管理、风险控制、工程监理等具体事务。而整个投资过程中每一个具体环节可能都需要有特定的专业人士才能胜任。对于一个企业来讲，事先储备如此众多的专业人才应该说有很大难度。这样一来，如果投资活动执行过程中都由企业内部人员亲力亲为则必然降低效率。而在投资中介市场发达的环境下，投资活动中涉及的每一个环节都可以委托相应的专业机构完成，投资项目的运作效率将大大提高。事实上，发达的投资中介机构体系是投资体制健全、完善的一个重要标志，也是经济社会不断发展的过程中，社会分工日益细化的具体体现。前面的国际比较也印证了这一点。

四、政府的调控引导仍然不可或缺

从经济学原理上来说，政府对于投资活动的参与是由市场失灵的存在所决定的。市场"看不见的手"在公共产品、垄断、信息不对称等情况下通常会导致效率的低下。而且微观主体的投资行为在短期内可能是理性和有效的，但从更长的历史时期来看，对整个国家和社会来讲未必就是理性选择，在这种情况下就需要政府出面加以引导。上述国家比较研究也表明，即使是奉行自由市场的英美等国，其政府在投资体系中依然发挥着举足轻重的作用。

政府在投资方面的作用也是由政府职能范围和边界所决定的，我们可以将其归为以下三个方面：①对公共项目投资活动的直接参与。在公共产品领域，包括基础设施、公共工程，完全由市场来主导必然无法获取社会合意的产出。但政府对这些领域的直接介入与市场化规则运作并不矛盾。政府对公共项目投资活动的介入应着眼于宏观层面，确定投资的领域、工程的规模以及公共财政的支付能力，至于投资项目建设和运作等细节问题则完全可以交由具体的企业去承担。②规范投资主体行为，对投资进行宏观调控，以维护市场秩序，创造平稳的宏观经济环境。市场规则能够起到配置资源的作用，但市场本身并不能保障所有规则能够被所有市场主体有效遵守。这时就需要由国家出面，出台一系列的规制措施，以规范市场主体行为、维护良好的市场秩序，从而促进整个社会经济的有效运行。另外，由于投资在国民经济中占据着重要的地位，使得政府可以通过投资调控达到稳定宏观经济的目的，而宏观经济的平稳运行恰恰又为微观投资行为创造了良好的宏观环境。③为实现国家发展战略目标实施产业倾斜政策。从日本、韩国等东亚国家的发展经验可以看出，政府对投资的引导和干预还体现在特定时期实施的不同产业政策上。对于后发国家来说，必要的国家干预是实施国家赶超发展战略的必由之路。由于投资通常被看做经济增长的发动机，所以国家的产业倾斜政策自然会更多地体现在对特定产业投资方面的扶持上。当然，在扶持方式上，要尽量避免政府对投资项目的具体干预，而应着眼于综合运用财政、货币、金融手段，通过经济手段将企业的投资行为引导到国家发展战略的方向上来。

进入21世纪以来，全球经济一体化的进程日益加快。而加入WTO后使得我国更为直接地面临着来自全世界范围的竞争压力。要在全球化竞争中立于不败之地，就必须全方位提高我们的经济运行效率，而提高投资效率无疑是其中极其重要的一部分，是一项涉及企业竞争力、金融及市场环境、政府职能的系统工程。

首先，在全球化的竞争压力下，企业作为投资和经营主体，在加强公司治理结构、提高管理水平和运行效率的同时，还应具备全球化的视角，在进行投资活动时要着眼于全球产业分工，重新定位。事实上，随着我国企业盈利能力和经济实力的不断增强，加上全国范围内人口素质的显著提高，很多企业已经不再满足于从事低端的制造业。因此，提升产业结构，增强盈利能力必将成为我国企业投资最为主要的方向。

其次，政府在全球化背景下在投资领域发挥的作用将越来越重要。加入WTO，融入经济全球化意味着竞争的加剧，但并不意味着政府职能的减弱。相反，这对转变政府职能、提高政府效率提出了新的挑战。WTO规则中对于政府行为设置了很多限制条款，使得原有的一些政府调控和扶持政策无法继续实施。在这种背景下，就需要政府相关部门在熟悉、适应WTO规则的基础上，充分利用其现有规则和条款，通过帮助提高国内企业的竞争力、实施"走出去"战略等方式，切实推动我国投资领域的产业升级，使我国在新一轮国家产业分工中取得更多的主动。可以预见，随着我国政府职能的不断转变，政府将不断减少对投资领域的直接介入，代之以更多的间接引导、调控及服务，整个社会的投资效率也将不断提升。

此外，随着我国经济体制改革不断向纵深推进，未来市场秩序将逐步规范，金融领域将不断发育成熟，投资中介服务也将日益完善。这些都将促进企业投资效率的提高，并促进整个投资体制的规范和完善。

中国投资体制改革大事记

1978 年

4月22日　国家计委、国家建委、财政部下达《关于试行加强基本建设管理几个规定的通知》。为了改变基本建设中的混乱现象，加强基本建设管理，提高投资效益，《通知》提出了八个重要问题。同时，《通知》还制定了五个有关基本建设工作的管理办法。这五个办法的中心内容是要求整顿基本建设的混乱现象，加强建设资金的管理和合理安排，提高管理水平，提高投资效果。

12月31日　国务院转批国家计委、财政部《关于改进固定资产更新改造资金管理的报告》。

本年度完成投资501亿元，比上年增加119亿元，增加31%，在建项目1773个，比上年增加290个，当年建设项目投产率5.8%。

1979 年

4月13日　中共中央、国务院批转国家建委起草的《关于改进当前基本建设工作的若干意见》。《意见》提出，当前基本建设战线的重要任务，就是调整基本建设规模和投资方向，整顿基本建设管理和企业管理，改革基本建设管理体制和管理方法。

8月28日　国务院将《关于基本建设投资试行贷款办法的报告》和《基本建设贷款试行条例》发给各地区、各部门试行。

10月11日　国家计委等单位发出《关于投资项目及时进行竣工验收工作的通知》。

11月8日　经国务院批准财政部、国家计委、国家建委等单位颁发《基本建设拨款暂行条例》。《暂行条例》规定，一切用于基本建设的资金，均由中国人民银行按照条例的规定监督拨付。

1980 年

1月10日　国家计委下发《关于基本建设计划按两级管理的初步意见》（征求意见稿）。总的设想是，在计划权责的前提下，划分中央和地方管理的项目。

3月21日至4月14日　全国基本建设工作会议在北京召开。鉴于1979年基本建设战线仍然过长，建设项目仍然过多，总规模仍然过大，基本建设调整的任务仍然很重。为此，会议提出：①继续搞好在建项目清理。②扩大基建投资由银行贷款的试点范围。③扩大国营施工企业的经营管理的自主权。④改进基本建设物资供应工作。

8月20日　国家计委等单位发出《关于抓紧清理、压缩全国基本建设在建工程量的通知》。

11月1日　国家计委等单位发出《关于基建项目、技措项目要严格执行"三同时"的通知》。

11月30日　国务院发出关于《关于紧缩基本建设支出的紧急通知》。

1980年基本建设规模仍然偏大，积累率也偏高（为31.6%），新增固定资产交付使用率也由上年的83.7%下降为79.1%。

1981 年

3月3日　国务院作出《关于加强基本建设计划管理、控制基本建设规模的若干规定》。

5月6日　国务院批转国家建委《关于基本建设调整问题的汇报提纲》。

本年度完成基本建设投资总额428亿元，比上年减少111亿元。年末在建大中型项目为663个，比上年减少241个。投资方向继续改善，用于轻纺工业的投资占投资总额比重，由上年的9.1%上升到10%；同改善人民生活直接有关的非生产性建设投资占投资总额比重，由上年的33.7%上升到41.1%。固定资产交付使用率由上年的79.1%上升到86.7%，积累率由上年的31.6%降到28.5%。

1982 年

2月26日　国家计委和国家建委颁发《关于缩短建设工期，提高投资效益的若干规定》。

5月1日　国家计委、国家建委、财政部、建设银行总行发出《关于进一步实行基本建设拨款改贷款的通知》。

9月22日　国家计委发出《关于编制建设前期工作计划的通知》。

11月26日　中央财经领导小组扩大会议讨论加强固定资产投资管理问题。

本年度，全民所有制单位固定资产投资845亿元（其中基本建设投资555亿元，更新改造及其他措施投资290亿元），比上年增长177.8亿元，其中基本建设投资112.6亿元。全部建成投产的大中型项目116个，比上年增加37个，投产率提高到14.2%。

1983年

2月2日　国家计委发出《关于颁发建设项目进行可行性研究的试行管理办法的通知》。

7月9日　国务院发出《关于严格控制基本建设规模，清理在建项目的紧急通知》。

本年度，固定资产投资总额为952亿元。其中全民所有制基本建设投资594亿元（国家预算内投资346亿元），比上年增长6.9%。

1984年

8月18日　国家计委发出《关于简化基本建设项目审批手续的通知》。

12月8日　国家计委等单位发出关于试行《加强基本建设自筹资金管理的暂行规定》的通知。

12月14日　国家计委等单位下达《关于国家预算内基本建设投资全部由拨款改为贷款的暂行规定》的通知。

本年度，全民所有制单位基本建设投资完成743亿元，比上年增长25%。建成投产的大中型项目113个。更新改造和其他项目措施投资442亿元，比上年增长23.5%。

1985年

4月8日　国务院发出《关于控制固定资产投资规模的通知》。

8月28日　国务院发出《关于不再扩大1985年基本建设规模的通知》。

"六五"期间，全民所有制单位完成固定资产投资5330亿元，比"五五"期间增长67.3%。建成投产基建项目17.6万个，其中大中型项目520个，完成更新改造项目20万个。

1986 年

10 月 11 日　国务院发布《关于鼓励外商投资的规定》。

1987 年

1 月 30 日　新华社报道：财政部为贯彻国务院《关于鼓励外商投资的规定》，特制定七项有关税收的优惠条款。

本年度，全社会固定资产投资总额为 3791.7 亿元，比上年增长 21.5%，其中国有单位基本建设投资 1343.1 亿元，比上年增长 14.2%。

1988 年

2 月 27 日　国务院批转国家体改委提出的《1988 年深化经济体制改革的总体方案》。《方案》提出的主要任务包括加强对固定资产投资的管理。

6 月 15 日　财政部发布《关于沿海经济开发区鼓励外商投资减征、免征企业所得税和工商统一税的暂行办法的通知》。

7 月 16 日　国务院发布《关于印发投资管理体制近期改革方案的通知》。

9 月 24 日　国务院发出《关于清理固定资产投资在建项目、压缩投资规模、调整投资结构的通知》。

本年度，全社会固定资产投资总额为 4653.8 亿元，比上年增长 22.7%，其中国有单位基本建设投资 1574.31 亿元，比上年增长 17.2%。

1989 年

8 月 27 日　国务院发出《关于进一步抓紧抓好清理固定资产投资项目工作的通知》。

本年度，全社会固定资产投资总额为 4410.4 亿元，比上年下降 5.2%，其中国有单位基本建设投资 1551.74 亿元，比上年下降 1.4%。

1990 年

1 月 8 日　《人民日报》报道，国家投资体制改革初见成效，六个专业投资公司 1989 年完成投资 356.7 亿元，建成投产大中小型项目 673 个，投资效益有了明显提高。

5 月 30 日　国务院批转国家计委和清理固定资产投资项目领导小组《关于 1990 年继续搞好清理固定资产投资项目工作的报告》。

本年度，全社会固定资产投资总额为 4517.5 亿元，比上年增长 2.4%，其中国有单位基本建设投资 1703.81 亿元，比上年增长 9.8%。

1991 年

9 月 14 日 《人民日报》报道，1988~1990 年全国共批准"三资"企业项目 18980 个，外商实际投资 93.2 亿美元，为前 9 年的 1.4 倍。

本年度，全社会固定资产投资总额为 5594.5 亿元，比上年增长 23.8%，其中国有单位基本建设投资 2115.8 亿元，比上年增长 24.2%。

1992 年

9 月 5 日 中共中央、国务院发布《关于加强对固定资产投资和信贷规模进行宏观调控的通知》。

9 月 25 日 《人民日报》报道，国家计委改革计划体制和投资体制，从八个方面加快职能转变，进一步扩大地方和企业基本建设投资决策权，减少国家指令性计划。

本年度，全社会固定资产投资总额为 8080.1 亿元，比上年增长 44.4%，其中国有单位基本建设投资 3012.65 亿元，比上年增长 42.4%。

1993 年

8 月 3 日 《人民日报》报道，海南改革投资体制，率先在全国实施重点基础工程规范化股份制改建，给工程注入空前活力。

8 月 16 日 国务院批转国家计委《关于加强固定资产投资宏观调控的具体措施》。

本年度，全社会固定资产投资总额为 13072.2 亿元，比上年增长 61.8%，其中国有单位基本建设投资 4615.5 亿元，比上年增长 53.2%。

1994 年

1 月 25 日 国务院发布《关于继续加强固定资产投资宏观调控的通知》。

7 月 21 日 国务院批转国家计委《关于清理基本建设项目资金拖欠问题的请示》。

本年度，全社会固定资产投资总额为 17042.9 亿元，比上年增长 30.4%，其中国有单位基本建设投资 6436.74 亿元，比上年增长 39.5%。

1995 年

1 月 7 日 《人民日报》报道，国家计委对固定资产投资提出要求控制规模、优化结构、提高效益。

5月5日 国家开发投资公司成立，吴邦国副总理在成立大会上强调，作为政策性投资机构的国家开发投资公司，要更好地发挥中央投资导向作用。

本年度，全社会固定资产投资总额为20019.3亿元，比上年增长17.5%，其中国有单位基本建设投资7403.62亿元，比上年增长15%。

1996年

8月23日 国务院发布《关于固定资产投资项目试行资本金制度的通知》。

9月14日 《人民日报》报道：国务院发出《关于固定资产投资项目试行资本金制度的通知》。

本年度，全社会固定资产投资总额为22974亿元，比上年增长14.8%，其中国有单位基本建设投资8610.84亿元，比上年增长16.3%。

1997年

3月27日 新华社报道：国家体改委《1997年经济体制改革实施要点》最近出台。在《要点》中要求加大投资体制改革力度，改善投资结构。

12月31日 《人民日报》报道，1998年投融资体制改革将成为我国经济体制改革的重点，其主要内容是：进一步明确政府、企业、银行在投融资体制中的职责范围，建立投资风险约束机制；积极发展资本市场，扩大企业直接融资；切实加强和改进政府对投融资的宏观调控和管理。

本年度，全社会固定资产投资总额为25300亿元，比上年增长10.1%，其中国有单位基本建设投资9862.8亿元，比上年增长14.5%。

1998年

10月 国家计委、财政部发布《中央级基本建设经营性基金本息额转为国家资本金的实施办法》。

12月 国家经贸委发布《关于国有企业利用外资投资进行资产重组的暂行规定》。

1999年

3月 权威人士指出，1999年投资体制改革将有较大突破，改革目标模式为培育投资主体、完善投资主体的风险约束机制和完善投资宏观调控体系的"三位一体"。今后投资审批权限将和产业政策结合起来,所有的项目将按生产性质和特点划分为四类:鼓励、允许、限制、禁止。

8月9日 国家经委发布《工商投资领域制止重复建设目录(第一批)》。

10月27日 国务院批准保险资金可通过证券投资基金进入股市。

2000年

7月10日 国家计委组织清理整顿各类政府性建设基金。

10月9~11日 中共十五届五中全会在北京举行。全会审议并通过了《中共中央关于制定国民经济和社会发展第十个五年计划的建议》。

2001年

11月7日 国家计委取消五大类投资项目审批。

12月20日 国务院批准颁布《社保基金投资管理办法》。

2004年

7月 国务院发布了《关于投资体制改革的决定》,全面、系统地提出了深化投资体制改革的指导思想、目标和主要政策措施。一年多来,在各方的共同努力下,投资体制改革已经在许多方面取得了重要进展和成效。

在企业投资管理体制改革方面,政府的管理职能正在转变,企业的投资主体地位开始确立,新的管理理念得到了普遍认同。核准制和备案制的体制框架基本建立,新的管理制度正在不断完善,企业正在逐步适应。大多数企业投资项目实行备案制,对于实行核准制的企业投资项目,发展改革部门开始从维护社会公共利益角度对"外部条件"进行审查,有关部门依法行使公共管理职能。投资决策自主权和相应责任已逐步落实到企业,绝大多数企业成为改革的受益者。从实施效果看,约80%的企业投资项目实行备案制,各级发展改革部门不再进行实质性审查,只需通过有关部门依法行政许可,企业可以自主进行投资决策。也就是说,对大多数企业而言落实投资自主权的关键措施基本得到了贯彻。同时,需要核准的企业投资项目数量大大减少。改革后至2005年11月,发展改革委核准企业投资项目共434项,比改革前同期的709项减少了60%多。在大量减少核准项目数量的同时,各级发展改革部门审查项目的角度和内容已经初步改变,不再审查项目的市场前景、经济效益和产品技术方案。

在政府投资管理体制改革方面,部分领域的改革有所突破。为了健全决策机制,在咨询评估领域引入了竞争机制;发布了中央政府投资项目公示试点办法，试点工作即将展开。为了规范资金管理和项目审批，制定并实施了中央预算内投资补助和贴息项目管理办法、主权外债项目管理办法、地方政府投资项目审批规定等配套文件。为了加强建设实施管理，积极推行"代建制"工作，加强对中介机构的资质管理，加快完善建设标准体系。目前，正在抓紧研究制定其他配套文件，争取尽快形成适应改革要求的中央政府投资管理制度体系。同时，各级地方政府大胆探索、勇于创新、积极实践，在很多方面实施了改革措施，取得了很好的成效，积累了许多有益的经验。截至9月底，超过2/3的省、区、市政府已经出台了各类改革配套文件，总数近150件。

在加强投资调控和监管方面，制定并颁布了一大批发展建设规划、产业政策和行业准入标准，在具体管理上更多采用土地管理、信贷管理和环保审查等经济和法律手段，对全社会投资活动发挥了较好的调控和引导作用。已经编制完成专项规划47个，其中，已经国务院批准实施的有25个，已上报国务院待批的有13个，近期准备上报国务院的有3个，经国家发展和改革委员会批准实施的有6个。加强了产业政策和行业准入标准的制定，先后出台了钢铁、汽车等重点行业产业政策，公布了电石、铁合金、焦炭、摩托车等行业市场准入暂行标准，已批准公布的行业标准有29批2295项，复审7168项，废止907项。这些都为引导社会投资方向、加强和改善宏观调控、优化经济结构和地区生产力布局发挥了重要作用。

11月14日 国家发展和改革委员会委等十部委联合制定了《创业投资企业管理暂行办法》。

12月3~5日 全国发展和改革工作会议在北京召开，会议指出，继续推进投资体制改革，完善核准制和备案制，规范政府投资管理，改进对全社会投资的引导和调控。

2005年

3月30日 温家宝主持召开国务院常务会议，讨论并通过《国务院2005年工作要点》和《关于推进2005年经济体制改革的意见》。会议指出，深化经济体制改革是2005年政府工作的重点任务，要坚持以改革为动力，推动各项工作。

4月4日 国务院出台了《国务院关于2005年深化经济体制改革的意见》，其中要求推进投资体制改革。全面落实《国务院关于投资体制改革的决定》（国发［2004］20号），尽快制定和完善各项配套政策措施。完善和规范企业投资项目的核准制和备案制，真正落实企业投资自主权；规范政府投资范围和行为，提高政府投资决策的科学化、民主化水平，实行政府投资项目公示制度，尽快建立政府投资责任追究制度；完善适应新形势要求的投资宏观调控体系，建立健全投资监管体系。

7月12日　由国家发展和改革委员会主办的中国改革论坛在北京举行，曾培炎副总理出席开幕式，指出中国深化改革的重点：一是加快行政管理体制改革，切实转变政府职能；二是完善公有制为主体、多种所有制经济共同发展的基本经济制度；三是建设统一开放、竞争有序的现代市场体系；四是加快金融体制改革；五是深化财政、税收、投资体制改革；六是完善有利于城乡、区域、经济社会协调发展的体制和机制。

12月3~5日　在全国发展和改革工作会议上，国家发展和改革委员会主任马凯在谈到投资体制改革时指出，经过近两年的努力，投资体制改革取得了重要进展。但与中央的要求、与社会各界的期盼相比，还存在一定的差距。比如，核准制、备案制还不完善，有的地方还没有建立起相关制度，有的甚至把备案制变成了变相审批；政府投资项目审批的透明度还不高，责任追究和社会监督制度尚未建立，投资宏观调控的协调配合机制也不健全。针对存在的这些问题，我们要围绕全面落实国务院《决定》精神，加大工作力度，突出抓好以下三方面改革：①完善核准制和备案制。已出台相关制度的地方，要抓好落实和跟踪，及时发现新情况新问题，研究提出改进措施；尚未出台核准制、备案制规定的省、区、市要加快工作进度，抓紧出台。该放的，要放活，真正把企业投资自主权落到实处；该管，要切实管住管好。②规范政府投资管理。尽快制定中央预算内直接投资管理办法和中央政府投资项目决策责任追究等制度，抓紧出台《政府投资条例》。还要研究解决政府资金使用分散问题的办法，改进投资计划的下达程序和方式，增强投资安排的透明度。③改进对全社会投资的引导和调控。会同有关部门逐步建立投资调控的长效机制。搞好与金融、国土管理、城市规划、环境评估等部门的协同配合，共同建立投资监管体系。

2005年在各方面的共同努力下，投资体制改革取得了长足进展。一是落实企业投资的自主权迈出关键一步；二是政府投资体制改革逐步深入；三是在咨询评估领域引进了竞争机制；四是相关方面的配套改革工作在稳步推进；五是地方各省的投资体制改革也在积极地开展。

2006年

1月5日　国务院发出《关于深化投资体制改革的决定》。提出深化投资体制改革的指导思想是：按照完善社会主义市场经济体制的要求，在国家宏观调控下充分发挥市场配置资源的基础性作用，确立企业在投资活动中的主体地位，规范政府投资行为，保护投资者的合法权益，营造有利于各类投资主体公平、有序竞争的市场环境，促进生产要素的合理流动和有效配置，优化投资结构，提高投资效益，推动经济协调发展和社会全面进步。

8月4日 《"十一五"铁路投融资体制改革推进方案》出台。《方案》明确了改革的七方面重点工作：扩大合资建路规模、积极推进铁路企业股改上市、扩大铁路建设债券发行规模、研究建立铁路产业投资基金、扩大利用外资规模、研究探索铁路移动设备的融资租赁、合理使用银行贷款。为推动改革的进行，铁道部将从三方面加快制定推进投融资体制改革的政策措施：一是加快铁路自身改革，研究切实可行的政策措施，鼓励各类资本参与铁路建设经营。二是加快相关立法，为铁路投融资体制改革提供法制保障。三是积极争取国家给予政策支持。

12月9~11日 在召开的全国发展和改革工作会议上，国家发展和改革委主任马凯部署了2007年要重点抓好的六员会方面工作，第五个方面是"进一步深化改革、扩大开放，加快建立健全落实科学发展观和构建社会主义和谐社会的体制保障"，其中要求继续深化投资体制改革；修订《政府核准的企业投资项目目录》；规范和落实备案制；改进政府投资资金使用办法，开展中央预算内投资项目公示试点，扩大代建制。

纵观2006年，在投资体制改革方面取得了很大的成绩：企业投资自主权进一步落实；政府投资引入竞争机制的委托咨询评估体系运转正常，中央预算内投资管理制度继续改进，政府投资项目"代建制"试点范围继续扩大；投资调控和监管体系继续完善。

2007年

4月2日 国家发展和改革委员会副主任陈德铭在"2007年全国经济体制改革工作会议"上，在谈到投资体制改革时指出："要继续深化投资体制改革。今年要改进企业投资项目核准程序，修订《政府核准的企业投资项目目录》，统一规范企业投资项目备案制，继续推行代建制，抓紧建立政府投资决策责任追究制度。"

4月14日 国务院发出《关于鼓励和规范企业对外投资合作的意见》。

2008年

6月17日 国家发改委编制了《关于企业投资项目咨询评估报告的若

干要求》和《企业投资项目咨询评估报告编写大纲》(国家发改委发布公告2008年37号)。2008年11月13日,国家发改委印发了中央政府投资项目后评价管理办法(试行)的通知(发改投资〔2008〕2959号)。

2009年

5月27日　国务院正式公布《关于调整固定资产投资项目资本金比例的通知》(国发〔2009〕27号),6月11日,国家发改委发布加强中央预算内投资项目概算调整管理的通知(发改投资〔2009〕1550号)。

2010年

2月22日　国家发改委发布工程咨询业2010~2015年发展规划纲要(发改投资〔2010〕264号)。5月7日,《国务院关于鼓励和引导民间投资健康发展的若干意见》发布(国发〔2010〕13号)。

参考文献

1. 《中共中央关于建立社会主义市场经济若干问题的决定》辅导读本. 人民出版社，2003.
2. 中共中央关于建立社会主义市场经济若干问题的决定. 人民出版社，1993.
3. 田江海，等. 投资：主体多元化与方式多样化. 中国财政经济出版社，1993.
4. 曹尔阶，等. 新中国投资史纲. 中国财政经济出版社，1992.
5. 林森木. 中国固定资产投资透析. 中国改革出版社，1993.
6. 国家行政学院. 中国投资体制改革. 中国改革出版社，1997.
7. 姚振炎. 中国投资体制改革. 中国财政经济出版社，1994.
8. 张昌彩. 中国融资方式研究. 博士学位论文，1998.
9. 孙建. 中国投资体制特色探索. 博士学位论文，1998.
10. 田江海. 转型期的中国投资. 经济管理出版社，1998.
11. 曹玉书. 完善投资宏观管理体制. 中国投资与建设，1998（6）.
12. 国家计委投资研究所，等. 中国投资白皮书（《中国投资报告》），1991~1997.
13. 国家发展计划委员会投资研究所，等. 中国投资报告，1998~1999.
14. 朱泽. 中国经济改革20论. 中国财政经济出版社，2004.
15. 张卓元，等. 20年经济改革回顾与展望. 中国计划经济出版社，1999.
16. 王梦奎. 改革攻坚30题——完善社会主义市场经济体制探索. 中国发展出版社，2003.
17. 刘国光. 中国经济体制改革的模式研究. 广东经济出版社，1998.
18. 郑德荣，韩明希，郑晓亮. 中国经济体制改革纪事. 春秋出版社，1987.
19. 中国改革与发展报告（1978~1994）——中国的道路. 中国财政经

济出版社，1995.

20. 周罗庚，田波. 共和国经济大决策. 中国经济出版社，1999.

21. 刘溶沧. 投资体制改革探索. 重庆出版社，1990.

22. 郑韶，何晓星. 中国经济体制改革 20 年大事记（1978~1998）. 上海辞书出版社，1998.

23. 王耀中. 中国投资体制转型研究. 人民出版社，2002.

索 引

B

拨改贷 75，95，96，109，110，111，112，113，114，123，124，125，130，136，137，138，143，176，179，219，223，226，227，229，230，267，268，278，363，367，369

C

筹资结构的国际比较 328

G

股票市场 76，77，78，219，237，238，239，240，245，258，363
股权融资 147，219，220，237，238，241，258
固定资产投资 1，2，3，4，5，6，7，8，12，21，22，23，24，25，30，39，44，45，60，61，64，65，66，73，75，76，80，81，88，89，98，99，100，101，102，103，104，105，106，113，119，123，124，125，127，129，130，131，132，136，137，138，140，141，142，143，145，148，150，153，156，157，159，164，165，178，179，183，184，187，188，213，214，216，221，222，223，230，265，284，305，306，309，358，362，367，371，381，382，383，384，389，391

J

基本建设的部门管理 46，49
基本建设的项目管理 46，52
基本建设管理体制 7，23，24，25，33，40，44，45，48，52，56，60，61，96，111，119，177，187，225，226，267，278，287，302，364，379
基本建设管理体制改革 56，60，302
基础设施建设融资模式 248，249
计划经济 1，4，5，6，7，8，12，13，17，23，24，25，26，30，31，33，34，35，36，37，40，42，43，44，45，47，48，49，51，52，56，57，58，59，61，63，64，73，74，79，80，91，92，93，95，96，109，110，117，120，121，122，128，

130，145
建设项目的社会服务体系 294

K

可行性研究 22

R

融资渠道改革 73，76

T

投融资方式 133，219，220，221，223，225，253，254
投融资方式改革 219
投资 1，2，3，4，5，6
投资的宏观管理改革 159
投资管理改革 79，84，85，86，87，88，270
投资管理体制 1，2，21，22，23，24
投资体制 1，2
投资体制的国际比较 305
投资体制改革 1，12
投资体制改革历程 91，96，97，118，131，142，156
投资体制改革前景 372
投资项目管理改革 366，371
投资主体改革 63，70，159

W

外资利用 74，242，243

X

项目管理 41，46，47，52，53，72，79，88，89，96，145，147，151，152，156，157，182，188，211，261，263，267，279，280，284，285，286，287，288，289，290，291，292，293，294，297，298，300，301，302，303，323，353，364，365，366，370，371，372，374，375，386

Z

债券发行 188，231，233，236，237，257，388
债券市场 77，78，84，219，232，233，234，236，237，238
政府投资改革 174，176
中国投资历史数据 97
中国投资体制 63，81，89，91，95，96，97，108，145，155，158，159，216，302，361，379，391，392
中国投资体制改革大事记 379

后 记

中国改革开放以来，经济发展、社会进步、经济体制不断完善、社会制度日臻成熟、各项事业取得了伟大成就。作为中国改革开放的亲历者和见证者，我们对社会主义中国在改革开放过程中所发生的翻天覆地的巨大变化有着更深刻的体会和认识。

中国的改革开放始于经济领域，产生的影响、发生的变化最大者也在经济领域。因此，作为经济制度重要组成部分之一的投资体制，无可例外地经受了这场深刻的社会变革。自1978年4月始，国家出台政策治理基本建设中存在的混乱现象，拉开了投资体制改革的序幕。此后，国家在投资主体、投融资渠道、投资的宏观管理、投资项目管理等方面，陆续出台一系列政策，实行了投资体制的全面改革。30多年过去了，中国的投资体制和投资状况已发生了重大变化，这其中的成绩值得充分肯定，经验值得全面总结，教训值得深刻反思。正是基于以上认识，本书以投资体制的概念和功能为切入点，从中国投资体制改革的背景、目标，投融资渠道，项目管理方式以及中外投资体制对比等诸多方面，全面回顾了中国投资体制改革的历程，勾画了中国投资体制改革的完整图景。

本书由汪同三负责总体设计和全书统稿，赵京兴撰写第一、二章，李金华撰写第三章，李军撰写第四章，李雪松、王秀丽撰写第五章，李文军撰写第六章，刘满强、张奇、谭运嘉撰写第七章，蔡跃洲撰写第八章，课题组成员集体撰写第九章，骆效生负责撰写大事记。囿于我们的学术水平，加之撰写仓促，书中一定存在不少疏漏和讹谬之处，恳请广大专家和读者批评指正。

汪同三
2012年10月

图书在版编目（CIP）数据

中国投资体制发展道路/汪同三主编. —北京：经济管理出版社，2013.2
ISBN 978-7-5096-2328-2

Ⅰ.①中… Ⅱ.①汪… Ⅲ.①投资体制改革—研究—中国 Ⅳ.①F832.48

中国版本图书馆 CIP 数据核字（2013）第 036120 号

组稿编辑：璐　栖
责任编辑：璐　栖　勇　生
责任印制：杨国强
责任校对：超　凡　曹　平

出版发行：经济管理出版社
（北京市海淀区北蜂窝 8 号中雅大厦 A 座 11 层　100038）
网　　址：www.E-mp.com.cn
电　　话：（010）51915602
印　　刷：三河市延风印装厂
经　　销：新华书店
开　　本：720mm×1000mm/16
印　　张：25.75
字　　数：460 千字
版　　次：2013 年 2 月第 1 版　2013 年 2 月第 1 次印刷
书　　号：ISBN 978-7-5096-2328-2
定　　价：88.00 元

·版权所有　翻印必究·
凡购本社图书，如有印装错误，由本社读者服务部负责调换。
联系地址：北京阜外月坛北小街 2 号
电话：（010）68022974　　邮编：100836